NATURZEIT MIT KINDERN

NIEDERRHEIN

Natalie Dickmann

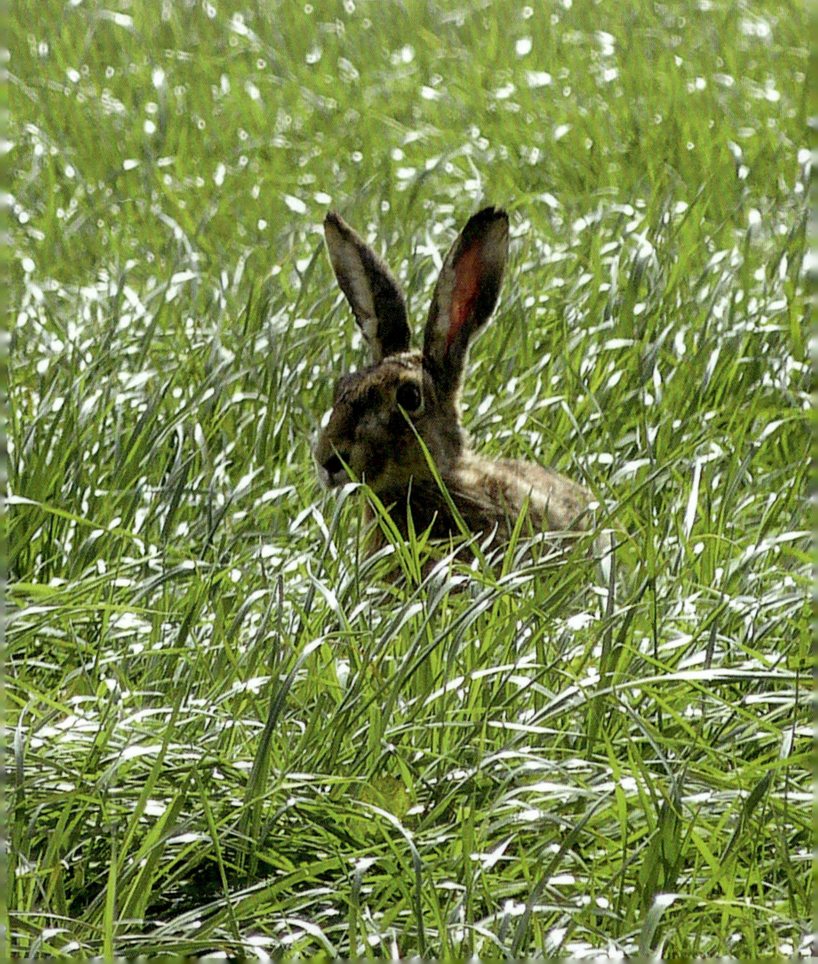

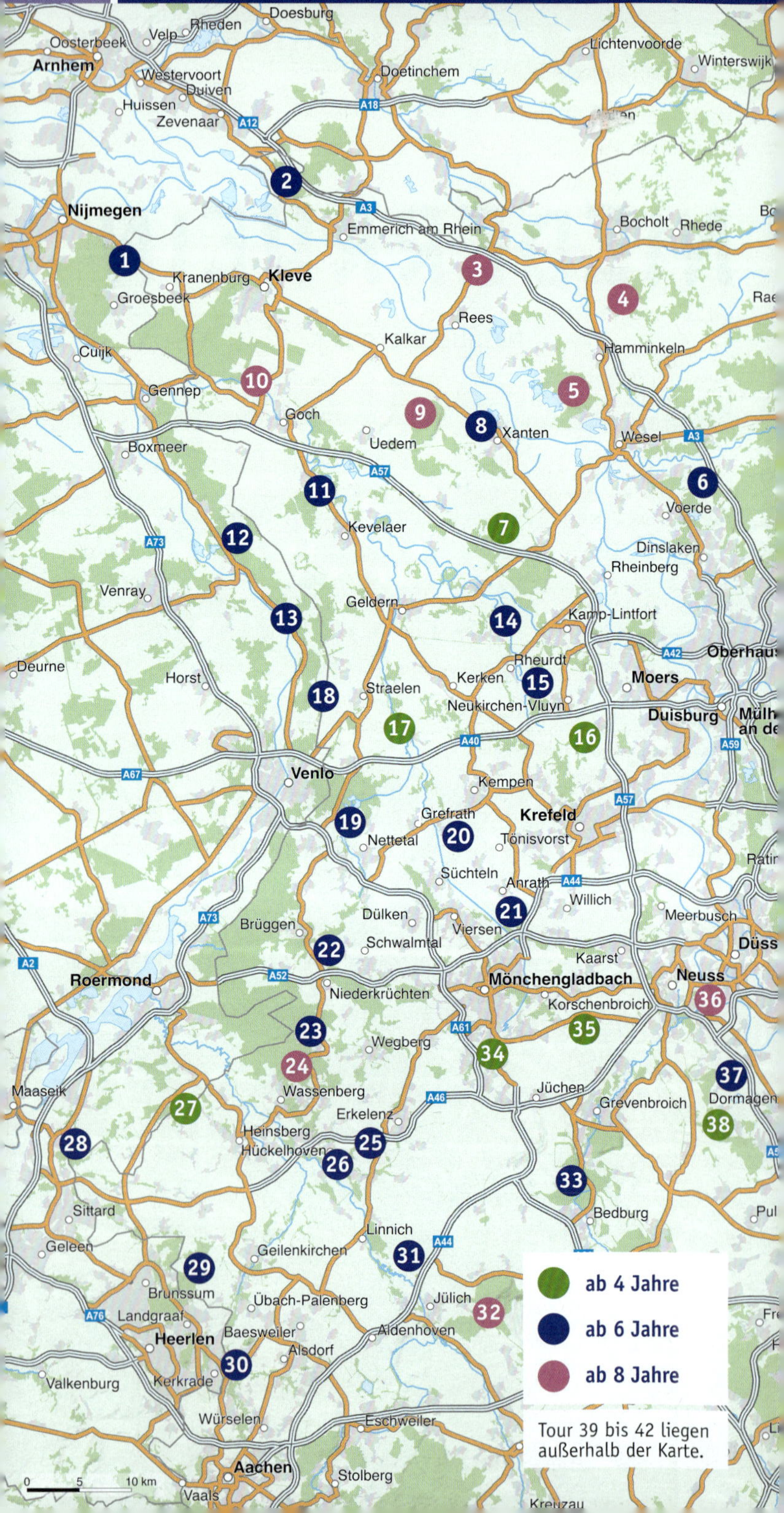
ab 4 Jahre
ab 6 Jahre
ab 8 Jahre
Tour 39 bis 42 liegen außerhalb der Karte.
Arnhem
Oosterbeek
Velp
Rheden
Doesburg
Westervoort
Duiven
Huissen
Zevenaar
Doetinchem
Lichtenvoorde
Winterswijk
Nijmegen
Emmerich am Rhein
Bocholt
Rhede
Kranenburg
Kleve
Groesbeek
Rees
Kalkar
Cuijk
Hamminkeln
Gennep
Goch
Uedem
Xanten
Wesel
Boxmeer
Voerde
Kevelaer
Dinslaken
Rheinberg
Venray
Geldern
Kamp-Lintfort
Deurne
Horst
Rheurdt
Kerken
Moers
Straelen
Neukirchen-Vluyn
Duisburg
Venlo
Kempen
Krefeld
Grefrath
Nettetal
Tönisvorst
Süchteln
Anrath
Willich
Dülken
Viersen
Meerbusch
Brüggen
Schwalmtal
Kaarst
Roermond
Niederkrüchten
Mönchengladbach
Neuss
Korschenbroich
Wegberg
Maaseik
Wassenberg
Jüchen
Grevenbroich
Dormagen
Erkelenz
Heinsberg
Hückelhoven
Sittard
Bedburg
Linnich
Geleen
Geilenkirchen
Brunssum
Übach-Palenberg
Jülich
Landgraaf
Heerlen
Baesweiler
Aldenhoven
Alsdorf
Valkenburg
Kerkrade
Würselen
Eschweiler
Aachen
Stolberg
Vaals
Kreuzau
0
5
10 km
A12
A18
A3
A57
A73
A42
A40
A67
A59
A44
A52
A2
A61
A46
A76

Naturzeit am Niederrhein

42 Familientouren

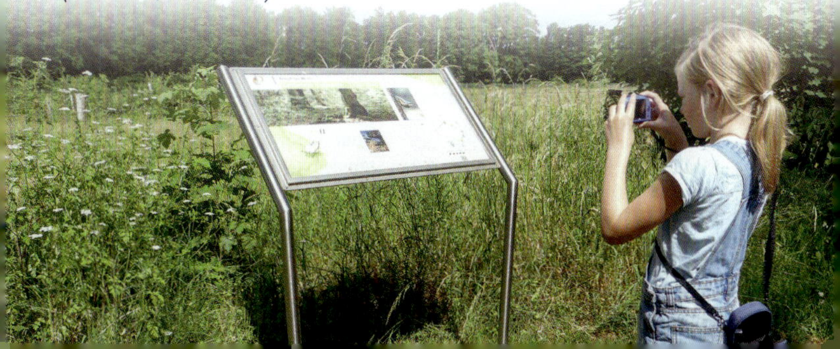

Reiseinfos

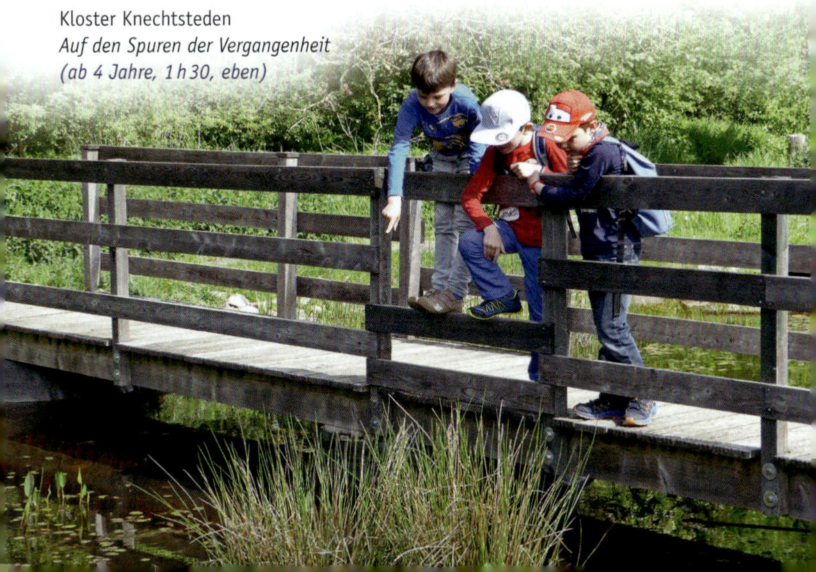

Naturzeit am Niederrhein

Der Niederrhein erstreckt sich ganz im Westen Deutschlands entlang der niederländischen Grenze zwischen dem Rhein-Kreis Neuss sowie dem Kreis Heinsberg im Süden und den Kreisen Kleve und Wesel im Norden. Angrenzend an den Ballungsraum Ruhrgebiet und die Metropole Düsseldorf leben hier knapp drei Millionen Menschen. Zwischen den Einflüssen der urbanen Nachbarschaft auf der einen und der niederländischen Deich- und Wiesenlandschaft auf der anderen Seite ergeben sich viele Möglichkeiten für Erholungssuchende. Familien können hier gemeinsam Zeit draußen verbringen, ohne dafür weit zu fahren und erleben trotzdem Natur pur.

Spuren der Geschichte

Die ursprünglich in der Region ansässigen germanischen Stämme wurden um 50 vor Christus von den Römern vertrieben. Aus den von ihnen erbauten Kastellen bildeten sich später unter anderem die Städte Xanten, Dormagen und Neuss. Spuren, die die Römer hinterlassen haben, sind bis heute an vielen Stellen am Niederrhein sichtbar. Am bekanntesten ist sicherlich der Archäologische Park Xanten (kurz APX **[› Seite 32]**. Schon in der Römerzeit entwickelte sich das wirtschaftliche Leben am Niederrhein schnell, sodass viele Menschen im Wohlstand leben konnten. Dies änderte sich im Laufe der Jahrhunderte jedoch immer wieder durch Rückschläge, hervorgerufen durch Hungersnöte, Ernteausfälle oder Kriege. Im Zuge der Industrialisierung erbauten Großindustrielle am Niederrhein Villen und legten großzügige Parkanlagen an, die bis heute erhalten sind.

Geographie des Niederrheins

Die westliche Grenze des Niederrheins ist der Übergang zu den Niederlanden. Im Osten überschneidet sich der Niederrhein mit den westlichen Ausläufern des Ruhrgebiets. Im Norden grenzt die Region an das Münsterland, während sich im Süden die Städteregion Aachen und der Großraum Köln-Düsseldorf an den Niederrhein anschließen. Neben dem Rhein fließen auch die Niers, die Nette, die Erft, die Rur, die Lippe, die Issel, die Schwalm und, auf einem kleinen Stück, die Emscher durch die Region. Die Flussufer sind oftmals von den charakteristischen Kopfweiden gesäumt.

Auch wenn der Niederrhein in erster Linie für seine ebene Landschaft bekannt ist, befinden sich hier einige Erhebungen: Zu den Süchtelner Höhen gehören die höchsten »Gipfel« des Kreises Viersen – sie erreichen eine stolze Höhe von knapp über neunzig Metern. Hier gibt es unter anderem ein Wildgehege und eine Minigolfanlage sowie zahlreiche schöne Wanderwege. Letzteres gilt auch für die Hinsbecker Höhen mit ihrem Aussichtsturm, die zur Stadt Nettetal gehören. Der Niederrheinische Höhenzug bringt es sogar auf knapp über einhundert Meter Höhe. Dieser zieht sich von der Grenzregion westlich von Kleve über Gocher Heide, Uedemer Hochwald und Sonsbecker Schweiz bis zur Bönninghardt nördlich von Kamp-Lintfort. Auch der Schaephuyser Höhenzug, sowie die Krefelder Berge Egelsberg und Hülser Berg zählen dazu.

Naturparks am Niederrhein

Zwei Naturparks liegen in der Region Niederrhein: Während sich der Naturpark Schwalm-Nette komplett dort befindet, streift ein Stück des Naturparks Hohe Mark den Niederrhein im Nord-Osten. In beiden wurde in den vergangenen Jahren viel für den Natur-Tourismus getan und man hat neue Wanderwege erschlossen. So wurde der Hohe-Mark-Steig 2021 ganz neu eröffnet: Mit über 150 Kilometern Länge zieht er sich von Wesel bis Olfen. Bislang ergänzen vier »LandStreifer« als Rundwanderwege den Steig. Zusätzlich gibt es im gesamten Naturpark weitere ausgeschilderte Rund- und Streckenwanderungen.

www.naturpark-hohe-mark.de

Bereits seit 2012 wurden im Naturpark Schwalm-Nette die Premium-Wanderwege »Wasser.-Wander.Welt« geschaffen: Insgesamt gibt es inzwischen neun von diesen Rundwegen und zusätzlich sechs Spazierwanderwege sowie die zehn barrierearmen Wanderwege der sogenannten »Leichten.Wander. Welt«. Zusätzlich befinden sich hier siebzig ausgeschilderte A-Rundwanderwege.

www.npsn.de

Am Niederrhein gibt es zahlreiche Seen.

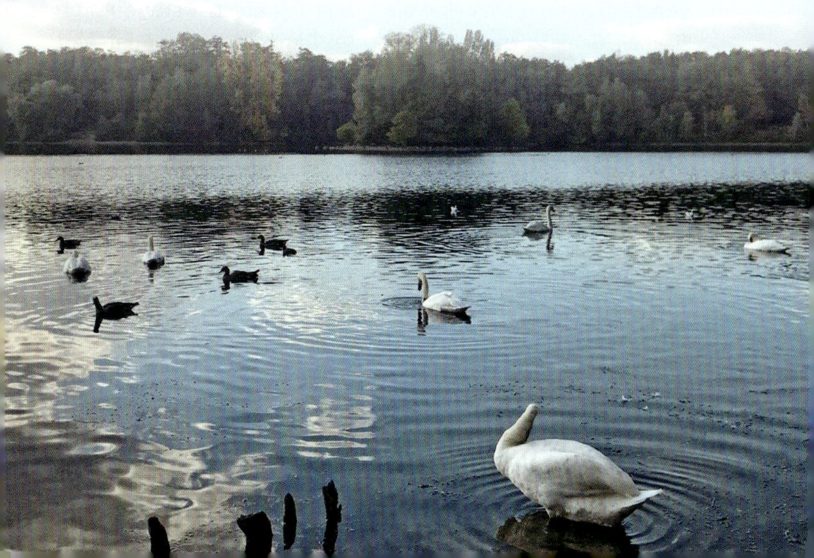

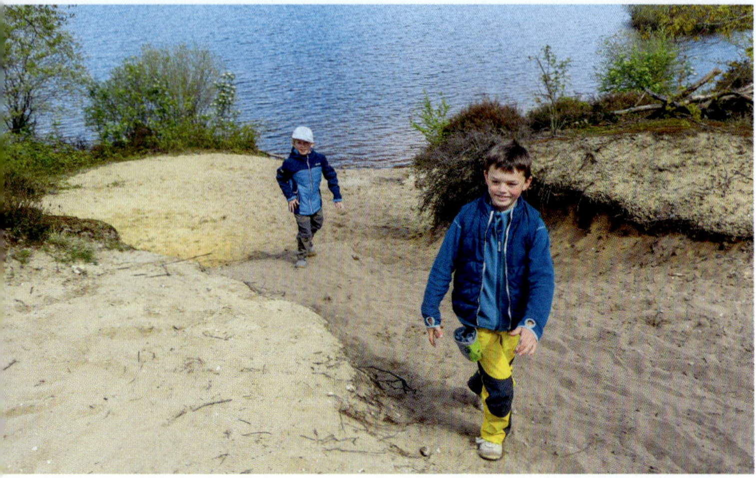

Naturzeit am Niederrhein und in der Nachbarschaft

Touren nahe am Wasser, an Bächen, durch Moorgebiete und zu Seen gehören zu den Wander-Highlights am Niederrhein. Es gibt aber auch aussichtsreiche Höhenzüge und dichte Wälder, sodass wir bei unseren Ausflügen ganz unterschiedliche Landschaften durchstreifen. Der ruhige Fluss Niers und die etwas spritzigere Rur eignen sich auch für Kanutouren. Zum Radfahren locken eher die flachen Gebiete rund um den Rhein.

Die Wanderungen in diesem Buch beschränken sich nicht nur auf den Niederrhein, sondern beziehen auch ein paar ausgewählte, besonders lohnenswerte Touren in der Nachbarschaft ein: Der niederländische Nationalpaark de Maasduinen grenzt an mehreren Stellen direkt an den Niederrhein und bildet mit seiner Mischung aus Feuchtwiesen in unmittelbarer Nähe zur Maas, sandigen Sichel- und Paraboldünen landeinwärts, Heidelandschaften, Moorgebieten sowie Nadelwäldern eine abwechslungsreiche Kulisse für Wandertouren nahe der Grenze. Gleiches gilt für das Wylerbergmeer. Ein Ausflug über die Grenze fühlt sich für uns immer wie Urlaub an.

Auch die Ausflüge in die Städteregion Aachen und in den Rhein-Erft-Kreis lohnen die zum Teil etwas weitere Anreise: Die nah gelegene Eifel ist hier bereits spür- und sichtbar. Die hügelige Landschaft und idyllische Natur lassen jedes Wanderherz höher schlagen.

Im Osten überschneidet sich der Niederrhein mit dem Ruhrgebiet. Für Ausflüge in die Metropolregion empfehlen wir unseren Wanderführer »Grüne Oasen im Ruhrgebiet«. In diesem Buch stellen wir weitere 40 Wander- und Entdeckertouren vor. Einige davon befinden sich auch direkt am Niederrhein.

Die beiden Wochenendtrips in diesem Buch führen uns ins nah gelegene Hohe Venn mit seiner moorähnlichen Landschaft und in die Vulkaneifel, die mit geologischen Besonderheiten und einmaligen Ausflugszielen auf uns wartet.

Die Regionen in diesem Buch

Für einen besseren Überblick und eine gute Übersicht haben wir den Niederrhein in drei Gebiete unterteilt, die wir hier kurz vorstellen. Abstecher in die Niederlande machen wir in allen drei Gebieten.

Niederrhein Nord:

Von Emmerich bis Kevelaer und von Goch bis hinter Wesel

Der am dünnsten besiedelte Teil des Niederrheins liegt im Norden und grenzt an das Münsterland. Hier streift auch der Naturpark Hohe Mark die Region, den wir bei den Touren im Diersfordter Wald und in der Dingdener Heide kennenlernen. Ganz im Norden warten an der Grenze zu den Niederlanden in Hochelten und am Wylerberg einige Höhenmeter und zünftige Kletterpartien auf uns. Gleiches gilt für den Uedemer Hochwald als Teil des Niederrheinischen Höhenzuges und die Testerberge bei Hünxe. Mit dem Klever Reichswald befindet sich im nördlichen Teil außerdem das größte zusammenhängende Waldgebiet der Region. Wir erforschen es rund um die Wanderung in Asperden. Aber auch Wasser spielt hier eine große Rolle: Das Reindersmeer in den Niederlanden überqueren wir mit einer Fähre, außerdem paddeln wir auf der Niers. Eine spannende Fahrradtour bringt uns auf die von unzähligen Vögeln bewohnte Bislicher Insel.

Niederrhein Mitte:

Von Geldern bis Viersen und von Nettetal bis hinter Krefeld

Im mittleren Teil des Niederrheins paddeln wir zwar nicht, überqueren die Niers jedoch gleich zweimal mit eigener Muskelkraft: In Wachtendonk

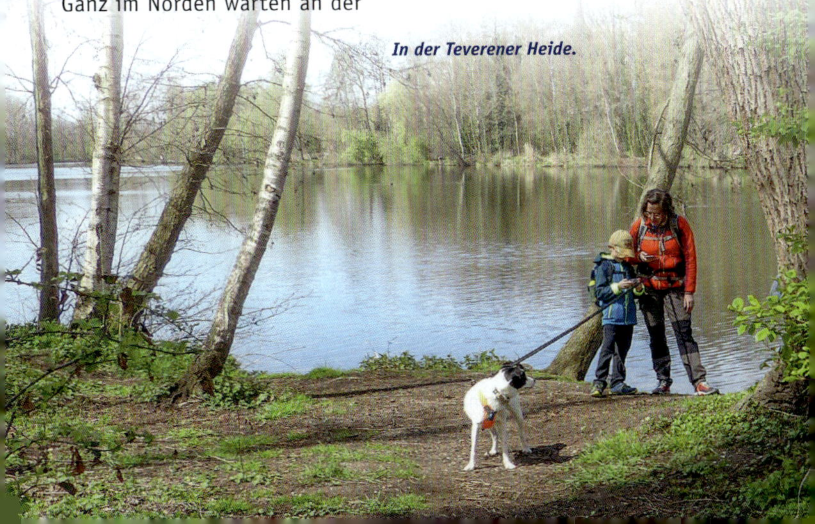

In der Teverener Heide.

per Selbstbedienungsfähre, in Neersen mit Hilfe einer Schwebebrücke. Zählbare Höhenmeter sind hier eigentlich nur am Oermter Berg zu bewältigen, dafür gibt es inmitten der typischen Kopfweiden-Landschaft andere Abenteuer zu erleben: Direkt an der niederländischen Grenze wandeln wir auf alten Schmugglerpfaden. In Grefrath und Krefeld können wir gleich zweimal startende und landende Segelflugzeuge aus nächster Nähe beobachten. Auch der abwechslungsreichen Landschaft im Naturpark Schwalm-Nette begegnen wir hier zum ersten Mal, so zum Beispiel am Harik- oder De Wittsee.

Niederrhein Süd:
Von Mönchengladbach bis kurz vor Aachen und vom Selfkant bis nach Neuss
Auf den Naturpark Schwalm-Nette treffen wir auch im südlichen Teil immer wieder. So wandern wir an der Dalheimer Mühle und im Birgeler Urwald durch verwunschene Wälder und geheimnisvolle Moore. Aufregend ist auch unsere Wanderung auf den Spuren der Werwölfe in Altkaster. Der Monte Clamotte in Mönchengladbach und die grünen Lungen in Neuss zeigen uns, dass man auch im urbanen Raum wunderbare Naturzeit verbringen kann. Liedberg verzaubert uns dagegen mit seinem dörflichen Fachwerkhäuser-Charme. Die mittelalterliche Zollfeste Zons besuchen wir mit dem Fahrrad, während wir die Windungen der Rur zum Paddeln nutzen. Von hier ist es auch nicht mehr weit bis zum westlichsten Punkt Deutschlands und dem schmalsten Stück der Niederlande…

Abstecher in die Städteregion Aachen führen uns unter anderem hinauf auf die Sophienhöhe und ins wildromantische Wurmtal. Hier sind wir bereits den Ausläufern der Eifel recht nahe.

Wochenendtouren

Für einen Wochenendausflug lockt die nah gelegene Eifel die Niederrheiner immer wieder gen Süden. Sie geht auf der belgischen Seite ins Hohe Venn über, das landschaftlich besonders eindrucksvoll ist. So finden wir hier eines der letzten Hochmoore in Westeuropa. Mit den beiden Touren aus diesem Buch wandern wir ganz in der Nähe von Belgiens höchstem Berg, dem Signal de Botrange, und der Quelle der Rur, die in ihrem Verlauf auch durch die Region Niederrhein fließt.

Für Kinder besonders spannend ist die Vulkaneifel, die mit geologischen Besonderheiten besticht: Vulkankrater, Bims- und Basalt-Ablagerungen und Maare bilden eine abwechslungsreiche Landschaft. Gerolstein ist idealer Ausgangspunkt, um die Eifel zu erkunden und an zwei Tagen auf der so genannten »Dolomiten-Acht« unterwegs zu sein.

Niederrhein aktiv
Sport, Spiel und Familienabenteuer

Neben den in diesem Buch vorgestellten Wander-, Fahrrad- und Paddeltouren gibt es am Niederrhein zahlreiche Möglichkeiten, Naturzeit mit der Familie zu verbringen. Kinder kann man dabei besonders gut mit einem Ausflug ans Wasser locken. Die vielen Flüsse, Bäche und Seen am Niederrhein lassen dabei keine Wünsche offen. Aber auch an Land gibt es einiges zu erleben: Adventure-Golf, Kletterparks oder eine Fahrt mit einer historischen Dampflok stehen dabei hoch im Kurs.

Schwimmen und Baden

Über den ganzen Niederrhein verteilt finden wir viele Frei- und Schwimmbäder, die Erfrischung an heißen Tagen bieten. Besonders empfehlen können wir die Badeseen am Bettenkamper Meer nahe Moers, in der Südsee Xanten, in der Blauen Lagune bei Wachtendonk und das Strandbad am Kaarster See.

Wassersport

Surfen, Segeln oder Stand-Up-Paddling (SUP) ist nicht nur am Meer machbar. Auch am Niederrhein finden wir dazu viele Möglichkeiten. In der Xantener Südsee können wir Wasserski fahren, surfen, segeln und eine Unterwasserwelt erkunden. Hier werden auch viele Kurse speziell für Kinder und Anfänger auf dem Surfboard angeboten.

Ebenfalls viel erleben lässt sich an der Blauen Lagune in Wachtendonk. Hier mischt sich buntes Strandleben mit Freizeitspaß vom Kletterpark bis zum Stand-Up-Paddling. Der Trendsport ist auch bei größeren Kids beliebt. »SUPen« trainiert das Gleichgewichtsgefühl und macht viel Spaß. Die Pad-

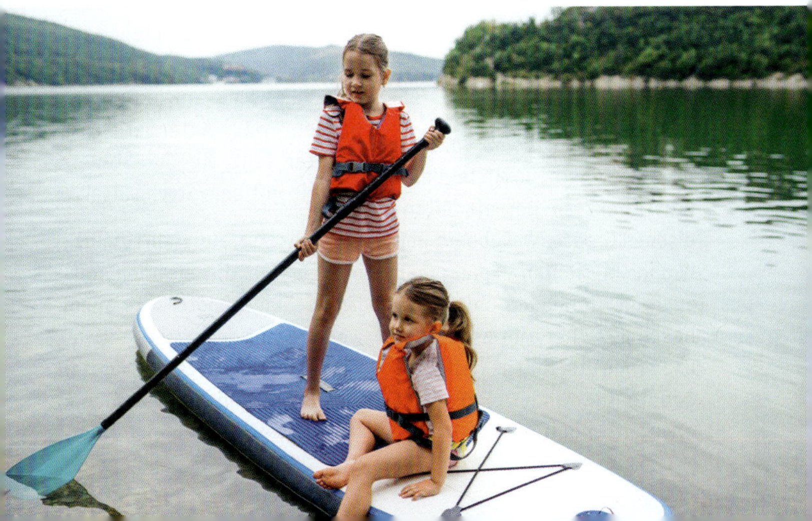

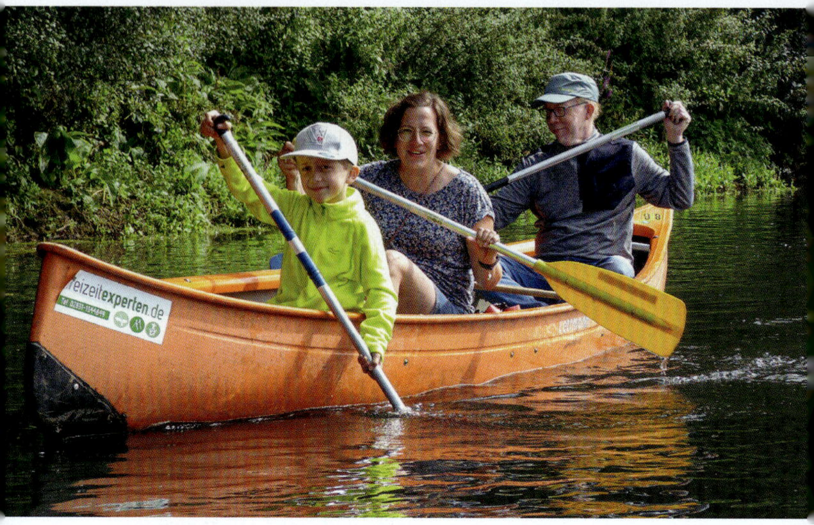

deltechnik ist unkompliziert: Es gibt Kurse für Einsteiger, aber auch »learning by doing« funktioniert.

Beliebte Ausflugsziele für Wassersportler sind außerdem der Auesee in Wesel und das Naturfreibad Bettenkamper Meer. Als erfrischende Oasen gelten im Sommer zudem der Camping- und Freizeitpark Wisseler See in Kalkar, der Freizeitsee Menzelen in Alpen und der Tenderingssee in Hünxe.

Coole Beach-Club-Atmosphäre bietet der Effelder Waldsee. Ein trendiger 4-Sterne-Campingpark mit Wasserski und Sprungkissenparcours auf dem Wasser sorgen für Mittelmeerflair direkt an der niederländischen Grenze. Wakeboard und Wasserski fahren kann man auch in Dormagen im Wakebeach 257. Hier gibt es am Wochenende zudem spezielle Angebote für Kinder. SUPen ist ebenfalls möglich.

Mit dem Boot unterwegs

Eine Bootsfahrt kommt bei Kindern immer gut an. An vielen Stellen am Niederrhein kann man Kajaks oder Kanadier mieten. Letztere sind für Anfänger mit Kindern besser geeignet, da sie recht stabil im Wasser liegen. Kanadier sind oben offen und werden mit einem Stechpaddel gefahren. Beim Kajak sitzt man in einer Luke im geschlossenen Boot. Kajaks sind schmaler als Kanadier und deutlich wackeliger. Die Gefahr zu kippen ist daher höher. Dafür steuert man Kajaks mit einem Doppelpaddel, was Anfängern oft leichter fällt als die Steuertechnik mit dem Stechpaddel.

Ebenfalls für Flussfahrten geeignet sind die stabilen Rafting-Schlauchboote – vor allem wenn es auf dem Wasser etwas flotter wird. Rafts sind quasi unsinkbar und haben zudem den Vorteil, dass gleich meh-

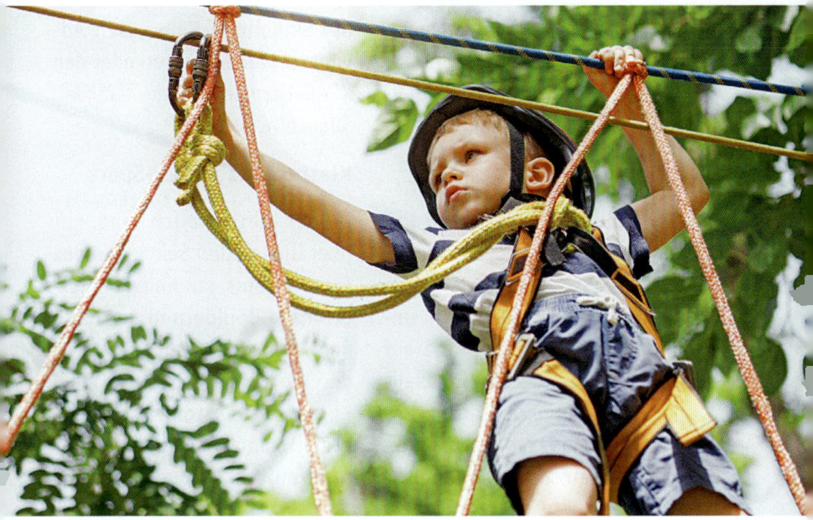

rere Familien gemeinsam in einem Boot Platz finden.

Familienfreundliche Paddeltouren finden wir vor allem auf der Niers und der Rur. In diesem Buch sind zwei Touren beschrieben **[› Tour 11 und 26]**. Wer es etwas sportlicher und anspruchsvoller mag, dem empfehlen wir eine Kanutour auf der Erft – eventuell sogar inklusive der Mündung in den Rhein. Hierbei sind aber Vorkenntnisse im Paddeln erforderlich. Teilweise haben die Strecken hier Rafting-Charakter. Auch auf der Lippe kann gepaddelt werden.

Tret- oder Ruderboote werden auf vielen Seen am Niederrhein verliehen – so zum Beispiel im Krefelder Stadtwald oder auf dem Wisseler See bei Kalkar. Die Preise unterscheiden sich je nach Bootstyp und Mietdauer. Rechnen muss man ungefähr mit €10 für 30 und €16 für 60 Minuten.

Hochseilgarten

Hochseilgärten und Indoor-Kletterhallen erfreuen sich zunehmender Beliebtheit. Viele Anbieter haben auch Routen für Kinder in ihrem Repertoire. Diese sind ebenso für noch unerfahrene Kletternde geeignet.

In der Luft baumelnde Seile, Baumstämme und Seilbahnen verbinden eine Plattform oben im Baum mit der nächsten. Professionell mit Klettergurt und Helm gesichert überwindet man den Abgrund: auf einem schaukelnden Balken balancierend, in einer Holzkistenbahn oder durch ein aus Seilen geknüpftes Spinnennetz. Die einfachsten Parcours sind schon von Vier- bis Sechsjährigen zu meistern und befinden sich kaum höher als einen Meter über dem Boden. Die Profiversion schwankt in über zehn Metern Höhe in den Baumwipfeln und verlangt neben Mut auch recht sportliche Aktionen.

Ein Besuch im Hochseilgarten mit Kindern ist ein Familienevent: Kinder unter zwölf Jahren dürfen meist nämlich nur in Begleitung eines Erwachsenen zwischen die Bäume. Gemütlich zurücklehnen und bewundern, wie toll der Nachwuchs das macht, ist also nicht. Gerade weil es ein wenig Mut kostet, sich darauf einzulassen, bieten Hochseilgärten besondere und intensive Erlebnisse – sozusagen ein gemeinsam durchlebtes Abenteuer.

Kinder bewegen sich zwischen den Bäumen oft viel furchtloser als Erwachsene, sodass die Eltern nicht unbedingt die tollen Helden sind, sondern mit ihren Kindern auf Augenhöhe stehen. Alles Wichtige erklären die Trainerinnen und Trainer zu Beginn. Dann zieht man an den meisten Anlagen auf eigene Faust los. Man kann einfach anfangen und sich vorsichtig an Schwierigeres herantasten – im eigenen Tempo und bis zu den persönlichen Grenzen. Beim ersten Besuch im Hochseilgarten sollte man darauf achten, dass es mehrere einfache Einsteigerparcours gibt. Nur so kann man die Höhe und Anforderungen langsam steigern.

Am Niederrhein gibt es auch einige private Hochseilgärten und Kletterwälder wie zum Beispiel den Kletterwald Niederrhein auf den Hinsbecker Höhen, den Hochseilgarten an der Skihalle in Neuss, den Adventurepark in Xanten oder den XPAD-Hochseilgarten auf den Süchtelner Höhen.

Klettern als Indoor-Sport

Indoor-Kletterhallen sind gut über die lokalen Sektionen des Alpenvereins zu finden. Klettern und Bouldern in der Halle muss man allerdings lernen. In den Kletterhallen werden auch Kurse für Einsteiger angeboten – manchmal sogar für Eltern und Kinder gemeinsam.

Das »Clip'n Climb Niederrhein« in Viersen bietet Indoor-Kletterkurse ab vier Jahren an, auch Kindergeburtstage können hier gefeiert werden. Im Freizeittreff in Krefeld-Hüls kann man sein Können an einer 15 Meter hohen Kletterwand testen oder sich im Bouldern probieren. Beim Bouldern klettert man ohne Seilsicherung nur bis zur Absprunghöhe (maximal 4,50 Meter).

Skateparks und Co.

Egal ob mit dem Skateboard, mit dem Roller oder einem Bike – Rampen, Slidebalken und Halfpipes üben immer ihren Reiz aus. Am Niederrhein finden wir passende Skateparks zum Beispiel in Xanten, Voerde, Wesel, Kamp-Lintfort und Moers. In Neuss sind besonders der Skatepark im Rennbahn-Park beliebt sowie der im Ortsteil Reuschenberg an der Eissporthalle. In Mönchengladbach lockt die Skateanlage an der alten Radrennbahn

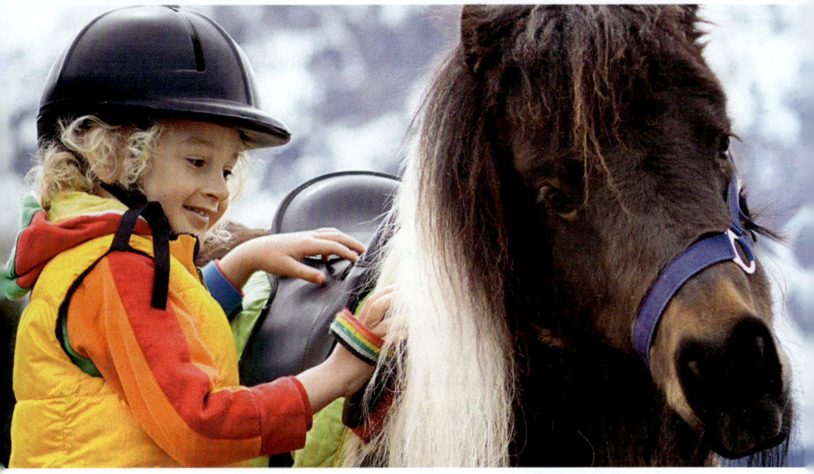

mit einer Gesamtfläche von mehr als 800 Quadratmetern.

Hoch zu Ross

Viele Kinder träumen davon, Zeit mit einem Pferd zu verbringen und reiten zu lernen. Der Dümpenhof in Wachtendonk bietet Reitunterricht ab vier Jahren an. Auch Kindergeburtstage kann man hier feiern und Reiterferien verbringen. Gleiches gilt für den Islandpferdehof in Rheurdt.

Die »Buschreiter« bieten Ausritte in der Region Maas-Schwalm-Nette an. Auch für Reitbegeisterte mit nichtreitender Begleitung und Kindern gibt es ein gemeinsames Erlebnis mit Pferden: Die Abenteurlustigen steigen in den Sattel und die Genussmenschen begleiten sie bei einer angenehmen Kutschfahrt: gelegentlich auf getrennten Wegen, aber mit gemeinsamer Mittagsrast. Hier kann man auch für Kindergeburtstage eine Kutschfahrt buchen. Ausritte für Einsteiger sind ebenfalls möglich. Ausgangspunkt ist Brüggen im Kreis Viersen.

Der Reithof Hüsch in Goch bietet Reitunterricht bereits ab drei Jahren an. Gleiches gilt für die Pferdefreunde Broicher Hof e.V. in Mönchengladbach, die sich auf Kinderreiten spezialisiert haben.

Geocaching – Schnitzeljagd mit GPS

Mit dem Smartphone/Tablet oder einem GPS-Gerät auf Schatzsuche gehen, das ist Geocaching. Die moderne Form der Schnitzeljagd hat sich im vergangenen Jahrzehnt auf allen Kontinenten ausgebreitet und Groß wie Klein in ihren Bann gezogen. So gibt es alleine in Nordrhein-Westfalen inzwischen über 55.000 verschiedene Geocaches.

Dabei werden wasserdichte Behälter (Dosen) unterschiedlicher Größe im Wald versteckt. In ihnen befinden sich meist kleine Tauschgegenstände und ein

Logbuch. Man findet die Dosen über Koordinaten, die im Internet stehen, zum Beispiel auf www.geocaching.com. Mehr Infos zum Geocachen und einen einfachen Cache zum Austesten nur für die Leser*innen dieses Buches sind auf **[› Seite 140]** zu finden.

Radfahren am Niederrhein

Aufgrund des überwiegend flachen Geländes ist der Niederrhein ein Radfahr-Mekka und auch über seine Grenzen hinaus bekannt für seine vielfältigen Radwege. In diesem Buch stellen wir drei kindgerechte Radtouren vor:

› Von Xanten besuchen wir das Naturschutzgebiet rund um die Bislicher Insel, in dem viele verschiedene Vogelarten zuhause sind. **[› Tour 8]**.

› Im Rhein-Kreis Neuss genießen wir die Natur rund um den Rheinbogen am Zonser Grind und erkunden die ehemalige Zollfeste Zons **[› Tour 37]**.

› Auf der anderen Rheinseite radeln wir weiter nördlich zum Millinger Meer und zur Fähre nach Grieth **[› Tour 3]**.

Natürlich hat der Niederrhein noch viel mehr zu bieten: Hier sind insgesamt mehr als 2.000 Kilometer Radwege ausgeschildert – das größte Radwegenetz in Deutschland. Bei der Orientierung hilft das Knotenpunkt-System nach dem Motto »Radeln nach Zahlen«. Das in den Niederlanden und Belgien bewährte System hat sich inzwischen auch am Niederrhein etabliert. Dabei sind die Radwege einheitlich beschildert und alle Kreuzungen (Knotenpunkte) durchnummeriert. Unter den Wegweisern werden die Richtung und Nummer des jeweils nächstgelegenen Knotenpunktes angegeben. Statt Ortsnamen muss man sich also einfach die Nummern merken. Die Wegweiser und Markierungen sind rot auf weißem Grund, bei Grenzübertritt in die Niederlande grün auf weiß.

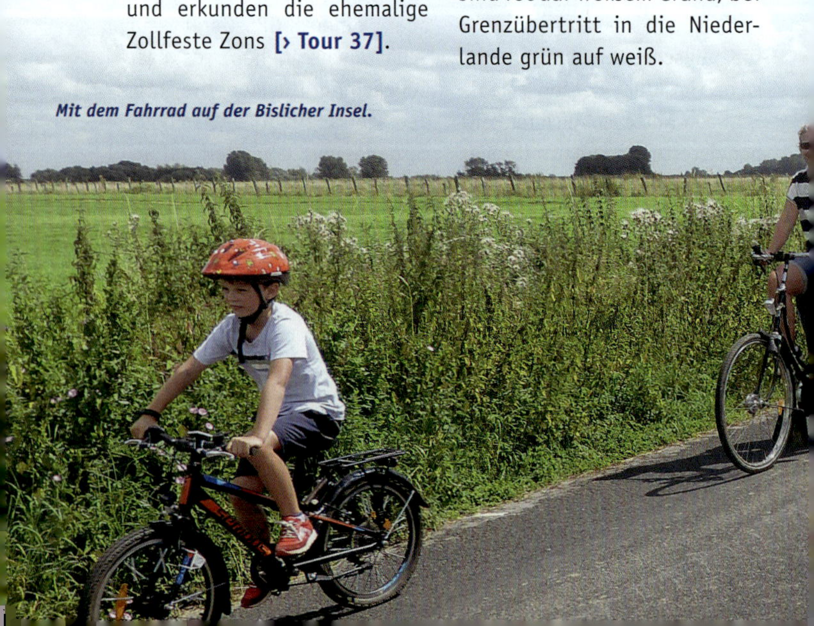

Mit dem Fahrrad auf der Bislicher Insel.

Über die Grenzen hinaus bekannt ist der **Niederrheinische Radwandertag**, der seit inzwischen 30 Jahren jeden Sommer stattfindet. Hier beteiligen sich viele Städte und Kommunen zwischen Rhein und Maas mit speziell ausgearbeiteten Routen und Infoständen. An den Strecken liegen viele Sehenswürdigkeiten und Möglichkeiten zur Einkehr. Unter den Routenvorschlägen sind immer einige Familientouren. Als besonderes Bonbon kann man an Stationen am Weg Stempel sammeln und an einem Gewinnspiel teilnehmen. *niederrhein-tourismus.de/ radwandertag*

Wem es zu umständlich ist, sein Fahrrad selbst zu transportieren, dem bietet das Fahrrad-Verleihsystem **NiederrheinRad** eine bequeme Alternative: Etwa vierzig Fahrradverleih-Stationen sind über den gesamten Niederrhein verteilt. Der Clou: Das geliehene apfelgrüne Rad kann an jeder beliebigen Station wieder abgegeben werden, es muss also nicht zwingend ein Rundweg gefahren werden. Im Angebot gibt es auch Pedelecs mit Elektromotor. Vorab reservieren sollte man auf jeden Fall. *www.niederrheinrad.de*

Biketrekking

Es gibt auch einige Radwanderwege, die für diejenigen konzipiert sind, die mit ihrem Drahtesel auf eine kleine Reise gehen wollen. Teilabschnitte der Wege kann man natürlich auch an einem Tag fahren:

› Der **Niers-Radwanderweg** ist knapp 120 Kilometer lang und führt immer am renaturierten Flussufer durch die niederrheinische Kultur- und Naturlandschaft. Für Familien mit Kindern lässt sich die ausgeschilderte Route problemlos in unterschiedliche Etappen aufteilen. Startpunkt ist in Mönchengladbach-Wanlo, das Ziel befindet sich im niederländischen Gennep.

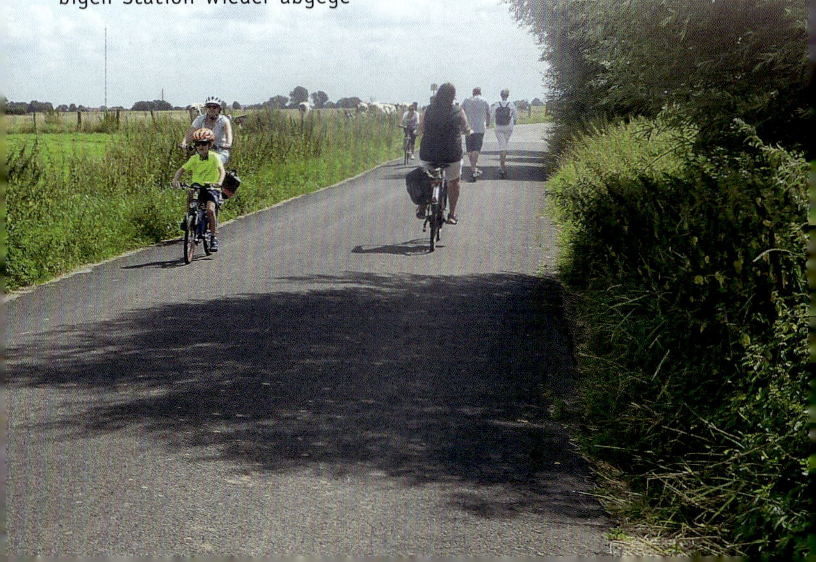

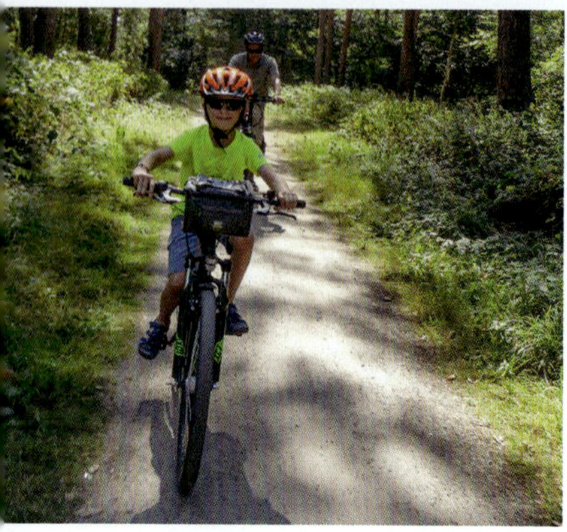

› Die **Via Romana** verbindet auf knapp 250 Kilometern kulturhistorische Ziele zwischen Xanten und Nimwegen. Grundlage für die Streckenführung ist die antike Limesstraße der Römer. Unterwegs trifft man auf viele Überreste aus der Römerzeit sowie Schlösser, beeindruckende Kirchen und Gartenanlagen.

› Die **Drei-Flüsse-Route** befindet sich in der Region Lippe-Issel-Niederrhein. Auf gut 160 Kilometern fährt man durch die Orte Hamminkeln, Hünxe, Raesfeld, Rees, Schermbeck, Voerde und Wesel. Eine Unterteilung in kürzere Abschnitte ist über ausgewiesene Nebenrouten möglich. Es gibt eine App zu dieser Route, die die Planung erleichtert und Sehenswürdigkeiten sowie Einkehr- und Übernachtungsmöglichkeiten anzeigt.

› Ins Heinsberger Land lockt die **West-Bike-Route**. Der 200 Kilometer lange Rundweg verbindet alle zehn Städte und Gemeinden dieser Region.

› Vielfältige Naturerlebnisse, prächtige Burgen und Herrenhäuser, malerische Wind- und Wassermühlen sowie hübsche Orte mit Gasthöfen, Cafés und Museen verspricht der **Bahn-Radweg** Kreis Viersen auf seinen 130 Kilometern.

› Die **Fietsallee** am Nordkanal folgt auf 103 Kilometern dem einst von Napoleon Bonaparte geplanten Nordkanal und führt von Neuss bis nach Nederweert (in den Niederlanden).

Eine Pause am Rheinufer.

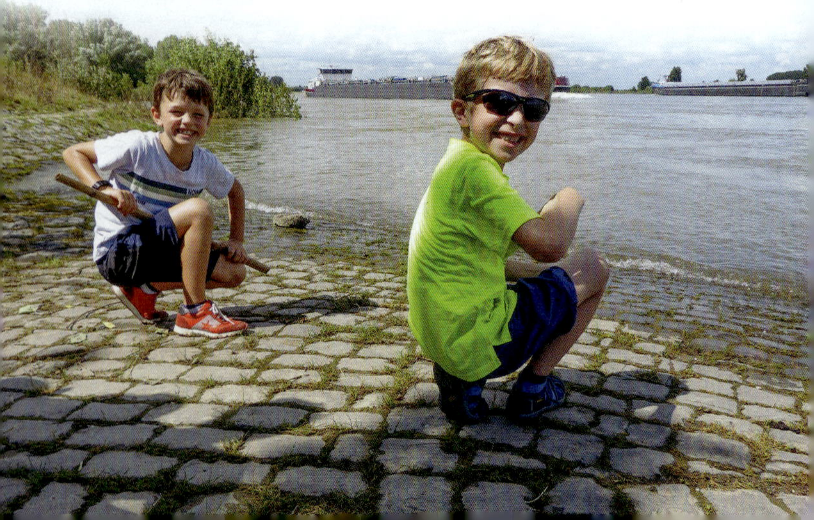

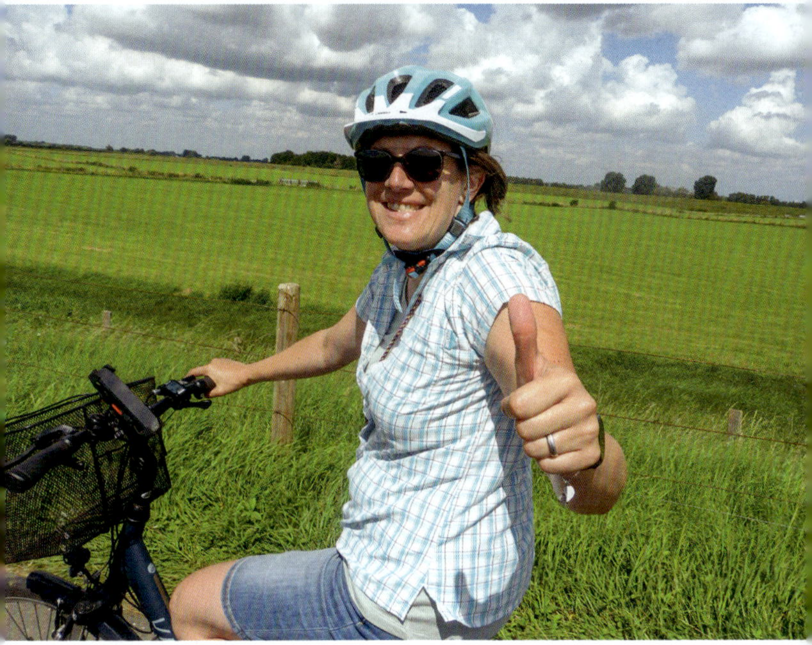

› Die **Erlebnis-Radroute Boxteler Bahn** führt über 155 Kilometer von Wesel bis ins niederländische Boxtel. Früher gab es hier eine Bahnverbindung, auf deren historischer Strecke der Radweg verläuft.

› Sportlich besonders ambitionierte Radfahrer folgen auf dem **RurUfer-Radweg** dem gleichnamigen Fluss über 170 Kilometer von seiner Quelle im Hohen Venn (Belgien) über weite Teile des Niederrheins bis zu seiner Mündung in die Maas bei Roermond. Aber Achtung: Am Anfang sind viele Höhenmeter zu überwinden.

› Die Route **#RadLust Niederrhein** verspricht auf 210 Kilometern eine Entdecker-Rundtour mit Schwerpunkten wie »Burgen und Schlösser«, »Parks und Gärten«, »Museen und Ausstellungen«, »Römer, Mönche und Mittelalter«. Auf dem Radweg lassen sich mehr als 50 unterschiedliche Ziele ansteuern.

› Knapp 190 Kilometer ist der Rundweg **Mühlen ohne Grenzen** lang. Er führt zwischen Niederrhein und Niederlanden an knapp 50 Wind- und Wassermühlen vorbei, von denen die meisten noch in Betrieb sind.

› Den neuesten Trends folgt die Augmented-Reality-Radroute **Tim Berresheims Bilderreise** auf 90 Kilometern. Dabei eröffnen sich mit Smartphone und entsprechender App an insgesamt vierzehn Stationen ganz neue Blickwinkel auf die reale Welt. Sie verschmilzt mit der digitalen, mischt sich und wird zu ganz und gar ungewöhnlicher Kunst.

Wandern mit Kindern

Oft ist es gar nicht so einfach, Kinder zum Wandern zu motivieren. Spazierengehen finden die meisten sterbenslangweilig. Wenn es jedoch gelingt, aus dem Ausflug ein kleines Abenteuer zu machen und dabei unterwegs den »Spielplatz Natur« zu entdecken, sind auch Kinder auf Wanderungen gerne dabei. Was macht so ein Naturabenteuer aus und was braucht man für einen Ausflug ins Grüne?

Der Weg und das Ziel

Breite Feld- und Waldwege mögen die wenigsten Kinder. Die Wanderungen in diesem Buch führen daher möglichst über schmale Pfade im Wald oder am Wasser, an denen es viel zu entdecken gibt. Bei uns heißen diese Wege Abenteuerpfade. Unterwegs wollen Kinder toben, klettern und alles bestaunen, was rechts und links am Wegrand wächst oder krabbelt. Dafür muss genügend Zeit eingeplant werden. Die ersten Touren sollten daher eher kurz sein. Als Ziel eignet sich ein Platz, an dem man gut spielen kann – zum Beispiel Aussichtstürme, Badestellen, ein Bach, ein Gasthof, ein Picknick- oder Spielplatz.

Abwechslung unterwegs bieten Stationen eines Walderlebnispfades oder auch mal ein Kletterbaum. Ebenfalls beliebt sind Tiere auf der Weide, die man beobachten oder fotografieren kann.

Ausrüstung

Hohe Wanderschuhe sind im relativ einfachen Gelände am Niederrhein nicht unbedingt notwendig. Feste, möglichst wasserdichte Schuhe mit gutem Profil sind aber generell für alle Wanderungen sinnvoll. In den Rucksack gehört außerdem für alle eine wasserdichte Jacke.

Führt der Ausflug ans Wasser, sollte für kleinere Kinder außerdem ein Satz Wechselkleidung (vor allem Ersatzsocken) ins Gepäck. So lässt es sich unbeschwert toben und balancieren, ohne dass ein Ausrutscher mit nassen Füßen das vorzeitige Ende des Ausflugs heraufbeschwört.

Hungrige oder durstige Kinder laufen nicht gerne. Auch wenn eine Einkehr geplant ist, braucht es ein paar leckere Snacks im Gepäck. Bietet sich eine Einkehr nicht an, sollte stattdessen ein richtiges Picknick eingeplant werden.

Auch eine gefüllte Wasserflasche gehört immer zur Ausrüstung. Wenn es im Sommer heiß wird, sollte man nicht zu knapp kalkulieren. Ein Liter Wasser für Erwachsene und ein halber Liter pro Kind sind das absolute Minimum. Geeigneten Sonnenschutz – Hut, Sonnencreme und vielleicht auch eine Sonnenbrille – sollten wir nicht vergessen.

Der Rest ist Kür: Manche Kinder finden es toll, einen eigenen Rucksack zu tragen, in dem ein Kuscheltier oder ein anderes Lieblingsspielzeug mit zum Ausflug darf. Und natürlich passen auch all die Steine, Zweige, Kastanien, Tannenzapfen und Schneckenhäuser hinein, die Kinder unterwegs so sammeln. Wichtig ist dabei nur, dass das Gepäck nicht zu schwer wird. Kinder bis sechs Jahre sollten nicht mehr als ein Kilo auf dem Rücken tragen.

Älteren Kindern sollte man zumindest den Transport der eigenen Wasserflasche und Jacke übertragen, damit die Eltern nicht zu Lasteseln werden. Sie können dann auch ein Taschenmesser, den Fotoapparat oder ein Fernglas einpacken. Für Kinder bis neun Jahre sollte laut Informationen des Alpenvereines das Gewicht des Rucksacks drei Kilo nicht überschreiten.

Motivation und Ausdauer

Wie lange Kinder tatsächlich laufen oder radeln können, ist nicht nur von ihrer körperlichen Fitness abhängig, sondern auch ganz erheblich von der sogenannten »mentalen Ausdauer«. Oft sind sie gar nicht körperlich, sondern eher auf der Motivations-Ebene überfordert. »Ich kann nicht mehr« heißt bei Kindern oft erst einmal, dass sie sich langweilen.

In solchen Krisenmomenten gibt es zwei probate Mittel: Ablenken und Motivieren. Ablenken funktioniert vor allem bei kleinen Kindern gut. Einfache Spiele oder Gespräche beschäftigen den Geist und plötzlich wird die Bewegung zur Nebensache und mühelos. Um größere Kinder zu motivieren, beziehen wir sie so gut wie möglich in die Planung mit ein. Sind Kinder wirklich körperlich erschöpft, helfen oft eine Pause und etwas zu essen.

Der Spaßfaktor darf beim Wandern mit Kindern nicht zu kurz kommen.

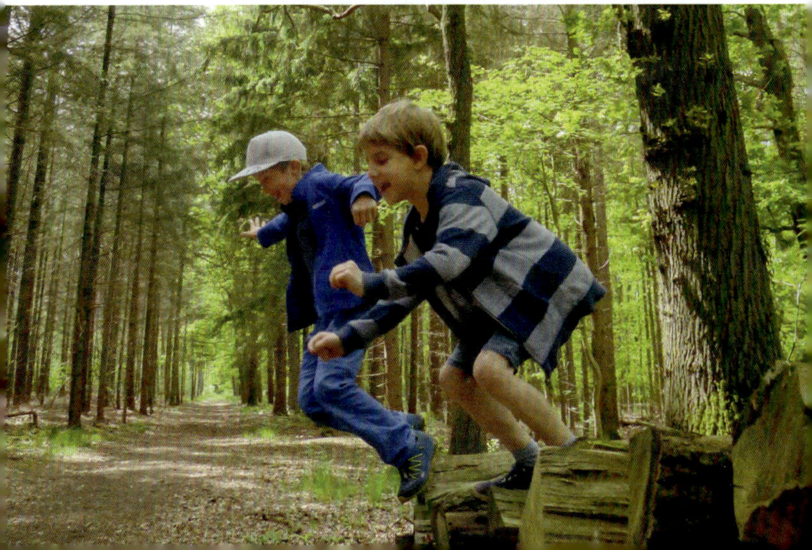

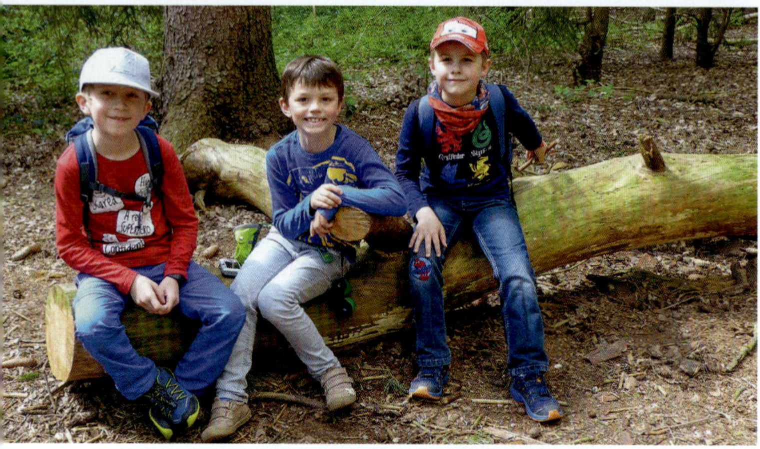

14 praxiserprobte Tipps zum Wandern mit Kindern

Diese Tipps für unterwegs haben sich bei unseren Ausflügen in die Natur bewährt. So motivieren wir unsere Kinder zum Wandern und entschärfen Krisensituationen. Denn auch Kids, die eigentlich gerne laufen, sind nicht immer gut drauf.

❶ Die Wanderung aufregend verpacken. »Wir machen heute einen Ausflug und schauen mal, was wir dabei alles entdecken« klingt viel spannender als »Wir gehen heute wandern.«

❷ Gemeinsam den Rucksack packen. Welcher Proviant muss mit? Darf vielleicht ein Spielzeug oder ein Kuscheltier mit auf die Wanderung oder Ausrüstung zum Entdecken oder Forschen? Was wird noch benötigt? Viele Kinder sind auch richtig stolz darauf, den eigenen kleinen Rucksack zu tragen.

❸ Bereits bei der Anreise den Blick für die Natur schärfen: Wer entdeckt die ersten Kühe? Wer sieht den ersten Berg, Fluss oder Wald? Das kann man dann während der Tour gut fortsetzen.

❹ Möglichst abwechslungsreiche Wege suchen, über Abenteuerpfade wandern. Auf Waldautobahnen gehen schon Erwachsene nicht wirklich gerne.

❺ Gemeinsam die nächste Markierung oder den nächsten Wegweiser suchen und dabei die Kinder als erstes die nächsten Hinweise finden lassen. Diese Erfolgserlebnisse motivieren ungemein.

Größere Kinder können auch selbstständig das Lesen der Karte und das Führen der Gruppe übernehmen.

❻ Nach Pilzen, Tieren, bunten Blättern, Tannenzapfen oder Ähnlichem Ausschau halten. Es gibt so viel zu entdecken draußen in der Natur.

7 Ein Picknick während der Wanderung machen. Nirgends sonst schmeckt es so gut wie im Grünen.

8 Ausreichend Pausen einplanen: zum Spielen, am Bach planschen, Picknicken, Klettern oder einfach die Sonne genießen.

9 Singen. Mit Musik läuft es sich immer leichter. Vor allem, wenn wir selber singen.

10 Motivationslöcher lassen sich auch gut mit Spielen überbrücken. Mit Wanderstöcken kann man zum Beispiel wunderbar Eisenbahn spielen. Eine erwachsene Lokomotive zieht den Kinder-Waggon. Auch ein Versteckspiel funktioniert beim Gehen. Dabei können wir uns selbst verstecken oder ein Spielzeug.

Ansonsten eignen sich auch Spiele, die den Geist beschäftigen: zum Beispiel »Ich sehe was, das du nicht siehst«. Mit größeren Kindern kann man beim Wandern außerdem prima Teekesselchen spielen oder alle Tiere aufzählen, die mit einem bestimmten Buchstaben beginnen.

Weitere schöne Wanderspiele haben wir auf unserem Blog *www.wandern-mit-kindern.info* zusammengestellt.

11 Highlights in die Tour einbauen. Ein Gipfelkreuz hat man nicht immer. Aber vielleicht gibt es ja einen Spielplatz am Ende, einen Bach zum Stauen oder Steine-Werfen oder eine Einkehrmöglichkeit mit Pommes und Eis zum Nachtisch.

12 Ein Tourenbuch schreiben. Am Anfang schreiben noch die Eltern für die Kinder, später können sie es selber weiterführen. Jede gefüllte Seite macht stolz und motiviert für die nächste Tour.

13 Kinder sind gerne mit Kindern unterwegs. Geht man mit mehreren Kids auf Tour, laufen diese oft ganz von allein und die Zeit in der Natur macht besonders viel Spaß.

14 Und wenn nichts mehr geht: Gummibärchen helfen bei uns eigentlich immer. Zur Motivation, als Energiequelle oder einfach nur, weil wir sie so lecker finden.

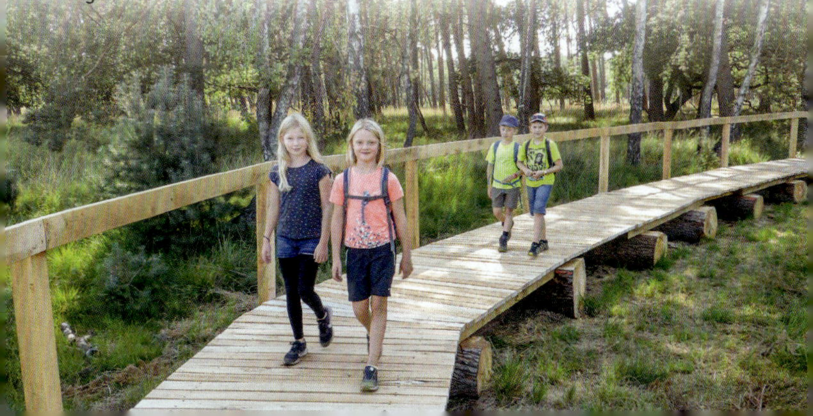

Die Touren in diesem Buch

Vom Umgang mit Altersangaben und Gehzeiten

Altersangaben

Für jede Tour gibt es im Infokasten auf der ersten Seite eine Altersempfehlung. Alle Altersgrenzen sind durchschnittliche Werte und auch abhängig von der bereits vorhandenen Erfahrung. Der Niederrhein ist mit seinen wenigen niedrigen Bergen und Hügeln technisch kein anspruchsvolles Wandergebiet. Für die Einstufung in Altersgruppen ist hier vor allem die Länge der Wegstrecke entscheidend.

Schwierigkeitsgrad

Unter der Rubrik »Charakter und Anspruch« im Tourensteckbrief lassen sich wichtige Hinweise auf die Beschaffenheit der Wege finden. Da unsere Routen aber so oft wie möglich über schmale Pfade mit Wurzeln und Steinen führen, sind feste Schuhe mit gutem Profil für alle Wanderungen sinnvoll.

Gehzeiten

Die Geschwindigkeit von Kindern ist selbst innerhalb einer Altersgruppe recht unterschiedlich. Die angegebenen **Gehzeiten sind daher am moderaten Tempo von Erwachsenen** gemessen. Wir kalkulieren dabei mit drei Kilometern oder 300 Höhenmetern pro Stunde auf weitgehend unkomplizierten Wegen. **Bei Kindern unter sechs Jahren sollte unbedingt bis zu 50 Prozent mehr Zeit veranschlagt werden**. Auch bei Grundschulkindern sollte noch etwas Zeit zugegeben werden. Mit wachsender Erfahrung entwickelt sich ein Gefühl für das individuelle Tempo der eigenen Familie. Zusätzlich ist genug Zeit für Pausen wichtig. Beträgt die reine Gehzeit einer Tour ein bis zwei Stunden, kann daraus mit Kindern im Vorschulalter ein vollwertiger Halbtagesausflug werden.

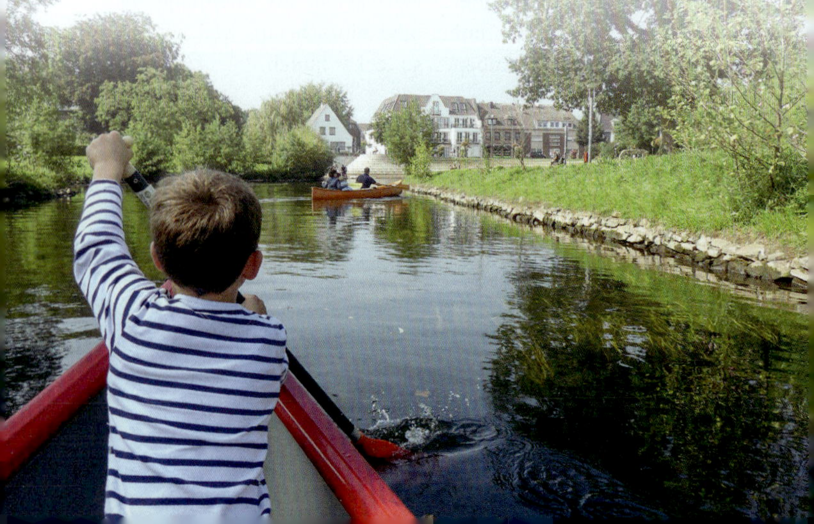

Fahrradtouren

Bei den Radtouren gibt es durchaus Strecken, die schon höhere Ansprüche an die Fahrtechnik stellen und für die Allerjüngsten noch nicht geeignet sind. Hinweise auf die Beschaffenheit der Wege finden sich im Tourensteckbrief.

Radeltempo ist noch unterschiedlicher als Gehzeiten. Einen enormen Einfluss auf das Fahrtempo hat die Beschaffenheit der Wege. Während erwachsene Radfahrende auf Asphalt locker 15 bis 20 Kilometer in der Stunde zurücklegen können, braucht man auf hoppeligen Waldwegen auch ohne jüngere Kinder im Schlepptau entschieden länger. Mehr als acht bis zwölf Kilometer sind, je nach Wegzustand, kaum zu schaffen. Wer noch Räder unter 20 Zoll in der Gruppe hat, sollte eher mit fünf bis acht Kilometern pro Stunde kalkulieren. Auch hier muss zusätzlich viel Zeit für Pausen eingeplant werden.

Kanutouren

Kinder sitzen entweder zwischen den Eltern im Kanu oder im Kajak in der vorderen Luke und müssen nur so lange mitpaddeln, wie sie Lust haben. Die richtige Länge einer Paddeltour ist also eher von der Erfahrung und Kondition der Eltern abhängig. Da der Bewegungsdrang bei den Jüngsten meist recht ausgeprägt ist, sollte aber die Zeit, in der sie im Boot stillhalten müssen, nicht zu lang ausfallen. Paddelzeiten von drei bis vier Stunden sind erst einmal ausreichend.

Etwa im Alter von zehn bis zwölf Jahren kann man Kinder auch ein eigenes Kajak fahren lassen. Für erste Versuche sollte es windstill sein.

Jüngere Kinder müssen im Kanu unbedingt eine Rettungsweste tragen, die man zusammen mit dem Boot leihen kann. An einer guten Verleihstation wird man darauf bestehen! Eine Rettungsweste unterscheidet sich durch den Kragen, der auch bei Ohnmacht vor dem Ertrinken schützt, von einer normalen Schwimmweste. Trotz Rettungsweste sollten alle Insassen eines Kanus sicher schwimmen können.

Tourenplanung und Pausen

Nicht nur Kinder motiviert ein erreichbares Ziel vor Augen. Es lohnt sich, die Strecke in mehrere überschaubare Etappen zu unterteilen und öfter eine Pause zu machen. Passende Wegpunkte dafür sind bei vielen Touren auf den Karten eingezeichnet und im Text markiert. Ein Stopp am Bach oder am Kletterbaum oder ein kleiner Snack an einem Platz mit toller Aussicht sorgen für schnell erreichbare Zwischenziele. Auch leckeres Essen ist ein wichtiger Aspekt beim genussvollen Wandern: Die Aussicht auf eine Einkehr im Gasthof, ein Picknick am Bachufer oder einen Eisbecher im Café lässt nicht nur Kinder schwungvoll vorangehen.

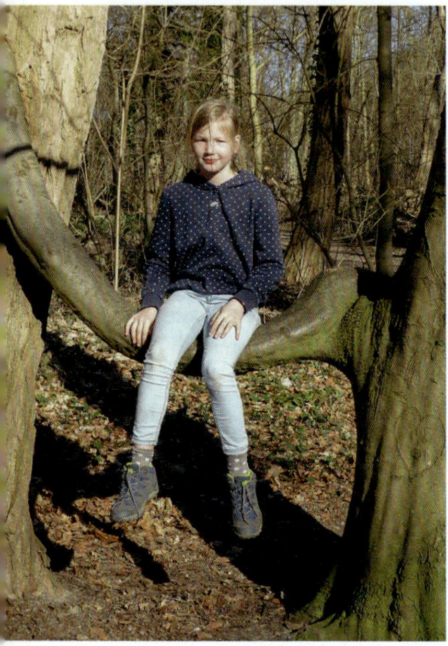

Die beste Wanderzeit

Der Großteil der in diesem Buch beschriebenen Touren ist jahreszeitenunabhängig und kann das ganze Jahr über gemacht werden. Gibt es eine Empfehlung, zu welcher Jahreszeit eine Tour am schönsten ist, steht dies zu Beginn der jeweiligen Beschreibung.

Orientierung

Die Tourenbeschreibung mit Karte im Buch sollte zusammen mit den jeweils genannten Markierungen und Wegweisern vor Ort ausreichen, um unsere Wanderungen sicher zu finden. Zusätzliche Karten sind nicht zwingend notwendig, können aber helfen.

GPS-Daten

Um den Parkplatz an einer Wanderroute zu lokalisieren, können die in der Anfahrtsbeschreibung genannten GPS-Daten in jede Navigations-App oder ein herkömmliches PKW-Navi eingegeben werden.

Außerdem stellen wir zu allen Wanderungen unter www.naturzeit-verlag.de auch GPS-Tracks zur Verfügung, die kostenlos heruntergeladen werden können. Die Daten unterstützen mit Hilfe von GPS-Gerät oder Handy-App die Orientierung unterwegs.

Passwort: GPX523NR411

Höhenprofile

Höhenprofile eignen sich ganz besonders gut, um sich einen schnellen Überblick über eine Tour zu verschaffen. Wenn die Kinder unterwegs genau wissen wollen, wie weit es noch ist, wo sie gerade sind, und ob es noch lange bergauf geht, findet sich hier schnell die passende Auskunft.

Natürlich bieten die Hügel und Halden am Niederhein keine alpinen Höhenunterschiede, mitunter ist es aber doch bergiger, als man es hier vermuten würde.

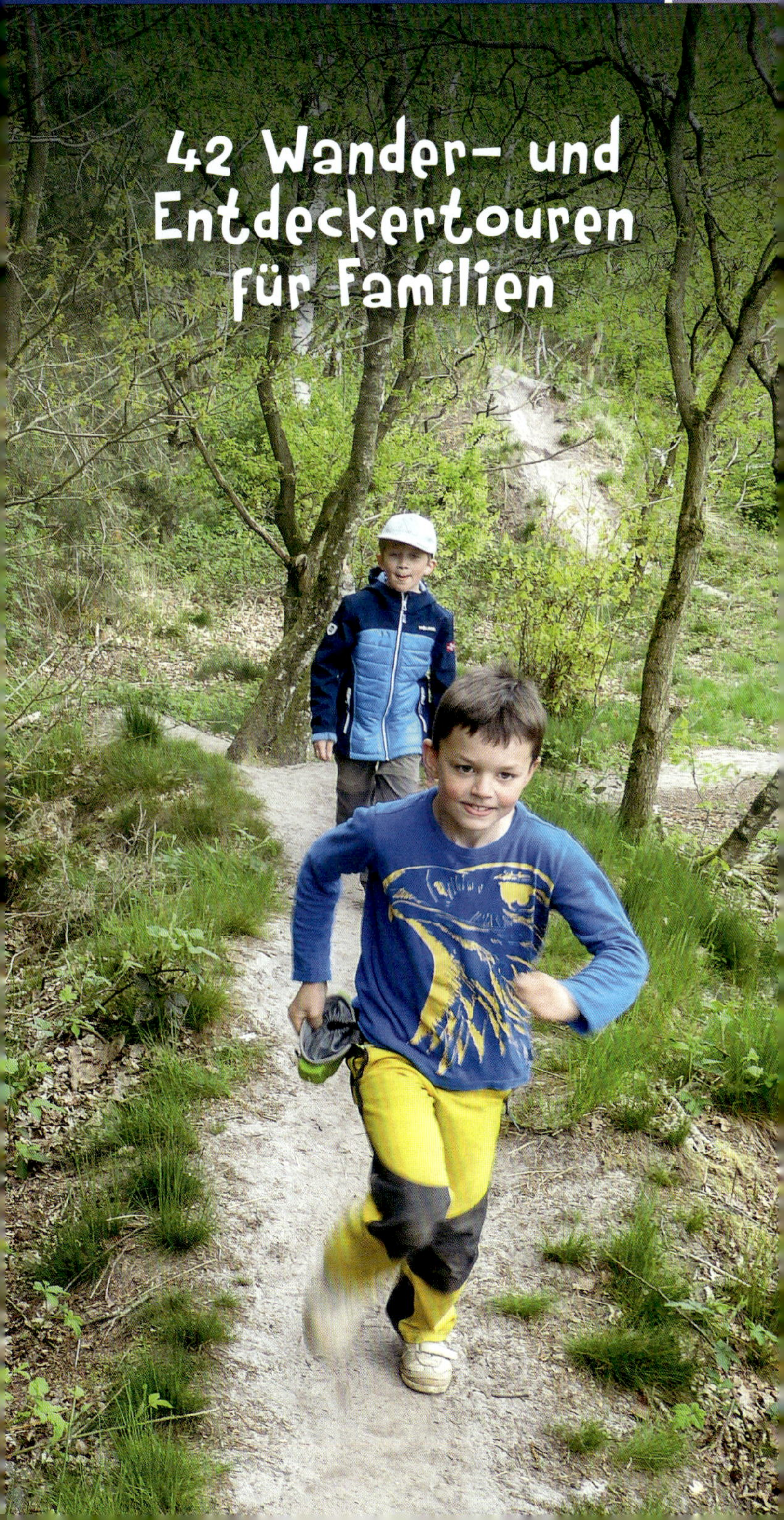
42 Wander- und
Entdeckertouren
für Familien

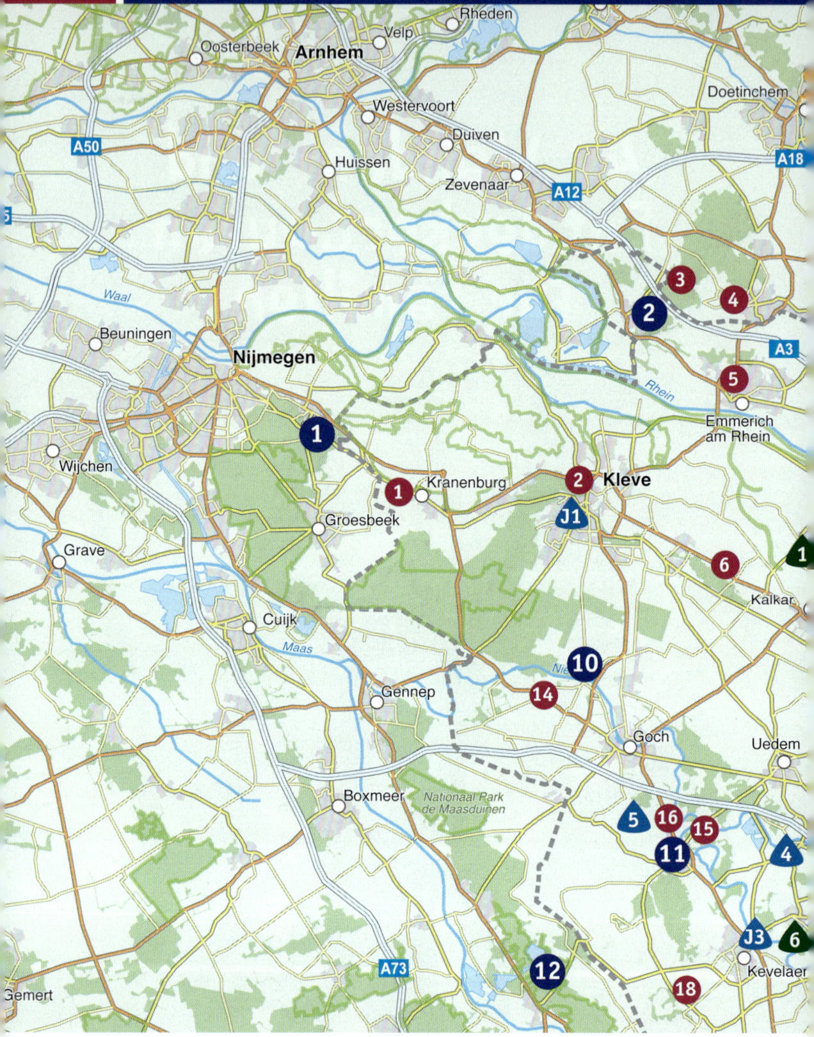

1 Grenzland Draisine

Ab Kranenburg kann man von April bis Oktober auf zwei unterschiedlichen Strecken mit der Draisine unterwegs sein. Dabei haben auf den Fahrrad-Draisinen zwei bis vier Personen und auf den Club-Draisinen neun bis vierzehn Personen Platz. Es gibt spezielle Angebote für Familien und es könnn auch Kombitouren mit Grillen, Fahrradfahren und integriertem Rücktransport gebucht werden.

Preise ab €13 pro Person, Kinder 3 bis 14 Jahre 50% Ermäßigung.
www.grenzland-draisine.eu

2 Tiergarten und historische Gärten Kleve

Mehr als 300 Tiere aus über 60 verschiedenen Arten sind im Zoo zuhause. Dazu gehören unter anderem Seehunde, Rote Pandas, Strauße sowie bedrohte Ziegen- und Schafrassen. In unmittelbarer Nähe zum Tiergarten befinden sich die historischen Gartenanlagen, die ebenfalls einen Besuch wert sind.

Tiergarten geöffnet täglich ab 9 Uhr, März bis Oktober bis 18 Uhr, November bis Februar bis 17 Uhr.
Eintritt €6, Kinder 2 bis 13 Jahre €4.
www.tiergarten-kleve.de

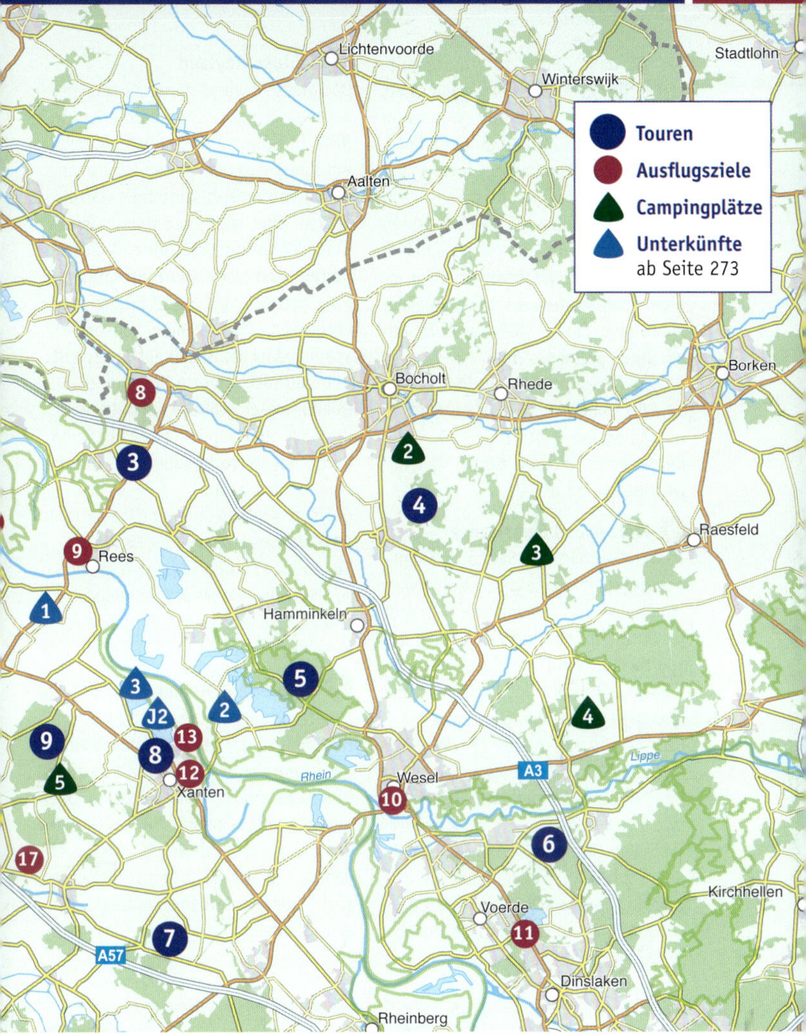

③ Aussichtsturm Montferland

Der 21 Meter hohe, aus heimischem Holz gebaute Aussichtsturm steht auf dem 82 Meter hohen Hulzenberg und ist frei zugänglich. Vom Parkplatz aus sind es etwa 15 Minuten Fußweg bis zum Fuß des Turms, der dann über 104 Stufen erklommen werden kann. Der tolle Rundumblick über weite Teile des Niederrheins und in die Niederlande ist der Lohn für den Aufstieg.

④ Schloss Huis Bergh

Das Wasserschloss ist eines der ältesten Schlösser der Niederlande. Seine Ursprünge gehen wahrscheinlich auf

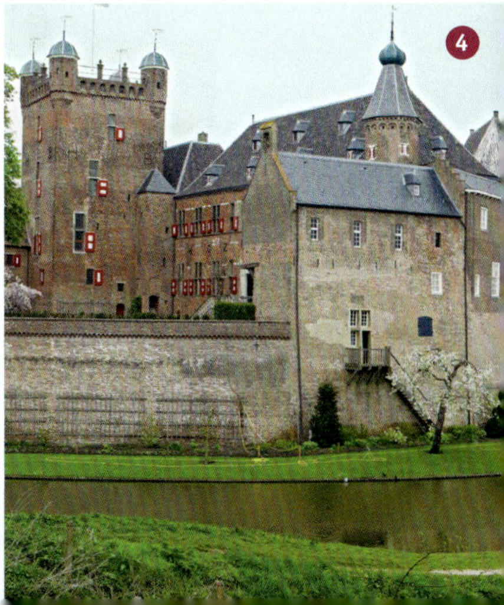

das 12. Jahrhundert zurück, als mitten in der damaligen Moorlandschaft ein trockener Hügel mit Wohnturm errichtet wurde. Neben einer umfangreichen Kunstsammlung locken die Besteigung des Schlossturms, ein Spaziergang durch die Gärten und ein Besuch im Cafè. Im Schlossgraben wohnen neben Wasservögeln auch einige Schildkröten. Es gibt spezielle Führungen für Kinder sowie Touren mit Audioguide per App.
Geöffnet April bis Oktober Di bis So 12.30–16.30 Uhr, Januar bis März nur Mi, Sa, So. Eintritt €13,50, Kinder 5 bis 13 Jahre €8,50. www.huisbergh.nl

5 Freizeitbad Embricanca

Das Freizeitbad mit Sauna in Emmerich beinhaltet eine große Kinderwelt mit Innen- und Außenbereich. Es gibt je ein Erlebnisbecken, außerdem ein Sportbecken, ein Thermalbecken, Liegewiese, Sprungturm, Whirlpool und Rutschen sowie eine Gaststätte.
Geöffnet Mo 15–21 Uhr (in den Ferien 8–21 Uhr), Di bis Fr 6–21 Uhr, Sa, So und Feiertage 10–18 Uhr. Eintritt Mo bis Sa €8,50, Kinder 4 bis 15 Jahre €4,70, Familie €19,50 (2+3). So und Feiertage €9,50, Kinder 4 bis 15 Jahre €5,20, Familie €21,10; vergünstigte Tickets für zwei oder drei Stunden. www.freizeitbad-embricana.de

6 Schloss Moyland

Das Wasserschloss zählt zu den bedeutendsten gotischen Bauwerken in NRW. In seinem Inneren befindet sich ein Kunstmuseum, außen ist es umgeben von einer historischen Gartenanlage. Hier gibt es unter anderem einen Skulpturenpark, einen Kräutergarten und eine Hortensiensammlung mit mehr als 2.500 Pflanzen zu entdecken. Für Kinder besonders spannend ist die Baumhauslandschaft in bis zu sechs Metern Höhe, eine 160 Quadratmeter große Spiellandschaft, die über Holztreppen erreichbar und durch Stege verbunden ist. Hunde sind nicht erlaubt.
Geöffnet April bis Anfang Oktober Mo 11–17 Uhr, Di bis Fr 11–18 Uhr, Sa, So 10–18 Uhr, Oktober täglich 11–17 Uhr. Eintritt Gartenanlage und Skulpturenpark €2, Familie €5. www.moyland.de

7 Wunderland Kalkar

Das Wunderland Kalkar ist rund um die Bauruine des Atomkraftwerks Kalkar entstanden, das nie in Betrieb ging. »Kernie's Familienpark« begeistert mit über 50 Attraktionen Familien mit Kindern ab etwa drei Jahren. Drehende Teetassen, eine Kart- und Achterbahn, Kettenkarussell, Bumperboote und ein Riesenrad

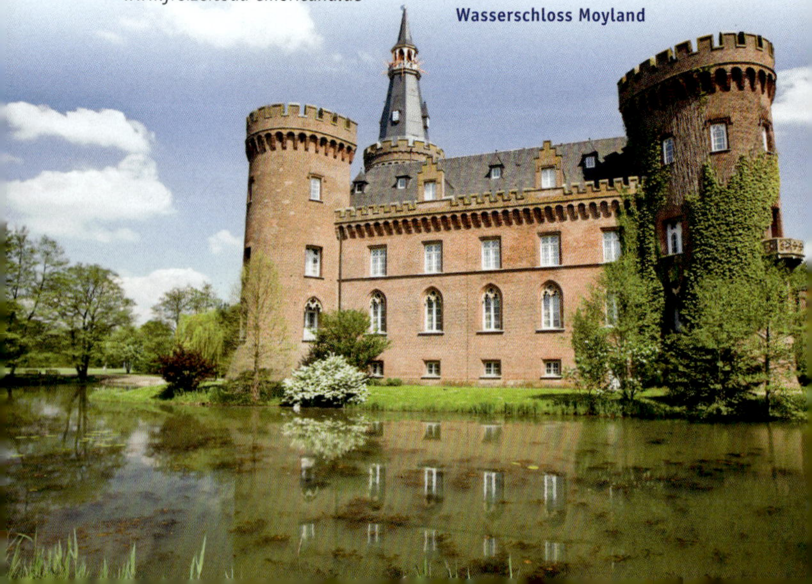

Wasserschloss Moyland

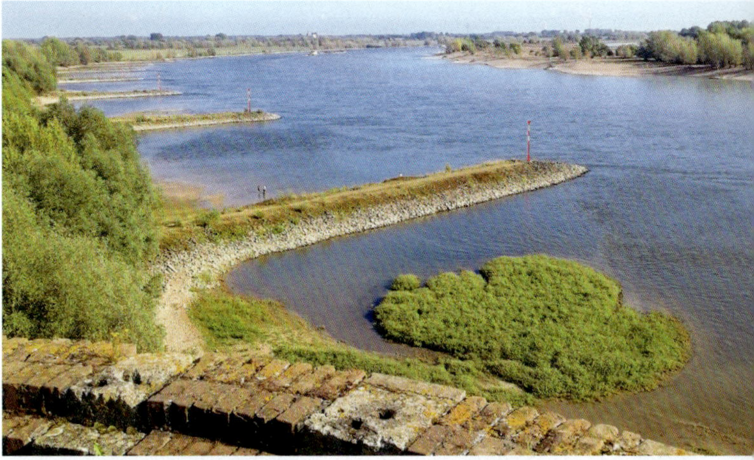

Blick auf den Rhein vom Mühlenturm in Rees.

gehören unter anderem dazu. Snackpoints bieten Verpflegung für hungrige Bäuche, die Beachbar lädt zum Verweilen ein. Im Wunderland befinden sich außerdem Hotels, Restaurants sowie verschiedene Sport- und Freizeitmöglichkeiten wie zum Beispiel Minigolf, Tennis und Badminton.

Der Familienpark hat täglich geöffnet von Anfang April bis Anfang September sowie in allen Schulferien, meist von 10–17 Uhr (im Hochsommer bis 18 Uhr, im Winter ab 14 Uhr). Aktuelle Öffnungszeiten siehe Website. Eintritt € 37,95, Kinder bis 129 cm €32,95, Kinder bis 2 Jahre frei. www.wunderlandkalkar.de

8 Wildpark Anholter Schweiz

Der Wildpark beheimatet aufgeteilt auf sieben Biotope rund 50 Tierarten, die man auf einem Rundweg mit sechs Kilometern Länge besuchen kann. Dazu gehören unter anderem Luchse, Wölfe, Bären, Reh- und andere Wildtiere sowie Nagetiere und Vögel. Falkenshows und Greifvogelpräsentationen runden das Angebot ab. Im Park gibt es außerdem eine Gaststätte.

Geöffnet Mitte März bis Anfang November täglich 9–18 Uhr, November bis Mitte März Mo bis Fr 11–15 Uhr, Sa und So 9–16 Uhr. Eintritt €8, Kinder 3 bis 12 Jahre €4,50. www.anholter-schweiz.de

9 Rees

Die älteste Stadt am unteren Niederrhein hat sich bis heute ihren spätmittelalterlichen Charakter bewahrt: Die Stadtbefestigung mit Stadtmauer und verschiedenen Wachtürmen ist gut erhalten. Besonders lohnenswert ist die Besteigung des Mühlenturms, von dem man eine wunderbare Aussicht über den Rhein und seine Umgebung genießen kann. Mit Kindern bietet sich der Planetenweg an, der das Sonnensystem auf einer Länge von sechs Kilometern im Maßstab 1:1 Milliarde darstellt. Dieser führt auch am Spielplatz »Am Bär« vorbei, auf dem sich die Kinder nach Herzenslust austoben können. Danach erreicht man mit einem Spaziergang über die Rheinpromenade die Altstadt, in der es viele Einkehrmöglichkeiten gibt.

www.stadt-rees.de

10 Zitadelle Wesel

Die Zitadelle ist eine der größten erhaltenen Festungsanlagen des Rheinlands. Erbaut wurde sie im 17. und 18. Jahrhundert. Heute beherbergt die Zitadelle als Kulturzentrum das Preußen-Museum NRW, ein Städtisches Museum, das Stadtarchiv sowie eine Kunst- und Musikschule. Abends wird die Zitadelle angestrahlt. Besonders dann lohnt hier ein Spaziergang.

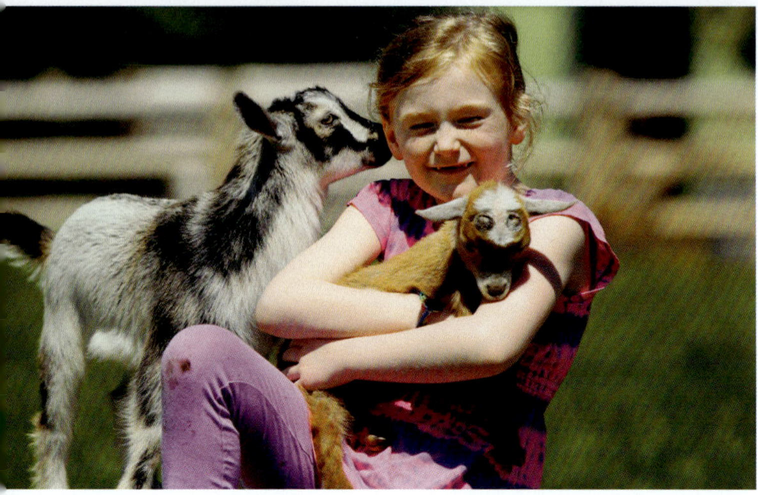

Begegnungen mit Tieren sind für Kinder ein besonderes Erlebnis.

11 Strandbad Tenderingsee

Schwimmen, tauchen, sonnenbaden oder Stand-Up-Paddeln steht am Tenderingsee auf dem Programm. Außerdem gibt es einen Biergarten, der auch ohne Besuch des Strandbads genutzt werden kann.

Geöffnet Mai bis Oktober täglich 10–20 Uhr. Eintritt €5, Kinder 8 bis 17 Jahre €3, Parkgebühr €2. www.strandbad-tenderingsee.com

12 LVR-Archäologischer Park Xanten

Auf dem Gelände der ehemaligen römischen Stadt Colonia Ulpia Traiana befindet sich der APX, das größte archäologische Freilichtmuseum Deutschlands. Hier kann man Geschichte hautnah erleben: Römische Bauwerke wurden so rekonstruiert, dass das Leben in einer römischen Provinzstadt nachempfunden werden kann. Besonders eindrucksvoll sind der Hafentempel, das Amphitheater, die Herberge und die imposante Stadtmauer mit Wehrtürmen. Ein Museum, viele Veranstaltungen, »live«-Grabungen, ein Spielehaus mit Spielen aus der Römerzeit, Spielplätze sowie ein riesiges Hüpfkissen erfreuen auch bewegungsfreudige Kinder. Zahlreiche Picknickmöglichkeiten auf den weiten Wiesenflächen, ein Café und ein römisches Restaurant, in dem nach antiken Rezepten gekocht wird, runden das Angebot ab.

Geöffnet Mo bis So 10–18 Uhr. Eintritt €9, Kinder und Jugendliche unter 18 Jahren frei. www.apx.lvr.de

13 Xantener Nord- und Südsee

Das Natur-Strandbad in der Südsee lockt mit großem Badestrand, Spiel- und Aktionsflächen, Sprungturm, Badeinseln und vielfältiger Gastronomie. Auf der Nordsee kann man segeln, surfen, Stand-Up-Paddeln, tauchen oder mit dem Boot fahren. Um beide Seen führt ein Rundweg mit verschiedenen Themenstationen.

Naturbad geöffnet täglich Mai bis September. Eintritt €7, Kinder 6 bis 16 Jahre €3,50, Familie €18,50. www.f-z-x.de, www.xanten.de

14 Freizeitbad und Naturbadesee GochNess

Der Naturbadesee mit Sandstrand, großer Liegewiese und Sonnenterrasse lockt im Sommerhalbjahr viele Gäste an. Daneben gibt es einen Innenbereich mit Wasser- und Saunalandschaft. Besonderes Highlight ist ein großzügiger Kinderbereich mit großem Piratenschiff.

Geöffnet Di und Do 10–22 Uhr, Sa, So 11–18 Uhr. Eintritt €12,10, Kinder 5 bis 15 Jahre €6,80, jüngere Kinder frei. www.gochness.de

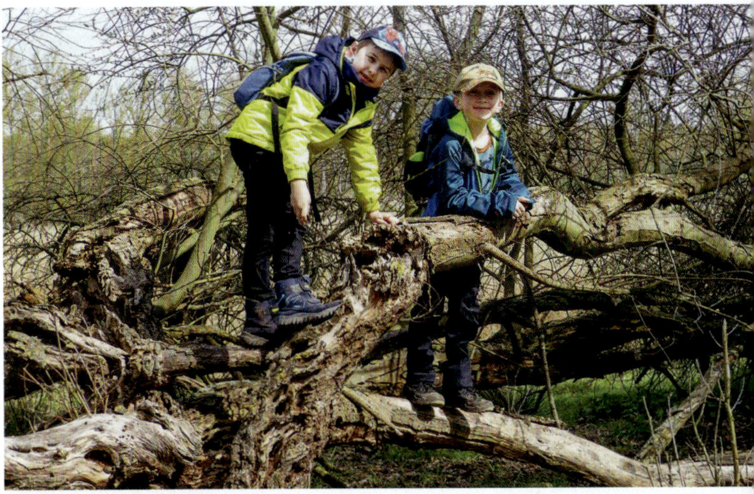

Auf dem Natur-Erlebnis-Pfad darf auch geklettert werden.

15 Natur-Erlebnis-Pfad Weeze

Wichtel »Weezi« führt uns über den zwei Kilometer langen Rundweg zu verschiedenen Stationen wie Barfußpfad oder Wald-Mikado. Ein Tierweitsprung und der Klettergarten locken die Besucher ebenso wie ein Niersaltarm, an dem man direkt ans Wasser kommt.

Der Pfad ist jederzeit frei zugänglich.

16 Tierpark Weeze

300 Tiere aus über 50 verschiedenen Arten leben hier. Dabei liegt der Schwerpunkt auf der Haltung heimischer Wildtiere wie zum Beispiel Rot- oder Schwarzwild. Aber auch bedrohte Nutztierrassen sind hier zuhause: Warzenenten, Bentheimer Landschafe und Poitou-Esel gehören dazu. Bei kleinen Kindern besonders beliebt ist der Streichelzoo mit Zwergziegen und Skudden. Gegenüber des Streichelzoos lädt das Café Eselsohr zum Verweilen ein.

Geöffnet täglich 8–18 Uhr. Eintritt frei, Spenden sind willkommen. www.tierparkweeze.de

17 Pauenhof

Der Pauenhof ist Traktorenmuseum und Freizeitanlage zugleich. Viele alte Traktoren und Landwirtschaftsgeräte können hier bestaunt und aus nächster Nähe betrachtet werden. Insgesamt umfasst das Gelände zehn Hallen, in denen mehr als 360 Traktoren stehen. Sogar eine Traktorfahrt auf eigene Faust im vier Hektar großen Park ist hier möglich. Austoben können sich die kleinen Besucher auf einem Spielplatz und man darf auch auf ein paar Traktoren klettern. Auf Anfrage öffnet ein gut bürgerliches Restaurant.

Geöffnet Mi bis So, 10–18 Uhr, Eintritt €6, Kinder €4, Familienkarte €16, eine Traktorfahrt kostet extra. www.traktorenmuseum-pauenhof.de

18 Irrland

Der Freizeitpark entstand 1999 aus einem Bauernhof mit Maislabyrinth. Inzwischen hat der gesamte Park eine Fläche von mehr als 300.000 Quadratmetern. Hier können Familien mit Kindern bis zwölf Jahren problemlos einen ganzen Tag verbringen, zudem können Grillhütten gemietet werden. Palmen versprühen Urlaubsflair, viele Sitzgruppen laden zum Picknick ein. Ansonsten kann nach Herzenslust geklettert, getobt und gespielt werden – indoor wie outdoor, mit oder ohne Wasser. Hunde sind im Park nicht erlaubt.

Geöffnet täglich 9–18 Uhr. Eintritt €10, Kinder unter 2 Jahre frei. www.irrland.de

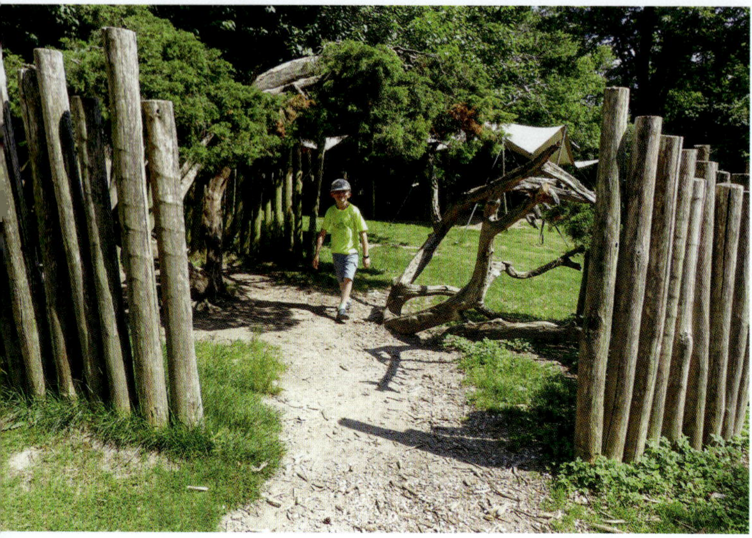

110 m

STRECKE 7 km

2 h 30

ab 6

Tour 1: Über den Teufelsberg zum Hexentanz

Pfadreiche Wanderung im Grenzgebiet

Unser Weg führt durch das Naturschutzgebiet des Teufelsberges in der deutsch-niederländischen Grenzregion und ist überraschend hügelig. Das beschert uns nicht nur schöne Ausblicke, sondern auch eine abwechslungsreiche Wanderung. Es geht über spannend schmale Pfade, an Bächen entlang und durch den Wald. Hier bleibt es an heißen Tagen angenehm schattig, sodass sich die Runde auch für den Sommer eignet.

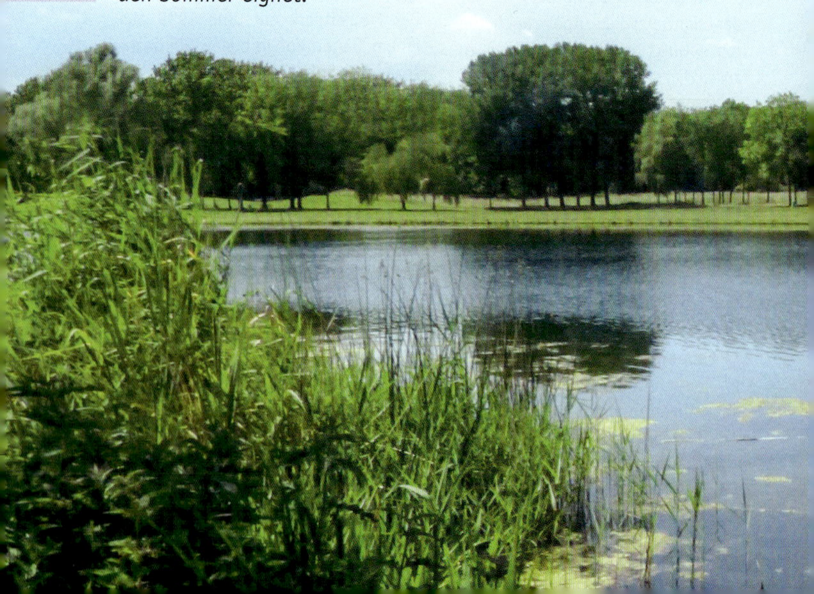

TOUREN-STECKBRIEF

Anfahrt: A57, Ausfahrt Kleve. Rechts abbiegen auf die B9, links und danach wieder rechts auf die B504 (Asperdener Straße). Diese heißt im weiteren Verlauf Kranenburger Straße und führt uns wieder auf die B9. Links abbiegen auf Hauptstraße und direkt danach rechts auf »Breiter Weg«. Am Grenzübergang erneut nach rechts auf »Oude Kleefsebaan« bis zum »Parkeerplaats Duivelsberg« auf der rechten Seite bei **GPS N 51°48'52.0", E 5°56'22.0"**.

Anspruch und Charakter: Größtenteils Waldwege, kurze Wegstrecken auch übers freie Feld und über Pfade durch Erosionstäler. Es gibt ein paar knackige An- und Abstiege. Bei einem Besuch im Sommer Badesachen für das kostenfrei zugängliche Wylerbergmeer einpacken.

Kinderwagentauglich: Bedingt, bzw. nur mit einem sehr sportlichen Buggy.

Markierung: Größtenteils ein grün markierter Weg, siehe Wegbeschreibung.

Highlights: Tolle Pfade im Wald, Wylerbergmeer, Pannekoekenrestaurant mit großem Kletter-Spielplatz, Heksendans.

Einkehr: Pannekoekenrestaurant De Duivelsberg.

In der Nähe: Tiergarten Kleve, Freizeitbad GochNess, Grenzland Draisine.

Wanderung: Unsere Tour startet an der Wanderkarte zum Duivelsberg. Wir gehen an der Holzschranke vorbei und wählen kurz darauf an der **Gabelung** den linken Weg. Dieser führt uns leicht bergauf. Nach einem kurzen Anstieg erreichen wir eine schmale Straße, auf der wir uns nach links wenden. Wir folgen dieser duch eine Rechtskurve. Rechts von uns lädt ein **kleiner Canyon** ① die Kinder zum Toben, Rennen und Klettern ein. Wir verlassen die Straße in der Linkskurve, biegen rechts ab und steigen über neun Holzstufen bergauf.

Der hier grün markierte Weg führt uns im Wald weiter bergauf. Wir wandern nun auf dem Rücken des Duivelsberges und können links und rechts hinab ins Gelände schauen. Linkerhand steht eine Picknickbank. Kurz darauf kommen wir an einer **Infotafel**

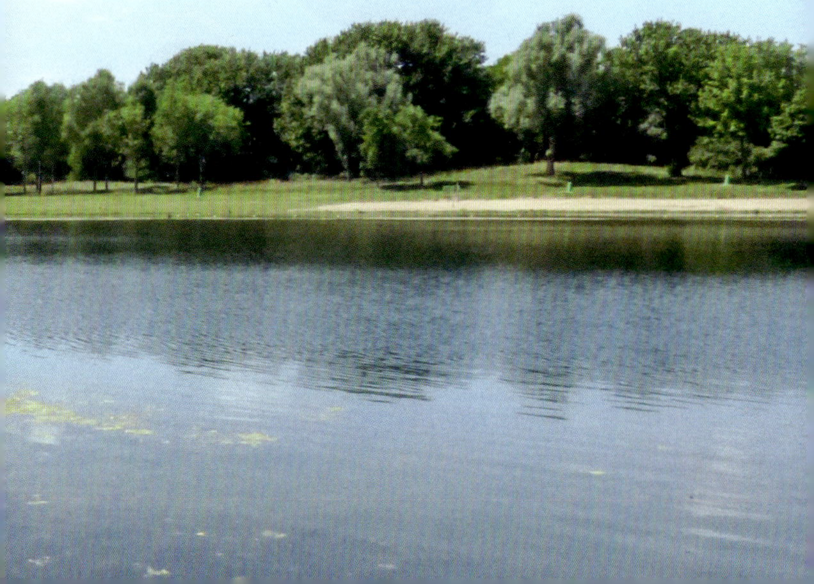

Duivelsberg
Knapp 80 Meter hoch ist der Teufelsberg, entstanden durch die Eisrandlage der Maas. Im Mittelalter befand sich hier bereits eine Burg. Aufgrund seiner Lage und der weiten Aussicht in alle Richtungen war der Teufelsberg immer wieder hart umkämpft, so auch im Zweiten Weltkrieg.

über die Stoompannenfabriek vorbei, die sich hier von 1878 bis 1934 befand. Wir erreichen eine **Kreuzung** ② und biegen rechts ab. Der Weg ist grün markiert und steigt leicht an.

Wenig später geht es steil bergab und durch eine Linkskurve. Wir erreichen einen Bach, den wir mit Hilfe einer **Holzbrücke** ③ überqueren. Wir halten uns links, weiter der grünen Markierung folgend. Nach einem steilen Anstieg gehen wir an einer Holzschranke vorbei und wenden uns unmittelbar vor dem Zaun nach rechts, weiter der grünen Markierung folgend. Wir wandern nun erst an einem Haus und dann erneut an einer Holzschranke vorbei. An der kurz darauf folgenden **Gabelung** ④ wählen wir den rechten Weg und verlassen damit die grüne Markierung.

An einer **Picknickbank** gabelt sich unser Weg, wir wählen hier den rechten und wandern bergab. Damit folgen wir einem rotweiß markierten Weg. Wir ignorieren die Holztreppe, die rechts bergauf führt, und wandern auf unserem Weg weiter geradeaus. An der nächsten Kreuzung geht es ebenfalls geradeaus weiter, in Richtung Landschaftsmuseum. An der folgenden Gabelung wählen wir den rechten Weg und gehen damit bergauf. An der nächsten **T-Kreuzung** ⑤ geht es erneut rechts weiter. Wir erreichen abermals eine **Picknickbank** mit schöner Aussicht auf die davor liegende Wiese.

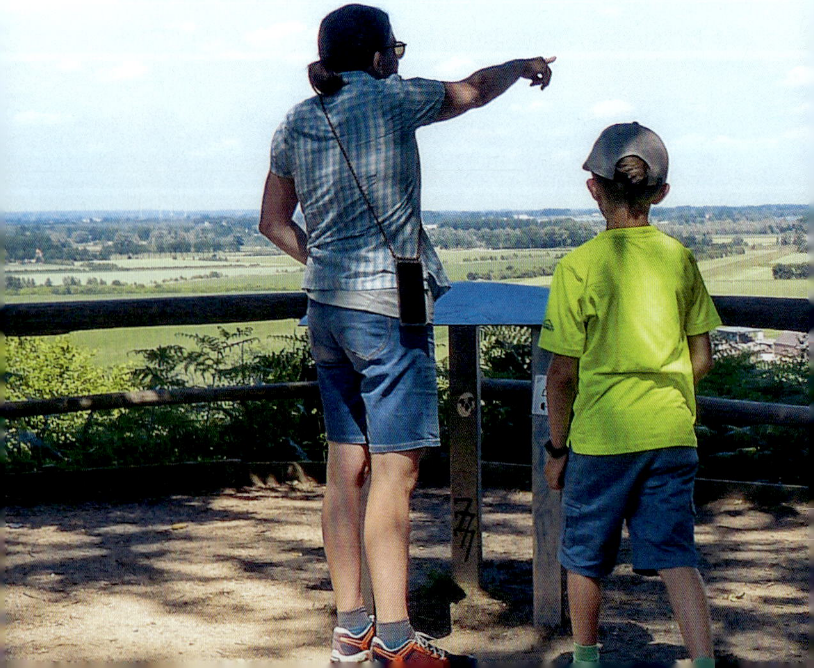

Auf schmalem Pfad wandern wir am Rand der Wiese bergab und erreichen wenig später wieder den Wald. Kurz darauf folgen wir nicht der Wegmarkierung nach rechts, sondern gehen geradeaus und ein Stück bergauf weiter.

Wir durchqueren einen **Holzzaun** ⑥, wenden uns kurz danach nach rechts und wandern mit bester Aussicht am Feldrand entlang. Unser Weg ist jetzt wieder grün markiert und führt uns abwärts in den Wald hinein. Wir überqueren den Weg, der zur Straße führt und folgen weiter der grünen Markierung. Auf einem Holzsteg geht es über einen **Bach** ⑦ und kurz darauf können wir zum Wylerbergmeer nach links abbiegen.

Dieses erreichen wir, indem wir zunächst dem Kanal folgend die Bundesstraße überqueren und direkt danach rechts abbiegen. Nun geht es gut hundert Meter den Fahrradweg entlang, bis wir bei erster Möglichkeit durch das **Tor** ⑧ nach links abbiegen. Um das Wylerbergmeer führt ein Rundweg, den wir je nach Lust und Laune links oder rechts herum gehen können, bis wir wieder am Ausgangspunkt ankommen. Zurück geht es auf dem Hinweg, bis wir wieder an dem **Bach** ⑦ im Wald angekommen sind.

Nun wenden wir uns nach links und steigen nach einer Rechtskurve über 20 Holzstufen bergauf. Wir erreichen eine **T-Kreuzung**, an der wir uns nach links wenden, ebenso an der folgenden Kreuzung. 19 Stufen führen uns schließlich zu einem tollen **Aussichtspunkt** ⑨ mit Infotafel und Picknickbänken.

Nachdem wir die weite Aussicht genossen haben, geht es auf gleichem Weg ein Stück zurück: So halten wir uns an der ersten Weggabelung noch rechts, an der zweiten dann aber links und wandern am Holzgeländer bergauf. Auch die grüne Markierung sehen wir hier wieder. Schließlich erreichen wir den **höchsten**

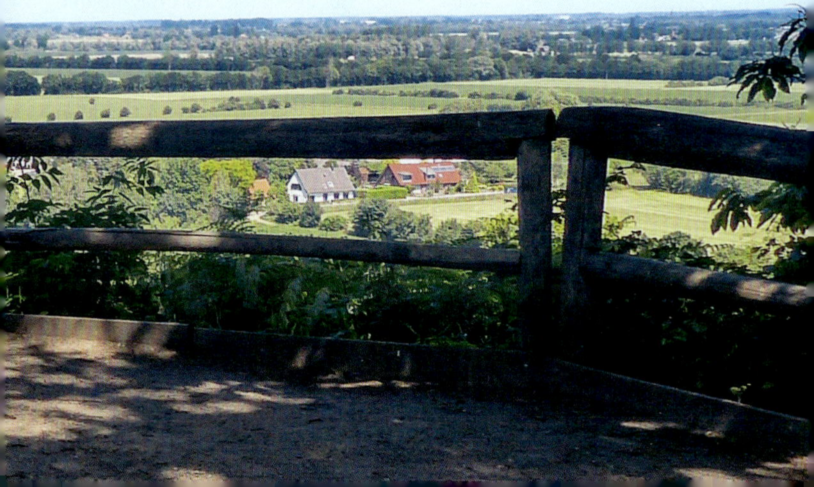

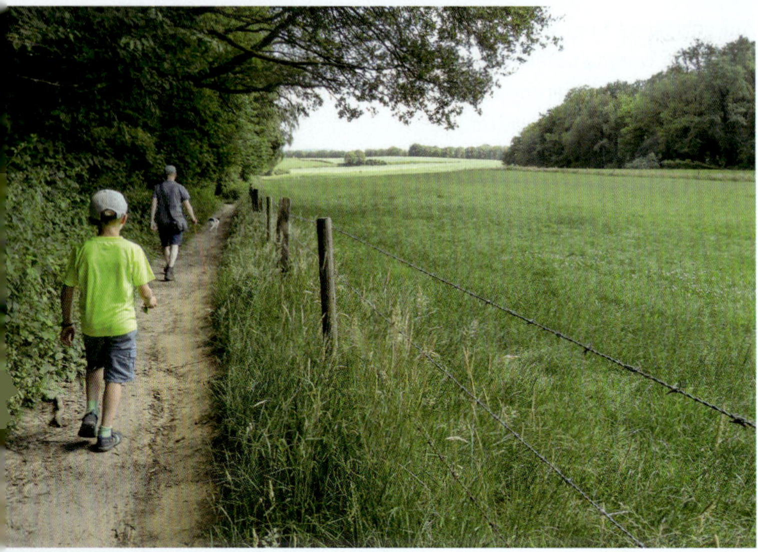

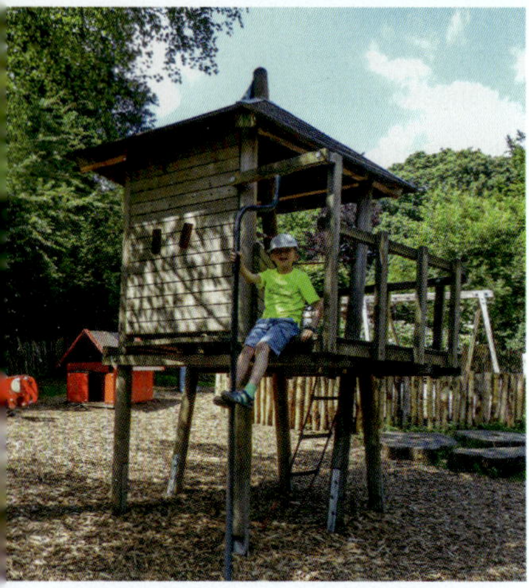

Heksendans
Am Fuße des Teufelsberges befindet sich der Hexentanz: Ein schwarzer Tümpel mit grünen Rändern, in dem mehrere tote Bäume wie zum Tanz versammelt stehen.

Punkt, der von einer Hecke umzäunt ist. Eine Picknickbank steht hier. Wer eine Picknickdecke dabeihat, kann auch auf der Wiese rasten.

Über 40 Stufen steigen wir anschließend auf der anderen Seite wieder bergab und erreichen eine große Infotafel zum Duivelsberg. Der Wegmarkierung folgend (weiß-rot, gelbrot und grün) wandern wir immer geradeaus weiter, bis wir zum **Pannekoekenrestaurant** ⑩ gelangen. Im großzügigen Außenbereich gibt es auch einen schönen Spielplatz.

Vom Restaurant überqueren wir den Parkplatz und wandern dann geradeaus weiter und leicht bergab, der grünen Markierung folgend. Es geht durch eine Rechtskurve und nach einem Abstieg erreichen wir am **Rand einer Wiese** ⑪ einen Weg, auf den wir nach links abbiegen. Hier begleiten uns gleich mehrere Wanderzeichen und Markierungen. Bei nächster Möglichkeit biegen wir noch vor der Holzschranke rechts ab und wandern auf schmalem Pfad zwischen den Feldern auf den Wald zu. Dabei passieren wir eine Picknickbank.

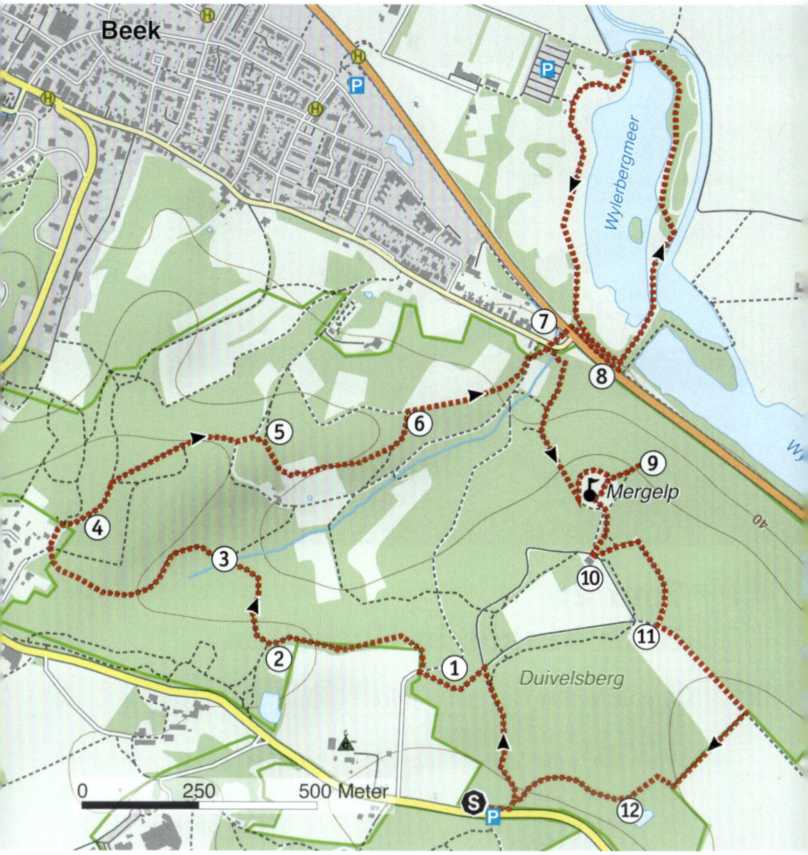

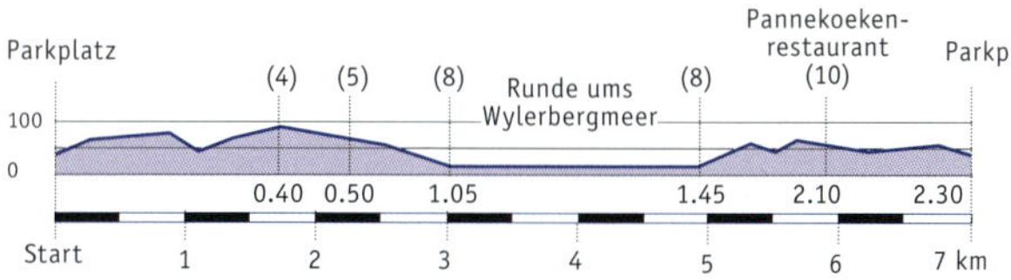

Schließlich geht es wieder bergab, mit einem Schwenk nach links erreichen wir den **Heksendans** ⑫. Dort steht eine Infotafel über diesen Ort, die auch vom Mord auf dem Duivelsberg erzählt. Danach führt uns unser Weg sanft bergab zurück zu unserem Ausgangspunkt.

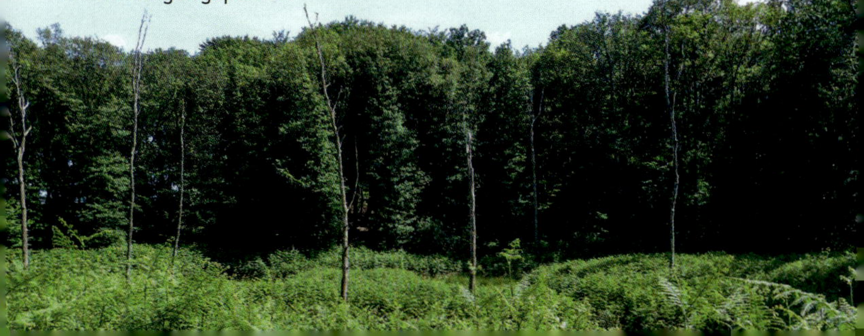

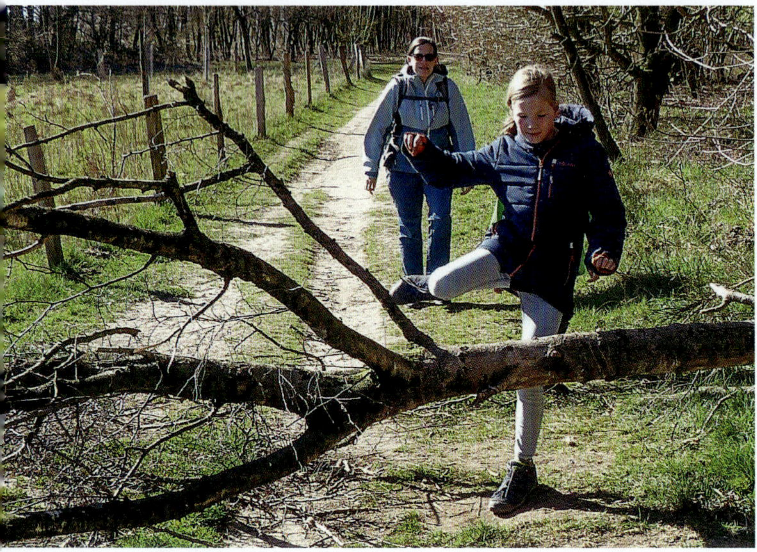

80 m

STRECKE 6 km

2 h

ab 6

Tour 2: Hoch hinaus in Hochelten

Urlaubsfeeling im Erholungsort

Allein schon die Tatsache, dass Hochelten eine eigene Tourist-Information besitzt, spricht dafür, dass sich diese Tour nach viel mehr als einem kleinen Ausflug anfühlt: Tolle Aussichtspunkte, der Barfuß- und Erlebnispfad, enge Schluchten und nicht zuletzt die Einkehr im Pannekoekhuys lassen Urlaubsgefühle aufkommen. Nahe der niederländischen Grenze gelegen und zwischen 1949 und 1963 sogar zu den Niederlanden gehörend, ist Hochelten mit dem 62 Meter hohen Eltenberg heute staatlich anerkannter Erholungsort.

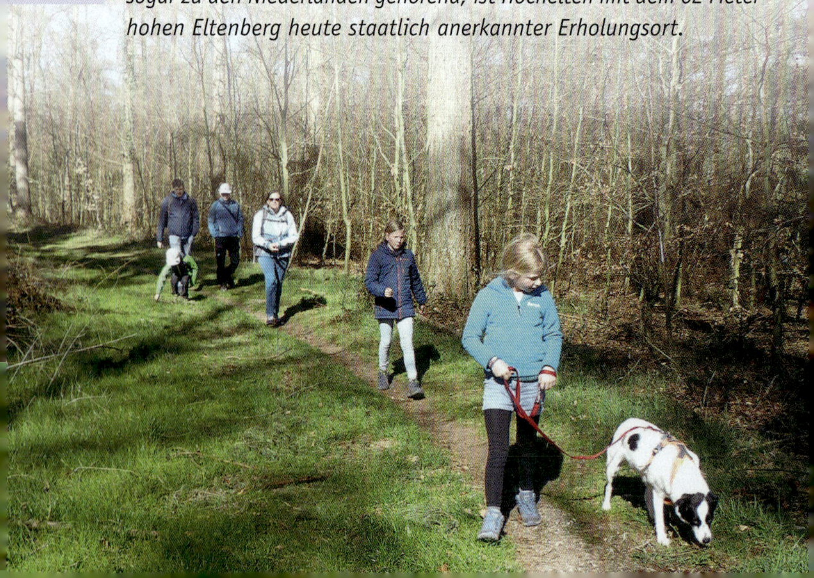

Wanderung: Wir lassen den Einstieg in den Barfußpfad links von uns liegen und beginnen unsere Wanderung auf dem Weg, der vom Parkplatz wegführt. An einer **Infotafel über die Fußreflexzonen** ① treffen wir dann wieder auf den Barfußpfad und können in der Folge einige der Stationen entdecken. So überqueren wir den größeren Weg und folgen dem roten Fußabdruck, der den Barfußpfad markiert. An der nächsten Kreuzung biegen wir zusammen mit diesem rechts ab. Kurz darauf folgen wir ihm auch ein Stück nach rechts und sind so auf dem Pfad unterwegs, der rechts des größeren Weges verläuft. Unser Weg endet an einer **T-Kreuzung** ②.

Hier biegen wir zunächst noch mit dem roten Fußabdruck links ab, wandern dann aber weiter geradeaus und bergab. Damit verlassen wir zunächst den roten Fußabdruck, der hier rechts abbiegt. Unser Weg teilt sich in zwei, wir wählen die rechte Variante, die unmittelbar **am Zaun** entlangführt. Kurz darauf wandern wir an zwei Picknickbänken vorbei und treffen auch wieder auf den roten Fußabdruck. Am **Ende des Zauns** ③ biegen wir jedoch links ab und verlassen damit schon wieder den Barfußpfad. Kurz darauf wenden wir uns nach rechts in den rot-weiß markierten Weg.

Wir ignorieren den nach links abzweigenden Weg und wandern weiter auf unserem Pfad leicht bergab. Dabei treffen wir erst auf eine Wiese und kurz darauf auf eine **T-Kreuzung** ④. Hier biegen wir links ab. Bei nächster Möglichkeit geht es nach rechts. Dabei passieren wir eine weitere Picknickbank. An einem nach rechts abzweigenden Weg vorbei wandern wir weiter leicht bergab. An

TOUREN-STECKBRIEF

Anfahrt: A 3, Ausfahrt Elten. Links abbiegen auf die Beeker Straße, die im weiteren Verlauf Schmidtstraße heißt. Erneut links abbiegen auf die Sandstraße, danach rechts auf den Plagweg und dann links auf die Lindenallee, die uns hinauf nach Hochelten bringt. Dort angekommen links abbiegen auf die Luitgardisstraße bis zum Parkplatz vor dem Barfußpfad auf der linken Seite bei **GPS N 51°52'05.0", E 6°10'29.0"**.

ÖPNV: Elten Berg, Buslinie 94. Dann beginnt die Wanderung bei Wegpunkt ⑧: Von der Haltestelle aus in den Wildweg gehen, bei erster Möglichkeit nach links abbiegen. An der folgenden Wegkreuzung befindet sich Wegpunkt ⑧, hier den linken Weg wählen.

Anspruch und Charakter: Abenteuerliche Wanderung über verschlungene Pfade und durch schmale Schluchten mit zum Teil steilen Auf- und Abstiegen. Festes Schuhwerk ist hier ebenso notwendig wie ausreichend Getränke, besonders an warmen Sommertagen. Trittsicherheit erforderlich!

Kinderwagentauglich: Nein.

Markierung: Verschiedene, siehe Wegbeschreibung.

Highlights: Barfuß- und Naturerlebnispfad, Minigolfanlage, schmale Pfade und schöne Aussichtspunkte.

Einkehr: Gaststätte Pannekoekhuys, Imbisswagen an der Minigolfanlage.

In der Nähe: Embricana, Aussichtsturm Montferland, Schloss Huis Bergh, Rees.

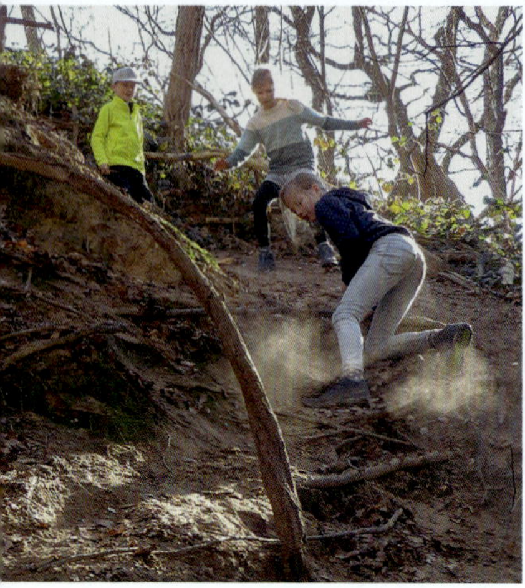

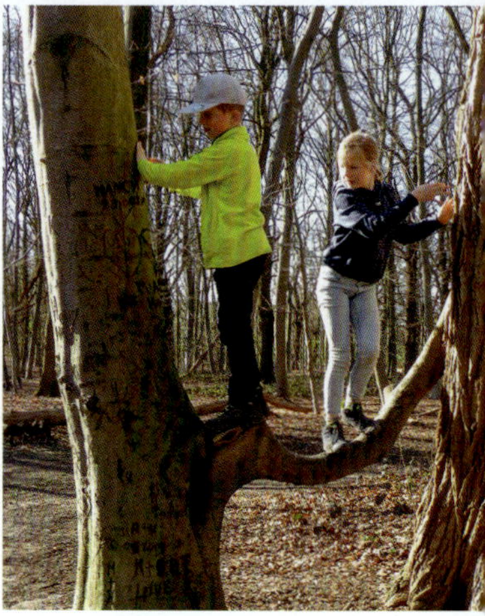

der Stelle, an der zwei Wege nach rechts abzweigen, wählen wir den ersten und wandern auf dem Pfad leicht bergauf. Schließlich erreichen wir einen **größeren Weg** und wenden uns auf diesem nach rechts. Erneut geht es leicht bergauf. Der Weg ist mit A5 und A8 beschildert und gehört auch zu Nordic-Walking-Routen.

Wir passieren eine Schranke, wandern geradeaus weiter und biegen an der **Hoynckallee** ⑤ links ab in den schmalen Pfad. Nach wenigen Schitten wählen wir den Pfad nach rechts und wandern nun leicht bergab. Wir erreichen einen Wiesenweg und biegen auf diesem links ab, erneut bergab wandernd. Bei nächster Möglichkeit biegen wir noch mal links ab und der **Abstieg** ⑥ wird steiler. Hier ist besonders nach Regenfällen Trittsicherheit gefragt.

Der Weg gabelt sich, wir wählen den rechten und erreichen nur wenig später einen neuen Weg. Hier biegen wir erneut rechts ab und wählen von den zwei möglichen Wegen den linken. Nun wandern wir durch eine **Schlucht** ⑦ mit vielen Gelegenheiten zum Klettern und Toben. Durch diese geht es geradeaus bergauf, bis es nicht mehr weiter geht. Dann wenden wir uns unmittelbar vor dem steilen Abgrund nach rechts.

Wir erreichen eine Straße, biegen zweimal direkt hintereinander links ab und steigen über mehr als **50 Steinstufen** ⑧ ins Tal hinab. Unten angekommen biegen wir scharf rechts ab und steigen damit wieder bergauf. Oben folgen wir den Wanderzeichen X und A7 nach links. Wir überqueren einen Parkplatz und biegen kurz vor der Kirche links ab, um um diese herum zu wandern. Dann erreichen wir mehrere tolle **Aussichtspunkte** ⑨, an denen wir bis zur imposanten Emmericher Rheinbrücke schauen können.

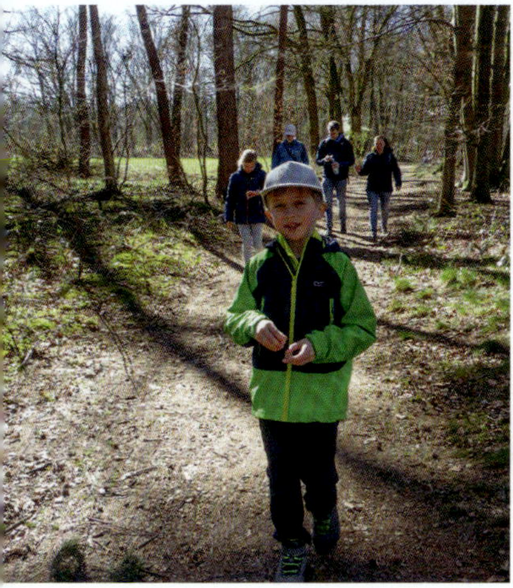

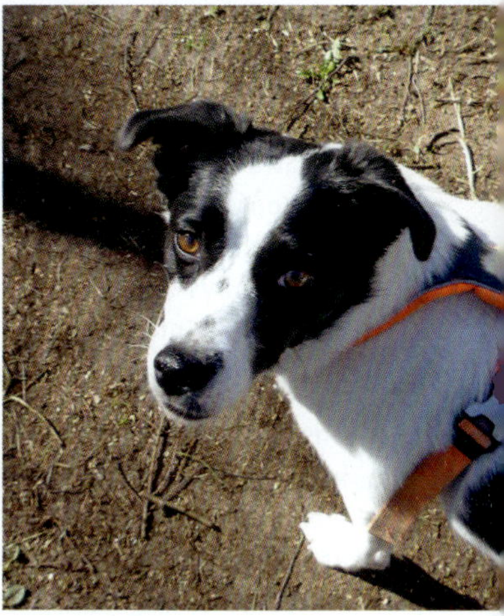

Schließlich macht unser Weg eine Rechtskurve, in der wir leicht links abbiegen und so in annähernd der gleichen Richtung weiterlaufen. An der **Kreuzung mit Picknickbank ⑩** wandern wir weiter geradeaus. Wir passieren einen **kleinen Altar** mit einer Marienstatue. Am nächsten Abzweig halten wir uns links und laufen weiter am Hang entlang. Dabei können wir immer wieder Ausblicke in Richtung Rheinbrücke und Niederlande genießen.

Schließlich folgen wir unserem Weg in eine Rechtskurve und biegen nicht in den nach links bergab führenden Weg ab. Nun müssen wir auf schmalem Pfad eine steile, **enge Schlucht ⑪** durchqueren. Was für ein Abenteuer!

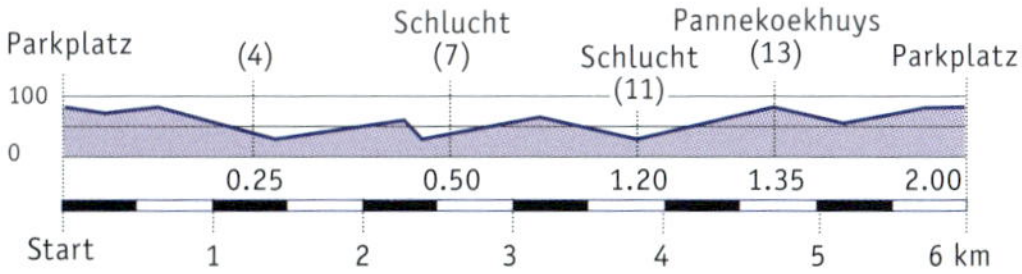

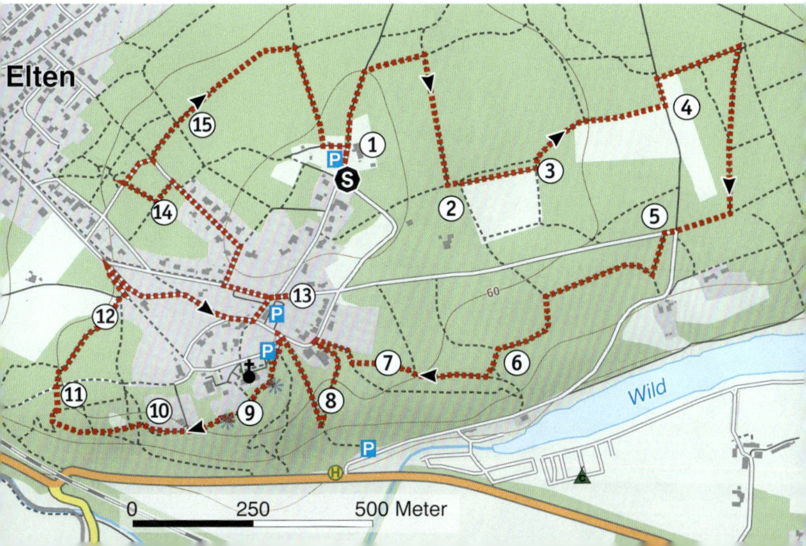

Danach wandern wir weiter geradeaus und an der Picknickbank vorbei. Wir erreichen den **»englischen Hügel« ⑫** mit mehreren Bänken und einer schönen Aussicht bis zum Rhein, wandern auf der Straße geradeaus weiter und biegen danach rechts ab in die mit Kopfsteinen gepflasterte Straße. Diese führt uns bergauf zur Minigolfanlage mit Imbisswagen, zur Tourist-Info und zum **Pannekoekhuys ⑬**. Wer hier einkehren möchte, wendet sich hinter der Tourist-Info, die wir mit einem Schwenk nach links rechts von uns liegen lassen, nach rechts.

Unser Wanderweg führt uns am Fahrrad-Knotenpunkt 26 links herum in Richtung Ortsmitte. An der Picknickbank biegen wir rechts ab in die Birkenallee und folgen damit den Wegen A1 und A6. Der Markierung A6 folgend biegen wir noch vor der Schranke links ab, wandern auf der asphaltierten Straße leicht bergab und biegen wir erneut links ab in den Waldweg. Dieser führt uns zu einem überdachten **Grill- und Picknickplatz ⑭**.

Dort biegen wir rechts ab und erreichen über sechs Steinstufen eine schmale Straße, auf der wir nach rechts leicht bergauf wandern. In der Linkskurve am »Pferde verboten«-Schild verlassen wir die Straße und wandern in annähernd derselben Richtung wie zuvor weiter auf dem schmalen Abenteuerpfad. An der nächsten **Kreuzung ⑮** biegen wir erst links und dann direkt rechts ab. Kurz darauf geht es rechts leicht bergauf. Dieser Weg führt uns zurück zum Eingangsportal des Barfußpfads und damit auch zu unserem Ausgangspunkt.

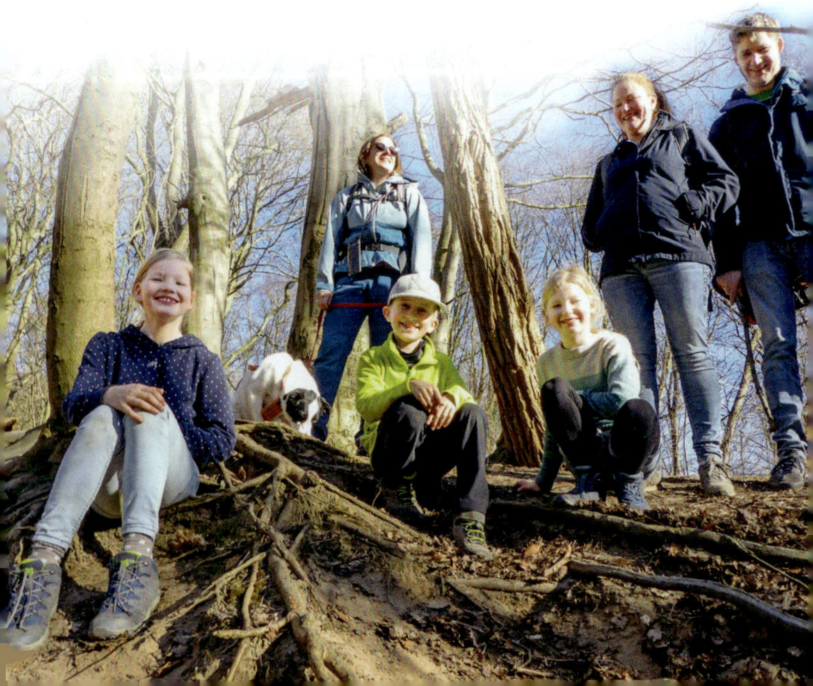

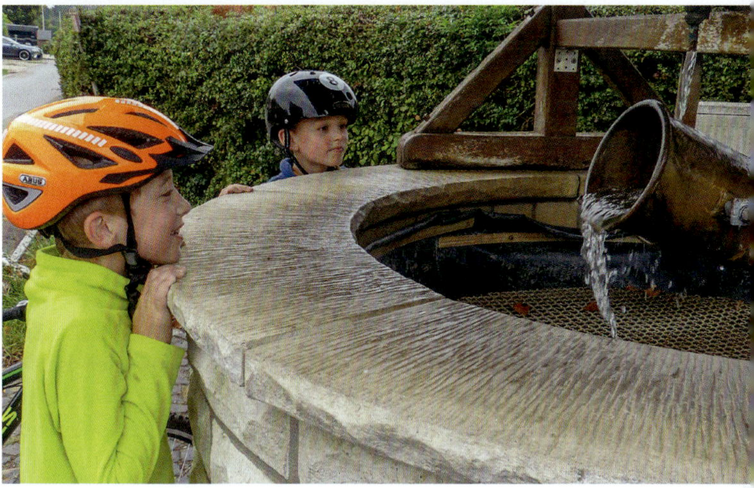

Tour 3: Naturerlebnis Altrhein

40 m

STRECKE 26,5 km

3 h 45

ab 8

Eine Radtour durch das Naturschutzgebiet

In einem großen Bogen fahren wir durch das Naturschutzgebiet Grietherorter Altrhein. Hier brüten mehr als 70 verschiedene Vogelarten, auch Störche sind hier zuhause. Zwischen Deichvorland, Altrheinarmen und Rhein liegen grüne Wiesen unterbrochen von blauen Wasserflächen – Natur so weit das Auge reicht. Hier weiden Schafe auf den Deichen, Möwen fliegen kreischend am Flussufer entlang und Reiher warten im flachen Wasser geduldig auf Beute. Es gibt also jede Menge zu entdecken.

TOUREN-STECKBRIEF

Anfahrt: A57, Ausfahrt Uedem. Über die Schloss-Wissener-Straße nach Uedem fahren, dort rechts abbiegen auf die Lohfeld- und nochmals rechts auf die Mühlenstraße. Später geht es links auf die B67, dieser bis nach Rees folgen. In Empel links abbiegen auf die Reeser Straße und vor den Bahnschienen noch einmal nach links bis zum Parkplatz bei **GPS N 51°47'51.0", E 6°25'02.0"**.

ÖPNV: Rees-Empel Bahnhof.

Anspruch und Charakter: Trotz der naturnahen Wegführung durch das Deichvorland und im Gebiet der Altrheinarme rollen wir fast ausschließlich über asphaltierte Wege. Die Deiche hinauf und hinunter müssen wir die Räder je nach Kraft und Kondition eventuell kurz schieben, ebenso zum Aussichtspunkt hinauf. Ansonsten unkomplizierte Radtour, die für Kinder aufgrund der Länge aber nicht zu unterschätzen ist. Für ein Picknick in den Rheinwiesen lohnt die Mitnahme einer Picknickdecke.

Markierung: Immer wieder das allgemeine Radwanderzeichen, kurzzeitig auch A1 und A2.

Highlights: Schafe auf dem Deich, Altrheinarme, Fähre, Aussichtspunkt.

Einkehr: Inselgasthof Nass, Landhaus Drei Raben.

In der Nähe: Anholter Schweiz, Embricana, Rees.

Radtour: Wir starten unsere Radtour im hinteren Teil des Parkplatzes mit dem Rücken zu den Bahnschienen. Auf dem schmalen Weg geht es ein kleines Stück bergab. Kurz darauf biegen wir rechts ab auf die **Hurler Straße**. Dabei fahren wir auf dem Radweg, der sich rechts der Straße befindet. Wir bleiben auf diesem, durchfahren eine Links- und eine Rechtskurve und erreichen die Ortschaft **Millingen**. Hier überqueren wir die Straße, um nun auf gegenüberliegender Seite weiter auf dem markierten Radweg zu fahren.

Etwa 400 Meter weiter biegen wir links ab in die Straße **Zum Millinger Meer** ①, die nur für Anlieger zugelassenen ist. Wir biegen rechts ab in die Kirchstraße und erreichen wenig später ein paar **Fahrrad-Wegweiser**. Hier fahren wir weiter in Richtung Knotenpunkt 83 und Praest beziehungsweise Emmerich.

An **Knotenpunkt 83** radeln wir weiter geradeaus in Richtung Schloss Hueth. Kurz darauf folgen wir dem Radwanderzeichen nach rechts. An der nächsten Kreuzung fahren wir in Richtung Rees und Bienen beziehungsweise Knotenpunkt 79. Wenig später weist das Radwanderzeichen links ab, wir radeln jedoch weiter geradeaus und passieren einen kleinen **Spielplatz** mit Schaukeln, Rutsche und Klettergerüst auf der rechten Seite. Die folgende Landstraße überqueren wir und fahren den Deich hinauf, wo wir auf eine schöne **Picknickstelle** ② treffen.

Nach einer kleinen Rast fahren wir den Deich hinunter ein Stück zurück und dann unterhalb von diesem weiter, der nun rechts von uns liegt. Dabei kommen wir auch an grasenden Schafen und Ziegen vorbei. Vor Erreichen des Tors biegen wir, dem Radweg folgend, links ab und überqueren einen Weiderost. Nach Passieren der rot-weißen Schranke biegen wir rechts ab und gelangen zu einer weiteren **Picknickstelle mit Brunnen** ③ und Bänken.

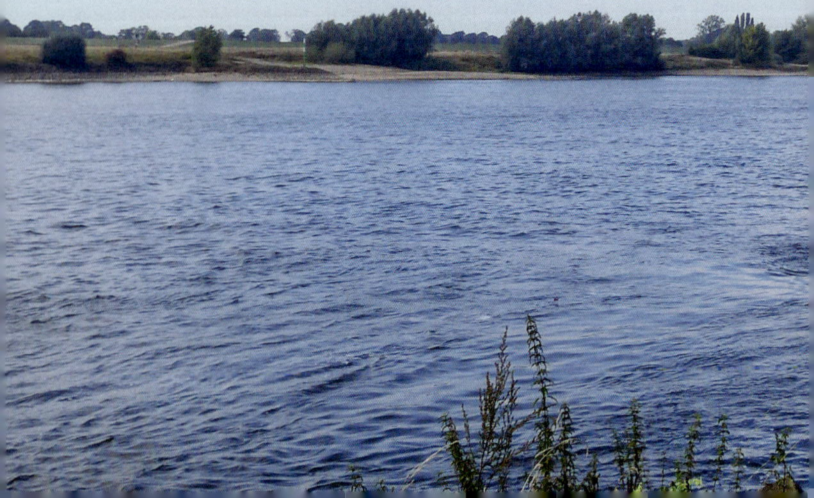

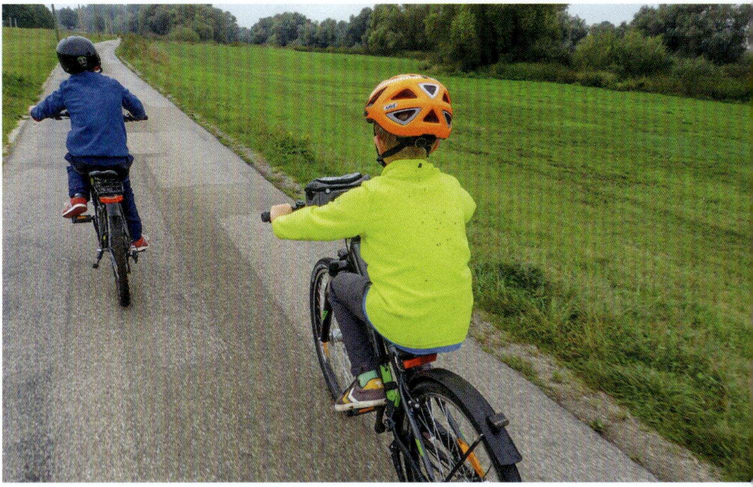

An **Knotenpunkt 79** biegen wir rechts ab in die Schulstraße in Richtung Rees und Esserden. Nur wenig später geht es erneut rechtsherum weiter. Danach fahren wir nach links und gelangen wieder auf den Deich. Auch hier stehen Tische und Bänke sowie Infotafeln vom Deichverband und die **historische Schleuse von Bienen** ④. Unsere Radtour führt nun eine Zeit lang auf dem Deich entlang, dabei treffen wir auf grasende, freilaufende Schafherden.

An **Knotenpunkt 84** biegen wir rechts ab in Richtung Grieth und Grietherort, dann geht es wieder rechts in Richtung Grietherorter Altrhein. Kurz darauf verlassen wir den Radweg, halten uns am Abzweig rechts und folgen den Wegen A1 und A2. Diese führen uns in einer großen Schleife durch das Naturschutzgebiet Grietherorter Altrhein und auch um einen einsam stehenden **Bauernhof** ⑤ herum.

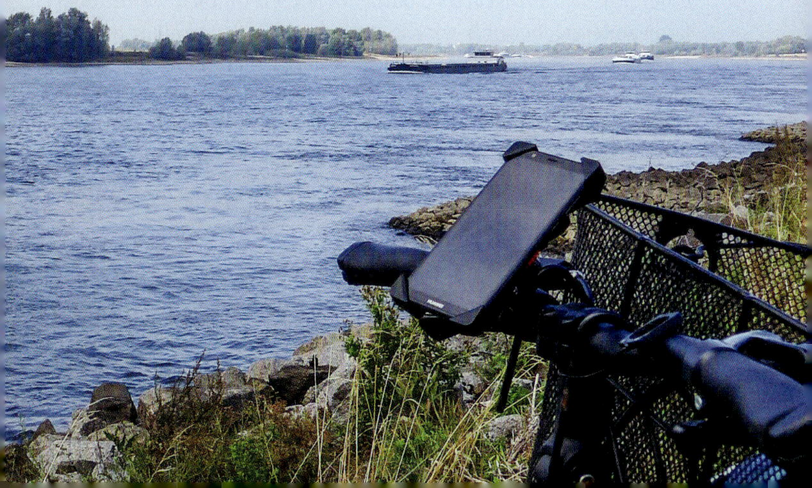

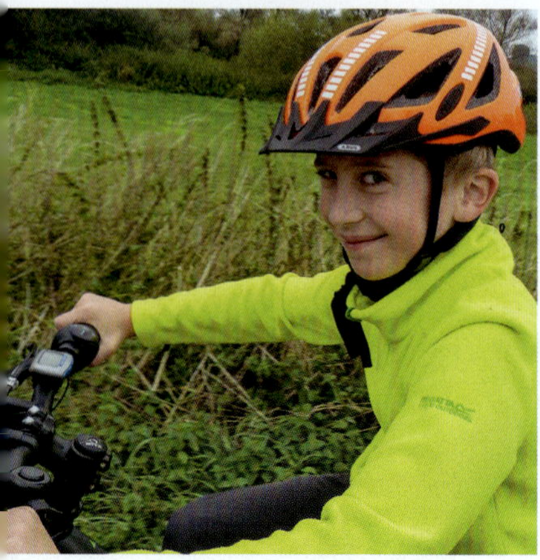

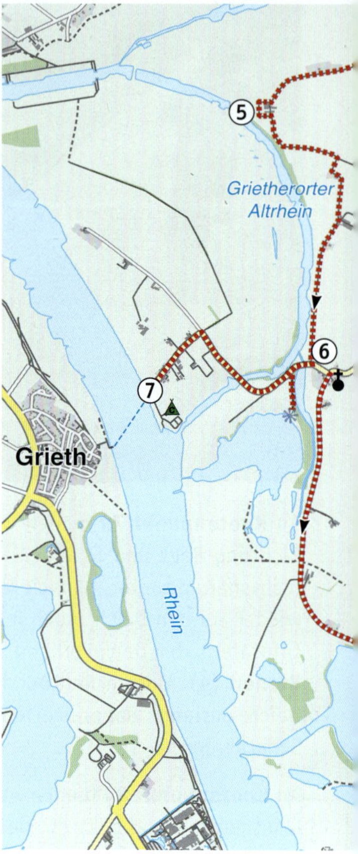

Die Altarme des Rheins

Das Naturschutzgebiet Grietherorter Altrheine stellt zusammen mit dem direkt angrenzenden Naturschutzgebiet Bienener Altrhein, Millinger und Hurler Meer eine einmalige Landschaft dar: Regelmäßig überflutet der Rhein die naturbelassenen Gebiete, sodass hier im Laufe der Jahrhunderte eine besondere Flora und Fauna heimisch geworden ist. Weichholzauwälder, bestehend aus Silberweiden und Pappeln, bestimmen das Bild. Auf den Wiesen wachsen seltene Pflanzen wie zum Beispiel der Wiesenkümmel oder die Rossminze. Zahlreiche Infotafeln entlang unserer Radtour erklären die Besonderheiten des Gebiets.

Am Ende des großen Bogens biegen wir rechts ab auf den Griether Busch und befinden uns jetzt wieder auf dem Radweg und auf dem Weg A2. Am **Türmchen der Stadt Rees** ⑥ geht es dann rechts in Richtung Grieth und Grietherort, um der **Fähre** einen Besuch abzustatten. Dafür folgen wir einfach weiter dem Radwanderzeichen, bis wir die **Anlegestelle** ⑦ erreicht haben. Hier, direkt am Ufer des Rheins, befindet sich auch der Inselgasthof Nass. Wer mag, kann mit der Fähre ans andere Ufer übersetzen, dort in Grieth einkehren und im Anschluss mit der Fähre wieder zurückfahren. So oder so beobachten wir die großen Schiffe, die über den Rhein fahren. Auch ein Picknick in den Rheinwiesen bietet sich an.

Danach geht es erst einmal zurück zur **Kreuzung am Türmchen** ⑥. Dabei lohnt **kurz vor der zweiten Brücke** rechts ein Abstecher zum **Aussichtspunkt**. Wir fahren dazu vorsichtig über einen Pfad und dann kurz steil hinauf. Durch Schlitze an einer Holzwand können wir Vögel an einem See beobachten. Übrigens:

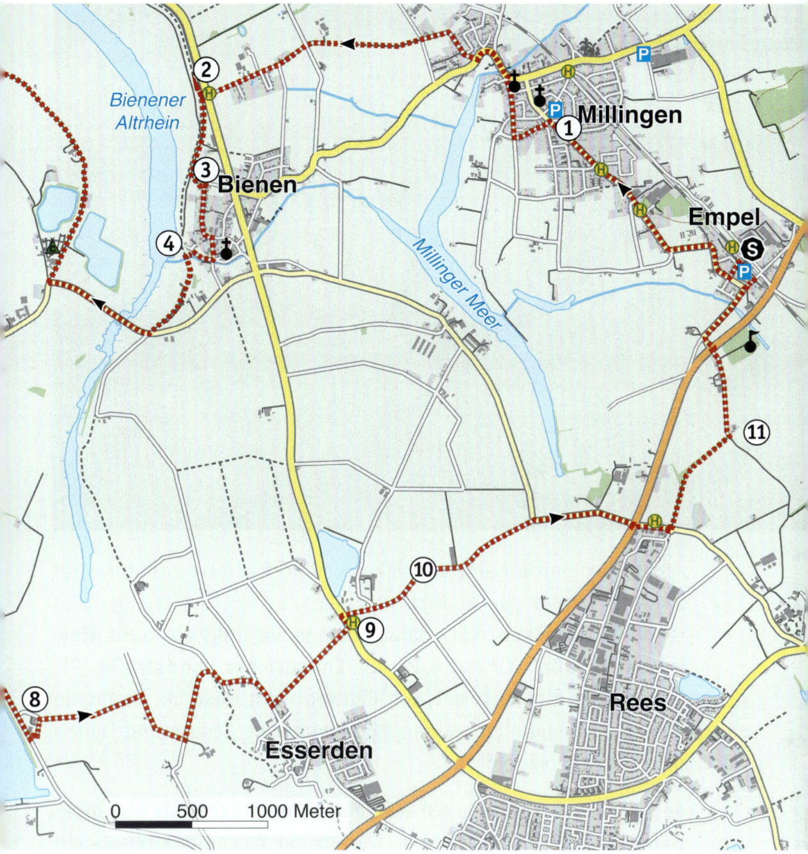

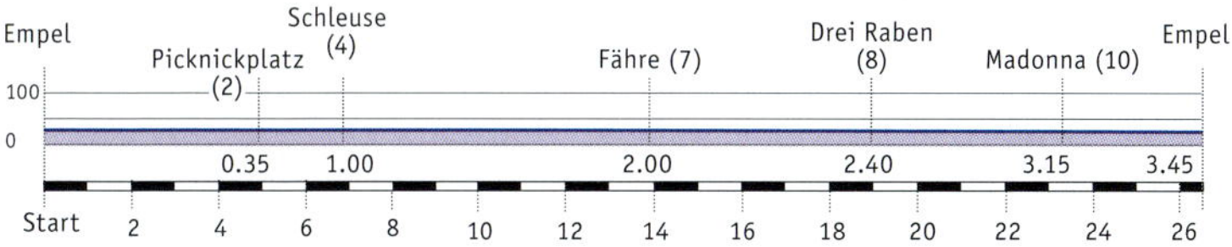

Bei Hochwasser überflutet der Rhein das gesamte grüne Land, das wir hier sehen können. Auch die Straße, über die wir fahren, steht dann zeitweise unter Wasser.

Zurück am **Türmchen** radeln wir geradeaus und biegen kurz darauf rechts ab in Richtung Rees. Die kaum befahrene Straße führt uns zum **Landhaus Drei Raben** ⑧, malerisch gelegen gegenüber einem kleinen See mit Yachten, hinter dem wir links abbiegen. Kurz darauf geht es rechts und auf asphaltiertem Weg übers freie Feld. An der nächsten T-Kreuzung radeln wir erneut rechtsherum weiter. An der folgenden Kreuzung halten wir uns links. Der Weg führt uns noch einmal den Deich hinauf, den wir überqueren. Damit erreichen wir Esserden. In der kleinen Ort-

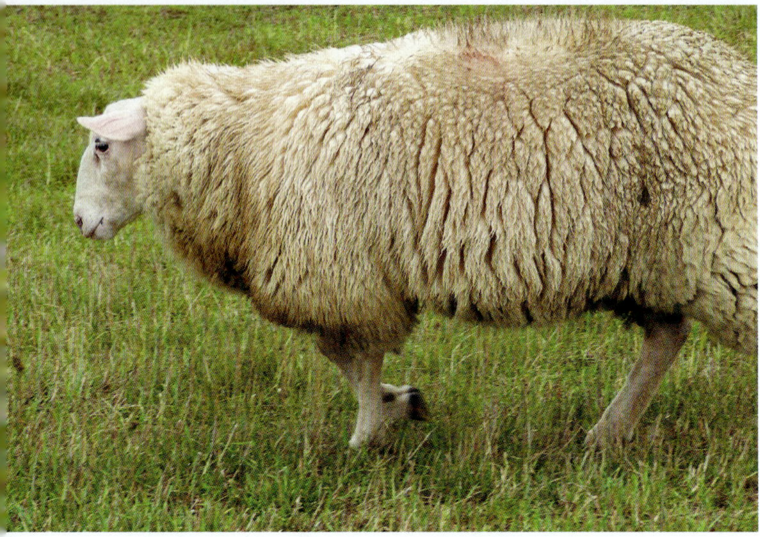

schaft kommen wir an zwei Picknickmöglichkeiten vorbei. An der zweiten fahren wir in Richtung Rees weiter, ein wenig nach rechts schwenkend. Kurz darauf biegen wir links ab in die **Heimische Straße**. Wir erreichen die **Emmericher Landstraße** ⑨, biegen hier zunächst auf den Radweg nach links ab, verlassen diesen aber sogleich wieder, überqueren die Straße und fahren in die Straße »Speldrop«.

Rechter Hand passieren wir eine **Madonnenstatue mit Picknickbank** ⑩. An der folgenden T-Kreuzung halten wir uns leicht rechts. Wir überqueren die **Reeser Landstraße** über die Verkehrsinsel. Am Kreisverkehr machen wir eine Dreiviertel-Drehung und radeln nun auf einer Fahrradstraße. An der folgenden **T-Kreuzung** ⑪ biegen wir links ab, auch hier befindet sich eine Picknickbank.

Danach überqueren wir die Reeser Landstraße erneut und folgen dem Radweg durch eine Rechtskurve und geradeaus weiter. Noch vor den Bahnschienen biegen wir links ab, um wieder zu unserem Ausgangspunkt zu gelangen.

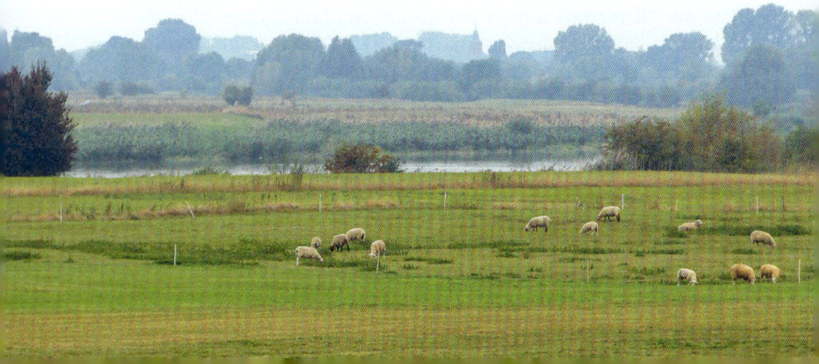

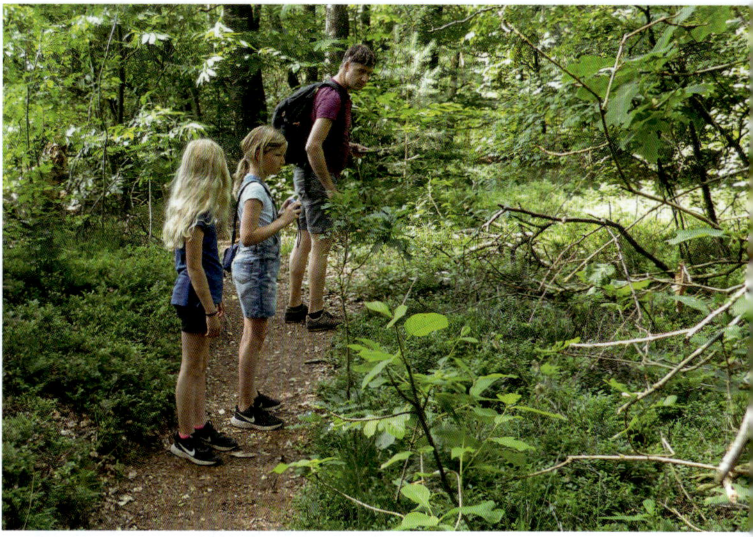

Tour 4: Bei Störchen und Wasserbüffeln

40 m

STRECKE 9,8 km

3 h 30

ab 8

Auf Abenteuerpfaden durch die Dingdener Heide

In der Dingdener Heide wandern wir mal durch den Wald, mal über freies Feld. Auch schmale Abenteuerpfade und breitere Wege wechseln sich immer wieder ab. Viel Zeit können wir hier mit der Tierbeobachtung verbringen: ein von weitem sichtbares und in vielen Sommern bewohntes Storchennest, Wasserbüffel, verschiedene Vogelarten und Tiere auf der Weide. Besonders gut geht das vom Aussichtsturm aus, der sogar eine komfortable Sitzbank bereithält. Im letzten Abschnitt der Wanderung laden außerdem die Ruinen des ehemaligen Märchenwaldes zum Erkunden und Klettern ein.

TOUREN-STECKBRIEF

Anfahrt: A3, Ausfahrt Hamminkeln. Auf die B473 Richtung Bocholt, rechts abbiegen auf die Hüttemannstraße. Im Kreisverkehr die erste Ausfahrt nehmen auf die Bocholter Straße, im nächsten Kreisverkehr dritte Ausfahrt auf die Krechtinger Straße. Dieser immer folgen bis zum Wanderparkplatz im Wald auf der rechten Seite bei **GPS N 51°46'52.0", E 6°38'38.0"**.

Anspruch und Charakter: In der Dingdener Heide sind kaum Höhenmeter zu überwinden. Die teils schmalen Abenteuerpfade erfordern allerdings festes Schuhwerk und am besten auch eine lange Hose. Da sich die Einkehrmöglichkeit erst kurz vor dem Ziel befindet, ausreichend Proviant mitnehmen.

Kinderwagentauglich: Nein.

Markierung: Teilweise Heide-Rundweg.

Highlights: Storchennest, Aussichtsturm mit Sitzbank, Ruinen des ehemaligen Märchenwaldes.

Einkehr: Gaststätte Waldschänke mit Biergarten am Campingplatz.

In der Nähe: LVR-Archäologischer Park Xanten, Xantener Südsee, Rees, Anholter Schweiz, Zitadelle Wesel.

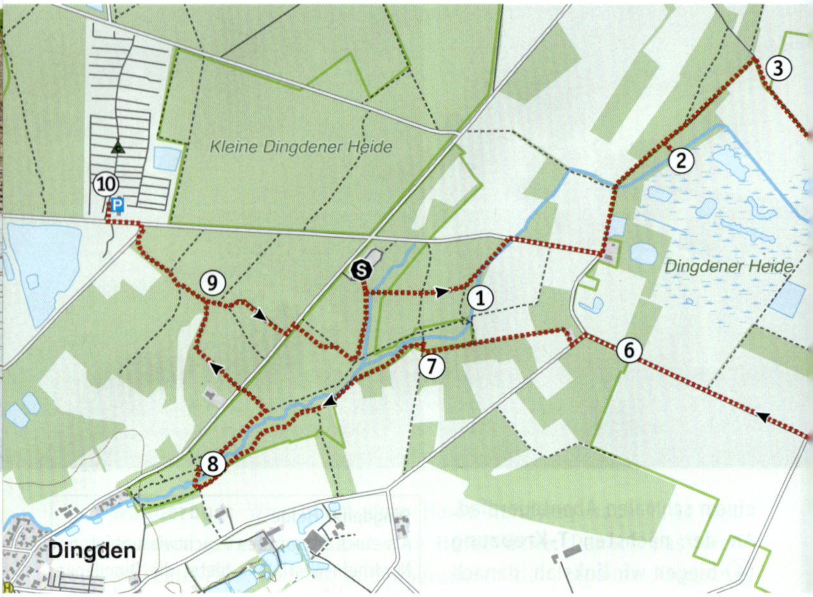

Wir verlassen den Parkplatz am gegenüberliegenden Ende über den schmalen Pfad. Etwas weiter biegt der Heide-Rundweg nach rechts ab, wir wandern jedoch weiter geradeaus. An der **T-Kreuzung** ⑦ wenden wir uns kurz nach rechts und sofort danach wieder nach links, laufen also in gleicher Richtung weiter wie zuvor. Wir folgen dem Weg nun immer entlang des Baches, der rechts von uns liegt. Schließlich erreichen wir den **ehemaligen Märchenwald** ⑧, dessen Ruinen die Kinder zum Klettern und Erkunden einladen.

Wir überqueren hier den Bach und laufen nun auf der anderen Seite des Ufers zurück. Dabei kommen wir auch an der

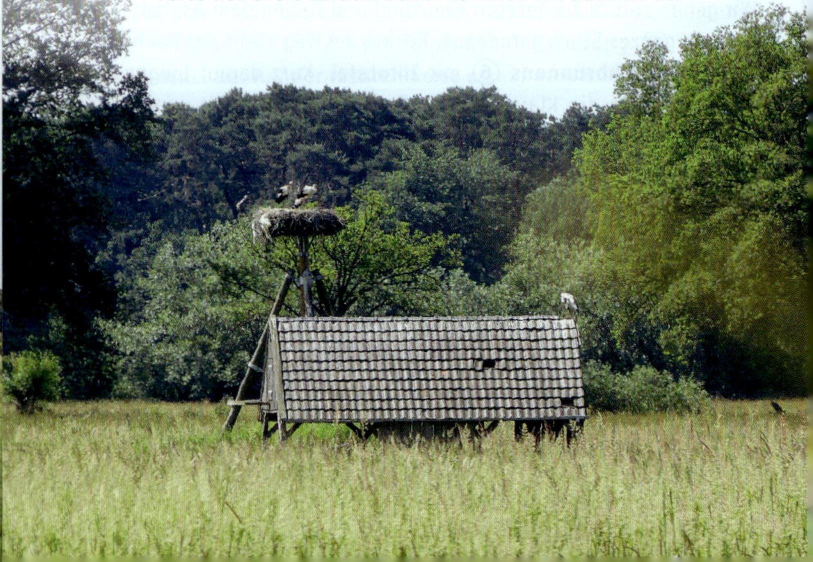

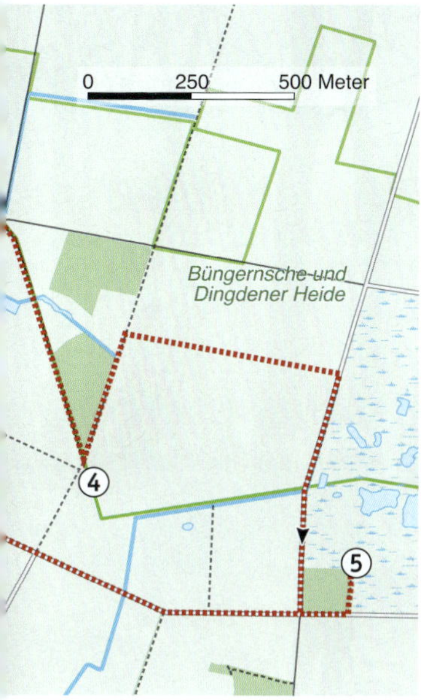

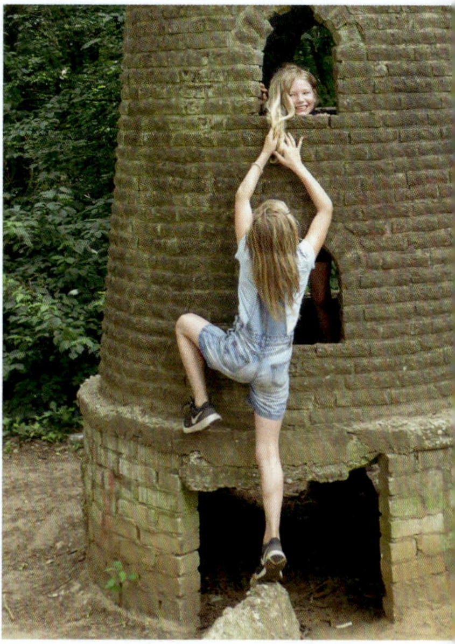

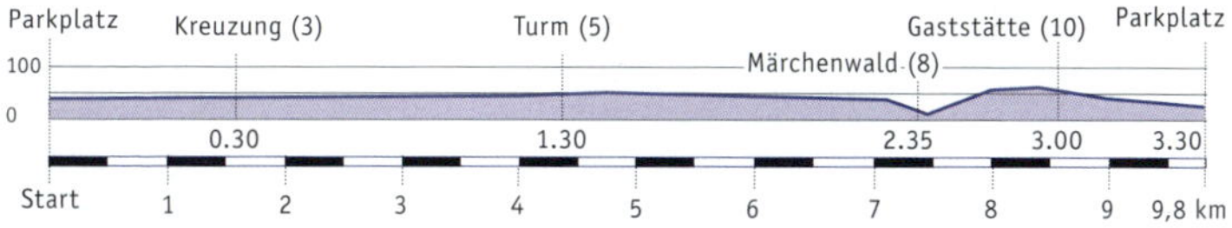

Ruine eines Rapunzel-Turms vorbei. Dahinter beeindruckt uns rechterhand die imposante Wurzel eines umgestürzten Baumes. Kurz darauf biegen wir links ab auf den schmalen Abenteuerpfad. Wir überqueren die Krechtinger Straße geradeaus und folgen weiter unserem Weg. An der folgenden **T-Kreuzung ⑨** führt ein Abstecher nach links zur Waldschänke mit kleinem Biergarten, an der wir einkehren könnten. Dazu biegen wir links ab auf einen größeren Weg, folgen diesem nach rechts und verlassen ihn kurz darauf wieder, um weiter geradeaus zu wandern. Wir überqueren dem zum Campingplatz gehörenden Parkplatz und biegen dann rechts ab zur **Gaststätte ⑩**.

Unsere Runde führt jetzt zurück zur **T-Kreuzung ⑨** und dort weiter geradeaus. Am nächsten Abzweig wählen wir den linken Weg. Nachdem wir über den schönen Abenteuerpfad gewandert sind, erreichen wir die Krechtinger Straße, biegen auf dieser links ab und bei erster Möglichkeit am Naturschutzgebiet-Schild wieder rechts. Links steht eine Picknickbank. Kurz darauf biegen wir links ab, treffen nach wenigen Schritten auf eine T-Kreuzung und gehen hier nach rechts. An den nächsten drei Kreuzungen halten wir uns links, erreichen schließlich wieder den Beginn unserer Wanderung und kurz darauf den Parkplatz.

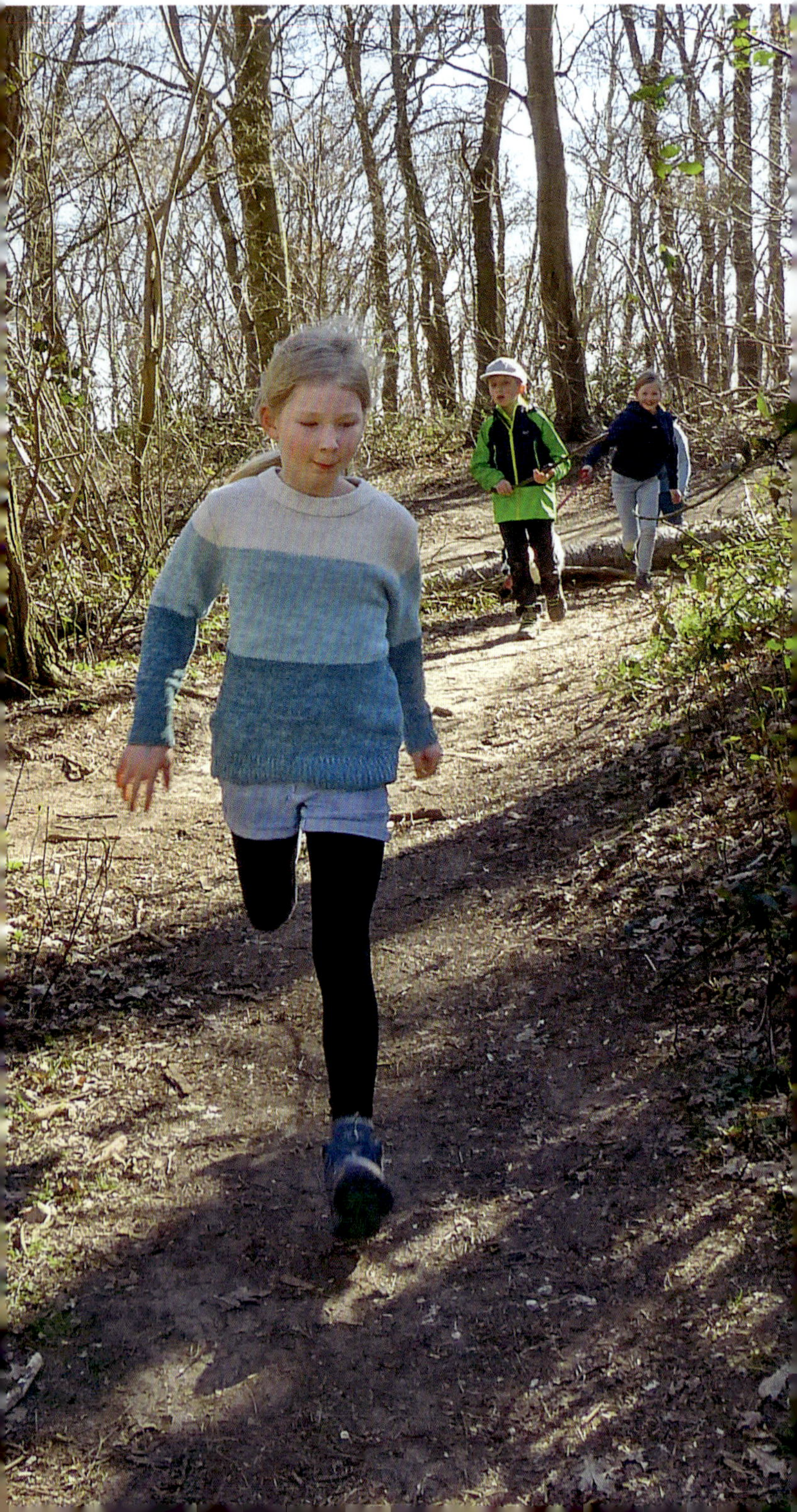

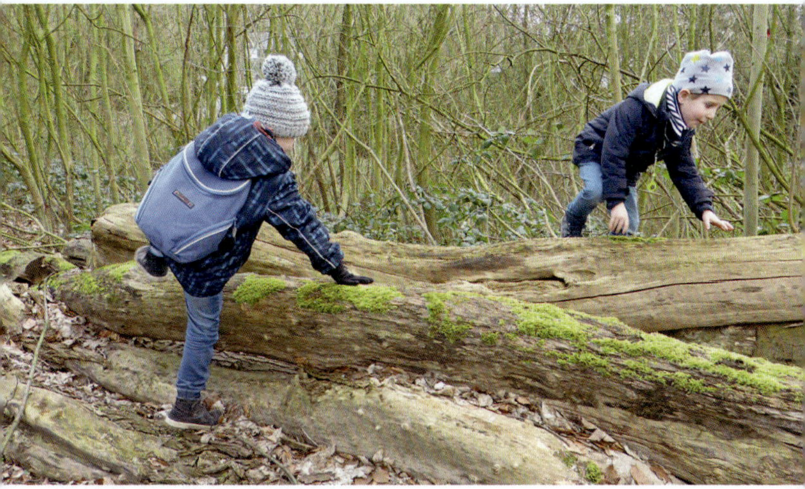

Spiele in der Natur – eine Waldexpedition mit Kindern

Es braucht nicht unbedingt immer eine tolle Wanderroute, um mit Kindern in die Natur zu gehen. Auch der normale Wald vor der Haustür eignet sich mit etwas Fantasie für Kinder-Abenteuer. Manche unserer Ideen brauchen ein bisschen Vorbereitung, andere kann man auch ganz spontan umsetzen. Wir suchen Tiere und Pflanzen, bauen eine Fantasiewelt und erfinden Geschichten.

1 Balancieren und Klettern

Umgefallene Bäume am Wegrand oder – noch besser – quer über dem Weg liegend sind eine Einladung zum Balancieren. Wir prüfen vorher die Stabilität des Stammes. Vorsicht auch bei feuchtem Wetter: Nasses Holz ist ganz schön rutschig.

Gute Kletterbäume findet man in einem durchschnittlichen Wald nicht allzu häufig. Die in unseren Wäldern weit verbreiteten Buchen haben lange, gerade Stämme. Der Stamm eines guten Kletterbaumes muss sich weit unten verzweigen und mehrere stabile Ableger entwickeln. Das tun eher langsam wachsende Bäume wie zum Beispiel manche Eiche oder auch verschiedene Obstbäume. Auch unter Kiefern findet man zum Klettern geeignete Exemplare. Einen guten Kletterbaum zu finden, ist immer ein besonderes Highlight.

2 Ein Tipi oder eine Hütte bauen

In vielen Wäldern liegt Bruchholz, das sich hervorragend zum Bauen von Tipis und Hütten eignet. Wir verwenden zum Bau nur Naturmaterialien und lassen keine Schnüre oder anderes Material im Wald zurück, in dem sich Wildtiere und Vögel verfangen und verletzen könnten.

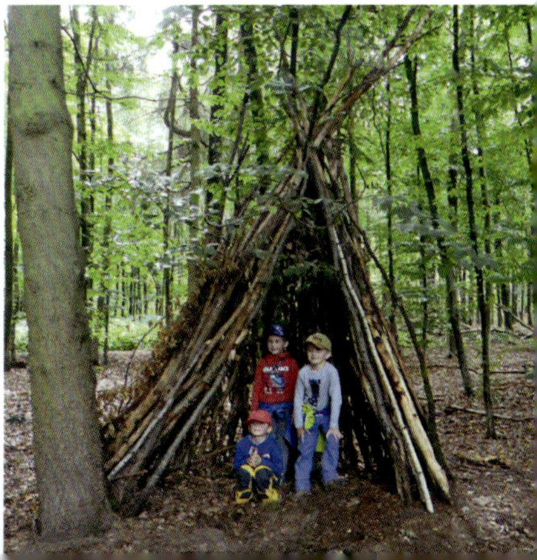

3 Zapfenboule

Zum Boule spielen braucht es eigentlich nur ein Ziel und etwas zum Werfen. Statt mit Metallkugeln funktioniert das auch mit Zapfen, Stöcken und Steinen. Ein kleiner Steinturm hat sich bei uns als besonders gutes Ziel bewährt. Für jüngere Kinder, die noch nicht so exakt werfen, kann man auch mit Stöcken ein Zielfeld legen. Zum Werfen eignen sich Zapfen und Kieselsteine. Die Regeln können wir individuell anpassen. Ob nun gewinnt, wer als erstes trifft oder wer die meisten Zapfen oder Steine ins Zielfeld befördert, kann jeder selbst entscheiden.

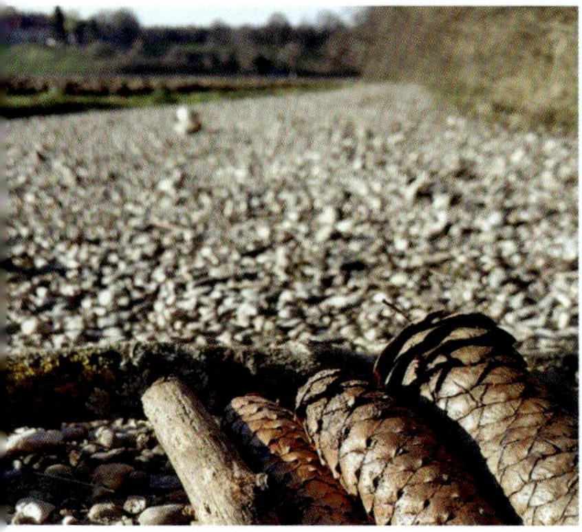

4 Schnitzeljagd

Wir teilen uns in zwei Gruppen auf. Die erste geht voran und markiert an jedem Abzweig den Weiterweg mit aus Stöcken oder Tannenzapfen gelegten Pfeilen. Man kann vorher auch Zeichen aus anderen Naturmaterialien vereinbaren, die einen entsprechenden Richtungswechsel bedeuten. Die andere Gruppe geht nach ein paar Minuten hinterher und muss versuchen, die erste einzuholen. Danach werden die Rollen getauscht. Dieses Spiel eignet sich besonders für größere Kindergruppen zum Beispiel auf Geburtstagen. Man könnte es aber auch spontan in eine ganz normale Wanderung einbauen, wenn es gerade einen kleinen Motivationsschub braucht und man die Wege gut genug kennt.

5 Schatzsuche oder Waldbingo

Bei der Schatzsuche muss jeder Spieler kleine Dinge im Wald finden. Man kann für jedes Kind ein Säckchen vorbereiten, in dem die Schätze unterwegs vor neugierigen Blicken geschützt verstaut werden können.

Jedes Kind bekommt einen Auftrag, den man auch per Loszettel verteilen kann. Wir können die Kinder nach konkreten Dingen suchen lassen wie zum Beispiel einem Kiefernzapfen, Bucheckern oder einem bunten Stein. Auch abstraktere Begriffe lassen sich verwenden: »Finde etwas Rundes, etwas Spitzes, etwas Weiches, etwas Rotes und etwas Essbares« wäre zum Beispiel ein interessanter Suchauftrag, der bei jedem Kind zu einem anderen Ergebnis führen dürfte.

Alternativ kann man als Suchauftrag auch eine Bingokarte mit gezeichneten Gegenständen verwenden und diese unterwegs suchen lassen.

Am Ende der Waldrunde oder bei einer Pause packen wir dann die Säckchen oder Schatzkästchen aus und vergleichen die Ergebnisse. Vielleicht mögen auch alle kurz erzählen, wo sie ihre Schätze entdeckt haben.

6 Die Fotosafari

Statt die Kids als Schatzsucher loszuschicken, können wir im Wald auch auf Fotosafari gehen. Im Frühjahr bietet sich das Thema Blüten an, später im Jahr können wir das Spiel auch auf Tiere, Blätter und Bäume ausdehnen.

Statt Blüten oder Pflanzen mitzunehmen, fotografieren wir sie einfach. Für jede neue Blüte gibt es einen Punkt, der hinterher in Gummibärchen oder andere kleine Süßigkeiten umgetauscht werden kann. Größere Kids können wir die Blüten und Blätter zu Hause auch richtig bestimmen lassen. Im Internet gibt es dazu Bestimmungsseiten wie zum Beispiel den Krautfinder. Den Punkt gibt es dann erst für eine richtig benannte Blüte.

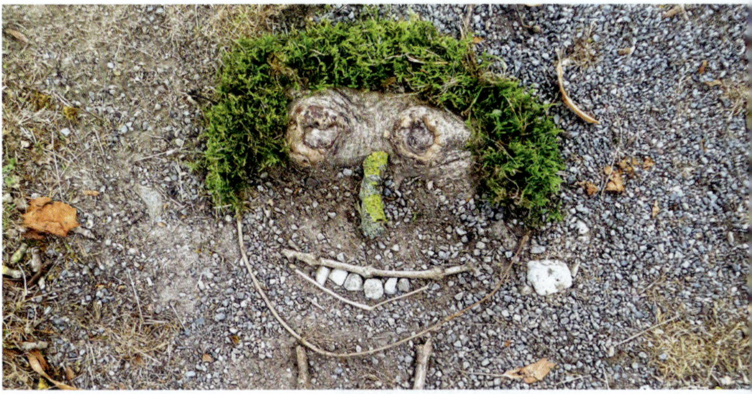

7 Die Vogelpirsch

Das Klopfen eines Spechtes hallt eindrücklich durch den Wald und viele Singvögel bauen dort ihre Nester. Wenn wir ganz still sind, können wir hören, wer im Wald unterwegs ist und wo. Gerade früh im Jahr kann man in den blattlosen Baumkronen Vögel recht gut orten und sogar mit dem Fernglas beobachten.

Wer Lust hat, die Vögel auch zu bestimmen, kann sich im Vogeltrainer vom NABU die Stimmen der häufigsten Singvögel in unseren Wäldern anhören. Zum Mitnehmen gibt es die Vogelstimmen zum Beispiel in der NABU-Vogelwelt-App.

8 Tierspuren suchen

Von der Spechthöhle über Fußspuren, Kothäufchen, angefressene Eicheln und Blätter – Tiere hinterlassen an vielen Stellen im Wald ihre Spuren und verraten damit ihre Anwesenheit. Spuren sind viel leichter zu finden als die Tiere selbst und können viel über die Bewohner eines Waldes verraten.

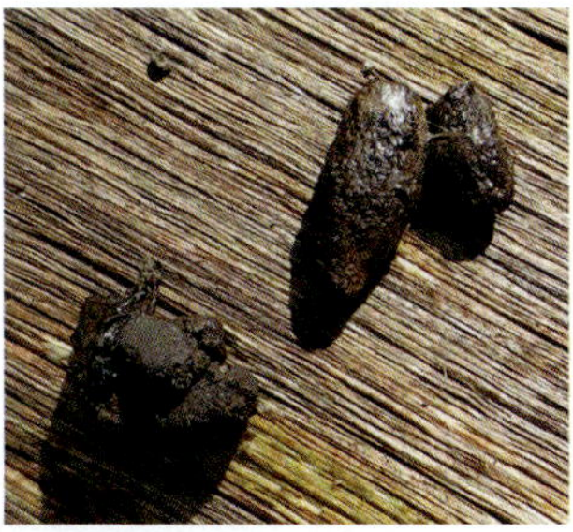

9 Kunst im Wald

Zapfen, Bucheckern, Eicheln, Steine, Zweige, trockene Blätter und Moos sind allerbestes Baumaterial für kleine Naturkunstwerke. Ein Haus, eine Landschaft, ein Familienbild, ein buntes Mandala – was kann man noch alles aus Naturmaterialien gestalten?

10 Baumgeschichten

Bäume sind Überlebensspezialisten. Sie entwickeln stützende Wurzeln, wenn der Hang wegbricht. Sie lehnen sich aneinander oder wachsen zusammen, wenn der Platz eng wird. Sie gedeihen zwischen Felsen und am Abgrund. Wenn ein Stamm bricht, treiben sie neu aus. Die Form mancher Baumstämme und die Position der Äste erzählen eine Geschichte – die Lebensgeschichte eines Baumes. Wir können versuchen, die Baumgeschichten zu lesen oder nur schauen, welche unterschiedlichen Baumformen wir entdecken. Wer findet einen ungewöhnlichen Baum?

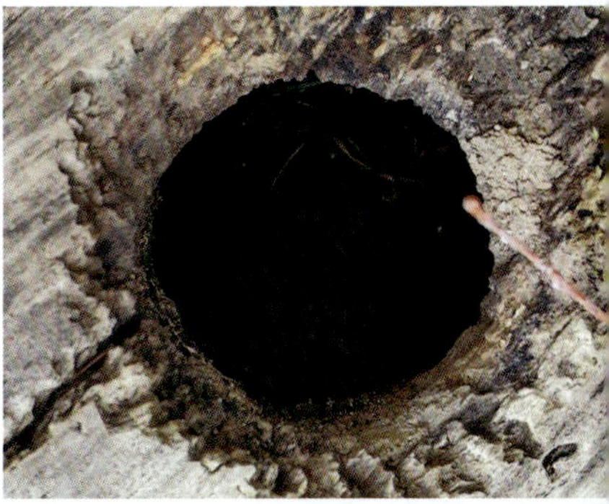

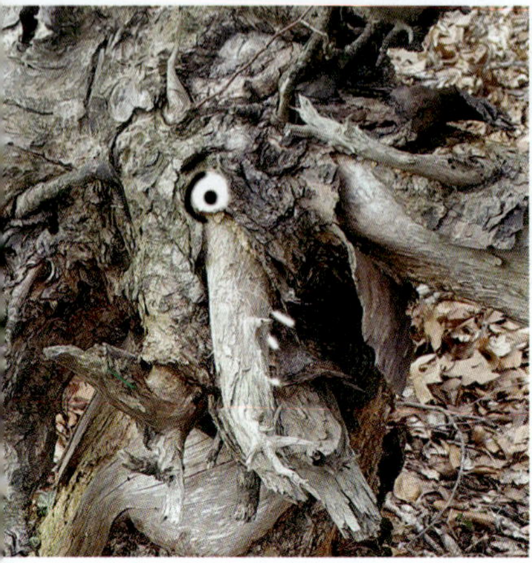

12 Der Wald als Holzwerkstatt

Eine kleine Säge, Bohrer und Feile oder ein Taschenmesser zum Schnitzen machen den Wald zur Holzwerkstatt, in der Kids ohne Sorge um Dreck und Material werkeln können.

Für Kinder, die gerade erst lernen mit einem Messer umzugehen, gibt es spezielle Taschenmesser. Sie haben eine abgerundete Spitze und einen kindgerechten Griff, der gut in der Hand liegt. Wir können aber auch Werkzeuge wie Hammer und Säge ausprobieren, Häuser und Ställe bauen, kleine Schiffchen, einen Wanderstock oder Pfeil und Bogen.

Wie man einfache Boote aus Naturmaterialien baut, die auf Seen oder auf dem Bach ins Wasser entlassen werden können, zeigen wir ab **[› Seite 192]**.

Für die Holzwerkstatt muss es warm genug sein, weil wir uns nicht so viel bewegen. Sie ist nur bei trockenem Wetter und Temperaturen über 15 Grad eine gute Idee.

11 Trolle und Waldgeister

Wurzeln und Baumstämme haben die seltsamsten Strukturen. Mit ein wenig Fantasie kann man überall im Wald schaurige Gesichter entdecken und fotografieren, den Trollen Namen geben und Geschichten erfinden. Mit Straßenkreide könnten wir unseren Waldgeistern auch Augen und Zähne malen und sie so für andere besser erkennbar machen.

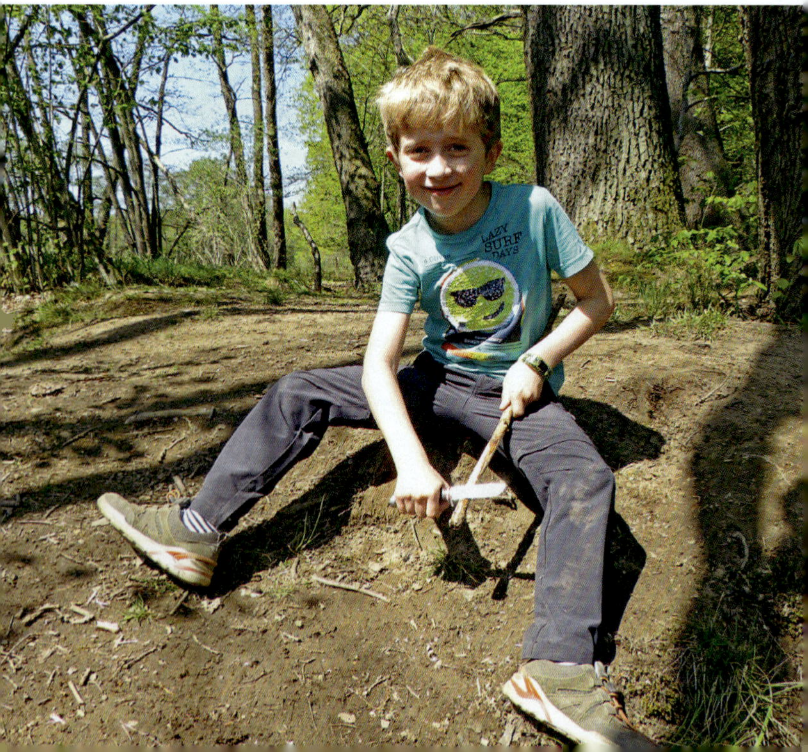

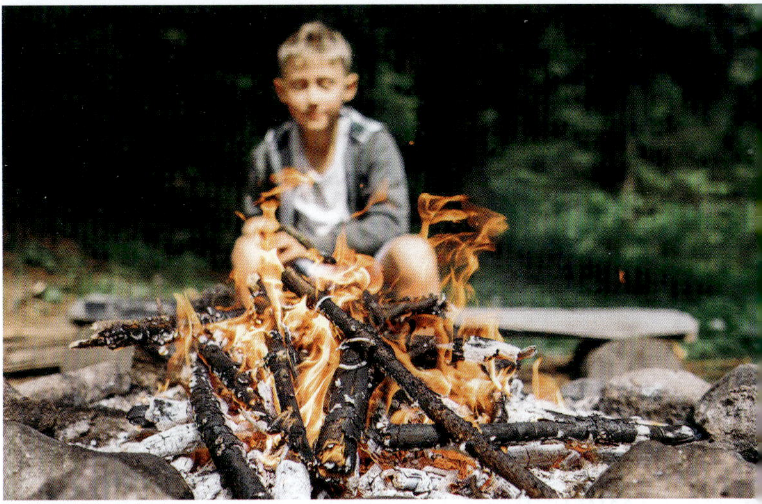

13 Waldmusik

Der Wald bietet vielfältige Möglichkeiten zum Musizieren. Baumstümpfe oder ein großer Stein eignen sich als Trommel. Man kann auch Steine gegeneinander schlagen, mit Blättern rascheln, auf breiten Grashalmen pfeifen oder in hohle Stöcke pusten. Wer über richtig viel Geschick verfügt, bastelt mithilfe eines Taschenmesser vielleicht sogar eine Flöte! Geeignet sind dazu die Zweige des Holunderbaumes, die im Inneren einen Kanal mit weichem Mark haben, das sich gut entfernen lässt. So kann nach und nach ein ganzes Orchester entstehen.

14 Auszeit am Grillfeuer

Im Wald dürfen wir kein Feuer machen. Aber vielleicht gibt es in der Nähe einen öffentlichen Grillplatz oder einen Feuerkorb oder eine Feuerstelle im privaten Garten? Ein Picknick mit wärmendem Lagerfeuer, Stockbrot oder Würstchen ist immer ein guter Abschluss für ein Naturabenteuer. Größere Kinder können dabei versuchen selbst, ein Feuer zu machen – selbstverständlich unter Aufsicht.

Schon auf der Wanderung oder auf dem Weg zum Grillplatz sollte man nach passenden Stöcken zum Aufspießen der Würstchen und des Brotteiges Ausschau halten. Sie sollten möglichst frisch sein, damit das Holz nicht so leicht verbrennt. Jeder Stock wird mit dem Taschenmesser angespitzt und ein Stück von der Rinde befreit. So können wir unseren Brotteig ganz einfach um sauberes Holz wickeln.

Stockbrot aus Hefeteig

- 500 g Mehl
- 1 Packung Trockenhefe
- 250 ml handwarmes Wasser
- 1 TL Salz, 3 EL Öl

Stockbrotteig ohne Hefe

- 450 g Mehl
- 200 ml Milch
- 1 TL Salz, 2 TL Backpulver

Um den Geschmack zu variieren, kann man auch Kräuter, getrocknete Tomaten und Käsewürfel unterkneten.

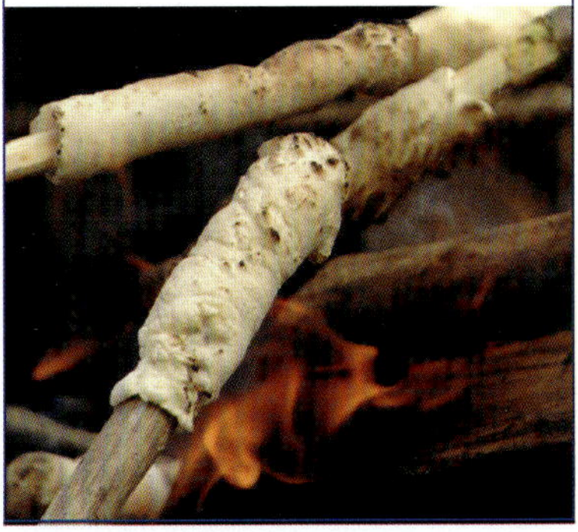

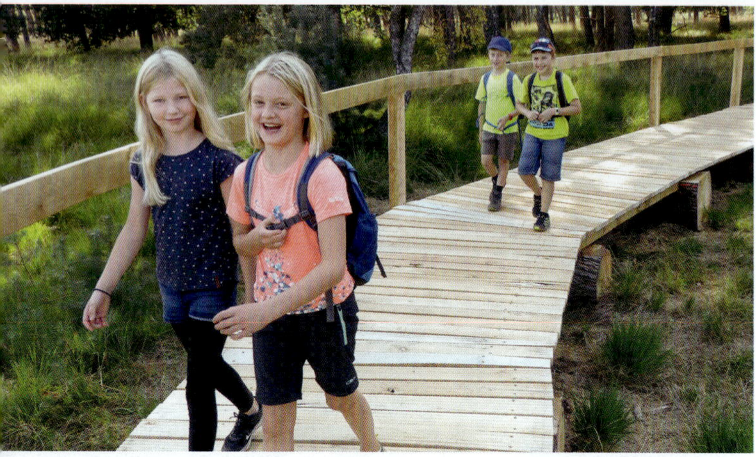

50 m

STRECKE 11,1 km

3 h 45

ab 8

Tour 5: Der größte Käfer Deutschlands

Vielfältige Naturerlebnisse im Diersfordter Wald und am See

Im Diersfordter Wald gibt es gleich zwei spannende Lehrpfade für Kinder. Aus der Hirschkäferroute und dem kurzen Moorerlebnisweg kann man gut eine abwechslungsreiche Wanderrunde machen. Aufgelockert durch Infotafeln und Wildbeobachtungsplätze sowie über Holzstege laufen sich die gut sechs Kilometer wie im Flug. In den Morgen- oder Abendstunden können wir mit etwas Glück auch Wildtiere beobachten. Außerdem treffen wir immer wieder auf den Hirschkäfer, die größte, in Deutschland lebende Käferart. An Sommertagen lockt anschließend der nahe Waldsee, um die Füße zu kühlen und die Seele baumeln zu lassen. Wer mag, kehrt zuletzt noch im Biergarten des Restaurants Zum Jäger ein. So haben wir schnell einen ganzen Tag im Grünen verbracht. Wem die komplette Strecke zu lang zu wandern ist, der kann sie problemlos teilen und ein zweites Mal hierher kommen.

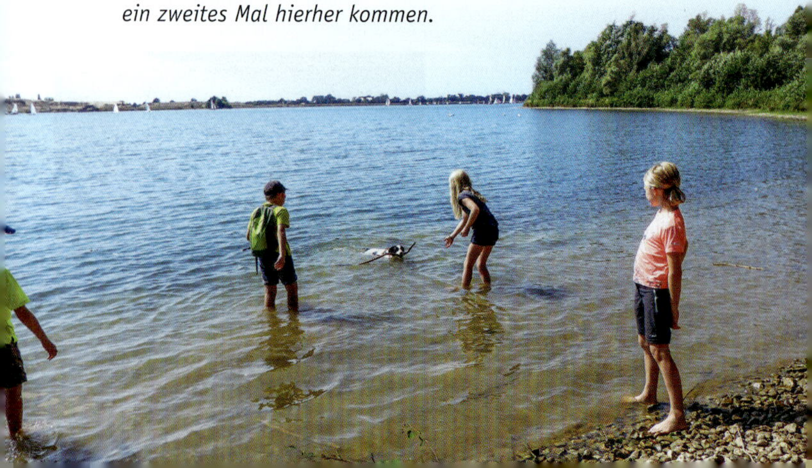

Wanderung: Wir starten unsere Wanderung am Wegweiser zum Wildgatter und der Infotafel zum Diersfordter Wald und gehen über den schmalen Weg, der zwischen den Hundeübungsplätzen hindurchführt. Danach erreichen wir eine Picknickbank und den **Wegweiser des Hohe-Mark-Steigs** ①, dem wir für den ersten Wegabschnitt folgen. Wir durchqueren zwei Eisentore, durchwandern eine Rechtskurve und biegen kurz darauf rechts ab. Etwa einen Kilometer weiter führt uns die Markierung des Hohe-Mark-Steiges nach links. Zuvor lohnt jedoch ein kleiner Abstecher nach rechts zu einer **Wildbeobachtungskanzel** ② und Infotafeln über den Diersfordter Wald.

An der nächsten Kreuzung folgen wir den Markierungen nach rechts. Hier startet der **Moorerlebnisweg**. Hinter einer Linkskurve erreichen wir eine **tolle Picknickmöglichkeit** ③ mit Bänken, Tisch und weiter Aussicht. Wenig später führen uns **Holzstege** ④ trockenen Fußes durch eine Moorlandschaft.

Wieder auf trockenem Boden biegt der Wanderweg rechts ab und wir erreichen eine weitere Infotafel. Sie informiert über die Heidelandschaft, die jetzt vor uns zu sehen ist. Auf sandigem Untergrund geht es leicht bergab. Wir folgen unserem Weg und dem blauen Dreieck durch eine Rechtskurve bis zu einer **T-Kreuzung** ⑤. Der Hohe-Mark-Steig biegt hier rechts ab. Wir verlassen ihn jetzt und gehen nach links in Richtung Beobachtungskanzel Eichenlichtung. Damit befinden wir uns auf der Hirschkäferroute.

Wir folgen dem Wegweiser der Hirschkäferroute durch ein lichtes Eichenwäldchen bis zu einer **Wildbeobachtungskanzel** ⑥ auf der rechten Seite. Dort geht es linksherum weiter. Schließlich treffen wir an einer T-Kreuzung wieder auf unseren Hinweg, den wir nun zurück bis zum **Wegweiser des Hohen-Mark-Steigs** ①

TOUREN-STECKBRIEF

Anfahrt: A57, Ausfahrt Alpen. Auf die B58 in Richtung Wesel fahren und dort angekommen links abbiegen auf die B8. Von dieser links auf die Emmericher Straße und rechts auf den »Bislicher Wald« bis zum Parkplatz auf der linken Seite bei **GPS N 51°41'45.0", E 6°33'14.0"** fahren. Die vorderste Reihe ist für den heimischen Jägerverein reserviert, auf dem gesamten restlichen Parkplatz können alle parken.

Anspruch und Charakter: Abwechslungsreiche Wanderung über kinderwagentaugliche Wege im Diersfordter Wald. Bei Feuchtigkeit kann es auf den Holzstegen rutschig sein, dann ist festes Schuhwerk wichtig.

Kinderwagentauglich: Die Schleife an den Waldsee führt auch über Abenteuerpfade und ist daher nur mit sehr geländetauglichen Kinderwagen machbar.

Markierung: Hohe-Mark-Steig, Diersfordter Wald, Beschilderungen zur Hirschkäferroute und dem Moorerlebnisweg.

Highlights: Wildbeobachtungskanzeln, Holzstege, Waldsee.

Einkehr: Restaurant Am Jäger mit Biergarten.

In der Nähe: LVR-Archäologischer Park Xanten, Zitadelle Wesel, Tenderingsee.

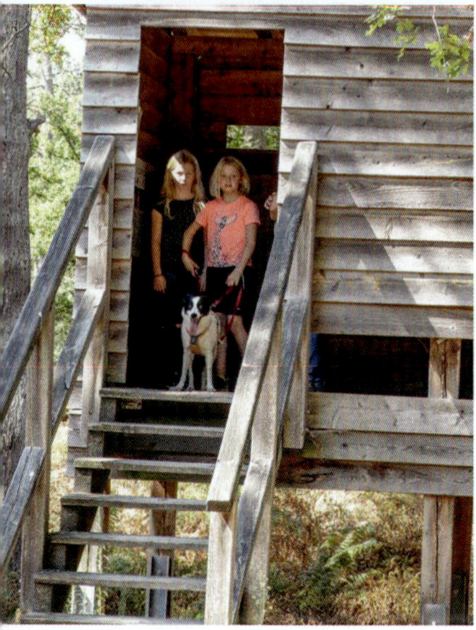

mit Picknickbank folgen. Hier biegen wir nun rechts ab in Richtung Diersfordt und Rheinufer, um zur Gaststätte und zum Waldsee zu gelangen.

Die Landstraße überqueren wir geradeaus, direkt danach befindet sich auf der linken Seite das **Restaurant »Am Jäger« ⑦**. Bei der zweiten Möglichkeit und noch vor den rot-weißen Schranken biegen wir rechts auf den Wanderweg ab.

Um die Tour zu kürzen, kann man die Schleifen auch einzeln wandern:
Erste Schleife im Diersfordter Wald: Am Ende der Wanderung am Wegpunkt 1 geradeaus zurück zum Parkplatz.
6,6 km, ↓↑ 30 m, Gehzeit 2 h 30, ab 6 Jahre.
Zweite Schleife am Waldsee: Zu Beginn der Wanderung die Straße überqueren in Richtung Restaurant und Waldsee.
4,6 km, ↓↑ 20 m, Gehzeit: 1 h 30, ab 4 Jahre.

Die nächste Kreuzung überqueren wir geradeaus und folgen damit einem schwarzen Dreieck. Schließlich wählen wir den schmalen Abenteuerpfad nach links, gekennzeichnet ist er mit einem weißen X und einem schwarzen A5, um an das Ufer des **Waldsees ⑧** zu gelangen. Hier können wir an warmen Sommertagen die Füße im Wasser abkühlen, Steine ins Wasser werfen, selbstgebaute Boote fahren lassen und die Segelboote auf dem See bewundern.

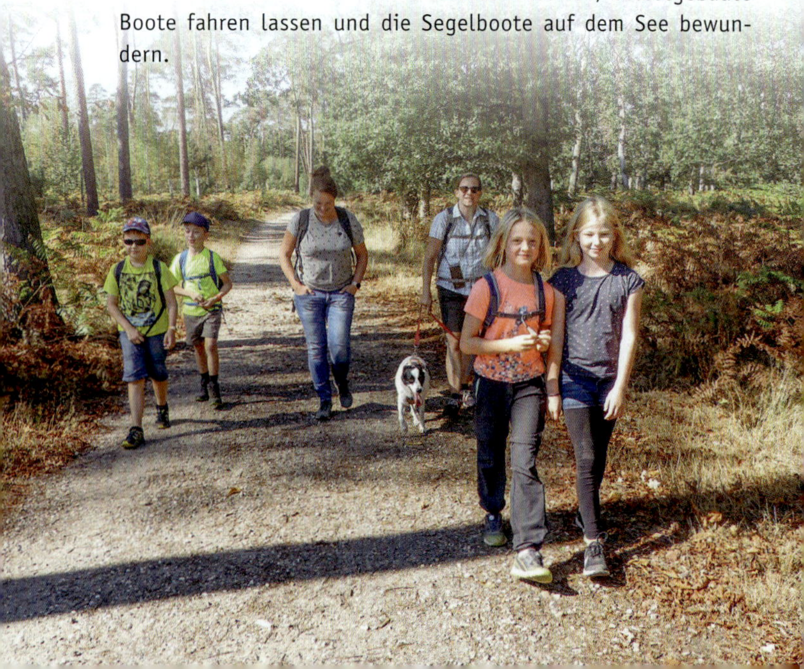

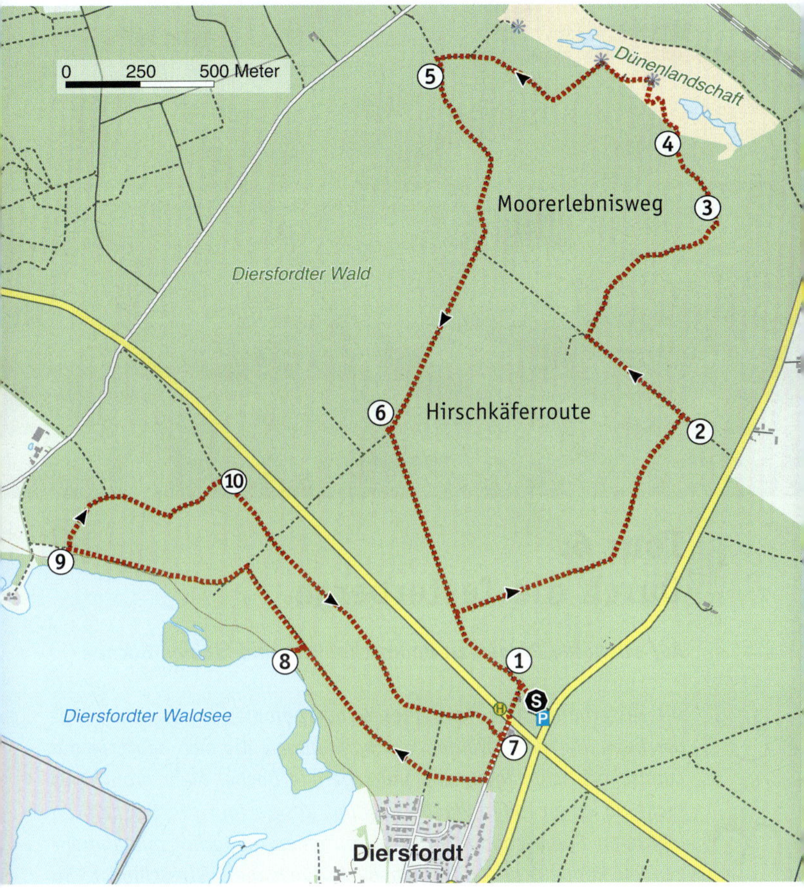

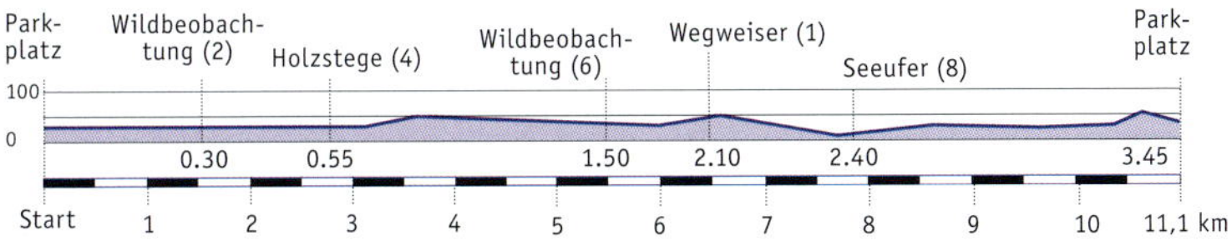

Nach einer ausgiebigen Rast führt uns der Abenteuerpfad zurück auf den Hauptweg, auf den wir nun links abbiegen. An der nächsten T-Kreuzung folgen wir den Markierungen X und A3 und biegen erneut links ab. An der Stelle, an der unser Weg aus dem Wald herausführt und sich links eine Wiese befindet, biegen wir rechts ab in den schmalen **Abenteuerpfad** ⑨. Dieser führt uns über mit Farn bewachsenen Waldboden. Die nach links abzweigenden Pfade ignorieren wir. Unser Abenteuerpfad endet an einer **T-Kreuzung** ⑩, an der wir rechts abbiegen. Nun wandern wir immer geradeaus, bis wir auf Höhe der Gaststätte wieder auf den asphaltierten Weg treffen. Links geht es dann zurück zu unserem Ausgangspunkt.

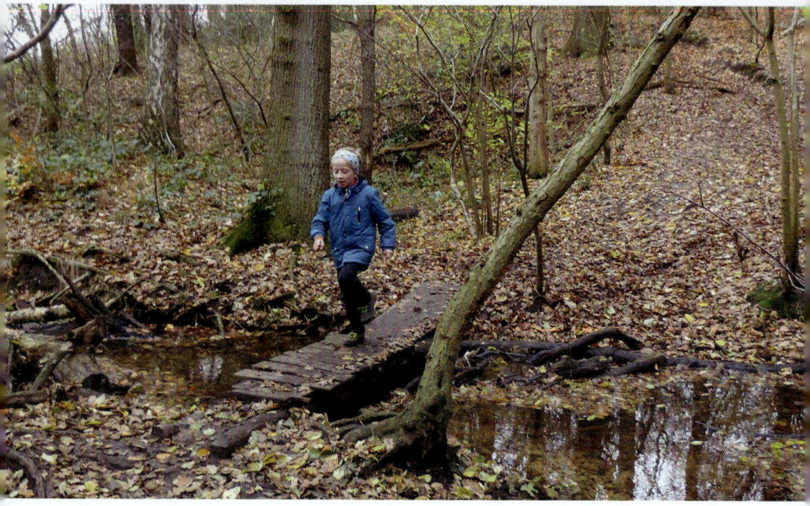

70 m

STRECKE 8,6 km

3 h

ab 6

Tour 6: Durch die Testerberge

Auf schmalen Pfaden zu Baumschaukeln und kleinen Bächen

Die Testerberge sind ein kleines Wanderparadies am östlichen Niederrhein. Herrliche Wälder, ein paar Hügel, die sich sanft in die Landschaft schmiegen, und plätschernde Bäche: Mehr braucht es nicht für einen tollen Wanderausflug! Unsere Tour führt zudem an mehreren Baumschaukeln vorbei, an einem Reiterhof mit angrenzenden Koppeln und natürlich auch durch die Testerschlucht. So kommt niemals Langeweile auf und wir können die abwechslungsreiche Umgebung in vollen Zügen genießen.

Wanderung: Am Parkplatz folgen wir den Wanderzeichen A2 und A3. Der Weg führt uns ein ganzes Stück geradeaus. Rechts genießen wir den Ausblick über die umliegenden Felder. Nach links unternehmen die Kinder den einen oder anderen Abstecher auf die (Sand-)Hügel, die zum Toben einladen. Schließlich zweigt zuerst der mit A2 markierte, dann auch der Weg A3 links ab, wir wandern aber immer weiter geradeaus. Auch an der nächsten Picknickbank geht es geradeaus. Kurz darauf, unmittelbar bevor wir aus dem Wald heraustreten würden, treffen wir auf eine **Kreuzung** (1) und biegen links ab.

Es geht bergauf bis zu einer T-Kreuzung. Hier wenden wir uns nach rechts und folgen dem schmalen Abenteuerpfad. Er führt ein Stück bergab, dann überquert unser Weg auf einer schmalen Holzbrücke einen **Bach**, an dem es schöne Plätze zum Spielen gibt. Zu einem noch schöneren Platz kommen wir, wenn wir vor

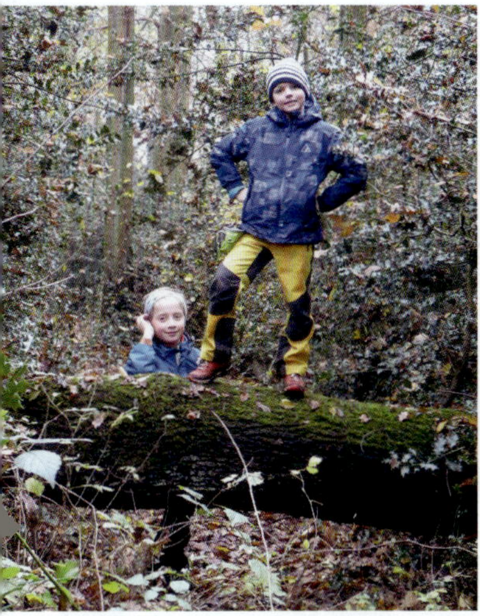

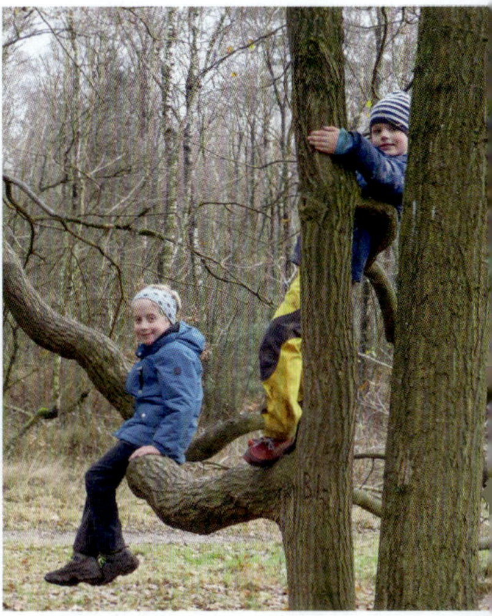

der Bachüberquerung einen Abstecher nach links unternehmen: Direkt am Bach treffen wir hier auf **Baumschaukeln und eine gute Picknickmöglichkeit** ② auf umgefallenen Baumstämmen.

Nach Überquerung des Bachs über die Holzbrücke befinden wir uns auf den Wanderwegen A4 und A5. Wir gehen dabei in die gleiche Richtung weiter wie zuvor. An der folgenden **T-Kreuzung** biegen wir links ab und verlassen die beiden Wanderzeichen schon wieder. Der Weg steigt leicht an. Oben angekommen treten wir aufs freie Feld und überqueren die **Dinslakener Straße** ③.

Am Parkplatz vor dem Reitstall führt ein Pfad rechts in den Wald. Diesem folgen wir hinter die Stallungen. Kurz darauf erreichen wir eine **Wegkreuzung mitten im Wald** ④. Wer mag, kann

TOUREN-STECKBRIEF

Anfahrt: A3, Ausfahrt Hünxe, links abbiegen auf die Weseler Straße, erneut nach links auf den Sternweg, noch einmal links auf den Baumschulenweg und danach rechts abbiegen auf den Testerweg. Parkplatz auf der rechten Seite bei **GPS N 51°37'34.0", E 6°43'56.0"**.
ÖPNV: Haltestelle Baumschulenweg, Buslinie 75. Über den Baumschulenweg bis zur Kreuzung Testerweg (Wegstrecke 800 Meter), an der die Wanderung beginnt.
Anspruch und Charakter: Waldwanderung mit ein paar Höhenmetern, die immer wieder ans Wasser führt. Wasserdichte Schuhe, eventuell auch Wechselsachen, sind sicherlich sinnvoll. Nach Regenfällen oft matschig. Steiler Abund Aufstieg durch die Schlucht.
Kinderwagentauglich: Nein.
Markierung: Wechselnde A-Wanderwege, siehe Beschreibung.
Highlights: Spielmöglichkeiten am Wasser, Baumschaukeln im Wald, Durchquerung der Schlucht.
Einkehr: Gaststätte Rühl (an Wegpunkt ④ rechts halten, bis die Dinslakener Straße erreicht ist, dieser folgen bis zur **Gaststätte** ⑤, 1,4 km zusätzliche Wegstrecke hin und zurück. Geöffnet So 11 bis 14 Uhr und 16 bis 22 Uhr, alle anderen Tage 17 bis 23 Uhr, Mi Ruhetag).
In der Nähe: Strandbad Tenderingsee, Zitadelle Wesel.

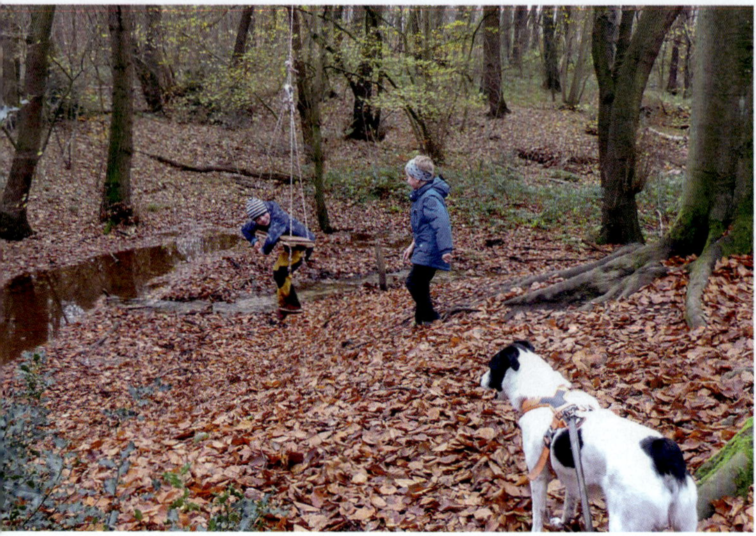

hier rechts einen Abstecher zur **Gaststätte Rühl** ⑤ einlegen. Unsere Wanderung geht jedoch links herum weiter: Schnell erreichen wir wieder einen kleinen Bach, dessen idyllischem Lauf wir nun bis zu einer **ehemaligen Mühle** ⑥ folgen. Auch hier bieten sich schöne Spielmöglichkeiten für unsere Wanderkinder.

An einer Holzschranke gabelt sich der Weg. Die Wanderwege A4 und A5 führen links herum unmittelbar am Zaun der Koppel vorbei. Der für Kinder spannendere Weg verläuft jedoch rechts der Wiese als abwechslungsreicher Pfad mitten durch den Wald. Beide Wege treffen an einer **Holzbrücke**, die wir überqueren, wieder zusammen. Dann treten wir aus dem Wald heraus und haben freien Blick über die hügelige Landschaft links von uns. In Hörweite des rauschenden **Mühlenbachs** folgen wir dem Weg nach links, biegen direkt danach erst rechts und an der nächsten **Kreuzung** ⑦ erneut links ab (Markierung A3 und A4).

Die **asphaltierte Straße** überqueren wir geradeaus und folgen jetzt bis zum nächsten Wegpunkt der Markierung A4 und A5. Die Wanderzeichen führen uns an der folgenden **T-Kreuzung** ⑧ nach links. Kurz darauf überqueren wir erneut die **Dinslakener Straße**. Weiter geht es nach rechts und bergab. Wir folgen der Markierung geradeaus und biegen dann noch einmal rechts ab. Den nächsten, nach links abzweigenden Weg ignorieren wir.

An der folgenden **T-Kreuzung** ⑨ biegen wir dann links ab und verlassen damit die beiden Wanderzeichen. An der nächsten T-Kreuzung geht es links auf den Weg A2. Jetzt wandern wir bergab, biegen rechts ab und folgen der Markierung A3. An der folgenden **T-Kreuzung** geht es auf dem Weg A3 links herum, erst

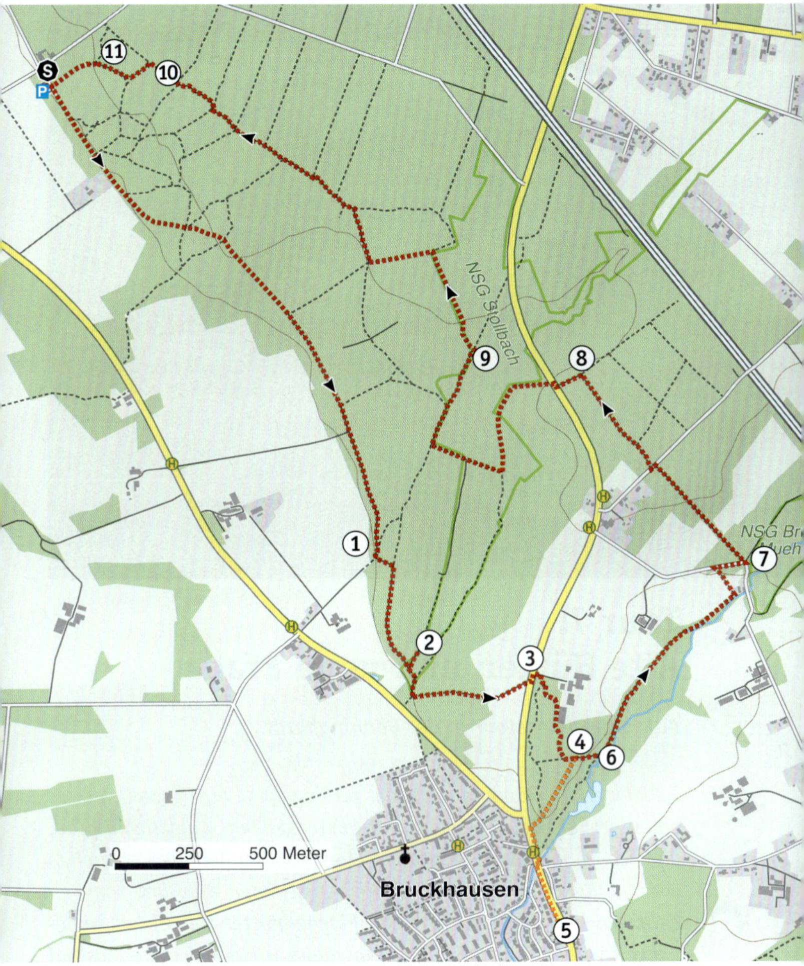

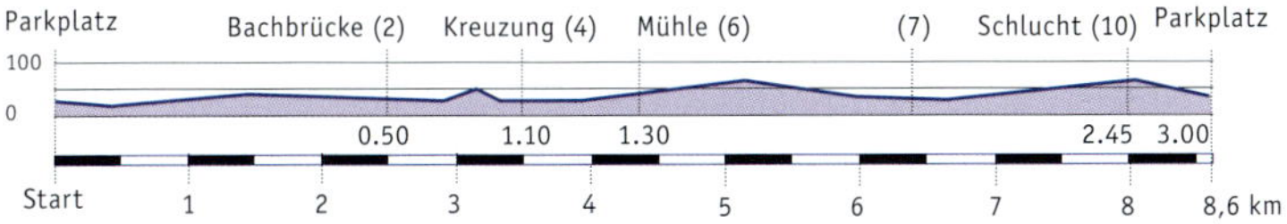

kurz bergab und dann wieder bergauf. Nun wandern wir ein ganzes Stück auf der mit A3 markierten Strecke geradeaus. Das Wanderzeichen führt uns schließlich steil bergab in eine **Schlucht** ⑩. Auf der anderen Seite geht es ebenso steil wieder bergauf.

Kurz danach biegen wir an einer **T-Kreuzung** ⑪ links ab und verlassen dabei die mit A3 markierte Route. An der nächsten Gabelung wählen die rechte Variante und kommen so noch einmal an einer Baumschaukel vorbei. An der folgenden **T-Kreuzung** biegen wir links ab und wandern bergab, bis wir unseren Ausgangspunkt wieder erreichen.

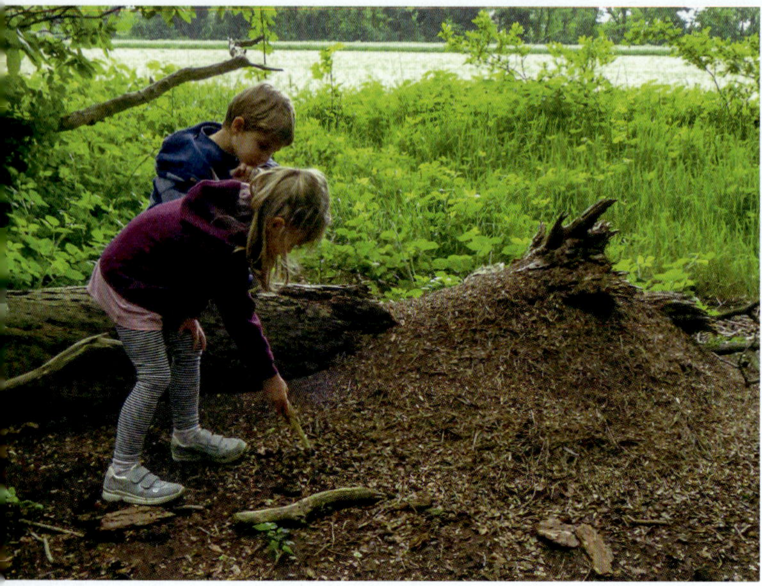

30 m

STRECKE 5,2 km

2 h

ab 4

Tour 7: Alte Hütten und neue Pfade

Auf Entdeckungstour in der Bönninghardt

Im kleinen Ort Bönninghardt, der zur Gemeinde Alpen zählt, gibt es einen großen Waldspielplatz mit angrenzendem Walderlebnispfad, der sich wunderbar als Ausflugsziel eignet. Vor dem Besuch drehen wir eine Runde durch Felder und einen schönen Wald und kommen dabei noch an zwei historischen Plaggenhütten mit Picknickmöglichkeit vorbei. Zum krönenden Abschluss können sich die Kids auf dem großen Waldspielplatz so richtig austoben, während die Erwachsenen ein Getränk oder ein Eis vom Wald-Büdchen genießen.

TOUREN-STECKBRIEF

Anfahrt: A57, Ausfahrt Alpen. Von der B58 links abbiegen auf die Bönninghardter Straße, in Bönninghardt rechts abbiegen auf die Von-Laer-Straße. Kurz danach befindet sich der Parkplatz auf der linken Seite unmittelbar vor dem Waldspielplatz bei **GPS N 51°34'42.0", E 6°27'48.0"**.

ÖPNV: Bönninghardt Schmiede, Buslinien 9, 37, 38, BAL.

Anspruch und Charakter: Leichte Wanderung über Feld- und Waldwege. Zur Plaggenhütte führt ein schmaler Pfad. Es gibt so gut wie keine Wanderzeichen, daher ist ein guter Orientierungssinn von Vorteil.

Kinderwagentauglich: Ja, rund um die Plaggenhütte ist es allerdings etwas holprig.

Markierung: Keine.

Highlights: Plaggenhütte, Walderlebnispfad, Waldspielplatz.

Einkehr: Büdchen mit Snacks und Getränken am Waldspielplatz.

In der Nähe: TerraZoo Rheinberg, LVR-Archäologischer Park Xanten, Pauenhof.

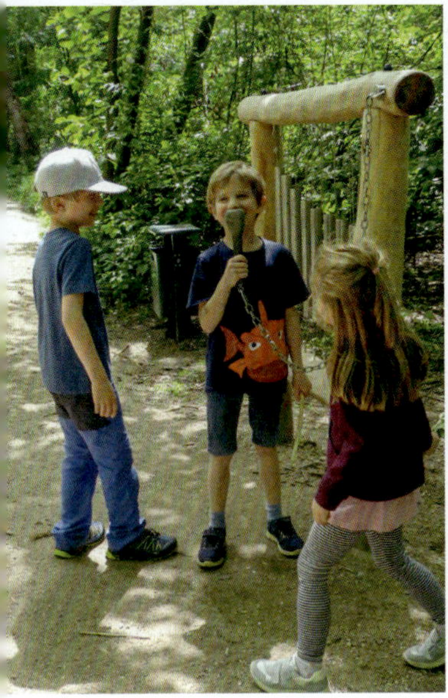

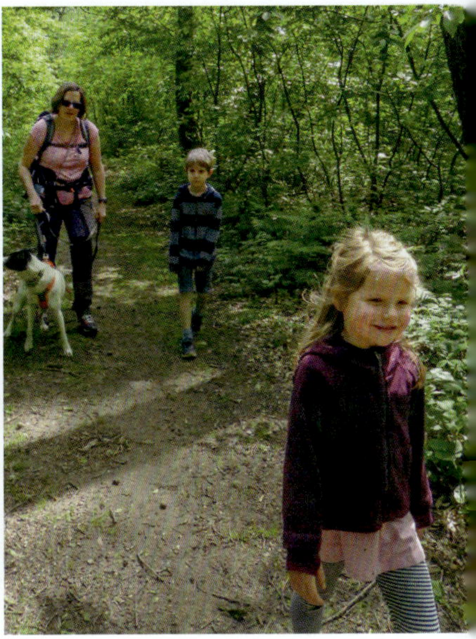

Wanderung: Vom Parkplatz gehen wir zurück zur Straße und biegen auf dieser links ab. Kurz darauf liegt links am Weg ein einladender Picknickplatz, den Anwohner eingerichtet haben. Wir biegen links ab in den »Pastor-Sanders-Weg«. Bei nächster Möglichkeit geht es dann rechts auf einen Feldweg, der geradeaus in Richtung Wald führt. Am **Waldrand** ① angekommen, biegen wir links ab, direkt danach wieder rechts und wandern durch den Wald weiter. An der nächsten **Kreuzung** wenden wir uns erneut nach rechts. Wir erreichen eine **Baumschule** ②, biegen rechts und bei nächster Möglichkeit wieder links ab. So wandern wir an der Baumschule entlang und gehen wieder auf den Wald zu.

Die folgende Kreuzung überqueren wir geradeaus und ignorieren auch den nächsten, nach links abzweigenden Weg. Im Wald wandern wir weiter geradeaus und folgen unserem Weg unmittelbar vor einer Holzschranke in eine Linkskurve. Er schlängelt sich nun leicht bergauf durch den Wald. Die nächste Kreuzung überqueren wir geradeaus und halten uns an der folgenden **T-Kreuzung** leicht rechts, nun leicht bergab wandernd. An der folgenden Kreuzung biegen wir links ab, ebenso an der **T-Kreuzung** ③ kurz darauf. Nun wandern wir wieder leicht bergauf.

Die nächste Kreuzung überqueren wir geradeaus und ignorieren einen nach rechts abzweigenden Weg. Am Ende unseres Weges biegen wir an einer T-Kreuzung leicht rechts ab und wandern ein wenig bergab. An der folgenden T-Kreuzung geht es nach links. Schließlich treten wir aus dem Wald heraus und erreichen eine **Pferde-Trainingsbahn** ④.

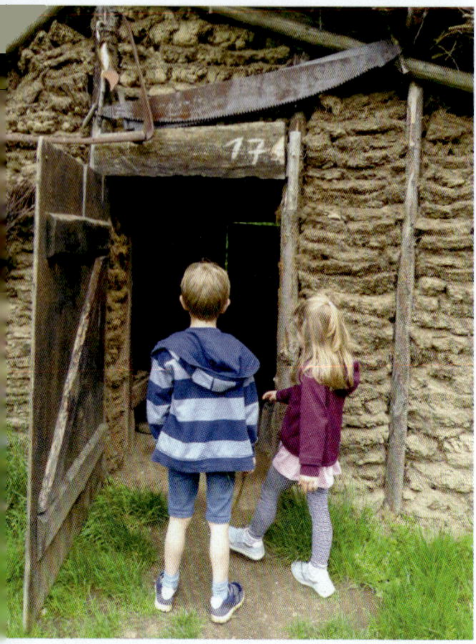

Plaggenhütte
Die heutige Rekonstruktion einer Plaggenhütte mit Stall und Garten stammt aus dem Jahr 2012. Sie orientiert sich an einem Foto der letzten Behausung ihrer Art, die 1896 abgerissen wurde. Im Jahr 1771 gelangten völlig mittelose Pfälzer in die Bönninghardt. Sie bauten die Plaggenhütten mit den Materialien, die sie im Wald fanden. Daher bestanden sie in erster Linie aus Holz und Weidenästen. plaggenhuette.de

An dieser laufen wir weiter geradeaus. Wir treffen auf den Waldrand und biegen gleich darauf rechts in einen Waldweg ab. An der folgenden **T-Kreuzung** ⑤ geht es nach links und etwa 30 Meter weiter wählen wir den unscheinbaren Abenteuerpfad nach rechts. Hier müssen ein paar Äste überklettert werden.

Kurz vor dem Waldrand biegen wir an der **T-Kreuzung** ⑥ links ab. Wir wandern noch einmal auf einem schönen Abenteuerpfad und müssen einige Bäume überklettern. An einer halb zugewachsenen Picknickbank rechterhand biegen wir dann rechts ab. Am **Zaun des Friedhofs** wenden wir uns erneut nach rechts und folgen dem schmalen Pfad am Zaun entlang.

Am Ende des Friedhofs sehen wir dann den Wegweiser zur Plaggenhütte und folgen ihm weiter geradeaus. Kurze Zeit später liegt die **Plaggenhütte** ⑦ mit ihrem schönen Picknickplatz bereits rechts von uns.

Nach einer Rast ist es nicht mehr weit bis zum Walderlebnispfad und Waldspielplatz: Dazu gehen wir ein Stück auf dem schmalen

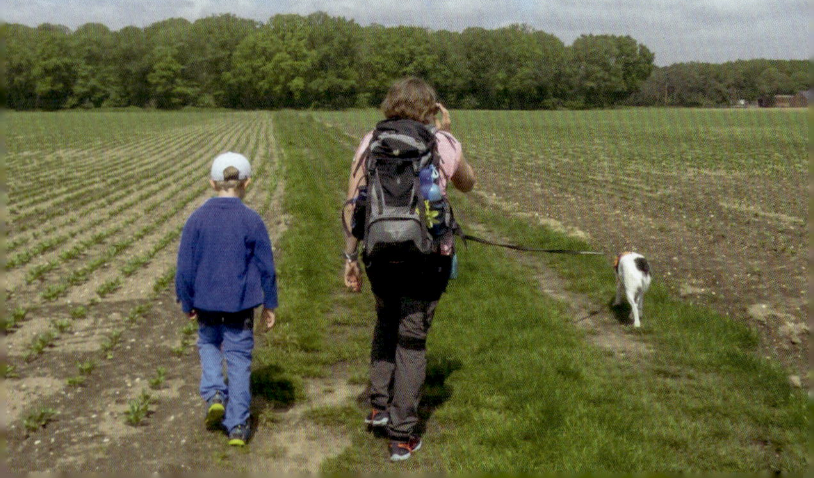

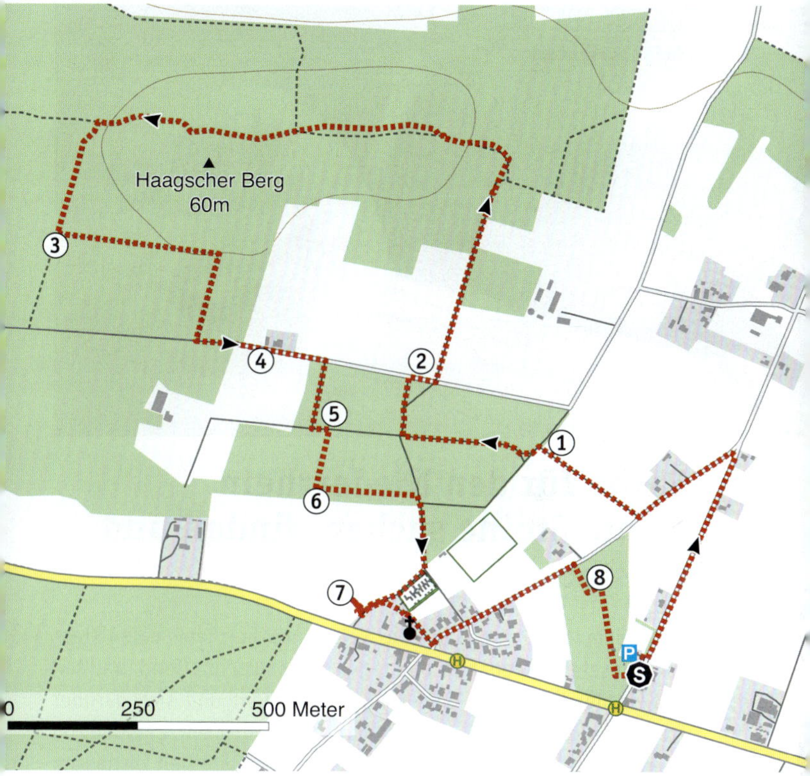

Pfad zurück, biegen rechts ab und erreichen damit den Parkplatz zwischen Friedhof und Kirche. Wir biegen links ab auf den »Pastor-Sanders-Weg« und folgen der Straße in Richtung Veen. An der Picknickbank biegen wir rechts ab und erreichen damit den **Walderlebnispfad ⑧**.

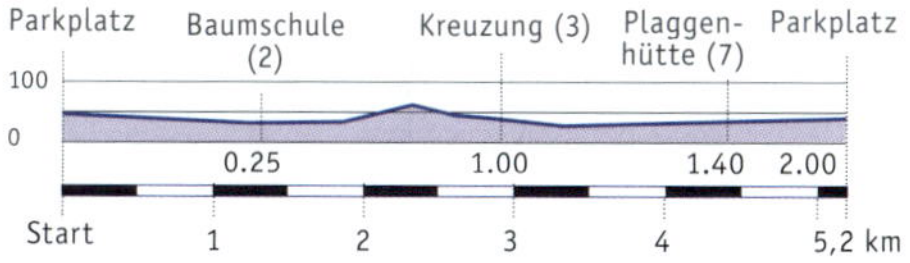

Am Klangspiel zweigt der Weg links ab, wir passieren die Infotafeln zu Specht und Eichhörnchen sowie eine kleine Waldschule. Neben dieser biegen wir rechts ab in den schmalen Abenteuerpfad. Dieser führt uns zu Fliegenpilz-Hockern und der Infotafel über Pflanzen im Wald.

Danach wandern wir weiter auf dem Hauptweg bis zum Erreichen des großzügig angelegten Waldspielplatzes mit Büdchen. An diesen grenzt auch der Parkplatz und damit unser Ausgangspunkt an. Auf dem Gelände des Waldspielplatzes finden wir übrigens öffentliche Toiletten und das Eingangsportal des Walderlebnispfads mit einer Übersichtskarte und seinen insgesamt sieben Stationen.

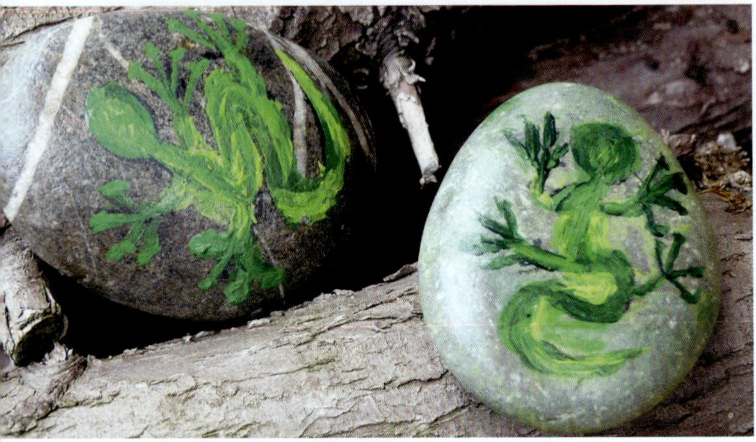

Farbe für den Niederrhein
Bunte Steine suchen, finden und verstecken

Unter dem Motto »Lasst uns die Welt bunter machen« malen Kreative Kieselsteine bunt an und legen diese anschließend draußen aus, in der Hoffnung, dass sie jemand findet und sich darüber freut. Wer einen Stein erbeutet hat, darf selbst entscheiden, ob er mit nach Hause kommt oder wieder in die Freiheit entlassen werden soll, damit sich auch die nächsten daran erfreuen können.

Die bemalten Steine werden vor dem »Auswildern« meist in den zugehörigen Facebook-Gruppen veröffentlicht. Auf der Rückseite der Steine findet man einen Hinweis auf die jeweilige Gruppe und eine kurze Gebrauchsanleitung zum »Finden, Teilen und Verstecken«. Teilen heißt in diesem Fall, dass man ein Foto des gefundenen Steins, gerne mit Angabe des Fundorts, in der angegebenen Facebook-Gruppe postet. Dies ist aber natürlich nur freiwillig und kein Muss. Für den Niederrhein gibt es unter ande-

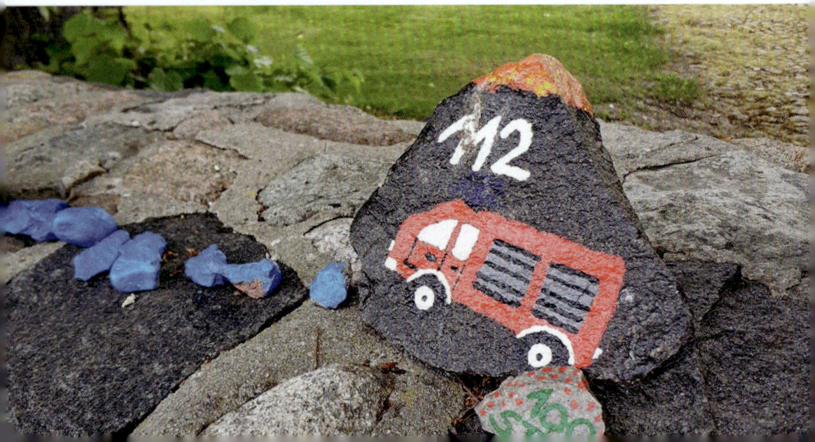

rem die Gruppen »KReativ-Steine« und »NRR Niederrhein Rocks«. Es existieren aber auch einige überregionale Gruppen wie zum Beispiel die »Wandersteine«.

Die Idee mit den bunten Steinen stammt ursprünglich aus den USA und verbreitet sich seit dem Sommer 2019 auch in Deutschland. Vor Kindergärten und Schulen entstehen oft richtige »Steinschlangen«.

Auch für dieses Buch hat die Autorin wieder Steine mit dem Gecko aus dem Logo des Naturzeit Verlags bemalt und an den Wanderrouten ausgelegt, sodass Wanderkinder unterwegs auf Schatzsuche gehen können. Hinweise auf neu versteckte Naturzeit-Steine gibt Natalie bei Facebook und Instagram unter dem Namen @outdoorfamilienglueck. Wir freuen uns sehr, wenn wir unsere Steine wiedersehen – ihr könnt sie dazu bei Instagram oder Facebook posten und uns mit @naturzeitunterwegs oder @outdoorfamilienglueck darauf hinweisen.

Zusammen mit den Kindern Steine sammeln, bemalen und auf unseren Wanderrouten wieder »verlieren« macht Spaß und sorgt bei vielen jungen Wandernden für zusätzliche Motivation. So kann das »Naturzeit-Steine finden« noch lange weitergehen!

Was braucht man zum Steine bemalen?
Am besten funktioniert das Bemalen der Steine mit **Acryl- oder Plakafarben**, die ausreichend decken.

Um einen Stein flächig einzufärben, eignet sich am besten ein schmaler **Borstenpinsel.** Für Details verwendet man dagegen einen feinen **Haarpinsel**.

Wenn die Farben komplett getrocknet sind, kann man sie noch mit **Klarlack** behandeln, um das Kunstwerk vor Wasser und Erde zu schützen. Klarlack gibt es auch als Spray.

Acrylfarben sind inzwischen auch als **Stifte** zu haben, was das Handling besonders für Kinder viel einfacher macht. Auch das Malen mit gängigen Lackstiften oder Nagellack funktioniert.

Besonders geeignet sind Acrylstifte auch zum **Dot-Painting**, einer Technik, die aus der Tradition der australischen Aborigines stammt. Beim Dot-Painting wird ein Motiv aus lauter kleinen Farbpunkten zusammengesetzt. Dabei entstehen besonders attraktive kleine Kunstwerke. Die Technik ist etwas anspruchsvoller und eignet sich erst für größere Kids, die sich damit aber vielleicht ebenfalls fürs Steinemalen begeistern lassen.

Unter dem Suchbegriff **Steinmalerei** findet man online viele Inspirationen.

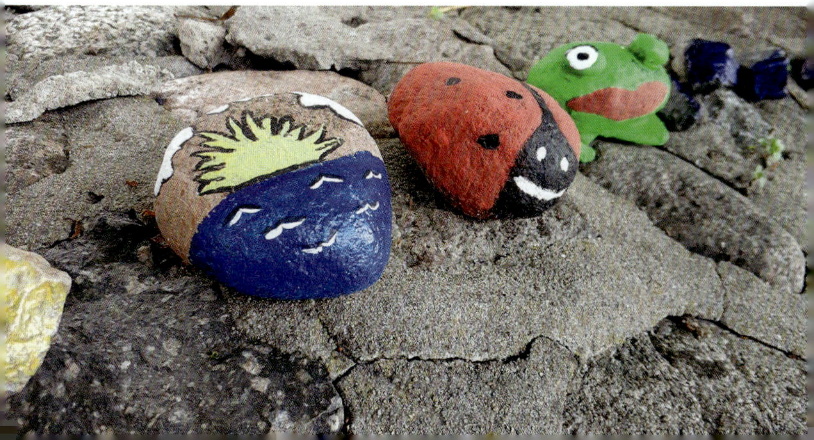

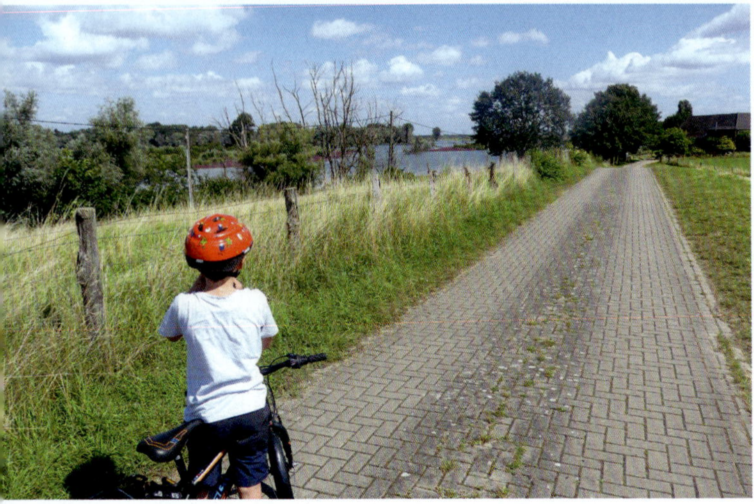

80 m

STRECKE 22 km

3 h

ab 6

Tour 8: Seeadler in der Auenlandschaft

Mit dem Rad auf die Bislicher Insel

In der Römerstadt Xanten könnten wir schon nach wenigen hundert Metern die Radtour beenden: Im neu gestalteten Kurpark locken Gradierwerk, Kneipp-Becken und ein Spielplatz. Allerdings würden wir dann die wunderschöne Landschaft rund um den Altrheinarm und die Bislicher Insel verpassen. Hier treffen wir auf Wasserbüffel, Seeadler und viele, viele andere Tiere. Kurz bevor wir nach Xanten zurückkehren, lockt eine Einkehr im Restaurant »Zur Rheinfähre« ebenso wie eine Fährfahrt über den Rhein.

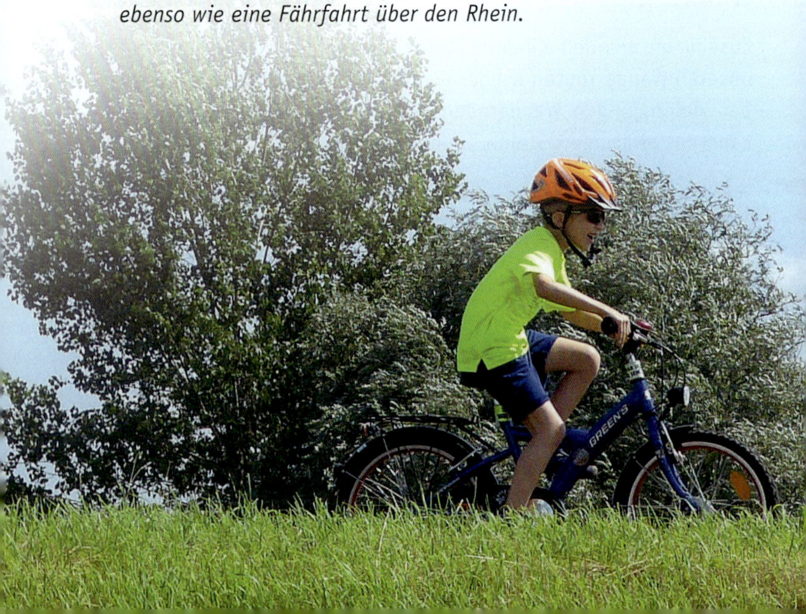

TOUREN-STECKBRIEF

Anfahrt: A57, Ausfahrt Alpen. Auf die B58 in Richtung Alpen fahren, links abbiegen auf die Bönninghardter Straße, danach nach rechts auf die Winnenthaler Straße fahren. Weiter geht es nach links auf die Dickstraße, die im weiteren Verlauf Veener Straße, Veener Weg und schließlich Poststraße heißt. Im zweiten Kreisverkehr in Xanten die dritte Ausfahrt auf die Bahnhofstraße nehmen und von dort recht abbiegen auf den Parkplatz bei **GPS N 51°39'37.0", E 6°26'40.0"**.

ÖPNV: Bahnhof Xanten.

Anspruch und Charakter: Der Anstieg zu Beginn auf den Fürstenberg stellt die einzige Schwierigkeit dieser naturnahen Runde dar. Dafür entschädigt die lange Abfahrt für die anfängliche Anstrengung. Die restlichen Kilometer radeln wir entspannt und oftmals in direkter Nähe zum Wasser. Mit viel Glück können wir neben vielen andern Tieren sogar Seeadler entdecken, daher unbedingt ein Fernglas einpacken!

Markierung: Teilweise das allgemeine Radwanderzeichen und die entsprechenden Wegweiser.

Highlights: Altrheinarm und Bislicher Insel mit vielen Tieren, NaturForum, Rhein mit Möglichkeit zur Fährfahrt, grüner Gürtel rund um Xanten.

Einkehr: Verschiedene Möglichkeiten in Xanten, Café am NaturForum, Restaurant »Zur Rheinfähre«.

In der Nähe: LVR-Archäologischer Park Xanten, Xantener Südsee, TerraZoo Rheinberg.

Radtour: Mit dem Rücken zum Bahnhof stehend starten wir vom Parkplatz aus nach links, biegen gleich wieder rechts ab und fahren am rot-weißen Poller vorbei. An der folgenden Kreuzung halten wir uns erneut rechts. Danach folgen wir »Auf dem Langacker« weiter geradeaus und biegen nur wenig später links ab auf die Bahnhofstraße. Hier nutzen wir den Fahrradweg auf der rechten Seite. Den Kreisverkehr überqueren wir geradeaus und wenden uns danach nach rechts in Richtung »Parkplatz Nr. 4«.

Damit erreichen wir den **Kurpark** ① und kurz darauf ein Kneipp-Becken sowie das Gradierwerk. Nach der Überquerung des P4 liegt auf der rechten Seite ein **Spielplatz**. Danach verlassen wir den Kurpark mit einem Schwenk nach links. An der nächsten **Kreuzung** biegen wir rechts ab in die Viktorstraße.

Nun radeln wir immer geradeaus, überqueren eine größere Straße, passieren einen Wohnmobilstellplatz und strampeln dabei hinauf auf den 75 Meter hohen **Fürstenberg** ②. Kurz vor dem höchsten Punkt folgen wir dem Radwanderzeichen leicht rechts. Am höchsten Punkt angekommen lassen wir uns geradeaus genüsslich wieder bergab rollen, bis wir die Ortschaft **Birten** erreichen.

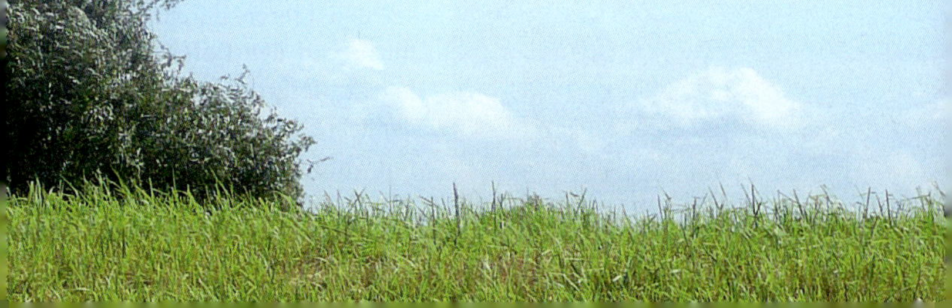

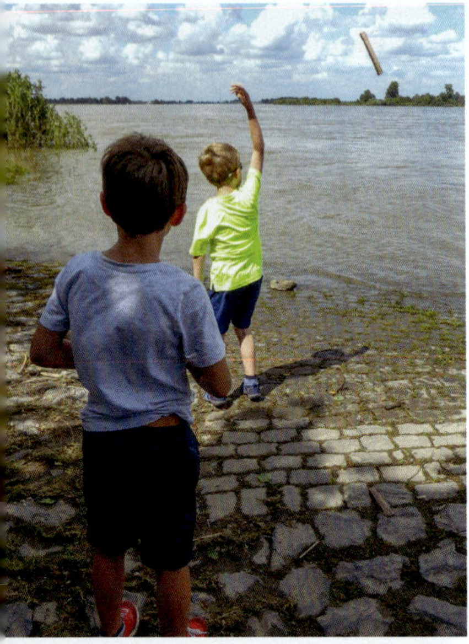

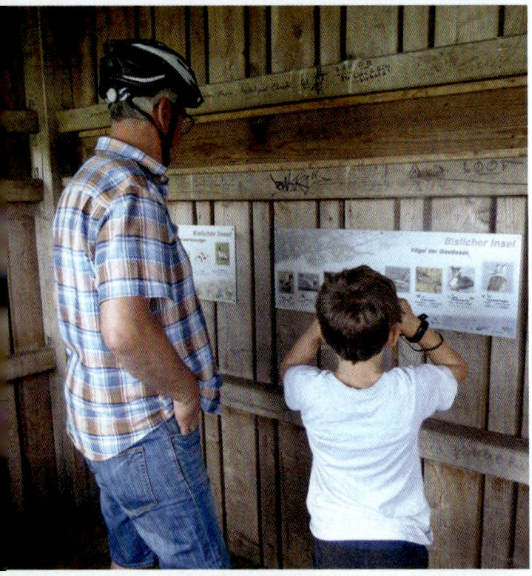

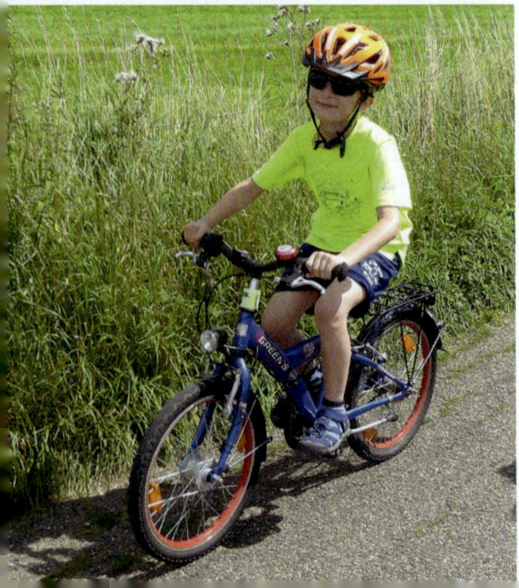

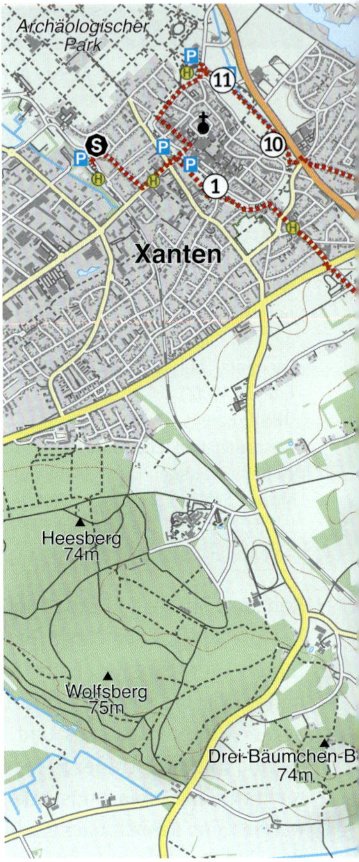

Dort biegen wir zunächst links ab und nutzen den Fahrradweg auf der rechten Straßenseite. Dieser führt uns durch ein rot-weißes Gatter und danach ein kleines Stück bergauf. Am Ende der Straße folgen wir dem Radweg nach rechts. Er verläuft jetzt parallel zur Bundesstraße.

Etwas später überqueren wir diese mithilfe der Verkehrsinsel und fahren durch das Tor hinauf auf den **Deich** ③ und in das Naturschutzgebiet. An der nächsten Weggabelung halten wir uns rechts und bleiben damit etwas unterhalb der

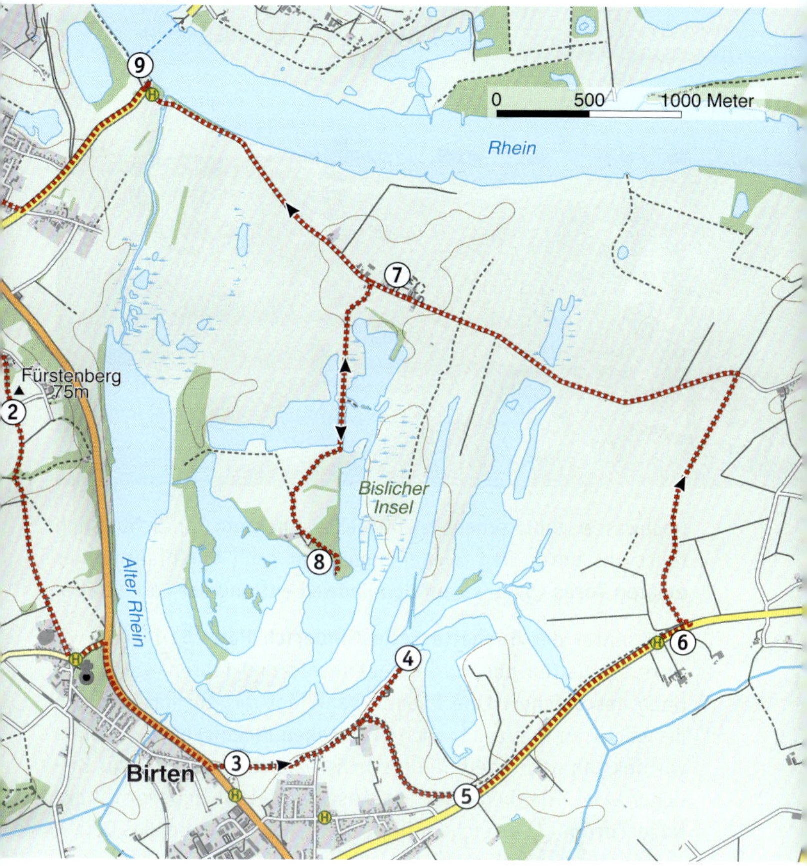

Deichkrone. Allerdings lohnt hier ein **kurzer Abstecher** ④ nach links zum höchsten Punkt, um den Blick auf den Altrheinarm und die Bislicher Insel genießen zu können. Mit etwas Glück können wir Störche über unseren Köpfen kreisen sehen.

Auch am nächsten Abzweig bleiben wir auf halber Höhe des Deiches und fahren an der Infotafel zum Deichbau und

Bislicher Insel und NaturForum

Die Bislicher Insel ist ein rund 1.200 Hektar großes Naturschutzgebiet. Biber und Nutrias sind hier ebenso zu entdecken wie die verschiedensten (Wasser-) Vögel und – einmalig in NRW – ein wildlebendes Seeadler-Brutpaar. Im Sommer brüten hier auch Störche. Im Winter sind mehrere tausend arktische Gänse zu Besuch.

Im NaturForum kann man sich anschaulich über die Auenlandschaft informieren. Eine Ausstellung, eine Streuobstwiese und ein Café runden das Angebot ab.

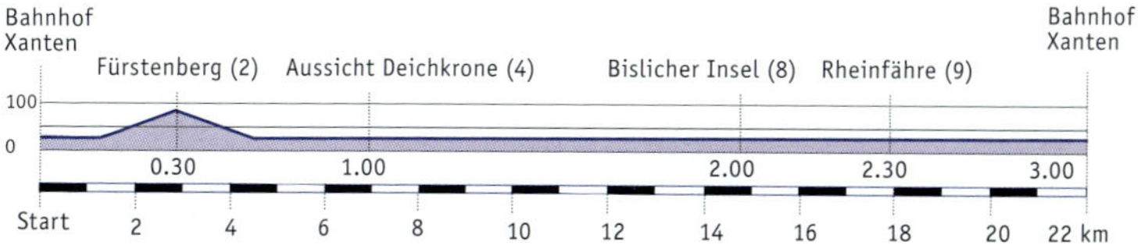

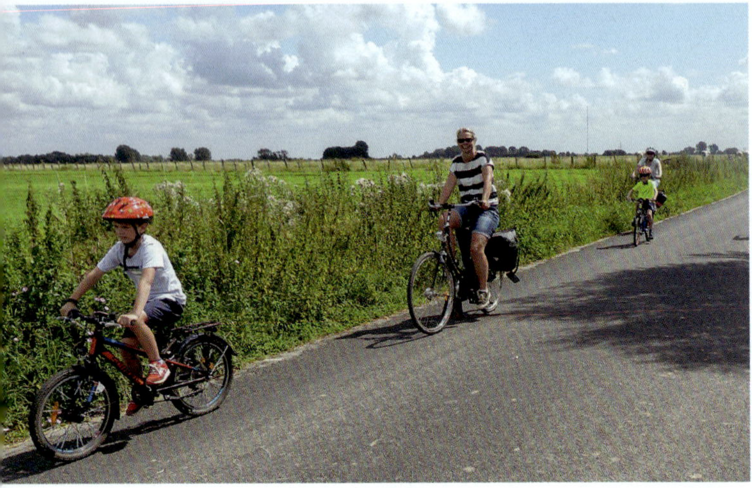

Hochwasserschutz erneut leicht rechts durch ein Tor. Schließlich führt uns unser Weg wieder hinab und nach Durchfahrt eines **dritten Tores** ⑤ links auf den Radweg entlang der Landstraße.

Kurz hinter der **Bushaltestelle Ginderich Poll** ⑥ biegen wir links ab, halten uns kurz darauf rechts und fahren wieder am Hang des Deiches. Eine Picknickbank lädt uns zur Rast ein. An der nächsten Kreuzung, auch hier stehen Picknickbänke, biegen wir links ab und radeln die restlichen 2,2 Kilometer bis zur Bislicher Insel. Hier begrüßen uns Wasserbüffel, noch bevor wir das **NaturForum** ⑦ erreichen. Dort lohnt eine Pause, um das Gelände und die Ausstellung zu besichtigen.

Danach biegen wir an der Bushaltestelle Bislicher Insel links ab. Wir erreichen eine Picknickbank mit benachbartem Storchennest und schöner Aussicht in die Auenlandschaft. Allmählich wird

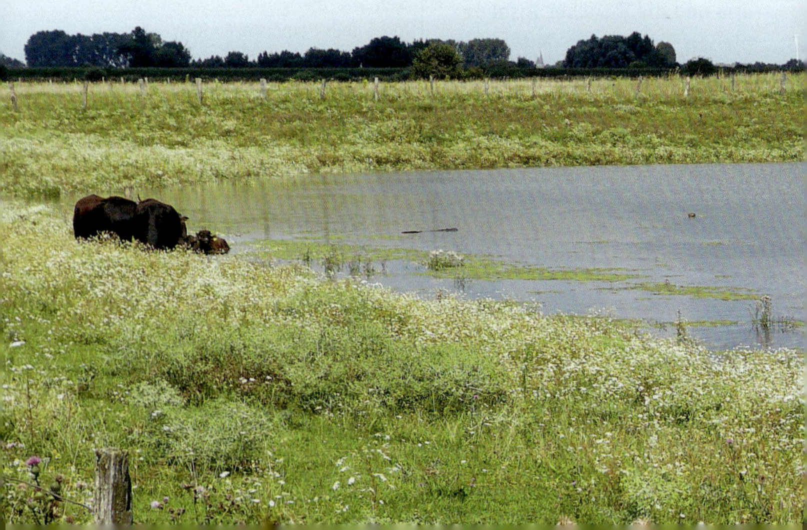

unser Weg schmaler, bis wir an seinem Endpunkt die **Aussichtshütte** ⑧ erreichen. Nun können wir nach den Seeadlern Ausschau halten, die hier brüten.

Auf gleichem Weg geht es zurück. Unterwegs lohnt der eine oder andere Abstecher nach rechts und links zu weiteren Aussichtshütten und schönen Aussichtspunkten. An der T-Kreuzung an der Bushaltestelle angekommen, biegen wir links ab. Nun führt uns unser Weg immer näher an den Rhein heran und schließlich auch zum **Restaurant »Zur Rheinfähre«** ⑨ sowie der Möglichkeit, mit der Fähre über den Fluss überzusetzen.

Unsere Radroute führt hier links herum weiter, den Wegweisern nach Xanten (2,2 Kilometer entfernt) folgend. Am Fahrrad-Knotenpunkt 26 fahren wir weiter geradeaus. Kurz darauf biegen wir rechts ab in den Beekscher Weg. Auf diesem halten wir uns geradeaus und nutzen den für Radfahrer freigegebenen Weg. Auch an der nächsten Kreuzung ändern wir unsere Richtung nicht und fahren geradeaus in die Sackgasse hinein. Danach überqueren wir zunächst die Lüttinger Straße, direkt danach den Varusring und biegen halb rechts in den **Kurpark** ⑩ ab.

Wir radeln an einem Spielplatz und einer Skateranlage vorbei, die uns zu einem Stopp einladen. Schließlich nutzen wir den Zebrastreifen, um die Rheinstraße zu überqueren, und biegen erst links und direkt danach rechts ab in den Nordwall. Dieser führt uns in Sichtweite der **Kriemhild-Mühle** ⑪ noch einmal leicht bergauf. Wir biegen links ab in die Klever Straße und nach Durchfahrt eines Torbogens rechts in die Bahnhofstraße, die uns auf gleicher Strecke wie beim Hinweg zurück zum Bahnhof bringt. Zuvor lohnt noch ein Abstecher in Xantens Altstadt. Dom und Marktplatz sind sehenswert und gleich zwei Eisdielen sowie Cafés und Restaurants locken zu einer Einkehr.

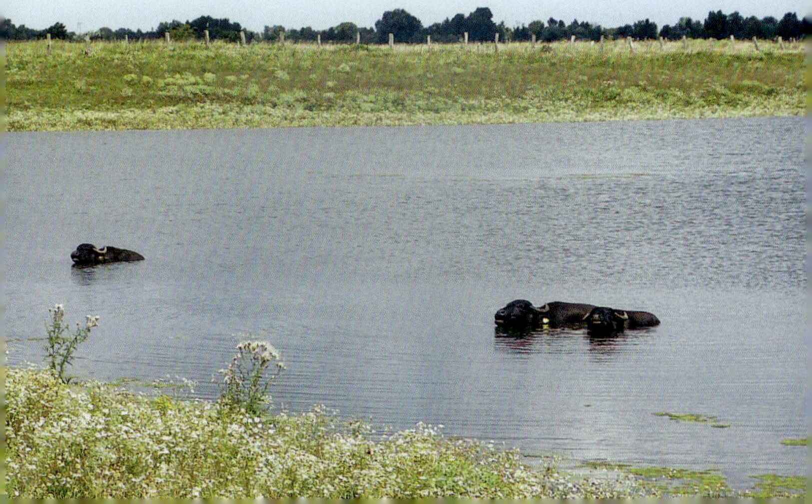

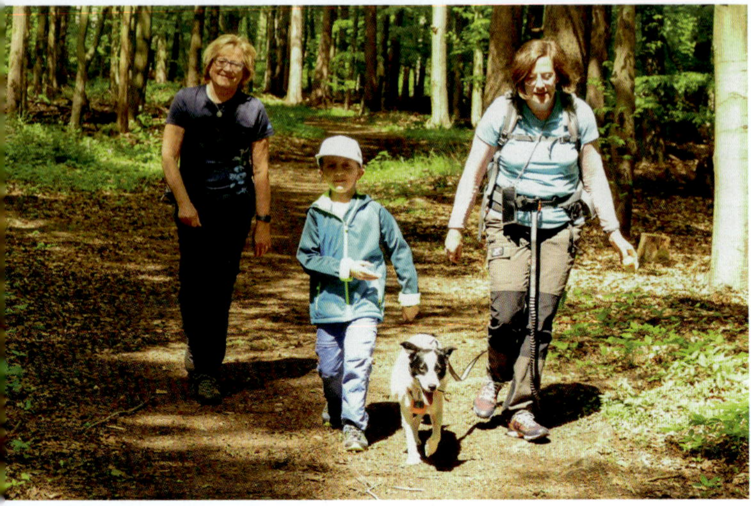

90 m

STRECKE 9,2 km

3 h 15

ab 8

Tour 9: Im urigen Uedemer Hochwald

Durch Naturwaldzellen und zu uralten Hügelgräbern

Im Uedemer Hochwald sind für den flachen Niederrhein ungewohnt viele Höhenmeter zu erklimmen. Die schmalen Abenteuerpfade begeistern dabei Groß und Klein ebenso wie der urige Wald. Unterwegs können wir außerdem über 2.000 Jahre alte Hügelgräber entdecken. Einziges Manko bei dieser landschaftlich traumhaften Wanderung: Es gibt keine Picknickbänke. Daher raten wir dazu, eine Picknickdecke oder Sitzkissen mitzunehmen.

Wanderung: Vom Parkplatz gehen wir ein Stück zurück Richtung Straße und folgen unmittelbar vor dieser dem Wanderzeichen X nach links in einen leicht bergauf führenden Wanderweg. Am ersten Abzweig führt uns das X nach rechts. Wir folgen dem Weg bis zu einer **Naturwaldzelle** ① und wenden uns dort in den rechts abzweigenden Weg.

Nun müssen wir über einige umgefallene Baumstämme klettern, dabei windet sich unser Weg wunderschön durch den Wald. Plötzlich tut sich rechts von uns ein **Abgrund** ② auf. Unser Weg macht hier eine 180-Grad-Wendung und wir wandern links des Tals weiter.

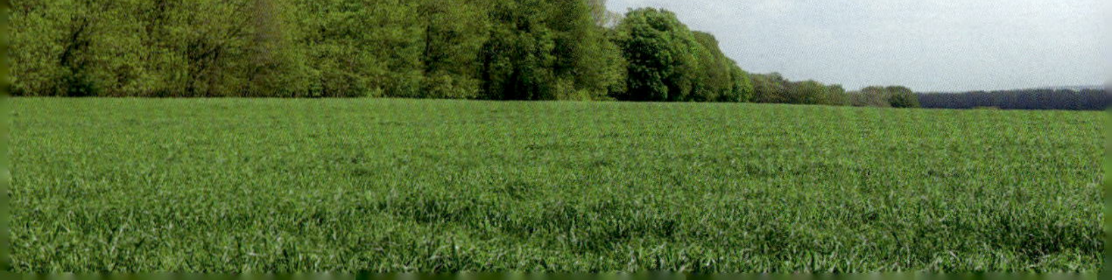

An der Kreuzung mit den Reitwegzeichen wandern wir geradeaus und folgen weiter unserem Abenteuerpfad. Schließlich führt unser Weg ein Stück bergab. Wir treffen auf eine **Kreuzung** ③ mit größeren Wegen, biegen hier links ab und gehen in einer leichten Linkskurve wieder bergauf. An der nächsten **Kreuzung** gehen wir weiter geradeaus, genauso an der kurz darauf folgenden. Dabei verlassen wir den mit »X« markierten Weg, der hier nach links abzweigt.

Was ist denn eine Naturwaldzelle?
In Naturwaldzellen (anderer Begriff: Naturwaldreservat) ist die Entnahme von Holz oder eine sonstige forstwirtschaftliche Nutzung untersagt. Sie sind der natürlichen Entwicklung überlassen mit dem Ziel, dass nach vielen Jahren wieder eine urwaldähnliche Struktur entsteht. Dabei stehen der Naturschutz und wissenschaftliche Erkenntnisse im Vordergrund. In NRW gibt es derzeit 75 Naturwaldreservate, in Deutschland 742.

Wir erreichen eine **asphaltierte Straße** ④, überqueren diese und folgen Weg Nr. 8. Auch an der nächsten Kreuzung folgen wir der 8 geradeaus. An der Markierung A1 biegen wir links ab. Wir ignorieren den nach links abzweigenden Weg und folgen A1 weiter geradeaus. Auch an der nächsten Kreuzung ändern wir die Richtung nicht. Linker Hand passieren wir unter einer alten Baumwurzel eine **schöne Krippe** ⑤.

Wir folgen unserem Weg in eine Rechtskurve. An der nächsten Kreuzung wandern wir weiter geradeaus. Auch an einer **Kreuzung mit fünf Wegen** ⑥ gehen wir in annähernd der gleichen Richtung weiter und wählen dazu die zweite Möglichkeit von

TOUREN-STECKBRIEF

Anfahrt: A57, Ausfahrt Sonsbeck. Von der Kevelaerer Straße links abbiegen auf den Wildpaßweg, weiter nach links auf die Balberger Straße und rechts auf die Reichswaldstraße. An ihrem Ende rechts abbiegen auf die Uedemer Straße und noch einmal nach links auf die Marienbaumer Straße bis zum Parkplatz auf der linken Seite bei **GPS N 51°40′08.0″, E 6°22′15.0″**.
ÖPNV: Villa Reichswald, Buslinien 43 und BUE. Knapp 900 Meter über die Reichswaldstraße bis zur Villa Reichswald ⑧, an der die Tour dann startet.
Anspruch und Charakter: Waldwanderung mit teils schmalen Abenteuerpfaden, die nach Regenfällen auch matschigen Untergrund haben können. Feste Schuhe sind hier empfehlenswert, einige umgefallene Baumstämme müssen überklettert werden. Keine Picknickbänke vorhanden, Picknickdecke oder Sitzkissen einpacken.
Kinderwagentauglich: Nein.
Markierung: Wechselnd X, 8, A1, 5, 6.
Highlights: Abenteuerpfade in einem tollen Waldgebiet, Hügelgräber.
Einkehr: Villa Reichswald.
In der Nähe: LVR-Archäologischer Park Xanten, Tierpark Weeze, Schloss Moyland.

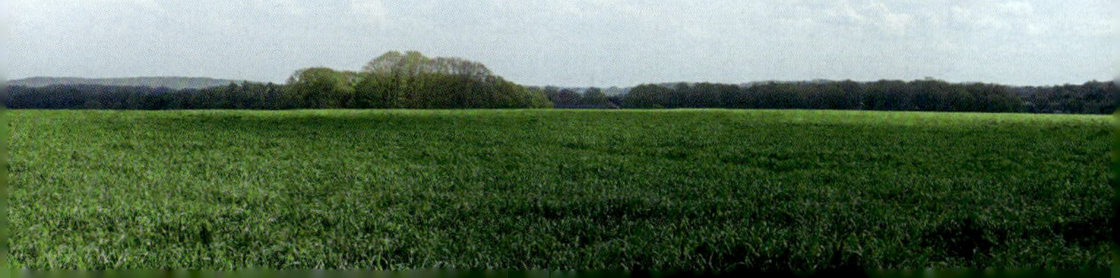

Uedemer Hochwald
Das 9,5 Quadratmeter große Waldgebiet ist Teil des Niederrheinischen Höhenzugs, einem Endmoränenwall aus der Saaleeiszeit. In der Osthälfte des Gebiets befindet sich eine Radaranlage zur Überwachung des Luftraums. Im Südosten liegt ein Naturschutzgebiet, zu dem auch zwei Naturwaldzellen gehören. Viele Vögel, darunter verschiedene Spechtarten und Raubvögel, haben hier ebenso ihr Zuhause wie Molche, Frösche und Kröten, aber auch Damwild, Füchse und Hasen.

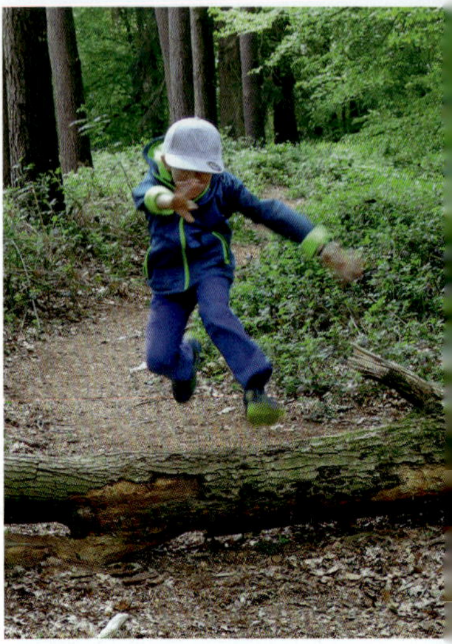

rechts. Die folgende Kreuzung überqueren wir geradeaus, ebenso die nächste. Kurz darauf biegen wir links ab auf den Weg Nr. 5. An der nächsten Kreuzung verlassen wir Nr. 5 wieder und wandern weiter geradeaus. Mit wachsamem Auge können wir hier rechts die schon erwähnten über 2.000 Jahre alten **Hügelgräber** ⑦ erkennen.

An der T-Kreuzung biegen wir links ab, ebenso an der folgenden. An der nächsten Kreuzung biegen wir rechts ab und laufen nun auf Weg Nr. 5. Er führt durch eine Linkskurve und trifft an einer T-Kreuzung einen etwas größeren Weg. Hier folgen wir der Markierung nach rechts. Wir erreichen einen kleinen Parkplatz und überqueren ihn. Geradeaus führt jetzt ein Abstecher zur **Villa Reichswald** ⑧, in der wir einkehren könnten. Ohne Einkehr biegen wir links ab und befinden uns jetzt wieder auf dem mit X markierten Wanderweg.

Nach wenigen Schritten gelangen wir an einen Feldrand mit weitem Ausblick über die umliegenden Hügel, Wälder und Felder. Wir folgen hier dem X in eine Linkskurve, laufen in den Wald hinein und biegen bei erster Möglichkeit rechts ab, noch vor dem roten Wegweiser mit der Nr. 5.

Wir ignorieren einen nach links abzweigenden Weg, biegen aber kurz danach links ab in den schmalen Abenteuerpfad, der zunächst leicht bergab führt. Dann erreichen wir wieder einen **Feldrand** ⑨ und blicken auf ein im Frühjahr gelb leuchtendes **Rapsfeld**.

Wir wandern weiter geradeaus, lassen das Feld rechts von uns liegen und bleiben im Wald. Schließlich erreichen wir Weg Nr. 6 und folgen ihm geradeaus bis zum Parkplatz.

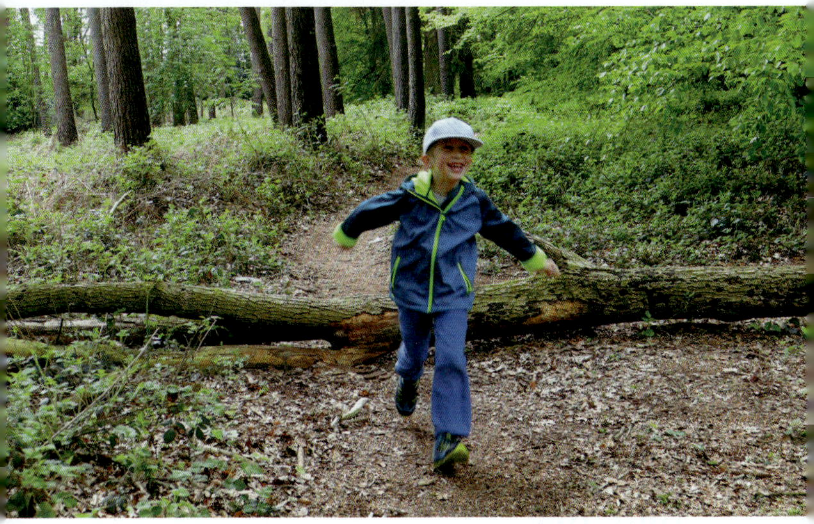

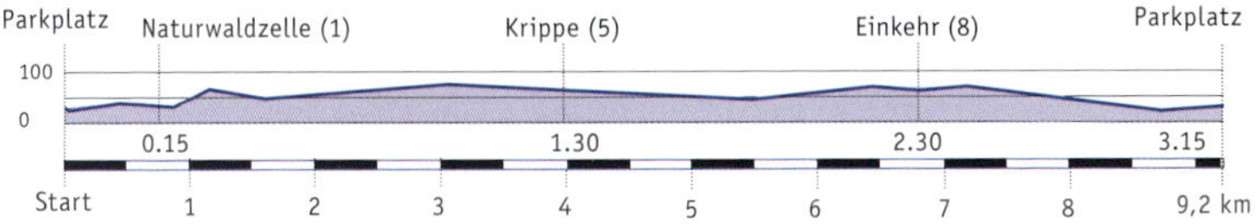
Parkplatz
Naturwaldzelle (1)
Krippe (5)
Einkehr (8)
Parkplatz
100
0
0.15
1.30
2.30
3.15
Start
1
2
3
4
5
6
7
8
9,2 km

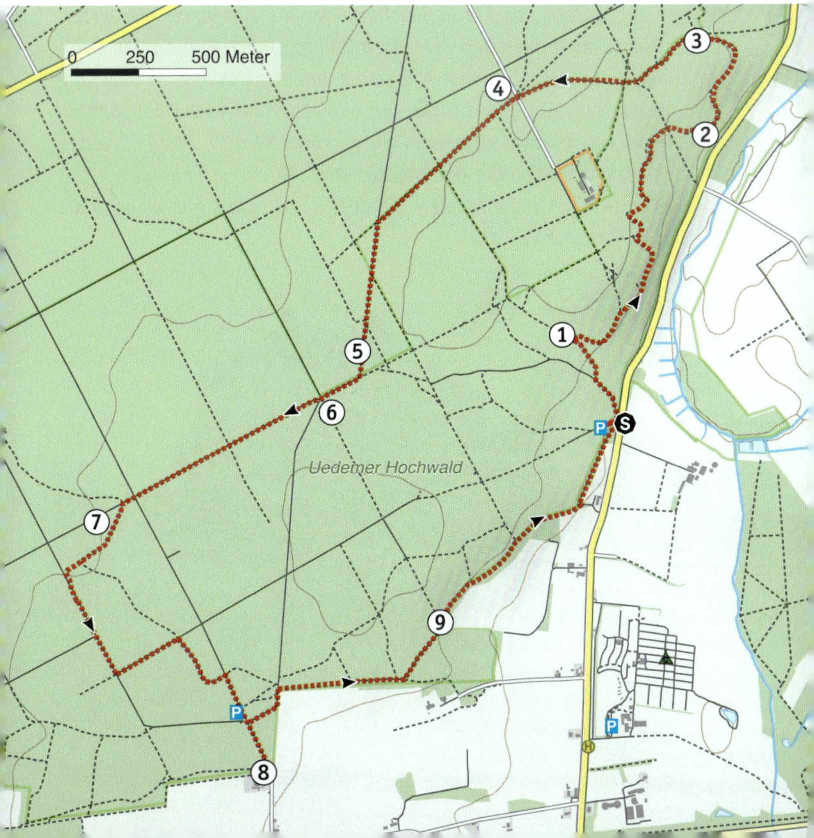
0 250 500 Meter
Uedemer Hochwald
1
2
3
4
5
6
7
8
9
S
P

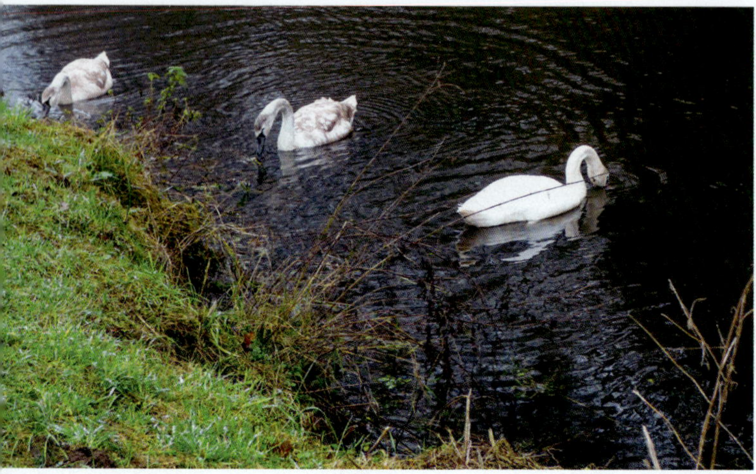

60 m

STRECKE 10 km

3 h 30

ab 8

Tour 10: Der Klever Reichswald

Geheimnisvolle Pfade und viel Zeit am Wasser

Auf spannenden Abenteuerpfaden streifen wir durch die Hügel in den Ausläufern des Klever Reichswaldes bis zur Niers. Wer genau hinsieht, kann zwischen den alten Bäumen auch Spuren von Wildtieren entdecken. In den Niersauen ändert sich die Atmosphäre unserer Tour. Am Ufer können wir Schwäne und Enten beobachten und einen feinen Sandstrand entdecken. Mehrere Stellen eignen sich auch zum Spielen am Wasser. Zum Abschluss können wir das Kloster Graefenthal erkunden. Im Café des Klosters gibt es auch die Möglichkeit zur Einkehr.

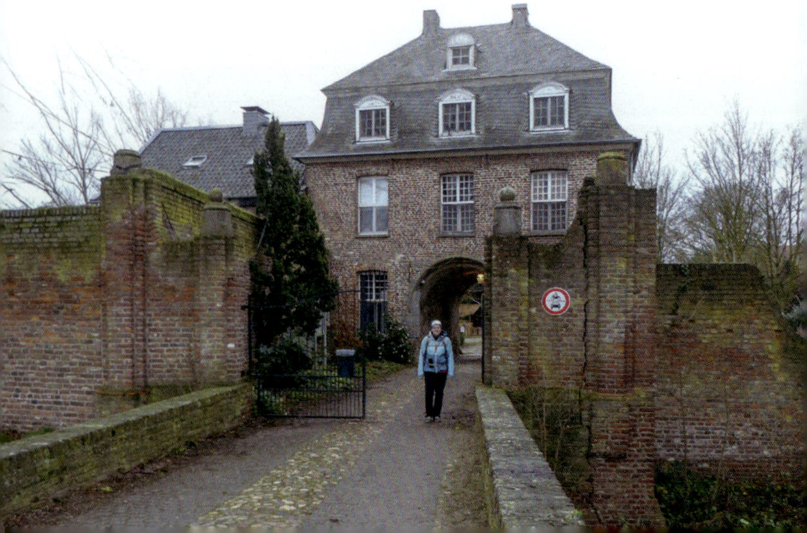

Wanderung: Vom Parkplatz aus gehen wir ein kleines Stück zurück Richtung Straße, biegen aber noch vor dem ersten Haus links ab in einen Pfad, der uns bergauf führt. Oben angekommen überqueren wir die Kreuzung geradeaus und halten uns auch danach immer weiter geradeaus auf unserem Weg. Dieser führt uns durch eine kleine Schlucht. Auch den folgenden, größeren Weg überqueren wir und gehen geradeaus, bis wir zu einer **T-Kreuzung** ① kommen. Hier geht es rechts ab.

Nur wenig später biegen wir leicht bergab laufend links ab. Wir wandern jetzt durch einen lichten Wald, links und rechts befinden sich bewaldete Hänge. Mit etwas Glück können wir hier das eine oder andere Tier entdecken. Unser Pfad endet an einem **größeren Weg** ②, auf dem wir uns nach rechts wenden.

Nun folgen wir diesem eine ganze Weile und staunen über den rechts von uns steil aufragenden Hang. So eine hügelige Landschaft hatten wir hier gar nicht erwartet. Ein Reitweg trifft auf unseren und die beiden Wege verlaufen ein Stück parallel, bevor der Reitweg nach rechts abzweigt. Wir folgen unserem Weg erst leicht, dann steiler bergauf, in eine Rechtskurve. Oben angekommen wandern wir durch eine Linkskurve und kurze Zeit später über eine Kreuzung geradeaus. Zwischen ein paar Tannen biegen wir rechts ab auf einen mit Gras bewachsenen Weg. Dieser endet an einer **T-Kreuzung** ③, an der wir uns nach links wenden.

An der folgenden Kreuzung zweigt unser Wanderweg erneut links ab. Zuvor können wir die **Picknickhütte mit Tisch** ④ besuchen, die nur wenige Meter entfernt im Wald steht. Auch vor

TOUREN-STECKBRIEF

Anfahrt: A 57, Ausfahrt Kleve. Auf die B 9 in Richtung Goch fahren, rechts abbiegen auf den Industriering, im Kreisverkehr die dritte Ausfahrt nehmen auf die Hervorster Straße. Rechts abbiegen auf die Triftstraße, unmittelbar nach Überquerung der Niers links abbiegen und bis zum kleinen Parkplatz bei **GPS N 51°42'28.0", E 6°07'32.0"** fahren. Sollte dieser belegt sein, gibt es auch am Kloster Graefenthal ⑧ einen Parkplatz. Dann startet und endet die Wanderung dort.

ÖPNV: Aspermühle, Buslinien SL15 und SL16. Auf der Triftstraße die Niers überqueren, direkt danach links abbiegen und bis zum Startpunkt der Tour laufen.

Anspruch und Charakter: Die erste Hälfte der Wanderung führt in einem munteren Auf und Ab durch hügeliges Waldgebiet mit teils schmalen Pfaden. Ein wenig Trittsicherheit und guter Orientierungssinn sind hier von Vorteil. Der zweite Teil an der Niers und ihren Altarmen verläuft größtenteils auf befestigten Wegen, ist aufgrund der Nähe zum Wasser aber nie langweilig.

Kinderwagentauglich: Nein.

Markierung: Erst im zweiten Teil der Wanderung, siehe Beschreibung.

Highlights: Naturschutzgebiet Niersaltarme und Mühlenteiche, hügelige Ausläufer des Klever Reichswaldes, Kloster Graefenthal.

Einkehr: Kloster Graefenthal.

In der Nähe: Freizeitbad GochNess, Tierpark Weeze, Schloss Moyland, Grenzland-Draisine, Wunderland Kalkar.

Kloster Graefenthal
Die ehemalige Zisterzienserinnenabtei entstammt dem 13. Jahrhundert. Heute wird die großzügig angelegte Klosteranlage in erster Linie als Veranstaltungsort betrieben. Märkte oder Konzerte finden hier das ganze Jahr über statt. Auch für private Feiern können Räume angemietet werden. Das Klostercafé mit Sitzplätzen im Innen- und Außenbereich versprüht mittelalterlichen Charme und bietet süße sowie herzhafte Speisen.

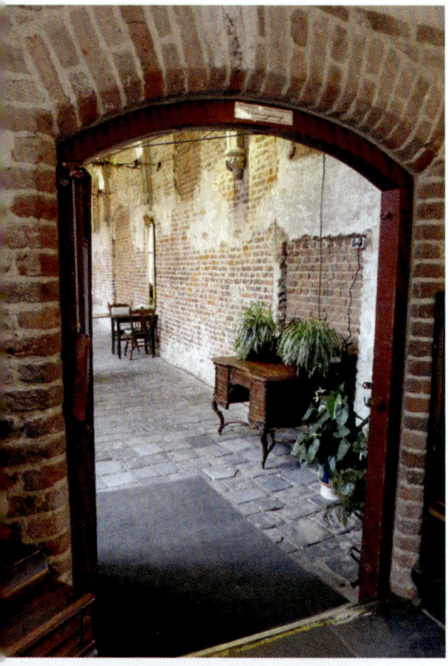

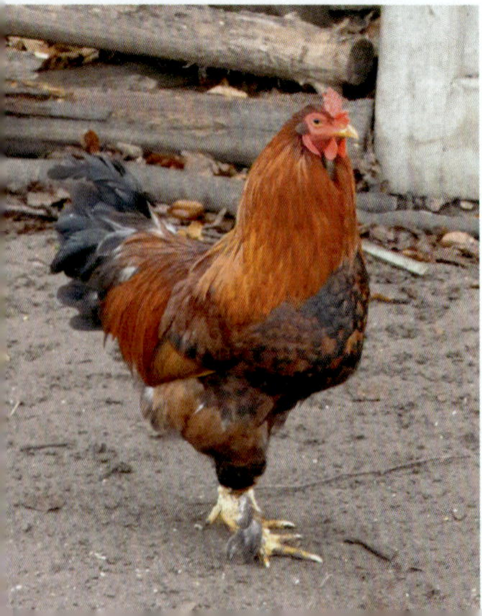

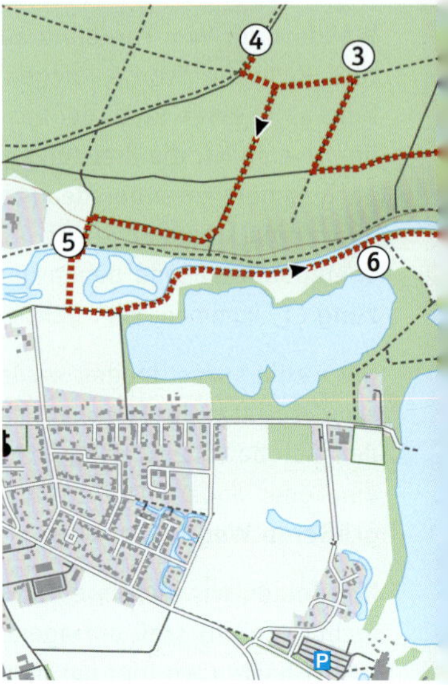

der Hütte bieten sich mehrere Möglichkeiten für eine Rast.

Zurück auf unserem Wanderweg überqueren wir die folgende Kreuzung geradeaus. Danach wandelt sich unser Weg in einen schmalen Pfad, der uns leicht bergab führt. Schließlich gabelt sich dieser. Wir wählen die rechte Möglichkeit und sehen links unter uns bereits die Niers fließen.

Wir wandern an einer Picknickbank vorbei, dann endet unser Pfad vor Pferdekoppeln, an denen wir links abbiegen in Richtung Niers. Auf der **geschwungenen Holzbrücke** ⑤ überqueren wir den Bach, der hier auch mehrere Altarme hat. Nicht weit vom Ufer stehen einige Picknickbänke. An der Eulenbank biegen wir links ab. An der nächsten Weggabelung halten wir uns links und wandern erneut an Bänken vorbei. Die Niers bleibt dabei immer

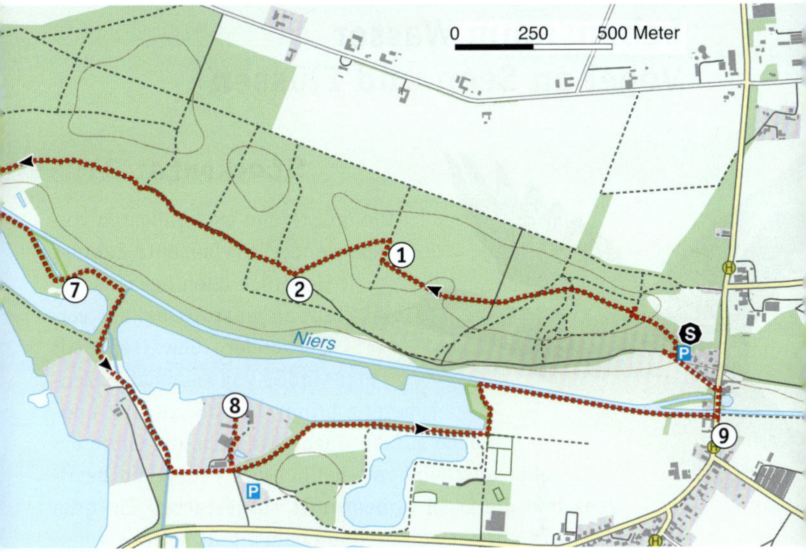

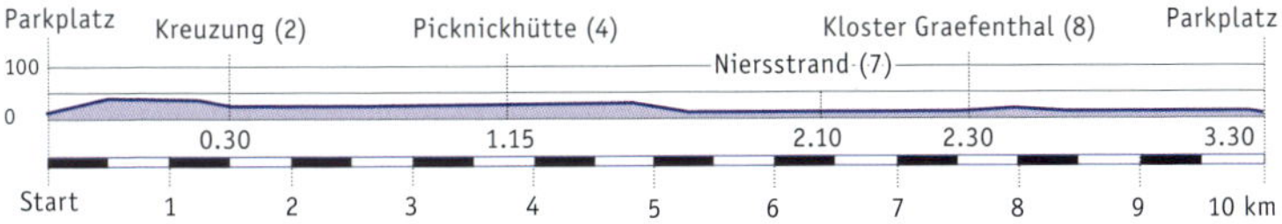

links von uns. An einer **Picknickbank** ⑥ gabelt sich der Weg, wir wählen die linke Möglichkeit und bleiben damit nah am Wasser. Den scharf nach rechts abzweigenden Weg ignorieren wir. Nach einer großen Linkskurve führt ein Pfad nach rechts zu einem schönen **Sandstrand** ⑦. Natürlich statten wir diesem einen Besuch ab.

Zwischen Kanal und See gabelt sich der Weg. Wir wählen die linke Möglichkeit. Unser Pfad endet an einer T-Kreuzung, an der wir uns leicht nach links auf einen größeren Weg wenden. Dieser führt uns zum **Kloster Graefenthal** ⑧, das wir besichtigen können. Freilaufende Hühner, eine alte Schmiede und ein schönes Café mit Innen- und Außengastronomie sind nur einige Highlights in dem großzügig angelegten Areal.

Zurück auf dem Weg wandern wir in die gleiche Richtung weiter wie zuvor. Markiert ist der Weg mit den Wanderzeichen X, Raute und Pilgerweg. Am Straßenschild »Rudi-Kempkes-Weg« folgen wir den Markierungen nach links und erreichen noch einmal das Ufer der Niers. Auf der gegenüberliegenden Seite sehen wir bereits den Parkplatz, auf dem unser Auto steht. Rechts von uns ist ein Storchennest zu sehen. Dann gehen wir links über die **Brücke** ⑨, überqueren die Niers und verlassen damit die Wanderzeichen. Kurz darauf geht es links in die Triftstraße, der wir zurück zu unserem Ausgangspunkt folgen.

Lebensraum Wasser
Vögel an Seen und Flüssen

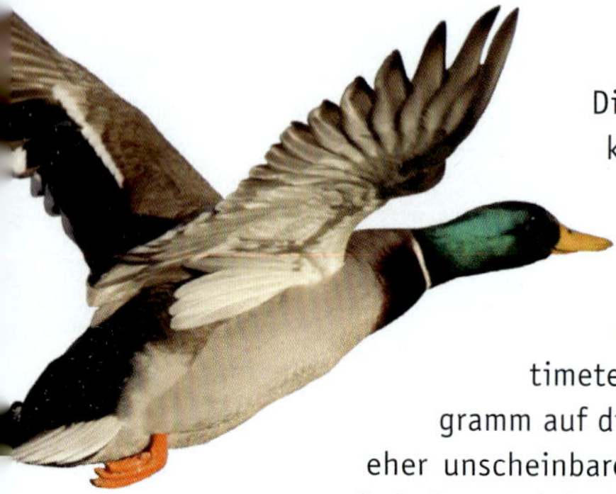

Stockente

Die größte und am häufigsten vorkommende Schwimmente Europas ist sicherlich allen bekannt. Sie lebt an jeder Art bei uns vorkommender Gewässer. Mit einer Größe von maximal 65 Zentimetern bringt sie bis zu 1,6 Kilogramm auf die Waage. Während die Enten ein eher unscheinbares hellbraunes Federkleid besitzen, sind die Erpel farbenfroher ausgestattet: Ein grün schimmernder Kopf, ein weißer Ring um den Hals sowie ein gelber Schnabel schmücken das Männchen, während die Weibchen einen orange-grauen Schnabel haben. Die Stockente frisst gerne Pflanzen, die am Ufer wachsen, aber auch Frösche, Schnecken und andere kleine Tiere.

Schwan

Der größte Entenvogel gehört zur Familie der Gänse. Sein weißes Gefieder und sein langer Hals machen ihn unverwechselbar. Er wiegt 12 bis 13 Kilogramm und ist damit einer der schwersten flugfähigen Vögel. Er lebt in ruhigen, teils auch in abgestandenen Gewässern und wird bis zu 20 Jahre alt. Hat sich ein Schwanenpaar gefunden, bleiben sich die beiden ein Leben lang treu. In der Regel zieht jedes Paar einmal pro Jahr fünf bis zehn Junge groß. Dabei bleiben die Küken, die zunächst ein graues Gefieder haben, bis zu sechs Monate bei ihren Eltern.

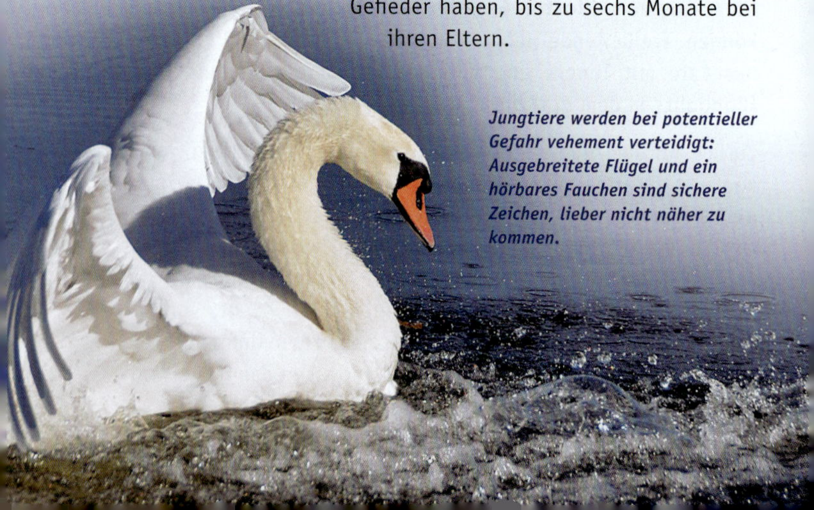

Jungtiere werden bei potentieller Gefahr vehement verteidigt: Ausgebreitete Flügel und ein hörbares Fauchen sind sichere Zeichen, lieber nicht näher zu kommen.

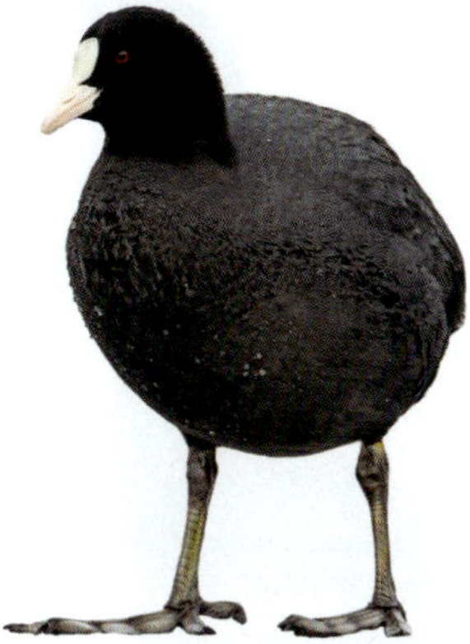

Blässhuhn

Man erkennt es an seinem schwarzen Kopf mit weißer Stirn und roter Iris. Sein Gefieder ist grau. Die großen Füße mit Schwimmlappen eignen sich hervorragend dazu, zum Beispiel über Seerosen zu laufen. Das Blässhuhn lebt in Süßgewässern mit Schwimmpflanzen oder Ufervegetation. Aber auch an der Meeresküste ist es zuhause. Blässhühner sind meist in einer ganzen Kompanie unterwegs.

Haubentaucher

Auf den ersten Blick verwechselt man einen Haubentaucher leicht mit einer Ente. Aber spätestens wenn der Vogel schwungvoll abtaucht und spurlos verschwunden ist, könnt ihr sicher sein: Was da eben noch auf dem Wasser schwamm, war ein Haubentaucher. Natürlich verschwinden Haubentaucher nicht wirklich. Da sie aber locker bis zu 40 Meter weit und 20 Meter tief tauchen, verliert man sie dabei leicht aus den Augen. Wenn sie dann mit einem leisen Plopp wieder durch die Wasseroberfläche brechen, glitzert oft ein Fisch in ihrem Schnabel. Haubentaucher sind fleißige Unterwasserjäger. Außer kleinen Fischen fangen sie auch Wasserinsekten, Kaulquappen und Molche.

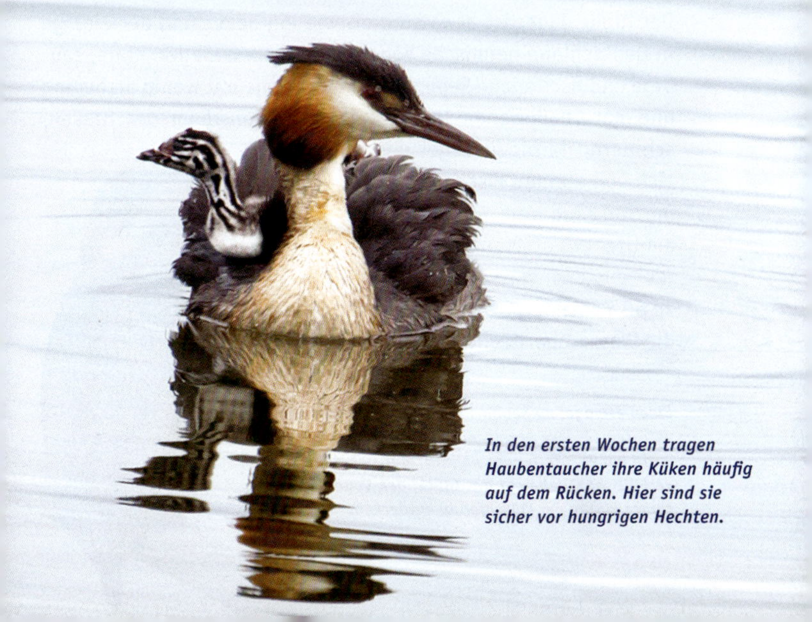

In den ersten Wochen tragen Haubentaucher ihre Küken häufig auf dem Rücken. Hier sind sie sicher vor hungrigen Hechten.

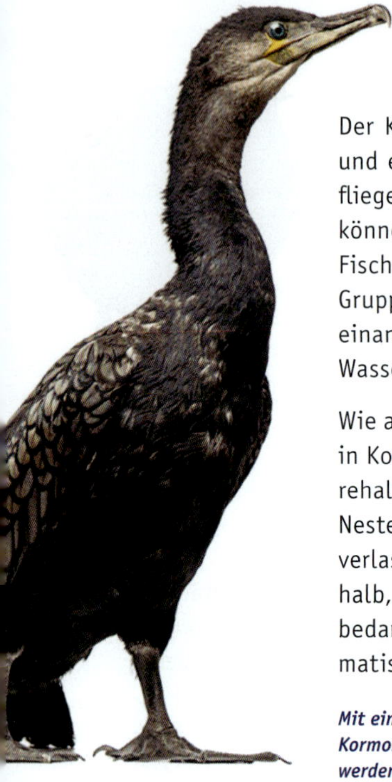

Kormoran

Der Kormoran ist ein geschickter Fischjäger und einer der wenigen Wasservögel, die gut fliegen, aber auch mehrere Meter tief tauchen können. Dazu muss er seine Federn nach dem Fischen wieder trocknen. Deshalb sitzen oft Gruppen von mehreren Vögeln reglos nebeneinander auf abgestorbenen Bäumen am Wasser und halten die Flügel in die Luft.

Wie auch Reiher leben und brüten Kormorane in Kolonien. Da der Kot von Kormoranen säurehaltig ist, sterben die Bäume unter den Nestern nach einiger Zeit ab und werden dann verlassen. Große Kormoran-Kolonien sind deshalb, und auch wegen dem immensen Fischbedarf so einer Gruppe, nicht ganz unproblematisch.

Mit einer Körperlänge von 80 bis 90 Zentimetern ist der Kormoran etwa so groß wie eine Wildgans. Um satt zu werden, braucht er täglich 300 bis 400 Gramm Fisch. Seine Beute sind Jungfische mit einer Länge bis höchstens zwanzig Zentimeter.

Eisvogel

Der flinke Jäger ist etwa so groß wie ein Spatz und der einzige in Deutschland heimische Vogel mit blauem Gefieder. Klare, saubere und fischreiche Seen, Flüsse und Bäche mit wenig Strömung und naturbelassenen Ufern sind der Lebensraum der flinken, schillernd farbigen Vögel. Sie ernähren sich von kleinen Fischen, die sie, im Sturzflug vom Ansitz am Ufer aus startend, direkt aus dem Wasser holen. Bis zu 60 Zentimeter tauchen sie dazu unter die Wasseroberfläche.

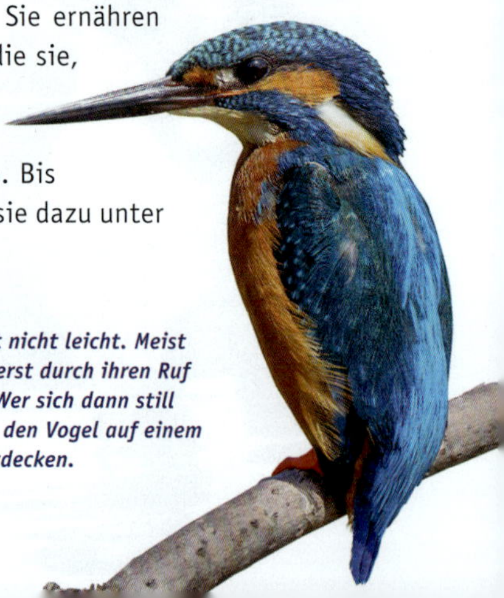

Einen Eisvogel zu beobachten, ist nicht leicht. Meist verraten sie ihre Anwesenheit zuerst durch ihren Ruf – ein hohes, pfeifendes »tjiih«. Wer sich dann still verhält, hat vielleicht das Glück, den Vogel auf einem seiner Plätze am Flussufer zu entdecken.

Silberreiher und Graureiher

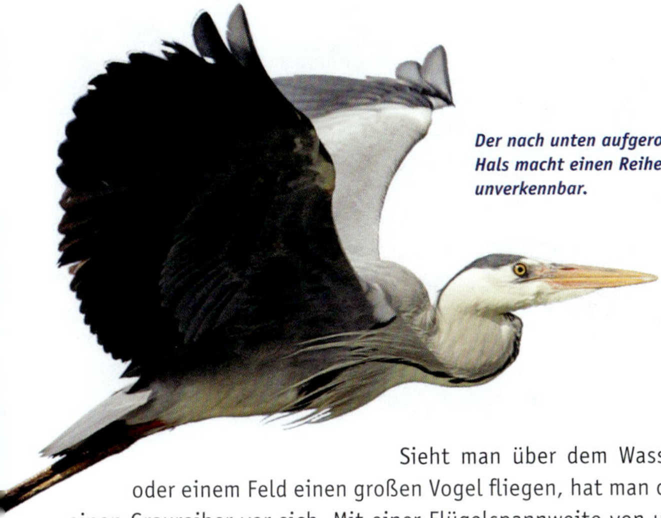

Der nach unten aufgerollte Hals macht einen Reiher im Flug unverkennbar.

Sieht man über dem Wasser oder einem Feld einen großen Vogel fliegen, hat man oft einen Graureiher vor sich. Mit einer Flügelspannweite von ungefähr 1,70 Meter ist er etwa so groß wie ein Storch. Spätestens durchs Fernglas ist der Reiher dann eindeutig zu identifizieren: Nur er zieht seinen langen S-förmigen Hals im Flug komplett ein. Der Kopf scheint direkt am Körper zu sitzen und die Beule, die dabei entsteht, verrät sofort, wen man vor sich hat. In Kombination mit den behäbigen, weiten Flügelschlägen wirkt der sonst so elegante Reiher in der Luft fast ein wenig schwerfällig.

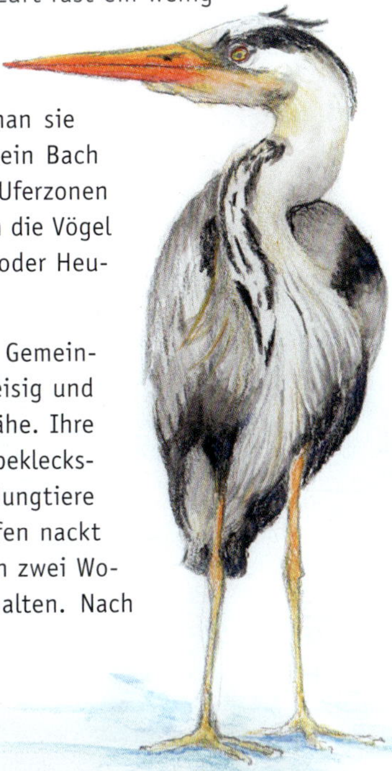

Da Reiher bei der Wahl ihres Lebensraumes recht flexibel sind, findet man sie beinahe überall in Europa. Ein See, ein Bach oder ein sauberer Fluss mit flachen Uferzonen reicht aus. Fehlt das Wasser, wandern die Vögel auch über Felder und fangen Mäuse oder Heuschrecken.

Reiher jagen alleine, brüten aber in Gemeinschaft. Ihre Nester bauen sie aus Reisig und Zweigen in hohen Bäumen in Ufernähe. Ihre Kolonien erkennt ihr gut an den weiß beklecksten Baumblättern. Drei bis fünf Jungtiere zieht ein Reiherpaar auf. Sie schlüpfen nackt aus dem Ei und werden in den ersten zwei Wochen ständig betreut und warmgehalten. Nach etwa 50 Tagen sind sie dann flügge.

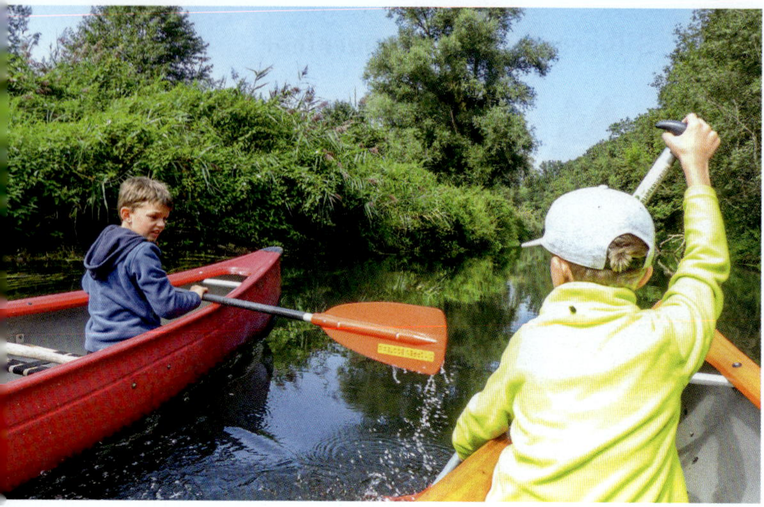

STRECKE
12 km

3 h

ab 6

Tour 11:
Eine Bootsfahrt auf der Niers

Gemütliche Familientour zwischen Weeze und Goch

Die Niers fließt ruhig und ohne Stromschnellen in Richtung Norden bis in die Niederlande, wo sie in die Maas mündet. Egal ob im Kajak, im Kanadier oder im Schlauchboot – große Teile des Flusses lassen sich problemlos befahren. Auch SUPs und Floße sind hier auf dem Wasser unterwegs. Wir paddeln auf dieser Tour im Familien-Kanadier von Weeze nach Goch. Gemütlich fließt die Niers dahin, und wir können uns oft auch einfach treiben lassen, um die umliegende Natur in Ruhe zu genießen. Dabei entdecken wir Enten, Kormorane, Reiher und einige andere Wasservögel.

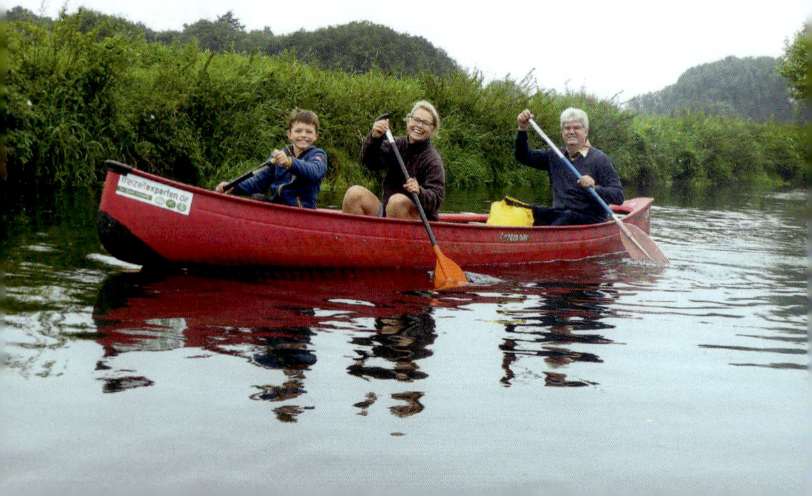

Paddeltour: Unsere Paddeltour beginnt in Weeze, die Einstiegsstelle befindet sich bei GPS N 51°37‘45.0“, E 6°12‘00.0“. An diese Stelle bringen die Kanuverleiher die zuvor gemieteten Boote und geben eine kurze Einführung in Paddeltechnik und Wegstrecke. Wer ein eigenes Boot besitzt, kann hier ebenfalls starten, muss allerdings auf die fachkundige Einführung verzichten. Eine breite Holztreppe hilft uns dabei, die Boote ins Wasser zu setzen.

Mit öffentlichen Verkehrsmitteln
Sowohl in Weeze als auch in Goch gibt es einen Bahnhof, von dem die Anlegestellen an der Niers fußläufig erreichbar sind.
Weeze: Gesamtlänge Fußweg 800 Meter. Durch den Vittinghoff-Schell-Park, rechts abbiegen auf die Karl-Arnold-Straße, erneut nach rechts in die Wasserstraße, von dieser nach rechts zur Anlegestelle direkt an der Niers.
Goch: Gesamtlänge Fußweg 850 Meter. Am Kreisverkehr auf den Rad- und Fußweg parallel zur Brückenstraße abbiegen, dieser führt uns nach Überquerung eines Niers-Arms rechterhand in den Stadtpark. Wir laufen parallel zur Niers weiter bis zur Anlegestelle, die sich unmittelbar hinter der Fußgängerbrücke befindet.

Wir paddeln los in Fließrichtung der Niers und haben so den Vorteil, mit der Strömung zu fahren. Gleich zu Beginn unterqueren wir **zwei Brücken** ①: zunächst den »**Fährsteg**«, danach die **B 9**. Nur wenig später erfordert die direkte Abfolge einer Links- und Rechtskurve die Fähigkeiten des Steuermanns oder der Steuerfrau, die ganz hinten im Boot sitzen. Danach haben wir Zeit, die Auenlandschaft zu genießen und Wasservögel zu beobachten, denn nun paddeln wir erst einmal geradeaus weiter.

Vielleicht lassen wir uns auch einfach ein wenig treiben, verspeisen ein mitgebrachtes Picknick oder suchen nach Muscheln, die sich auf dem Grund des Flusses befinden. Wer traut sich, die nackten Füße einmal ins kühle Nass zu tauchen? Schließlich unterqueren wir die **A 57** ② und steuern danach auf den Kalbecker

TOUREN-STECKBRIEF

Anfahrt: A57, Ausfahrt Goch, auf der B9 (Gocher Straße) bis nach Weeze, dort rechts abbiegen auf die Straße »Fährsteg« und auf ihr weiter bis zum Parkplatz unmittelbar nach Überquerung der Niers auf der rechten Seite bei **GPS N 51°37‘47.0“, E 6°11‘57.0“**. Auf der gegenüberliegenden Seite der Straße führt der ausgeschilderte Fußweg zur Anlegestelle auf schmalem Pfad bergab ans Ufer der Niers.
ÖPNV: Sowohl in Weeze als auch in Goch gibt es einen Bahnhof, von dem die Anlegestellen an der Niers fußläufig erreichbar sind, siehe Infokasten oben.
Anspruch und Charakter: Leichte Familientour, die auch für Anfänger bestens geeignet ist und so auch Ungeübten ein wunderbares Naturerlebnis auf dem Wasser ermöglicht.
Highlights: Niersauen, Beobachtung von Wasservögeln, Pausenmöglichkeit mit Fähre und Einkehrmöglichkeit im Kalbecker Forst.
Einkehr: Verschiedene Möglichkeiten an Start und Ziel sowie »Jan an de Fähr« nach etwas mehr als der Hälfte der Strecke.
In der Nähe: Tierpark Weeze, Natur-Erlebnis-Pfad Weeze, Freizeitbad GochNess, Pauenhof.

Spielplatz Weeze
Falls in Weeze Wartezeit überbrückt werden muss, weil zum Beispiel ein Auto in Goch geparkt wird, wartet am Ufer der Niers ein großer Spielplatz auf die Kinder. Diesen findet man, wenn man die Niers an der Straße »Fährsteg« überquert und direkt danach links abbiegt. Wasserelemente, Klettermöglichkeiten für Wagemutige und weitere Attraktionen warten hier darauf, die Kinder zu begeistern.

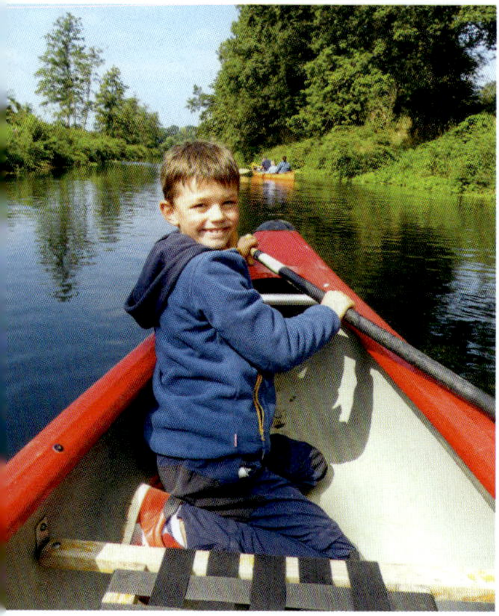

Forst zu. Die **Anlegestelle** ③ auf der linken Seite ist nicht zu übersehen und nach etwas mehr als sechs gepaddelten Kilometern kommt uns eine Pause gerade recht. Dabei lädt uns »**Jan an de Fähr**« zu einer Einkehr ein und die Fußgänger-Fähre begeistert besonders die Kinder.

Nach der Pause paddeln wir weiter. Dabei unterqueren wir zunächst die **L 77** ④ und steuern danach in einer großen Linkskurve allmählich auf Goch zu. Bevor es wieder urbaner wird, genießen wir noch einmal die Natur um uns herum. Die Niersaltarme und Mühlenteiche links von uns bieten vielen Tiere ein Zuhause. Das eine oder andere zeigt sich uns vielleicht auf dem Fluss. Viele Entenfamilien liegen hier im Gras oder schwimmen eine Runde neben uns her.

Schließlich unterqueren wir zwei weitere Brücken. Dahinter liegt rechter Hand ein neu angelegtes **Treppen-Ufer** ⑤. Jetzt sind wir endgültig in Goch angekommen. Als nächstes fahren wir unter der Bahnhofstraße hindurch und entdecken direkt danach die gut erhaltene **Susmühle** ⑥. Kurz darauf teilt sich die Niers in zwei Arme. Wir wählen den linken, unterqueren die Brückenstraße und erreichen den Stadtpark.

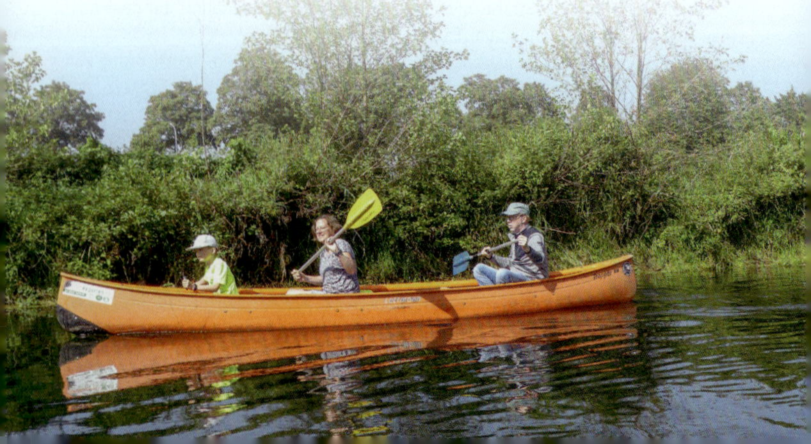

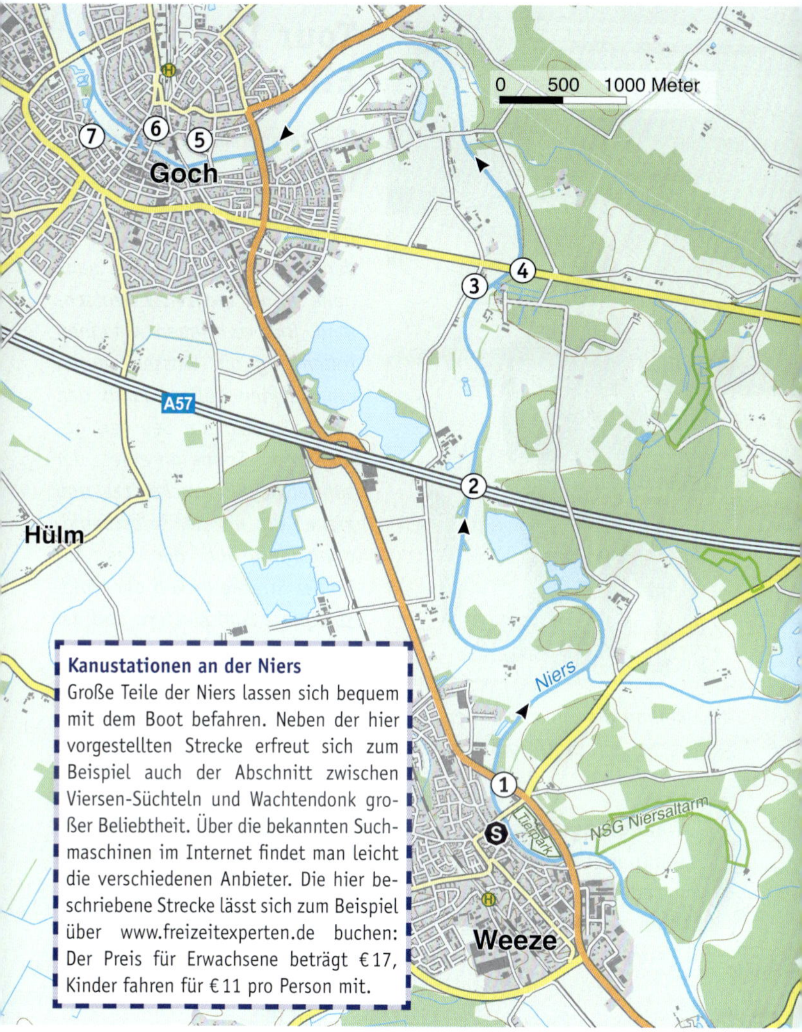

Kanustationen an der Niers

Große Teile der Niers lassen sich bequem mit dem Boot befahren. Neben der hier vorgestellten Strecke erfreut sich zum Beispiel auch der Abschnitt zwischen Viersen-Süchteln und Wachtendonk großer Beliebtheit. Über die bekannten Suchmaschinen im Internet findet man leicht die verschiedenen Anbieter. Die hier beschriebene Strecke lässt sich zum Beispiel über www.freizeitexperten.de buchen: Der Preis für Erwachsene beträgt €17, Kinder fahren für €11 pro Person mit.

Gemütlich lassen wir nun unsere Paddeltour ausklingen und genießen die letzten Minuten auf dem Wasser. Nach der Durchfahrt unter einer Fußgängerbrücke haben wir unser **Ziel** ⑦ erreicht, das am rechten Flussufer liegt. Wir steigen aus dem Boot, ziehen dieses in den Park hinauf und haben wieder festes Land unter den Füßen. Den im Kasten erwähnten **Parkplatz Klosterplatz** erreichen wir über die soeben unterquerte Fußgängerbrücke. Auch zum Marktplatz ist es hier nicht mehr weit.

Goch

In Goch angekommen lockt der Marktplatz mit verschiedenen Einkehrmöglichkeiten, um den Ausflug gebührend abzuschließen. Um diesen zu erreichen, gehen wir vom Parkplatz Klosterplatz in Richtung Kirche, lassen diese links von uns liegen und überqueren die Brückenstraße. Dann befindet sich der Marktplatz direkt vor uns.

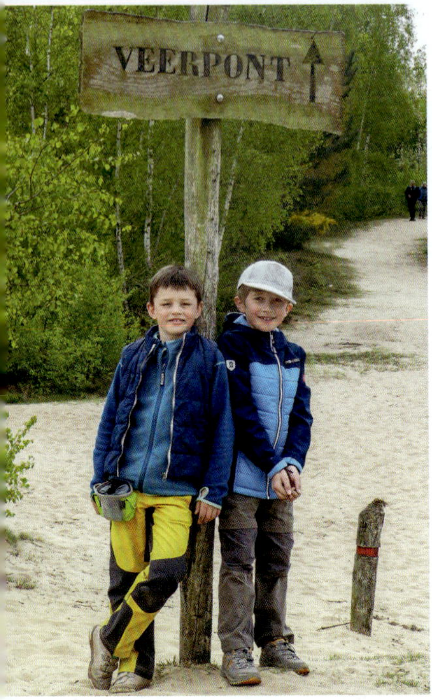

Tour 12:
Ein Tag am Meer

Das Reindersmeer in den Maasduinen

Das Reindersmeer liegt schon in den Niederlanden, aber ganz nahe an der Grenze zu Deutschland. Hier verbringen wir einen tollen Tag am Wasser, laufen mit nackten Füßen durch den Sand, Spielen am Seeufer, genießen die Sonne an einem der zahlreichen Picknickplätze und ziehen uns mit der Selbstbedienungsfähre über den See. Auf halber Strecke locken der Waldspielplatz zum Klettern und der Wasserspielplatz zum ausgiebigen Matschen. Nach so viel Action kommt die Einkehr in der Bosbrasserie im Besucherzentrum gerade recht, alternativ gibt es nur wenige Meter weiter ein Eis auf die Hand.

eben

STRECKE 8 km

2 h 30

ab 6

Wanderung: Vom Parkplatz gehen wir an der Holzschranke vorbei in Richtung Seeufer. An Knotenpunkt 29 wandern wir weiter geradeaus. Unser Weg macht eine Rechtskurve, und wir erreichen das **Reindersmeer** ①. Dort angekommen genießen wir erst einmal den Blick über das Wasser, wenden uns dann nach rechts und treffen nur wenig später die erste schöne Picknickstelle mit Tisch und Bänken.

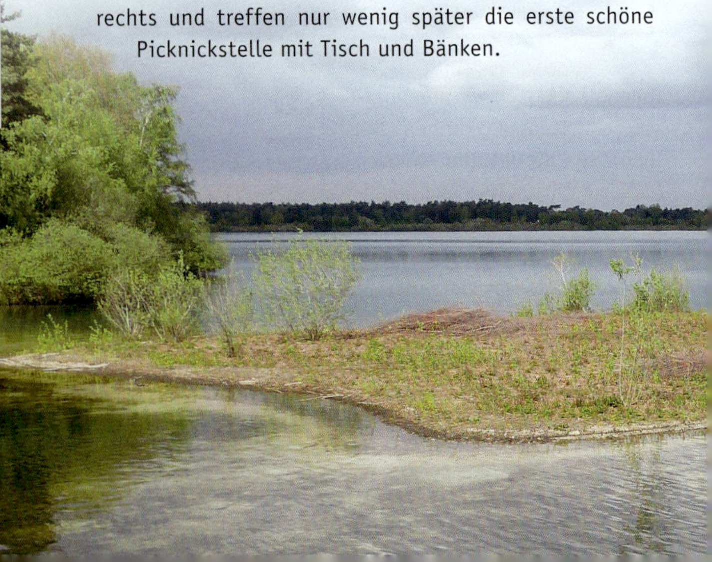

Nun wandern wir immer am Ufer entlang. Ein kleiner Abstecher nach rechts führt uns zu einem **Aussichtspunkt** ② mit überdimensionaler Bank und einer Infotafel zum Reindersmeer. Hier sieht es aus wie in der afrikanischen Steppe!

Zurück auf unserem Weg wandern wir in gleicher Richtung weiter und biegen dann am Knotenpunkt 49 links ab, um zur **Selbstbedienungsfähre** ③ zu gelangen. Nun heißt es kräftig kurbeln, um ans andere Ufer zu gelangen. Dort angekommen empfangen uns eine Skulptur und mehrere Picknickbänke.

Wir wenden uns nach rechts und haben das Ufer jetzt rechts von uns liegen. Schnell erreichen wir Knotenpunkt 48, laufen weiter in Richtung 47 und halten uns an der folgenden Weggabelung rechts auf dem schmalen **Abenteuerpfad**. Dieser führt uns zum

Reindersmeer
Das Reindersmeer ist Teil des Nationalparks De Maasduinen und entstand aufgrund von Ausgrabungen zur Sand- und Kiesgewinnung. Heute ist es Naturschutzgebiet mit Dünen sowie ausgedehnten Heide-, Moor- und Waldflächen. Hier befindet sich auch das Besucherzentrum De Maasduinen mit einer kleinen Dauerausstellung über die heimische Flora und Fauna.

TOUREN-STECKBRIEF

Anfahrt: Niederländische A 73, Ausfahrt Venray. Rechts abbiegen auf die N 270, im Kreisverkehr die dritte Ausfahrt auf die N 271 nehmen. Direkt danach rechts abbiegen auf den Wezerweg bis zum Parkplatz auf der linken Seite bei **GPS N 51°34'11.0", E 6°06'39.0"**.
Anspruch und Charakter: Einfache Wanderung in wunderschöner Natur, die oft nah am Wasser entlang und durch Sand führt. Genügend Zeit für Einkehr, Picknick und Spielen am Wasser einplanen, eventuell auch etwas Wartezeit an der Selbstbedienungsfähre.
Kinderwagentauglich: Direkt am Wasser ist es oftmals zu sandig, um einen Kinderwagen gut schieben zu können. Etwas weiter entfernt ist dies leichter möglich, dann muss man aber teilweise von dem beschriebenen Weg abweichen.
Markierung: Leichte Orientierung durch Beschilderung der Knotenpunkte.
Highlights: Sandstrände, Selbstbedienungsfähre, Waldspielplatz, Wasserspielplatz, Picknickplätze am Wasser.
Einkehr: Bosbrasserie in de Sluis (mit Außenterrasse über dem See), IJstoren Bij de Sluis (diverse Eistüten auf die Hand nur wenige Schritte weiter).
In der Nähe: Irrland, Tierpark Weeze, Natur-Erlebnis-Pfad Weeze.

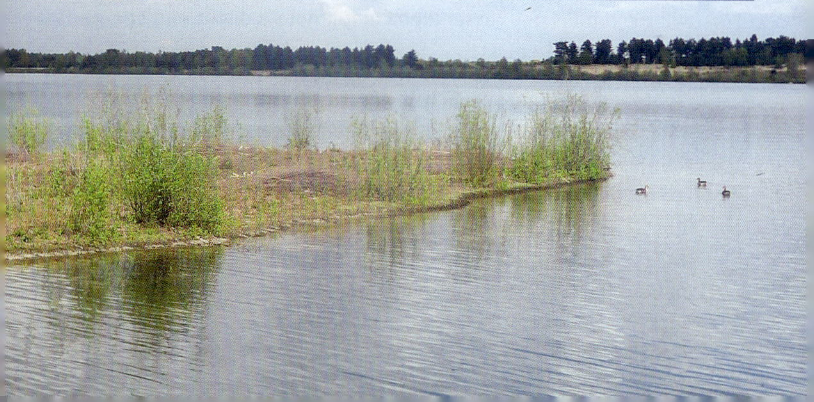

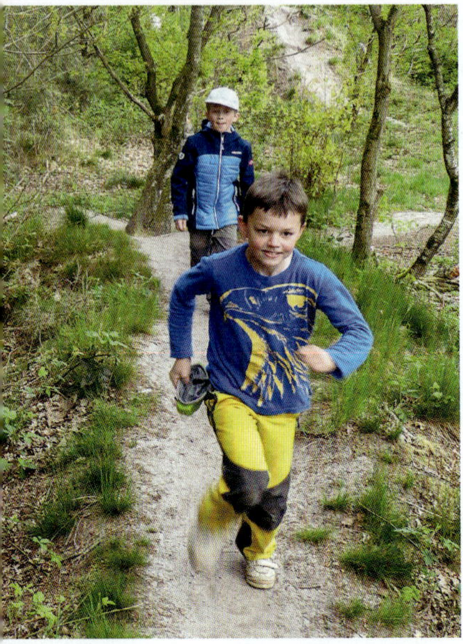

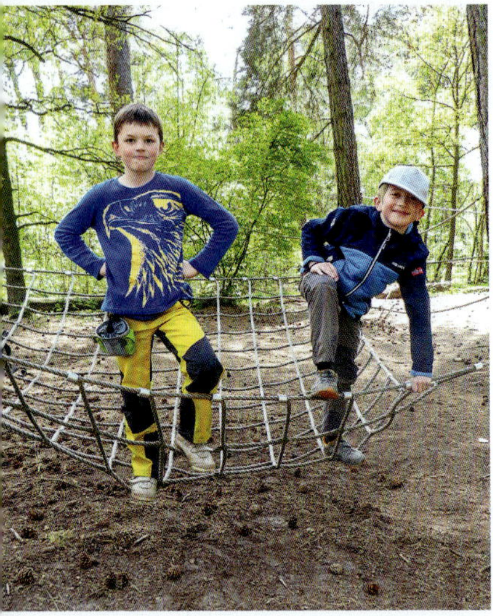

Waldspielplatz ④ mit seinen vielen Kletterelementen. An seinem Ende biegen wir rechts ab und gehen über die große Brücke. Auf der anderen Seite des Wassers treffen wir auf Knotenpunkt 67 und biegen hier links ab in Richtung 37. Rechts des Weges laden ein paar Holzstämme zum Balancieren ein. Dann erfreut der **Wasserspielplatz** ⑤ auf der linken Seite die Kinder.

Nur wenig später treffen wir auf einen Kanal. Auf der linken Seite liegt das **Besucherzentrum** ⑥ mit einer interessanten Ausstellung und Einkehrmöglichkeit. Lassen wir den Kanal rechts von uns liegen, gelangen wir schnell zum IJstoren, der mit einer großen Auswahl an Eisbechern lockt.

Von dort ereichen wir hinter einer Kurve Knotenpunkt 53 und wandern weiter geradeaus in Richtung 54. Dabei kommen wir am **Naturfreibad** ⑦ vorbei. Am Ende des Campingplatzes führt uns unser Weg auf eine asphaltierte Straße, die wir überqueren und damit eine Infotafel über das Leukermeer erreichen. An dieser gehen wir nach links und lassen den Campingplatz damit nun ebenfalls links von uns liegen.

Vor einem **Sackgassen-Schild** ⑧ biegen wir rechts ab, überqueren dann die Landstraße und biegen am nächsten Sackgassen-Schild noch einmal rechts ab. Wir wandern an einigen großen Grundstücken vorbei und biegen dahinter links ab. Links von uns verläuft ein grüner Zaun, rechts ein lichter Wald. An einer Holzschranke erreichen wir eine **Kreuzung**, an der wir geradeaus gehen. Damit laufen wir wieder auf das Reindersmeer zu.

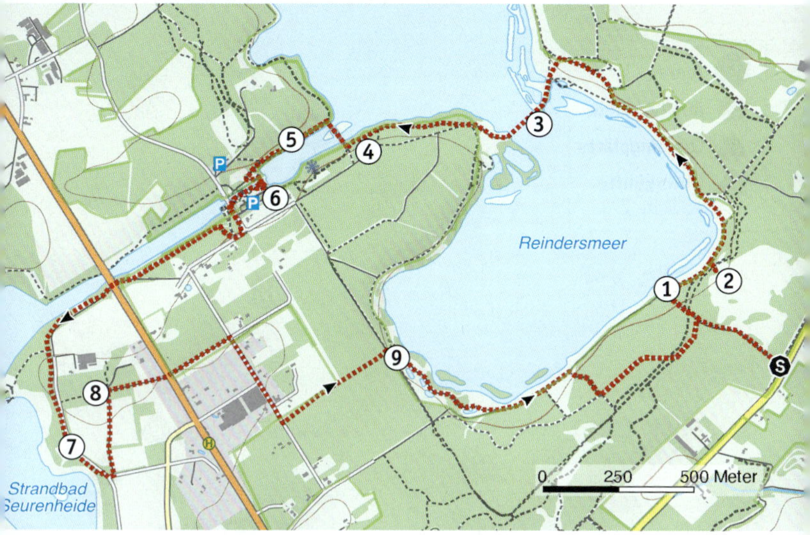

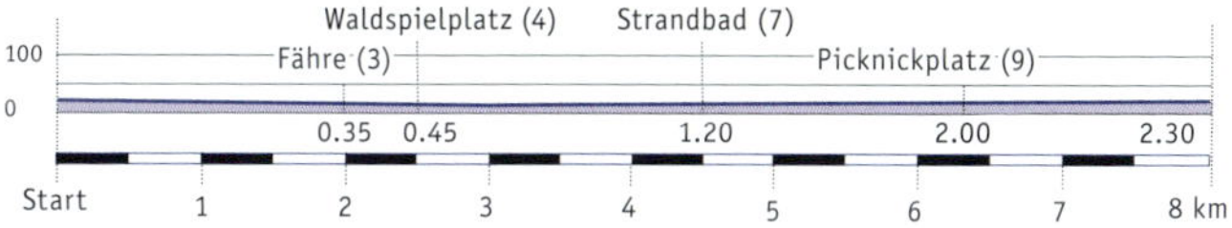

Am Ufer angekommen biegen wir an einer schönen **Picknickmöglichkeit ⑨** rechts ab. Damit liegt das Wasser links von uns. Schließlich verlassen wir das Reindersmeer und folgen dem **rot-gelben Wanderzeichen** nach rechts in das Wäldchen hinein. Wir erreichen einen größeren Weg und biegen auf diesem am Schild der »Wandelroute Bosserheide« links ab. Am Knotenpunkt 43 wandern wir weiter geradeaus in Richtung 44. An der folgenden **T-Kreuzung** erreichen wir unseren Hinweg, biegen rechts ab und gelangen zurück zu unserem Ausgangspunkt.

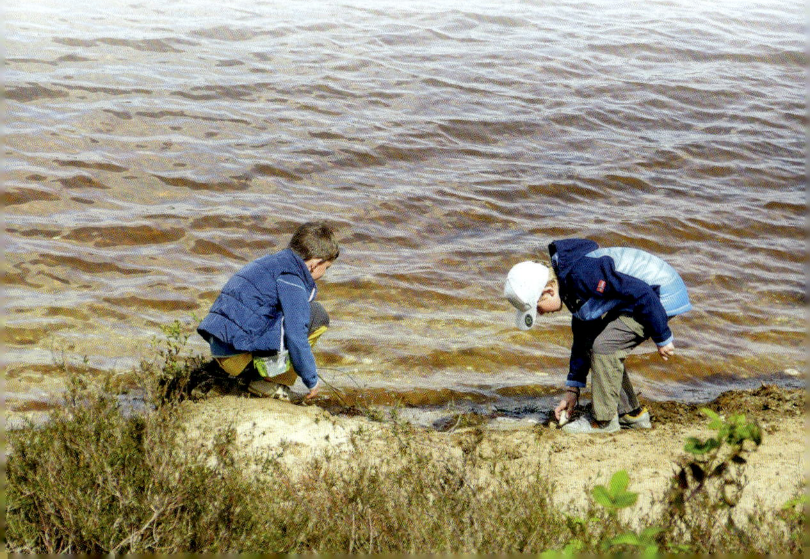

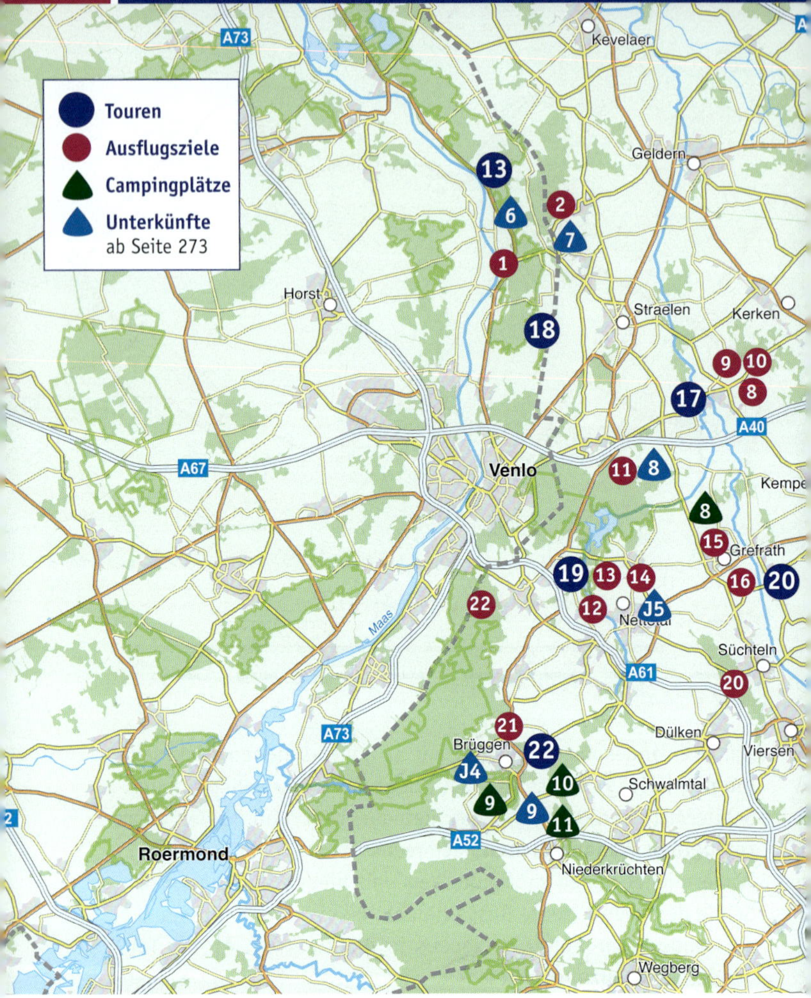

❶ Schlossgärten Arcen

Die Schlossgärten Arcen liegen bei Venlo direkt an der deutsch-niederländischen Grenze und verzaubern mit ihren vielseitigen Blumen- und Pflanzenanlagen. Auf einer Fläche von mehr als 32 Hektar findet man nicht nur Gärten und historische Parkanlagen und das Schloss aus dem 17. Jahrhundert, es gibt auch eine Abenteuer-Minigolfanlage, einen Strandspielplatz, eine Streichel-Wiese. Drei Gaststätten an verschiedenen Ecken des Parkes runden das Angebot ab.
Geöffnet während der Gartensaison täglich 10–18 Uhr. Eintritt € 18,50, Kinder 4 bis 17 Jahre € 9,25, Familie ab € 32,50. www.kasteeltuinen.nl

❷ Waldfreibad Walbeck

Vier Schwimmbecken in unterschiedlichen Größen und Tiefen, eine riesige Liegewiese, Fußballgolf, Beachvolleyball, Hüpfburgen und Bogenschießen – das sind die Highlights des Waldfreibads in Walbeck nahe der niederländischen Grenze. Weitere Abenteuer kann man im zugehörigen Escape Room erleben.
Freibad geöffnet April bis September täglich 7.30–19 Uhr. Eintritt € 6, Kinder 4 bis 17 Jahre € 4, einzelne Aktivitäten haben abweichende Öffnungszeiten und Preise. www.waldfreibad-walbeck.de

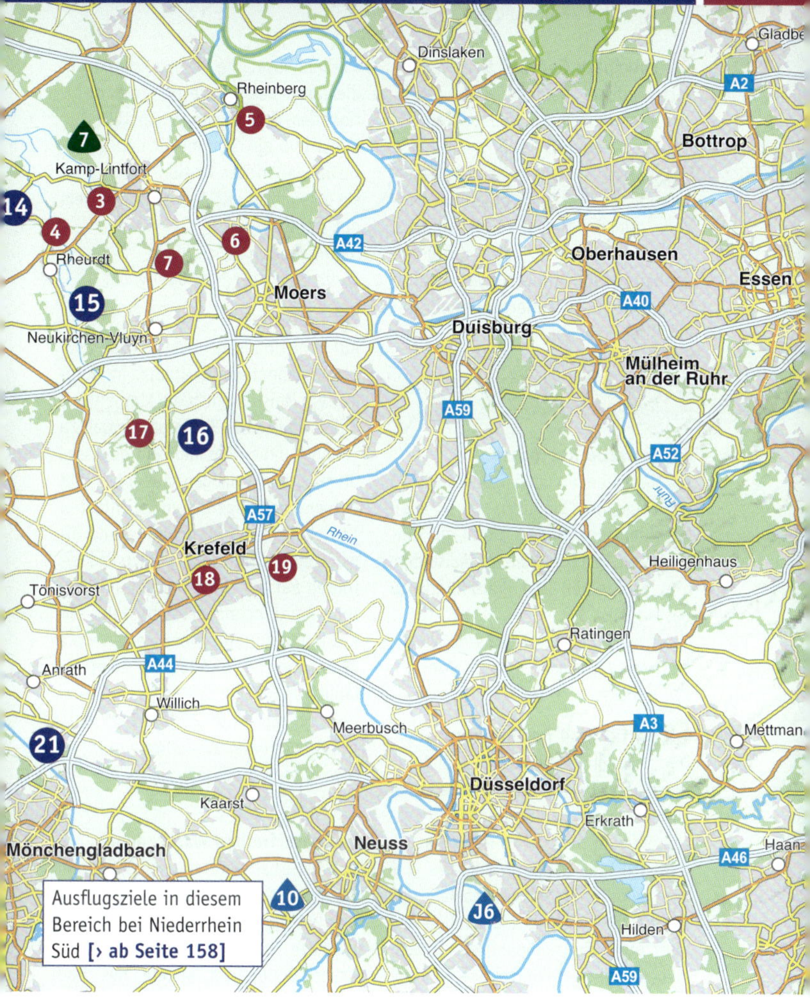

3 Kloster Kamp

Das »Geistliche und Kulturelle Zentrum« wird von verschiedenen Gärten umrahmt, besonders der barocke Terrassengarten ist zu jeder Jahreszeit sehenswert. Außerdem gibt es Ausstellungen im Gewölbekeller, ein Museum, einen Klosterladen und ein Café auf Spendenbasis.

Geöffnet täglich ab 8 Uhr bis zum Einbruch der Dunkelheit.
Museum geöffnet Di bis Sa 14–17 Uhr, So 11–17 Uhr. Eintritt Familie €6,50. www.kloster-kamp.eu

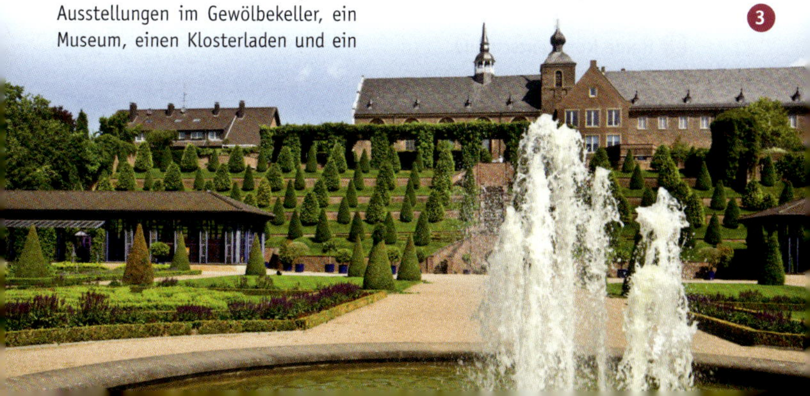

4 Volkspark Oermter Berg

Verschiedene Tiergehege mit Mufflons, Dam- und Rotwild locken die Besucher ebenso wie weitläufige Spielplätze in einem großen Waldgelände. Es gibt auch einen Fußball- und einen Beach-Volleyballplatz, Tischtennisplatten sowie Grillmöglichkeiten. Vom »Buckel« des Oermter Bergs haben wir außerdem einen tollen Blick über die weitgehend ebene Landschaft des Niederrheins.

Der Park ist das ganze Jahr über frei zugänglich.

5 TerraZoo Rheinberg

Im Reptilienzoo sind ungefähr 100 verschiedene Tierarten aus allen Kontinenten zuhause, die in gut einsehbaren Terrarien leben. Außerdem gibt es Äffchen und Präriehunde zu bestaunen.

Geöffnet Di bis So 10–18 Uhr. Eintritt €12, Kinder 3 bis 16 Jahre €9. www.terrazoo.de

6 Barfußpfad im Jungbornpark

Durch Mulch, Sand und Kieselsteine führt der Barfußpfad im Repelner Jungbornpark zu verschiedenen Stationen: zum Beispiel zu den »Barfußfeldern« oder zum »Waldpfad«, bei dem man über Schwebebalken und Holzpfähle balanciert. Besonders beliebt sind die sogenannten »Intensivbereiche« mit Fühlstrecke, Kneipp- und Lehmbecken und dem spannenden Summstein.

Geöffnet April bis Oktober täglich 10–20 Uhr. Eintritt €3 (passend in Münzen mitbringen). Jeder Erwachsene kann ein Kind unter 10 Jahren kostenlos mitnehmen. www.barfusspfad-moers-repelen.de

7 Halde Norddeutschland

Über 359 Stufen führt die sogenannte Himmelstreppe hinauf auf die rund 102 Meter hohe Halde Norddeutschland. Sportler halten sich hier fit und auch bei Spaziergängern ist die Treppe beliebt. Wem sie zu steil ist, kann auch über einen der zahlreichen Wanderwege zum Gipfel gelangen. Von oben starten häufig Gleitschirmflieger. Außerdem steht hier das »Hallenhaus«. Die Stahlkonstruktion, die quasi das »Skelett« eines traditionellen Bauernhauses darstellt, ist Kunst und ein Symbol für den Strukturwandel in der Region. Nachts ist sie beleuchtet und schon von weitem gut sichtbar.

Die Halde Norddeutschland ist das ganze Jahr über frei zugänglich.

8 Holleshof

Auf dem Holleshof lockt, neben dem großen Abenteuerspielplatz, im Sommer ein Maislabyrinth die kleinen und großen Besucher. Der große Irrgarten verlangt dabei durchaus ein gewisses Orientierungsvermögen. Außerdem gibt es hier einen begehbaren Leuchtturm, Tretlokomotiven, Trampoline und einen kleinen Streichelzoo. Auch Paddeltouren auf der Niers werden angeboten. Am Eingangsbereich steht ein Kiosk und am Spielplatz warten viele Picknicktische. Hunde sind nicht erlaubt.

Geöffnet täglich 9–20 Uhr. Eintritt €5, Kinder unter 12 Jahren nur in Begleitung Erwachsener. www.holleshof.de

9 Naturfreibad Wachtendonk

Das Naturbad wird von kristallklarem Wasser aus eigenen Quellen gespeist und ist mit einheimischen Wasserpflanzen bepflanzt. Durch mineralische Bodenfilter kommt das Bad komplett ohne die Zugabe von Chlor aus. Umgeben von alten Baumbeständen laden Liegewiesen zum Sonnenbad ein, Sport- und Kleinkinderbereiche sorgen für Abwechslung. Sogar einen Sandstrand gibt es hier. Für die Verpflegung sorgt ein Kiosk.

Geöffnet im Sommerhalbjahr je nach Witterung Mo bis Fr 15–19 Uhr, am Wochenende und in den Ferien ab 11 Uhr. Eintritt €5, Kinder €3. www.naturbadwachtendonk.de

10 Naturparkzentrum Wachtendonk im Haus Püllen

Das Naturparkzentrum befindet sich mitten im historischen Ortskern von Wachtendonk im Haus Püllen. Hier erfahren wir, wie sich das Gebiet des Naturparks Schwalm-Nette im Laufe

von 240.000 Jahren unter dem Einfluss der Natur und der Menschen verändert hat. Pflanzen und Tiere können in fünf verschiedenen Lebensraummodellen entdeckt werden. Im Bauerngarten wandelt man zwischen Stauden, Kräutern, Nutzpflanzen und Obstbäumen. Außerdem kann man sich im Infozentrum mit (Rad-)Wanderkarten und Tourenvorschlägen ausstatten.
Geöffnet März bis Oktober Di bis So 9–12.30 Uhr und 13–17 Uhr, November bis Februar Di bis Fr 9–12.30 Uhr und 13–17 Uhr. Der Eintritt ist frei. www.npsn.de

11 Blaue Lagune

Das Strandbad in der Wankumer Heide bietet neben einem schönen Badestrand auch die Gelegenheit zum Stand-Up-Paddling, Beachsoccer sowie Wakeboard- und Wasserskifahren. Ein großer Abenteuerspielplatz begeistert die jüngeren Kinder.
Geöffnet täglich 10–20 Uhr. Eintritt €9, Kinder bis einschließlich 6 Jahre frei. Zusatzeintritt für die verschiedenen Sportarten. www.blauelagune.de

12 Tortuga Adventure Golf

Auf den Spuren von Captain Jack Sparrow und Co. ist man auf der Erlebnis-Minigolfanlage am De Wittsee unterwegs. Die 18 Bahnen greifen verschiedene Szenen aus den Piratenfilmen auf. Gespielt wird durch Tunnel, über Brücken und Hügellandschaften. Vorsicht heißt es am Bachlauf: Nicht dass der Ball versehentlich im Wasser landet und wieder herausgefischt werden muss. Nach der Golfpartie kann man sich mit Snacks und Getränken stärken.
Geöffnet März bis Oktober täglich 11–20 Uhr. €9, Kinder ab 5 Jahren €7. www.tortuga-adventure-golf.de

13 Biologische Station Krickenbecker Seen

Das barrierefreie Infozentrum befindet sich in einem ehemaligen Strandbad. Hier erfahren die Besuchenden, wie die Seen entstanden sind und welche Artenvielfalt das Naturschutzgebiet Krickenbecker Seen beheimatet. Die Dauerausstellung wird ergänzt mit wechselnden Exponaten zur heimischen Tier- und Pflanzenwelt. Ein kleiner Shop, eine Kaffeeecke und ein dreißig Meter langer Aussichtssteg mit Ausblick über den Hinsbecker Bruch, in dem viele Vögel brüten, ergänzen das Angebot.
Geöffnet November bis März Mi bis So 11–17 Uhr, April bis Oktober Mi bis So 11–18 Uhr. Eintritt ist frei. www.bsks.de

14 Kletterwald Niederrhein

Im Freizeitgebiet der »Hinsbecker Schweiz« kann man auf einer Fläche von 20.000 Quadratmetern neun Parcours in unterschiedlichen Schwierigkeitsstufen mit insgesamt 125 Elementen erklettern. Dazu gehören Netzbrücken, Bohlen, Schaukeln, Seilbahnen, Surfbretter und Tarzan-Sprünge mit einer Höhe von bis zu fünfzehn Metern.
Geöffnet in den Ferien in der Regel 10 – 16.30 Uhr, an manchen Tagen auch ab 9 Uhr; außerhalb der Ferien meist Fr bis So, November bis März geschlossen. Eintritt €23, Jugend 13 bis 17 Jahre €21, Kinder 6 bis 12 Jahre €17, vergünstigte Tickets im Online-Shop. www.kletterwald.net

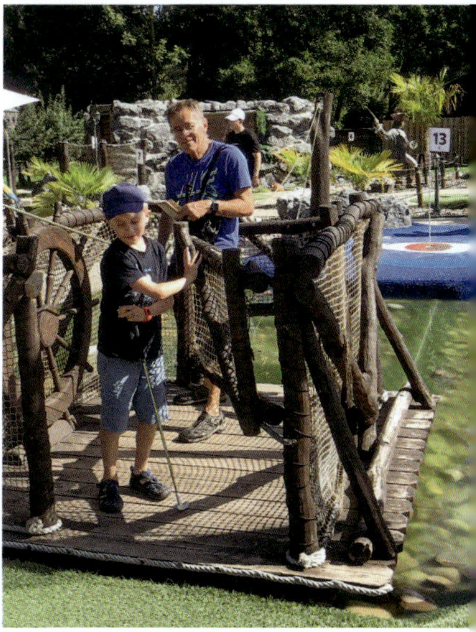

Floßfahrt beim Adventure Golf.

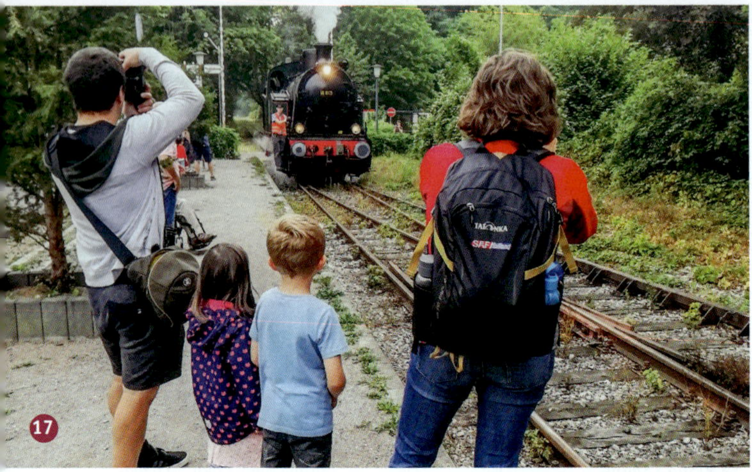

15 Grefrather EisSport & EventPark

Im Winterhalbjahr ist die Anlage mit einer Gesamtfläche von 8.000-Quadratmetern die größte zusammenhängende Eislaufbahn in NRW. In den Sommermonaten wird sie zur Multifunktionslocation für verschiedene Veranstaltungen. Besonders beliebt ist die Eisdisco.

Geöffnet Ende September bis Mitte März. Eintritt € 7,60 Kinder 6 bis 17 Jahre € 5,50, an Werktagen günstiger. Zuschläge für die Disco. www.eisstadion.de

16 Flugplatz Grefrath-Niershorst

In unmittelbarer Nähe zur Niers liegt der Flugplatz mitten im Grünen. Hier kann man Ultraleicht-, Sport- und Segelflugzeuge, Fallschirmspringer und gelegentlich auch einen Ballon bei Start, Flug und Landung beobachten. Dies geht am besten vom Panoramarestaurant aus. Außerdem kann man am Flugplatz auch Rundflüge buchen.

Flugbetrieb ab 11 Uhr (Sa, So ab 9 Uhr) bis zum Sonnenuntergang bzw. 20.30 Uhr. Der Platz ist frei zugänglich.

17 Schluff, Historische Eisenbahn

Die Fahrt mit Krefelds historischer Dampfeisenbahn führt von St. Tönis über Krefeld bis zum Ausflugsgebiet rund um den Hülser Berg (mit Wildgehegen, großem Spielplatz, Wanderwegen, Aussichtsturm und Einkehrmöglichkeit).

Die Fahrten finden zwischen Mai und September sonntags (in den Sommerferien zusätzlich am Mittwoch) statt. Abfahrt ab St. Tönis (Wilhelmplatz 13, Parken auf der Benrader Str.), Krefeld Nord (Oranierring 91) oder Hüls. Tickets ab € 8, Familie € 30, Familienkarte mit Fahrrädern € 35. www.schluff-krefeld.de

18 Krefelder Zoo

Im Krefelder Zoo kann man etwa 1.000 Tiere rund 170 verschiedener Arten beobachten. Der Schwerpunkt liegt auf der Haltung von Großkatzen, afrikanischen Savannenbewohnern und tropischen Vögeln. Ein besonderes Highlight ist der Schmetterlings-Dschungel. Der Krefelder Zoo ist besonders erfolgreich in der Zucht von Spitzmaulnashörnern und hat in den vergangenen Jahren bereits fünf Jungtiere großgezogen. Die ersten Lebensjahre verbringen die kleinen Nashörner immer bei ihrer Mutter Nane, sodass man sie gut beim Spielen im Gehege beobachten kann. Auch das relativ neue Erdmännchengehege erfreut Jung und Alt.

Geöffnet März bis Oktober 9 – 19 Uhr, November bis Februar 9 – 17 Uhr. Eintritt € 11,50, Kinder ab 3 Jahren € 6,50, Familie € 23. www.zookrefeld.de

19 Burg Linn

Die Wasserburg geht auf einen Turm aus dem 12. Jahrhundert zurück, der nach und nach erweitert wurde. Ein Brand zu Beginn des 18. Jahrhunderts zerstörte die Burganlage gänzlich, in den 1950er-Jahren wurde sie jedoch nach originalen Plänen neu errichtet. Zusammen mit dem sie umgebenden Park mit Spielplatz, dem benachbarten Jagdschloss und dem historischen Ortskern bildet sie heute ein beliebtes Ausflugsziel.
Die Burganlage und der Park sind das ganze Jahr über frei zugänglich.
www.museumburglinn.de

20 Walderlebniszentrum und Wildgehege Süchtelner Höhen

Beim Bogenschießen, im Sinnesparcours und im Hochseilgarten ermöglicht das Team von »XPad Erlebnispädagogik« Erfahrungen, die Spaß machen und Teams zusammenschweißen. Die Events sind nicht nur für Schulen und Vereine buchbar, sondern auch für Kindergeburtstage und Familienfeiern. In Rahmen der Ferienbetreuung werden ein Walderlebnisdorf, Schnitzkurse und Escape Games angeboten. Nebenan befinden sich Minigolfplatz und Wildgehege.
www.xpad-erlebnispaedagogik.de

21 Natur- und Tierpark Brüggen

Mehr als 250 Tiere sind hier zuhause: Alpakas, Füchse, Antilopen, Ziegen, Schafe, Kamele, Erdmännchen, Totenkopfäffchen, Schlangen und viele mehr. Ein großer Waldspielplatz lockt mit Karussellen, Schaukeln und Klettergerüsten. Auch ein Sand-Spielbereich, eine Minigolf-Anlage, ein Bistro und eine Trinkhalle sind vorhanden. Nach Voranmeldung kann man auch einen Grillplatz nutzen.
Geöffnet April bis Oktober täglich 9–18 Uhr. Eintritt €9,50, Kinder 3 bis 14 Jahre €7,50, Familie €29,90.
www.natur-und-tierpark-brueggen.de

22 Sequoiafarm

Das mehr als 35.000 Quadratmeter große Arboretum existiert seit den 50er Jahren und war die erste Mammutbaum-Anzucht Europas. Drei verschiedene Mammutbaum-Arten (Sequoien) mit bis zu 37 Metern Höhe sowie andere seltene Gehölze findet man hier. Um die Farm zu besuchen, parkt man am besten am Waldrestaurant Haus Galgenvenn. In der Nähe befindet sich ein großer Spielplatz.
Geöffnet April bis Oktober So und Feiertage 10–17 Uhr. Eintritt frei, Spenden erwünscht.
www.sequoiafarm.de

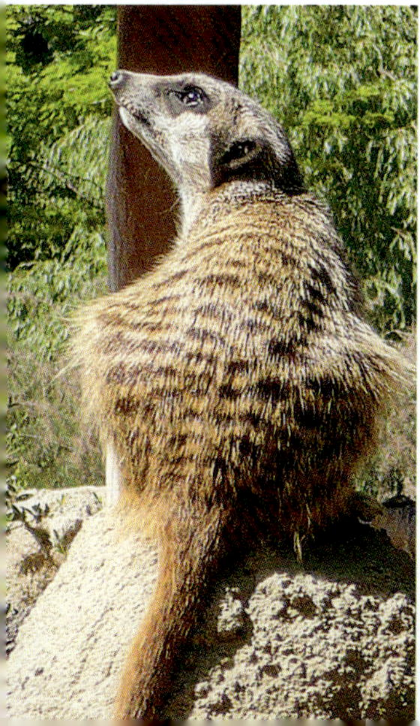

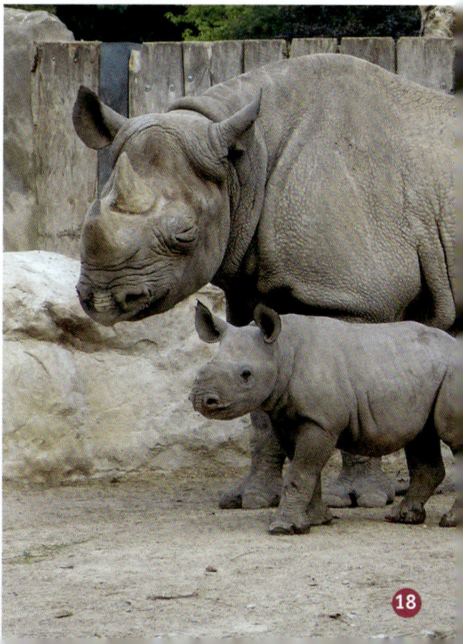

18

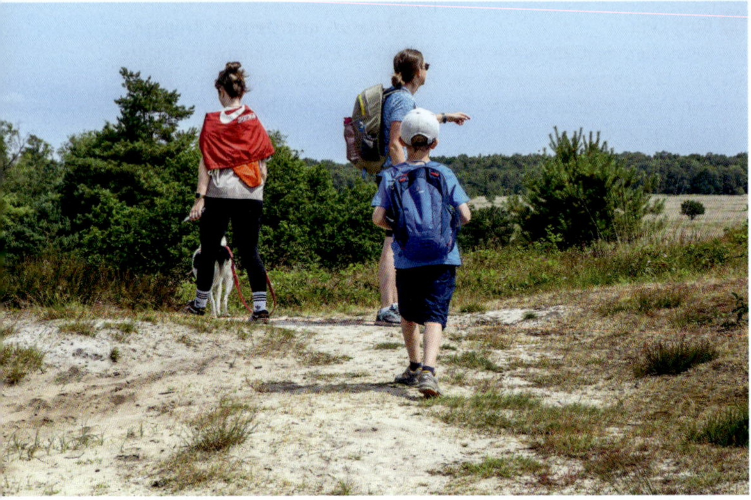

20 m

STRECKE 6 km

2 h 15

ab 6

Tour 13: Zwischen Fluss und Prärie

Urlaubsgefühle im Naturpark De Hamert

Über Wiesen wandern wir zuerst immer am Ufer der Maas entlang – manchmal auch zwischen Kühen und Schafen hindurch. Dann entfernen wir uns vom Fluss und der Naturpark De Hamert verzaubert uns mit seiner prärieartigen Landschaft, sandigem Untergrund und vielen schönen Plätzen für ein Picknick. Auf dem Rückweg geht es noch einmal am Wasser entlang: Wir folgen dem Geldernsch-Nierskanaal zurück zum Ausgangspunkt, an dem zum krönenden Abschluss eine gemütliche Einkehrmöglichkeit auf uns wartet. Dieser Ausflug in die Niederlande fühlt sich an wie ein kleiner Urlaub.

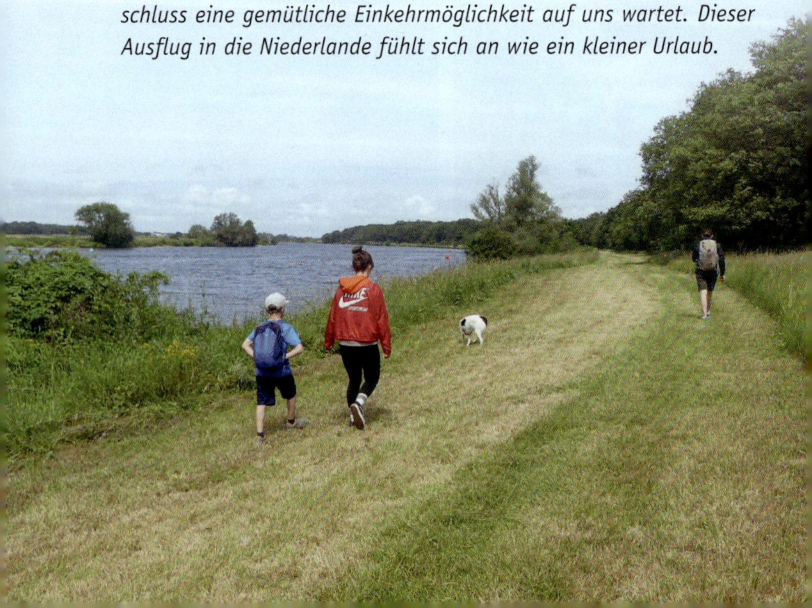

Wanderung: Wir beginnen unsere Wanderung an der Einfahrt des Parkplatzes, überqueren die Straße und biegen rechts ab. Auch die nächste Straße wird an Wander-Knotenpunkt 44 überquert, um über acht Stufen und vorbei an zwei Picknickbänken an das **Ufer der Maas** ① zu gelangen. Hier wenden wir uns nach rechts und wandern damit entgegen ihrer Fließrichtung. Zeitweise weiden Tiere auf den Uferwiesen, dann heißt es Rücksicht nehmen und gebührend Abstand halten.

Wir wandern etwa 1,5 Kilometer am Ufer der Maas entlang und kommen dabei an einer weiteren Picknickbank vorbei, die rechts oberhalb von uns steht. Der Weg ist mit einem weißen Dreieck auf rotem Hintergrund und einem blauen Farbbalken markiert. Letzterem folgen wir am nächsten Abzweig weiter geradeaus. Schließlich führt uns der markierte Weg in einer Rechtskurve in ein Wäldchen und ein Stück bergauf. Der schmale Pfad oberhalb der Maas ermöglicht uns immer wieder schöne Ausblicke, so auch an einer **Picknickbank** ②.

An Knotenpunkt 48 biegen wir rechts ab in Richtung 55. Es geht hinab zur Straße und durch ein kleines Tor. Auch auf der anderen Straßenseite durchqueren wir ein Tor und wandern geradeaus weiter. Rechts am Weg steht eine Picknickbank mit schöner Aussicht über die nun prärieartige Landschaft. Wir ignorieren einen nach rechts abzweigenden Pfad. Dann verlassen wir den breiten Weg in einer Linkskurve, in der wir geradeaus einem schmalen Pfad folgen. Dieser führt uns auf einen **Hügel** ③, von dem wir einen 360-Grad-Rundumblick genießen.

Danach geht es ein Stück bergab und an der nächsten **Kreuzung** noch vor dem Zaun nach rechts. An **Knotenpunkt 56** wandern wir zunächst noch geradeaus weiter, biegen aber bei nächster Möglichkeit erst rechts und nur wenig später wieder links ab. Damit wandern wir in Richtung Knotenpunkt 60. Rechts von uns befindet sich nun ein **Sumpfgebiet** ④.

TOUREN-STECKBRIEF

Anfahrt: Niederländische A67, Ausfahrt Velden. Auf die N271 in Richtung Velden fahren und dieser auch danach weiter folgen bis zum Parkplatz bei **GPS N 51°30'28.0", E 6°10'11.0"** auf der rechten Seite.

Anspruch und Charakter: Leichte Wanderung, anfangs durch die Maaswiesen, später über sandigen Untergrund im Naturpark De Hamert. An heißen Sommertagen genug zu trinken mitnehmen!

Kinderwagentauglich: Nein, aufgrund des naturnahen, sandigen Bodens.

Markierung: Leichte Orientierung durch Knotenpunkte und farbig markierte Wege.

Highlights: Maas, Sanddünen, prärieartige Landschaft, viele Picknickplätze.

Einkehr: Jachthut op den Hamer (Pannenkoekenhuis) mit schöner Terrasse.

In der Nähe: Irrland, Waldfreibad Walbeck, Schlossgärten Arcen.

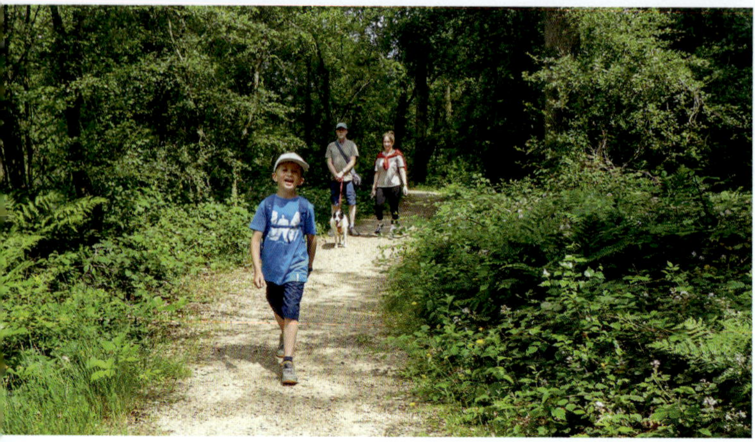

Wir kommen an einer Picknickbank vorbei, gehen danach bergauf und folgen unserem Weg in eine Rechtskurve. Abermals genießen wir die tolle Aussicht über das Naturschutzgebiet. Links am Weg steht erneut eine Picknickbank. Die abzweigenden Wege ignorieren wir und erreichen schließlich **Knotenpunkt 60**. Auch hier wandern wir geradeaus weiter. Kurz darauf geht es noch vor Erreichen des **kleinen Sees** ⑤ links herum. Damit folgen wir der grünen Markierung.

An der nächsten Möglichkeit biegen wir rechts ab. Der Weg ist weiterhin grün und jetzt auch weiß markiert. Links wandern wir erneut an einer **Picknickbank** ⑥ vorbei. An dieser gabelt sich der Weg, wir gehen weiter geradeaus und verlassen damit die markierten Wege.

Naturpark de Hamert
Als Teil des Nationalparks De Maasduinen besticht der Naturpark durch seine abwechslungsreiche Landschaft: Nadel- und Mischwälder, große Heidegebiete, Sandhügel, Moore und auch Sümpfe wechseln sich hier ab und bieten im Sommerhalbjahr vielen Tieren ein Zuhause.

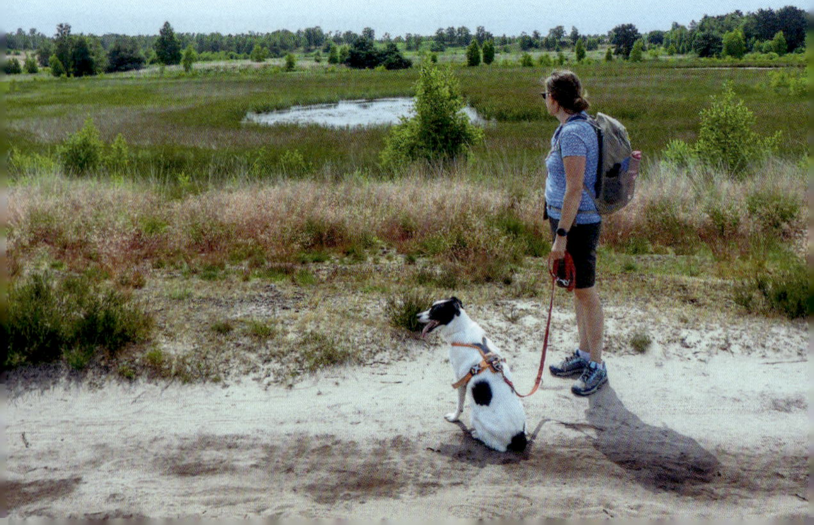

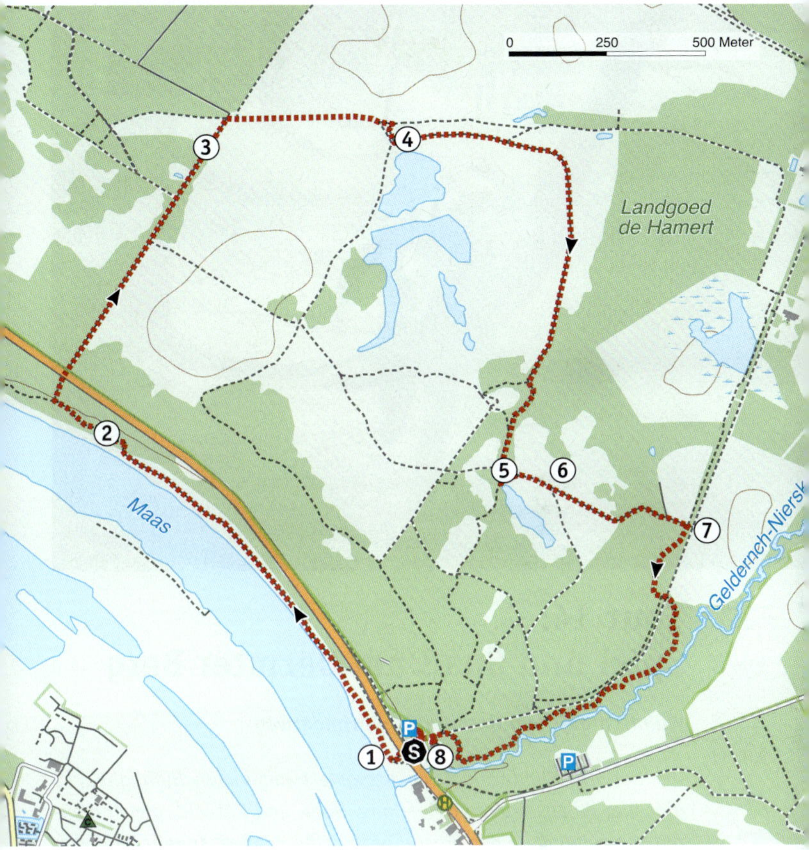

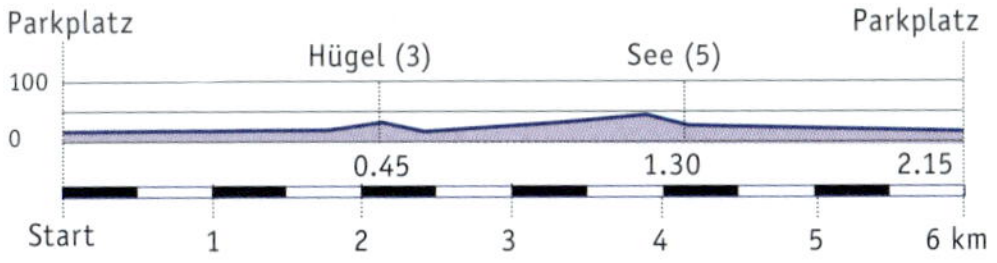

Wir passieren ein **Weidetor** und wandern weiter geradeaus. Unmittelbar vor einer **Holzschranke** ⑦ biegen wir rechts ab und folgen damit dem rot markierten Weg durch lichten Wald leicht bergab. Nach einer Linkskurve überqueren wir den **Twistedener Weg** und laufen dann weiter geradeaus der roten Markierung folgend. Links unter uns fließt nun der Geldernsch-Nierskanaal, der uns bis zum Ende der Wanderung begleiten wird.

Wir passieren eine Picknickbank, ebenso eine weitere an Knotenpunkt 46. Wir gehen hier weiter geradeaus. An Knotenpunkt 45 erreichen wir den Twistedener Weg und einen einladenden **Picknickplatz**. Auf der linken Seite befindet sich hier außerdem das **Pannenkoekenhuis** ⑧ und rechts vor uns können wir bereits den Parkplatz und unseren Ausgangspunkt erkennen.

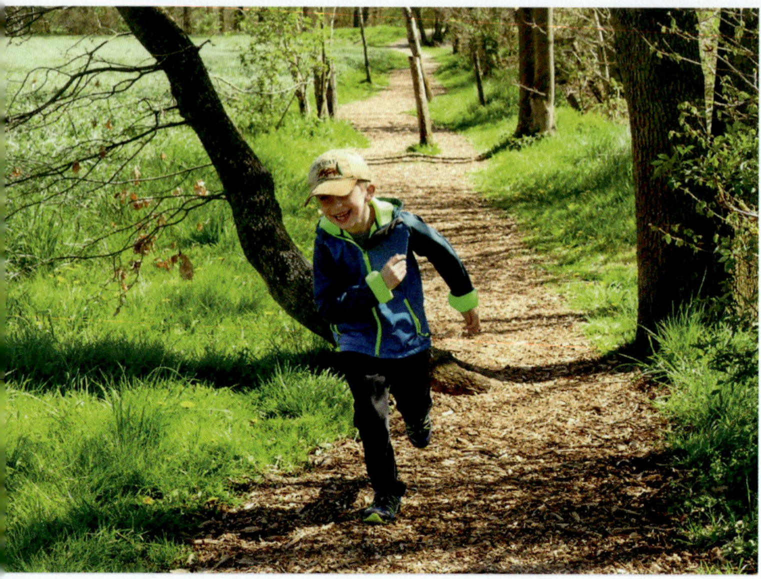

60 m

STRECKE 6 km

2 h 15

ab 6

Tour 14: Spiel und Spaß am Oermter Berg

Wandern auf dem Oermter Rundwanderweg

Der Oermter Rundwanderweg begeistert mit vielen Highlights: Es gibt hier Wildgehege mit Mufflons, Dam- und Rotwild, gleich mehrere Spielplätze, einen Barfußpfad, eine schöne Kapelle und den Mehrgenerationenplatz an Start und Ziel, um nur einige zu nennen. Dazu kommt eine abwechslungsreiche Wegführung mal über eine ehemalige Bahntrasse, dann durch den Wald, bergauf und bergab und gegen Ende über weite Felder. Lässt man sich Zeit auf den schönen Spiel- und Rastplätzen, kann man hier gut einen kompletten Sommertag verbringen.

Wanderung: Unsere Wanderung startet am **Mehrgenerationenplatz** ① an der alten Bahnhofs-Haltestelle. Hier stehen Sitzbänke, ein ehemaliger Zug-Waggon und es gibt auch einen Boule-Platz. Eine Tafel mit Übersichtskarte informiert über unseren Rundweg, in einer Box stehen dort auch Info-Flyer zum Mitnehmen zur Verfügung. Der Rundweg ist weiß-rot markiert.

Wir folgen dem Pfad, der an der alten Bahnstrecke entlangführt. Dieser bringt uns bereits nach kurzer Zeit zu einem großen **Insektenhotel**. Wir passieren eine schöne Picknickbank links am Weg. Von Zeit zu Zeit können wir rechts von uns die Schienen erkennen. Schließlich führt uns unser Weg direkt auf die etwas oberhalb verlaufende ehemalige Bahnstrecke. Links von uns

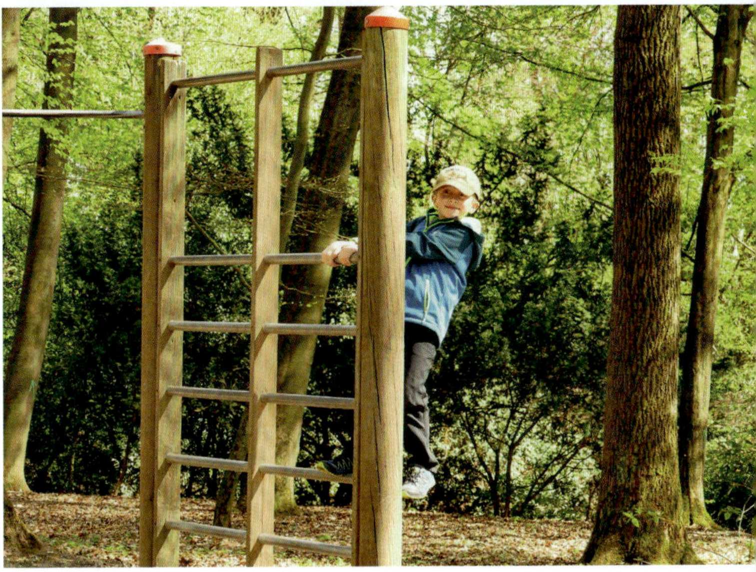

steht eine Nisthilfe für Störche. Wir wandern immer geradeaus weiter, passieren ein rot-weißes Gatter und erreichen nach einer Picknickbank mit einem Schwenk nach rechts erneut die verlassenen Bahngleise, die hier zum Balancieren einladen. Rechts von uns liegt nun ein dunkler Wald. Nach der nächsten Picknickbank treffen wir auf die **Landstraße** ② und überqueren diese.

Danach wenden wir uns nach links und wandern nun ein Stück parallel zur Straße. Bei erster Gelegenheit folgen wir der Markierung nach rechts und gehen in den Wald hinein. An der nächsten T-Kreuzung biegen wir links ab und sehen den ersten Anstieg vor uns liegen. Nach dem wir diesen gemeistert haben, wandern wir weiter geradeaus, oberhalb der Straße. Kurz darauf erreichen wir einen **Spielplatz** ③ mit Schaukeln, Bänken und einer sehr langen Rutsche.

TOUREN-STECKBRIEF

Anfahrt: A57, Ausfahrt Moers-Hülsdonk. Auf die Geldernsche Straße in Richtung Kamp-Lintfort, links abbiegen auf die B510, links und dann wieder rechts auf die Straße »Niederend«, diese heißt im weiteren Verlauf Rheurdter Straße. Dann rechts abbiegen auf den Letmannysdyck und nach links in die Töpferstraße bis zum Parkplatz bei **GPS N 51°29‘43.0“, E 6°27‘13.0“**. Weitere Parkmöglichkeiten befinden sich am Straßenrand im Dörkesdyck oder »An der Landwehr«.
ÖPNV: Oermter Bahnhof, Buslinie 31.

Anspruch und Charakter: Abwechslungsreicher Rundwanderweg, der durchgehend gut beschildert ist. Aufgrund der zu überwindenden Stufen nur bedingt kinderwagentauglich.
Markierung: Oermter Rundwanderweg (weiß auf bordeaux-rot).
Highlights: Mehrere Wildgehege und Spielplätze, Mehrgenerationenplatz an Start und Ziel.
Einkehr: Haus Oermterberg.
In der Nähe: Kloster Kamp, Barfußpfad im Jungbornpark, Halde Norddeutschland.

Wir folgen unserem Wanderzeichen, steigen am Ende des Spielplatzes über Steinstufen wieder bergab und gehen an einer Bank vorbei. Schließlich führt uns die Markierung kurz vor Erreichen einer weiteren Picknickbank auf der linken Seite wieder nach rechts und über dreißig Steinstufen bergauf. Auch danach wandern wir weiter bergan. Die nächste **Kreuzung** überqueren wir geradeaus, an der **T-Kreuzung** biegen wir links ab. Zuvor lohnt jedoch ein kurzer Abstecher nach rechts zum **Mufflongehege und einer Kletterwand** ④.

Wir folgen unserem Wanderzeichen weiter durch den schönen Wald, passieren mehrere Bänke und erreichen schließlich eine **Holzbrücke**, die wir rechts von uns liegen lassen. Über 61 Steinstufen steigen wir bergab und wandern im Anschluss weiter geradeaus, immer noch leicht an Höhe verlierend. Unmittelbar vor einem Parkplatz steigen wir wieder bergan, auch über acht Steinstufen. Dann geht es über weitere Stufen wieder bergab und wir erreichen den Barfußpfad sowie die Bürgerbegegnungsstätte mit einem Museum und öffentlichen Toiletten.

Noch vor dem **Haus Oermterberg** ⑤, das uns zu einer Einkehr einlädt, biegen wir rechts ab in den Wald und wandern wieder bergauf. Wir ignorieren den nach links abzweigenden Weg und gehen weiter entlang der Mauer, die die Kinder zum Balancieren verführt. Ein Stück weiter biegen wir links ab und durchqueren ein Tor. Danach biegen wir links ab und erreichen eine **Lichtung** ⑥ mit Kreuzweg, Tagungshaus und Marienkapelle.

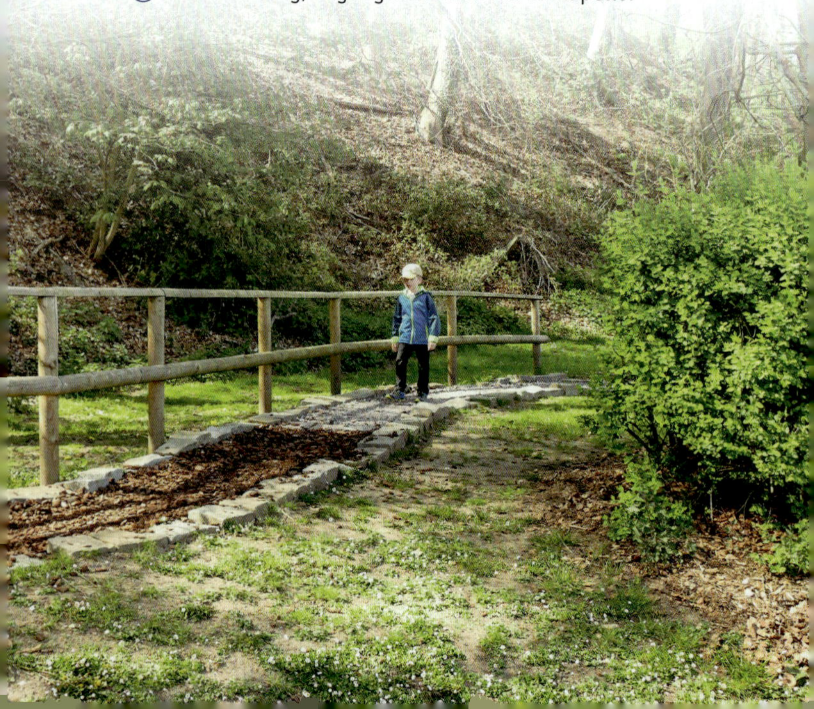

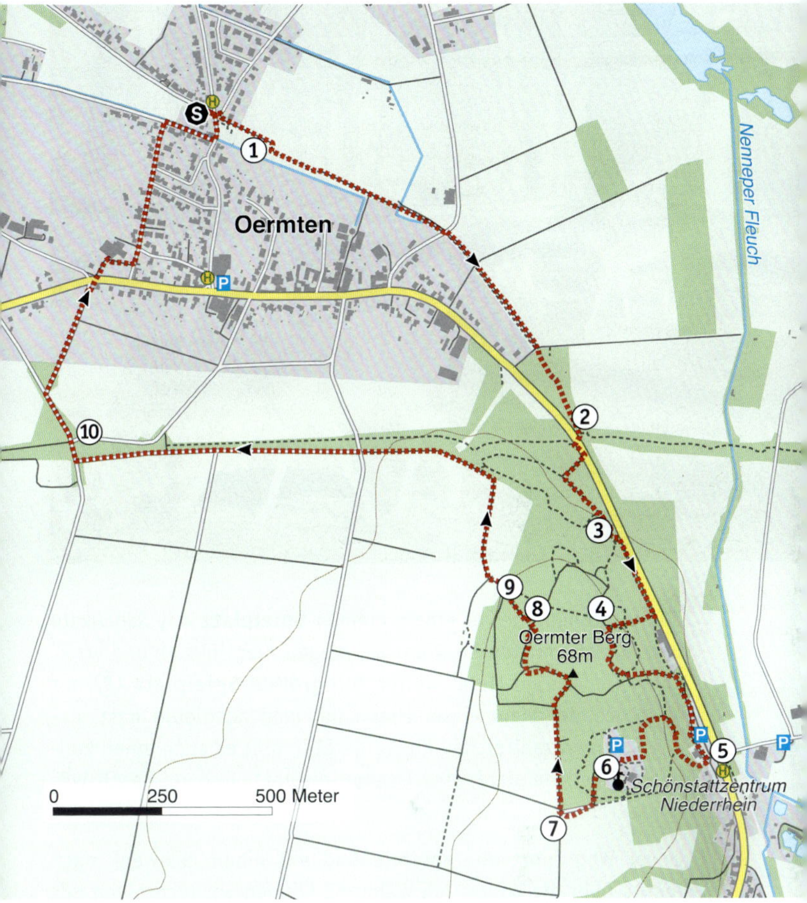

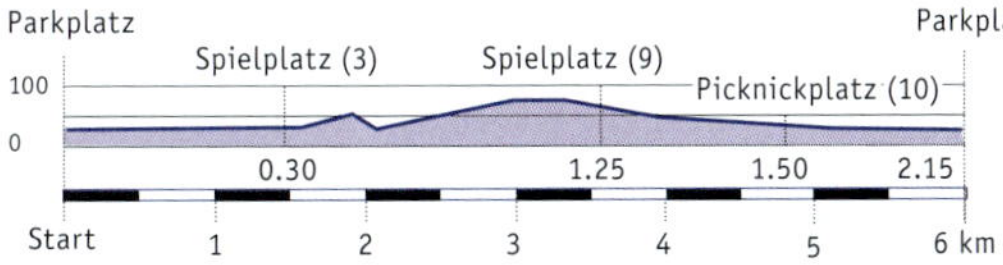

Unser Wanderzeichen führt uns nach rechts quer über die Lichtung und am Ende des Geländes noch einmal nach rechts. Wir passieren eine Bank und biegen kurz darauf an einer **T-Kreuzung** erneut rechts ab. Hier oben hat man eine **tolle Aussicht** ⑦ und kann weit in die Ferne schauen. An der Kreuzung mit drei Wegen schickt uns die Wegmarkierung nach rechts.

Wir erreichen wieder den Wald und biegen hier rechts ab. Unmittelbar vor dem **Damwildgehege** ⑧ geht es nach links. Wir wandern jetzt direkt am Zaun entlang und können die Rehe aus der Nähe beobachten. Am Ende des Geheges biegen wir rechts ab, wandern weiter am Zaun entlang und nun leicht bergab. Kurz

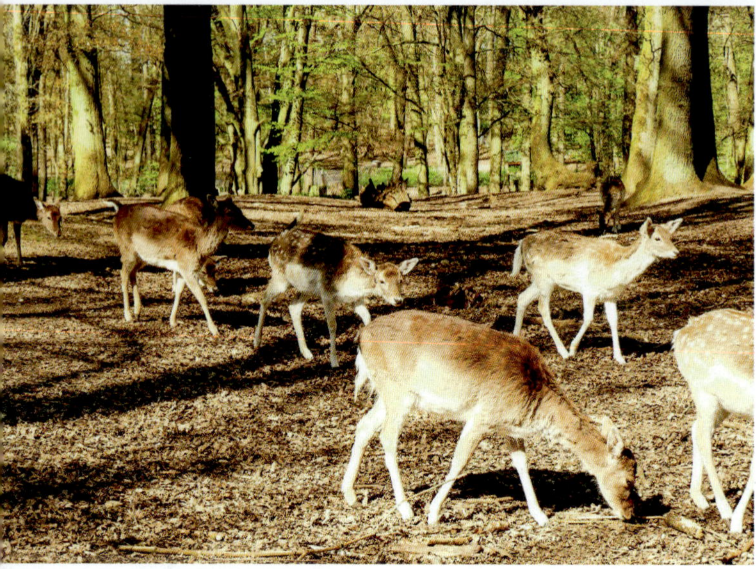

darauf stehen wir vor einem kleinen **Spielplatz** mit Schaukeln und Rutsche mitten im Wald. Wir biegen hier links ab und erreichen nur wenige Meter weiter den **großen Spielplatz** ⑨ mit angrenzender Liegewiese. Hier kann man ausgiebig Rast machen. Neben zahlreichen Klettergeräten gibt es auch einen kleinen Wasserspielplatz, eine Tischtennisplatte und ein Beach-Volleyballfeld.

Unser Weg führt uns anschließend mit einem Schwenk nach rechts über die Wiese. Am Waldrand können wir rechts von uns Rehwild in einem Gehege beobachten. Am Ende der Wiese angekommen wenden wir uns nach links und wandern zwischen Feld und Wald leicht bergab. Wir passieren linker Hand einen Unterstand und wandern geradeaus weiter. Auch an der Picknickbank ändern wir unsere Richtung nicht. Weiter geht es geradeaus und noch einmal leicht bergauf, bis unser Weg an einer **T-Kreuzung** endet. Hier biegen wir rechts ab und erreichen einen Platz mit Wegweisern, Unterstand und einem schönen **Picknickplatz** ⑩, der auch als Oermter Schmuse-Ecke bezeichnet wird.

An der nächsten Möglichkeit biegen wir rechts ab. Wir überqueren die **Landstraße** und folgen unserem Wanderzeichen geradeaus an Jesus-Kreuz und Picknickbank vorbei. Unser Weg führt uns erst nach rechts und dann wieder nach links. Nun wandern wir durch eine Siedlung hindurch immer geradeaus, bis die Straße endet. Hier biegen wir rechts ab. Zum Abschluss geht es noch einmal nach links, bevor wir wieder unseren Ausgangspunkt erreichen.

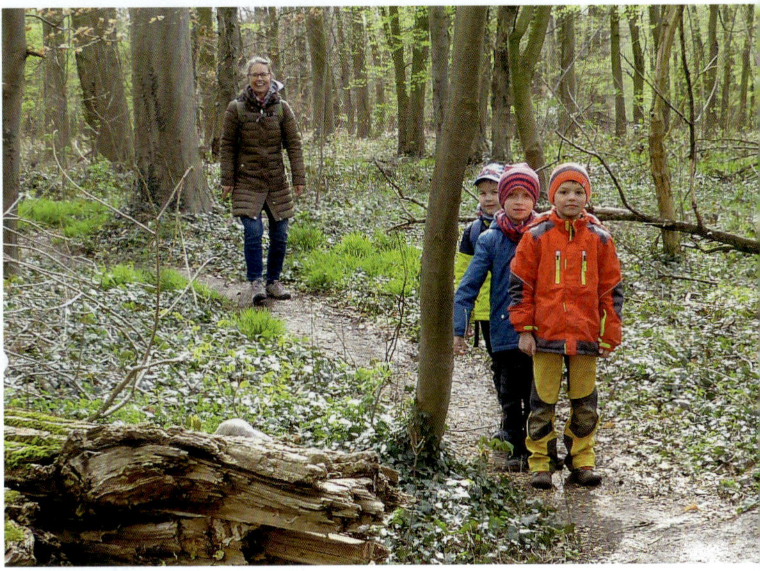

Tour 15: Auf der Spur von Specht und Eisvogel

Unterwegs im Staatsforst Rheurdt/Littard

Das Naturschutzgebiet Staatsforst Rheurdt/Littard lockt uns mit seinem idyllischen Mischwald, der größtenteils aus Laubbäumen besteht. Hier sind unter anderem Schwarzspecht und Eisvogel heimisch, die wir mit etwas Glück auch entdecken können. Aus den ehemalige Torfkuhlen rund um das Waldgebiet ist heute ein Graben- und Stillgewässersystem geworden, sodass sich auf dieser Wanderrunde auch viele Spielmöglichkeiten am Wasser ergeben.

eben

STRECKE 6,6 km

2 h 15

ab 6

TOUREN-STECKBRIEF

Anfahrt: A40, Ausfahrt Neukirchen-Vluyn. Auf die Lintforter Straße Richtung Kamp-Lintfort fahren, links abbiegen auf die Hochkamerstraße, diese heißt im weiteren Verlauf Rayener Straße. Von dieser nach rechts abbiegen auf den Waldweg, der zum Parkplatz bei **GPS N 51°26'46.0", E 6°29'56.0"** führt.

ÖPNV: Haltestelle Littardweg, Buslinie 7 (der Rayener Straße von der Haltestelle aus ein Stück Richtung Westen folgen, bis zur Zufahrt zum Parkplatz auf der rechten Seite).

Anspruch und Charakter: Leichte Wanderung, durchgängig durch Mischwald und größtenteils nah am Wasser. Auf schmalen Pfaden müssen zeitweise Wurzeln und umgefallene Bäume überklettert werden, daher mit Kinderwagen eher nicht zu empfehlen. Nach Regenfällen oft matschig.

Kinderwagentauglich: Nein.

Markierung: Teilweise A2.

Highlights: Schöner Mischwald, Wege überwiegend nah am Wasser, viele Abenteuerpfade.

Einkehr: Palm im Samannshof (So ab 12 Uhr, Do bis Sa ab 17 Uhr).

In der Nähe: Kloster Kamp, Barfußpfad Jungbornpark, Halde Norddeutschland.

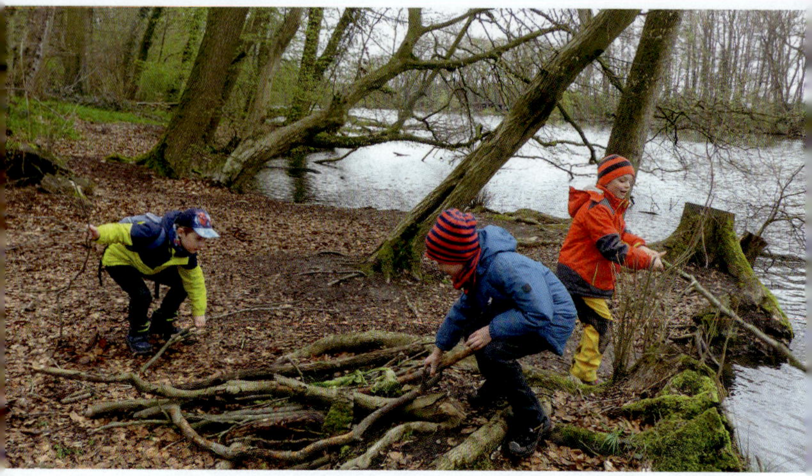

Wanderung: Vom Parkplatz aus gehen wir zur Wanderwegekarte und biegen dort an den rot-weißen Pfosten rechts ab in den Wald in den mit A2 markierten Weg. Am ersten **Abzweig** ① biegen wir links ab und verlassen damit den Weg A2. An der folgenden **Kreuzung** ② wenden wir uns kurz nach links in den **Reitweg**, verlassen diesen aber sofort wieder und gehen in den nach rechts abzweigenden Abenteuerpfad, noch bevor der Reitweg den Bach überquert. Wir wandern nun parallel zum Bachverlauf, der links von uns fließt. Auf dem gewundenen Abenteuerpfad sind einige Baumstämme zu überklettern.

Ein Stück weiter gabelt sich der Pfad, beide Wege kommen jedoch wenig später wieder zusammen. Wir empfehlen die linke Variante, da wir hier näher am Wasser bleiben. Schließlich erreichen wir einen größeren Weg, auf dem wir uns leicht nach rechts wenden. An der darauf folgenden **T-Kreuzung** ③ gehen wir nach rechts und wählen direkt danach den linken von drei Wegen.

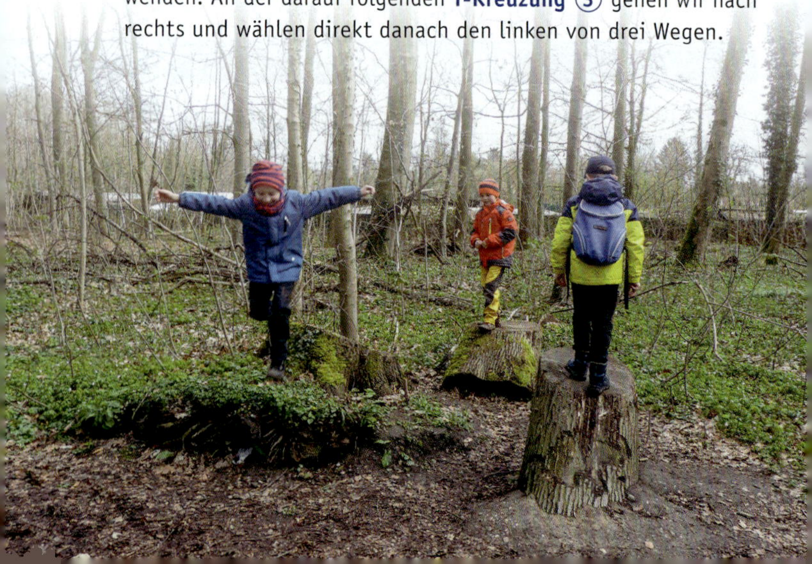

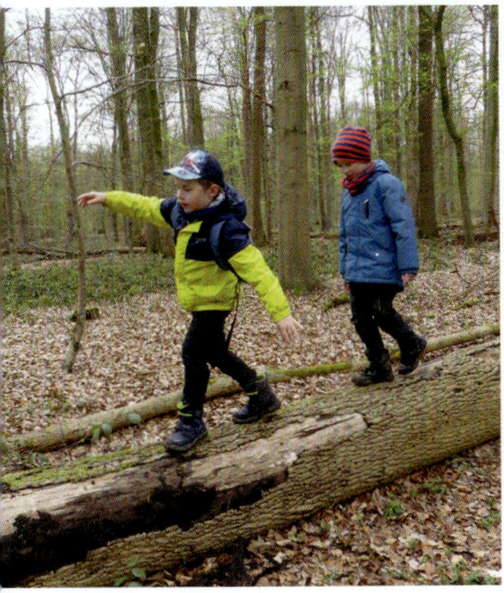

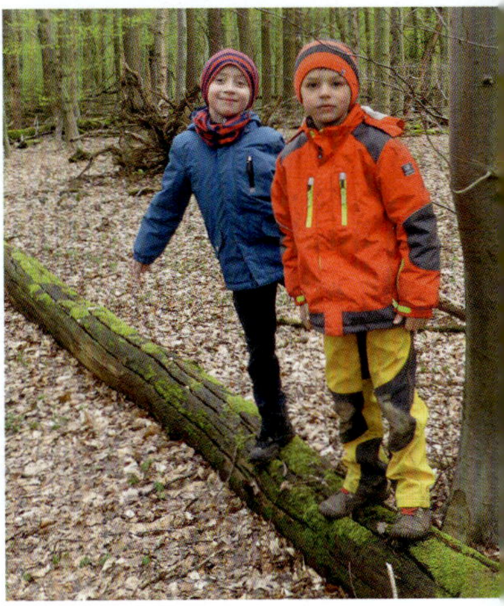

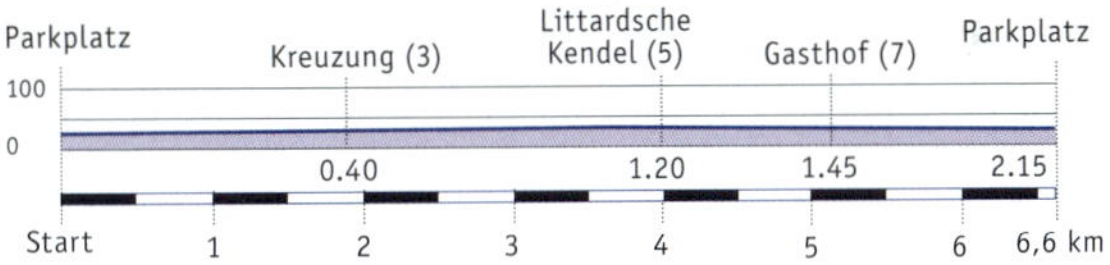
Parkplatz
Kreuzung (3)
Littardsche Kendel (5)
Gasthof (7)
Parkplatz
100
0
0.40
1.20
1.45
2.15
Start
1
2
3
4
5
6
6,6 km

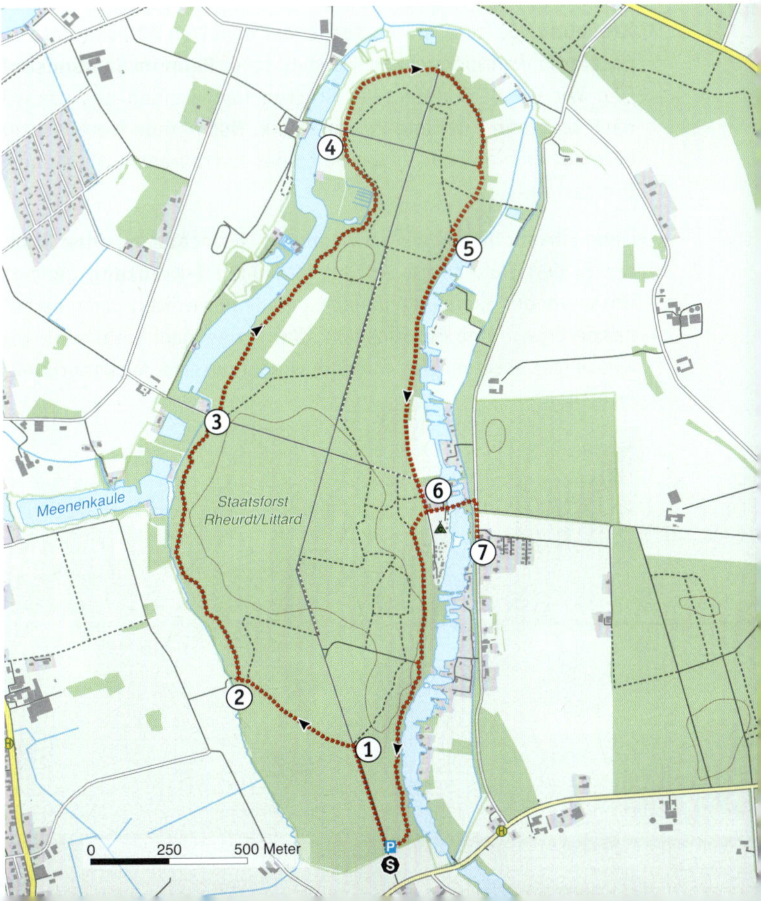
1
2
3
4
5
6
7
Meenenkaule
Staatsforst Rheurdt/Littard
P
S
0
250
500 Meter

Immer wieder führen schmale Pfade an das links von uns liegende Ufer. Unser Weg teilt sich in zwei annähernd gleich große Pfade, von denen wir den linken wählen. Es gibt eine erneute Gabelung, dieses Mal treffen die beiden Wege aber wenig später wieder zusammen. Von rechts nähert sich ein Reitweg unserem Wanderweg an.

An der folgenden **Kreuzung** ④, an der **links rot-weiße Pfosten** zu sehen sind, wandern wir weiter geradeaus. Auch die nächsten beiden Kreuzungen überqueren wir geradeaus. Schließlich treffen wir auf einen neuen Weg, dem wir in gleicher Richtung wie zuvor folgen. An der nächsten Kreuzung gehen wir weiter geradeaus, biegen also nicht nach rechts in den Reitweg ab. Auch danach bleiben wir mit einem Schwenk nach links auf unserem Wanderweg, der jetzt noch einmal an den Wasserflächen der **Littardschen Kendel** ⑤ entlangführt.

Nach einer Weile lichtet sich der Wald, links von uns liegt ein Feld. Wir treffen an einer **T-Kreuzung** auf das Radwanderzeichen und die Markierung A2. Hier gehen wir weiter geradeaus und an den rot-weißen Pfosten vorbei. An der kurz darauf folgenden **Kreuzung** ⑥ führt ein Abstecher auf dem Weg A2 nach links zu unserer Einkehrmöglichkeit – dem Gasthof **Palm im Samannshof** ⑦. Wir wandern über zwei Brücken und wenden uns danach nach rechts in Richtung Picknickbank. Nur wenige Meter weiter befindet sich auf der linken Seite das Restaurant mit schönem Biergarten.

Ohne Einkehr biegen wir am Wegpunkt ⑥ rechts ab in den **Pfad**, der in den Wald führt. An der folgenden **T-Kreuzung** geht es links, an der Kreuzung danach geradeaus weiter. Kurz darauf passieren wir eine Picknickbank. Nun ist es nicht mehr weit, bis wir, immer unserem Weg folgend, wieder unseren Ausgangspunkt erreichen.

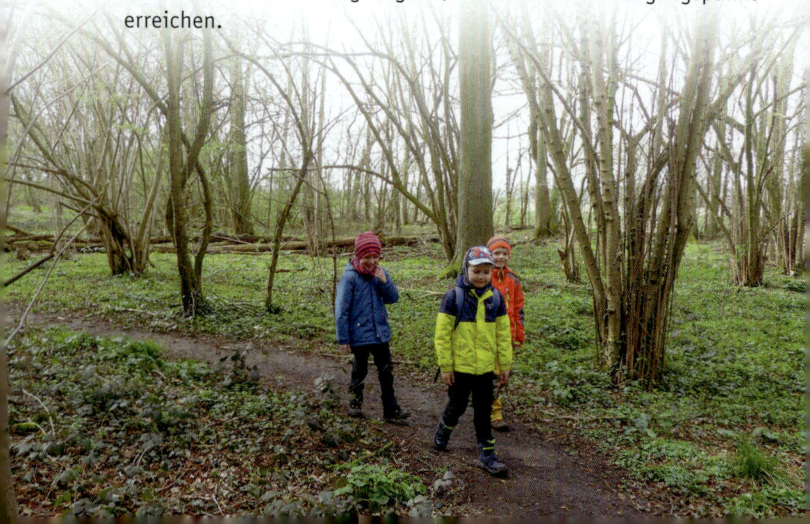

Familie Specht zieht aus
Neuer Lebensraum im Alten Wald

Naturbelassene Wälder sind der richtige Lebensraum für Spechte. Dicke alte Buchen und Eichen mit mürbem Holz zum Höhlenbau finden sie hier genauso wie schmackhafte Käfer und Insekten. Vor allem Totholz, also abgestorbene oder vom Sturm entwurzelte Bäume, steckt voller Leben und Futter. Und wo Spechte ihre Höhlen zimmern, finden auch andere Tiere ein Zuhause. Spechte bauen mehr Höhlen, als sie selbst bewohnen. Zieht Familie Specht dann aus, stehen die Nachmieter bereits Schlange.

Viele Höhlenbrüter können selbst nicht bauen, und so ein geräumiges Spechtloch ist eine komfortable, sichere Wohnung. Meisen und Kleiber, aber auch größere Vögel wie Eulen und Hohltauben brüten in verlassenen Spechthöhlen. Selbst Säugetiere wie der Siebenschläfer oder Marderfamilien schätzen die Arbeit der Spechte. In einem Wald mit vielen Spechten ist also auch Platz für viele andere Tiere.

Zwei bis vier Wochen baut ein Spechtpaar an seiner Bruthöhle. Am Baumstamm sieht man nur ein rundes Loch. Von dort führt ein Gang in den Stamm und in eine geräumige, nach unten abgesenkte Höhlung. Holzspäne polstern das Nest, in dem das Weibchen fünf bis sieben Eier

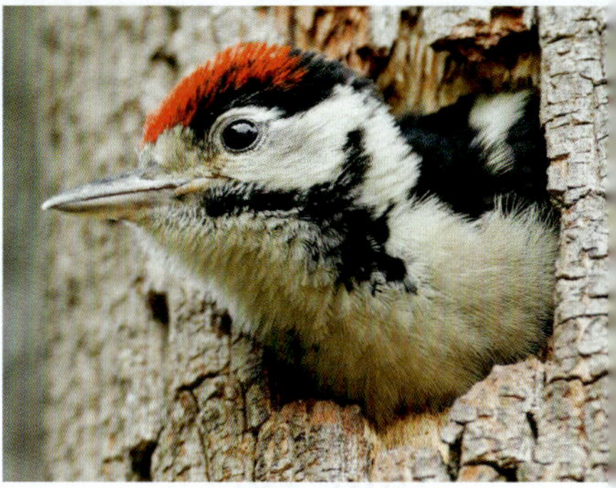

Buntspechte sind die häufigste Spechtart in unseren Wäldern. Sie werden 20 bis 25 Zentimeter groß, haben schwarz-weiße Federn und einen knallroten Fleck unter dem Schwanz und im Nacken. Dieser Jungvogel hat noch flaumige Küken-Federn.

ablegt. Gebrütet wird abwechselnd. Allzu viel Geduld brauchen Spechte dabei aber nicht. Schon nach neun bis zehn Tagen knacken Buntspechtküken ihre Eier. Zuerst sind sie nackt und müssen von ihren Eltern ständig gewärmt werden – hudern nennt man das in der Fachsprache. Drei Wochen werden die Jungvögel von ihren Eltern gefüttert, dann sind sie fast so groß wie die Altvögel und lernen, selbst zu fliegen.

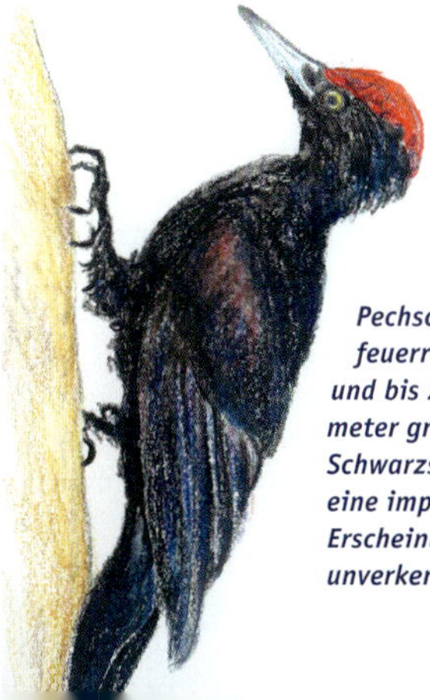

Pechschwarz mit feuerrotem Kamm und bis zu 45 Zentimeter groß – ein Schwarzspecht ist eine imposante Erscheinung und unverkennbar.

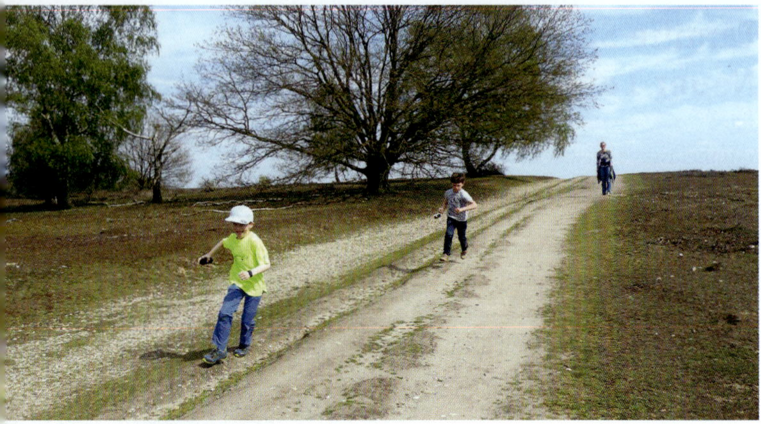

20 m

STRECKE 4,2 km

1 h 30

ab 4

Tour 16: Flugshow auf dem Egelsberg

Rund um Flugplatz, Gipfelkreuz und Mühle

Eine Wanderung auf dem Egelsberg lohnt gleich aus mehreren Gründen. In der Heidelandschaft kommen viele Tiere und Pflanzen vor, die für den Niederrhein eher untypisch sind. Neben Heidekraut wachsen hier auch viele Mohnblumen sowie das seltene Schwimmende Froschkraut, Torfmoos und Borstgras. Aber auch ganz gewöhnliche Kaninchen können wir hier häufig beobachten. Im Kontrast zur unberührten Naturlandschaft steht der Flugplatz, den wir teilweise umrunden. Dabei können wir den Piloten live bei Start und Landung zusehen. Die idyllisch gelegene Egelsberg-Mühle (erbaut 1802), ein kleiner, aber feiner Spielplatz und das Gipfelkreuz am Egelsberg sind weitere Highlights dieser Tour.

TOUREN-STECKBRIEF

Anfahrt: A57, Ausfahrt Moers-Kapellen. Von der Kaldenhausener Straße links abbiegen auf die Bahnhofstraße, diese heißt im weiteren Verlauf Moerser Landstraße. Dann rechts abbiegen auf den Buscher Holzweg, nach einer Rechtskurve heißt dieser Luiter Weg. Diesem länger folgen, weiter geradeaus auf den Axel-Holst-Weg und bis zum Parkplatz auf der rechten Straßenseite bei **GPS N 51°23'23.0", E 6°34'40.0"**.

ÖPNV: Bergstiege, Buslinie 052. Etwa 720 Meter über die »Bergstiege« immer geradeaus bis auf den Egelsberg, dann startet die Wanderung bei Wegpunkt ③.

Anspruch und Charakter: Leichte Wanderung in abwechslungsreicher Heidelandschaft, die keine besonderen Anforderungen stellt. Die ungewöhnliche Natur in Kombination mit den startenden und landenden Flugzeugen sorgt jedoch für reichlich Abwechslung. Aufgrund der geschützten Flora und Fauna sind Hunde hier an der Leine zu führen.

Markierung: Keine, aber leichte Orientierung auf dem offenen Gelände.

Highlights: Flugplatz, Gipfelkreuz, Egelsberg-Mühle.

Einkehr: Gastronomie am Egelsberg (Snackbar und Spielplatz).

In der Nähe: Burg Linn, Krefelder Zoo, Schluff – Historische Eisenbahn.

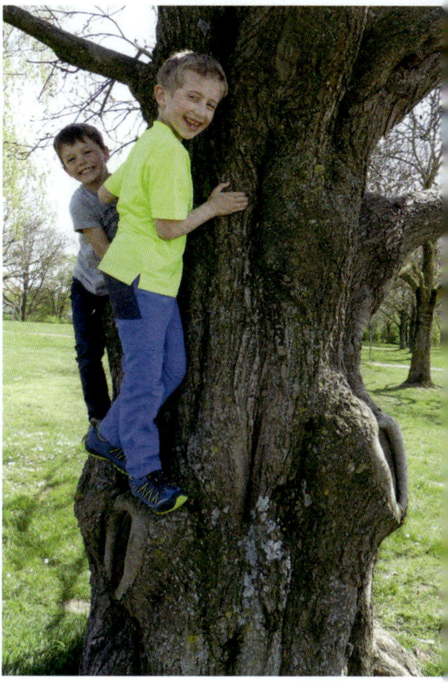

Wanderung: Wir biegen am Parkplatz links ab und wandern in das Naturschutzgebiet, vorbei an der Infotafel zum Egelsberg. Wir ignorieren den ersten nach links abzweigenden Weg und wandern weiter geradeaus. Wir erreichen einen Picknickplatz und den **Grenzzaun des Flugplatzes** ①, wenden uns nach rechts und folgen dem Weg durch eine Linkskurve bergab. Unten angekommen treffen wir auf einen **asphaltierten Weg**, auf den wir nach links abbiegen.

Nun geht es wieder bergauf. **Oben angekommen** ② biegen wir links ab und wandern an zwei Picknickbänken vorbei. Nun starten und landen die Flugzeuge links von uns. Wir lassen die Straße »An Bruckhausen« links liegen und wandern weiter geradeaus am Flugplatz entlang. An der nächsten Kreuzung geht es links zur **Gaststätte des Flugplatzes** ③ mit Biergarten und **Spielplatz**.

Am Eingang der Gastronomie führt unsere Wanderung rechts herum weiter. An der folgenden Kreuzung biegen wir links ab, laufen an der Hecke vorbei und gelangen kurz darauf zum **Gipfelkreuz** ④, das ein Stück abseits unseres Weges liegt. Wir erreichen es mit einem kurzen Abstecher nach rechts.

Unsere Wanderung führt hier jedoch geradeaus weiter: Erst am Zaun des Flugplatzes biegen wir rechts ab. An dessen Ende

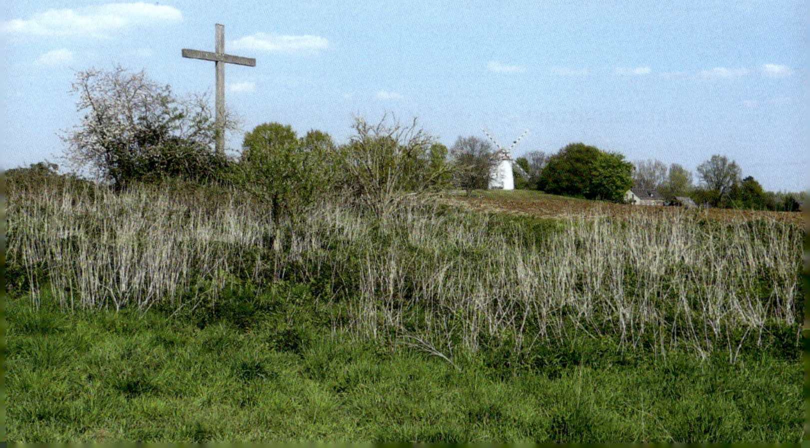

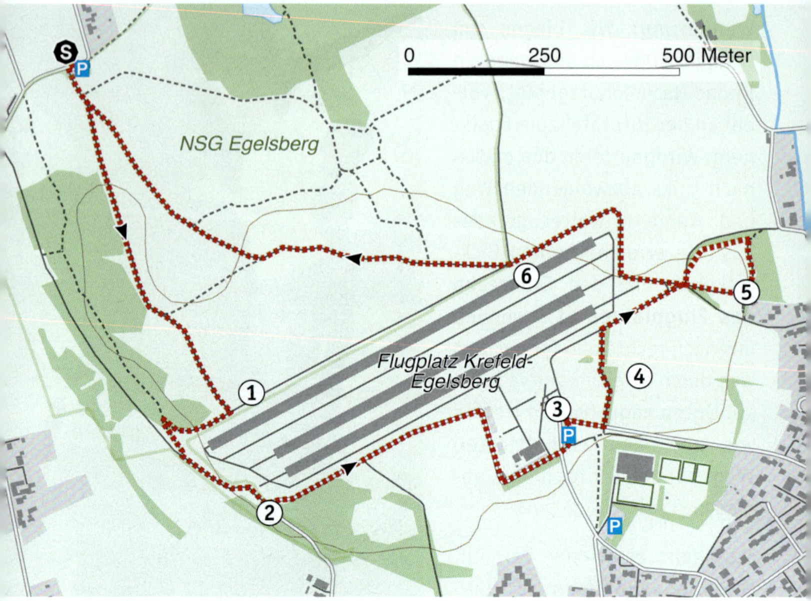

machen wir einen leichten Schwenk nach rechts und wandern geradewegs auf die schöne **Egelsberg-Mühle** ⑤ zu. Hier stehen viele Picknickbänke, die zu einer Rast einladen.

Unmittelbar vor der Mühle biegen wir links ab und laufen auf einem Pfad in einem Bogen zurück zum Flugplatz. Dazu wenden wir uns nach einem kurzen Abstieg an der T-Kreuzung nach links. Am Zaun des Flugplatzes biegen wir dann rechts ab und marschieren weiter am Zaun entlang.

Am Info-Schild mit Karte des **Naturschutzgebiets** ⑥ biegen wir leicht rechts ab und verlassen somit den abgrenzenden Zaun des Flugplatzes. Nun wandern wir noch einmal über die freie Heidefläche und halten dabei zuerst auf einen alleinstehenden Baum zu. Dann folgen wir dem Weg immer geradeaus, bis wir wieder am Parkplatz stehen.

Egelsberg

Mit einer Höhe von 46 Metern erhebt sich der aus der Saale-Eiszeit stammende Egelsberg über das ebene Tal des Niederrheins. Die 72 Hektar große Fläche ist ein Naturschutzgebiet, das zu einem Großteil aus einer einzigartigen Heidelandschaft besteht. Im Herbst ist diese besonders schön anzusehen, aber auch im Frühjahr erfreuen die blühenden Mohnblumen mit viel Farbe die Augen der Besucher. Die Heidelandschaft wird begrenzt durch Wälder, die teilweise aus uralten Rotbuchen bestehen. So sind manche Bäume über 200 Jahre alt. Viele Rehe und Vögel haben hier ihre Heimat. In der offenen Heidelandschaft sind Kaninchen zuhause. Mit aufmerksamem Blick kann man sie gut zwischen ihren Bauten hin und her flitzen sehen.

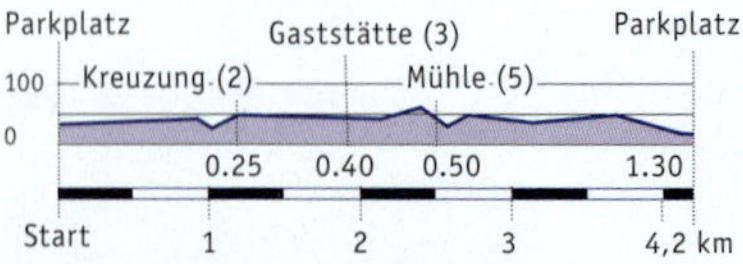

Feldhase und Wildkaninchen
Sprinter mit langen Ohren

Hase und Kaninchen gehören zur gleichen Gattung und werden auf den ersten Blick leicht verwechselt. Wie alle Hasentiere sind sie Pflanzenfresser und ernähren sich von Gräsern, Getreide, Früchten und Zweigen. Auch die Spuren, die sie vor allem im Schnee deutlich sichtbar hinterlassen, unterscheiden sich nur in Größe und in Sprungweite.

Feldhasen sind nämlich deutlich größer als Wildkaninchen und können bis zu drei Meter weit springen. Sie haben einen bis zu 75 Zentimeter langen Körper und richtig lange Ohren. Kaninchenohren sind dagegen maximal so lang wie der Kopf des Tieres und auch das ganze Tier ist viel kleiner. Etwa 35 Zentimeter beträgt die Körperlänge eines Wildkaninchens. Hasen wirken mit ihren langen schlaksigen Läufen oft etwas knochig, Kaninchen sind harmonischer im Körperbau.

In der Lebensweise unterscheiden sich die beiden Arten sehr. Feldhasen sind Einzelgänger und verstecken sich in flachen Kuhlen am Feldrand, die Sassen genannt werden. In der Sasse wachsen auch die Jungen auf. Um sich vor Feinden zu schützen, setzt der Hase erst einmal auf Tarnung. Duckt er sich in seiner Mulde, ist er kaum mehr zu erkennen. Wird ein Hase aufgescheucht, rettet ihn meist sein Tempo. Bis zu 70 Kilometer pro Stunde schafft ein Feldhase im Sprint. Kaninchen leben in Höhlen und bauen ein ausgedehntes Tunnelsystem, in dem mehrere Familien gemeinsam zu Hause sind. Droht ihnen Gefahr, verschwinden sie blitzschnell in ihrem sicheren Bau unter der Erde.

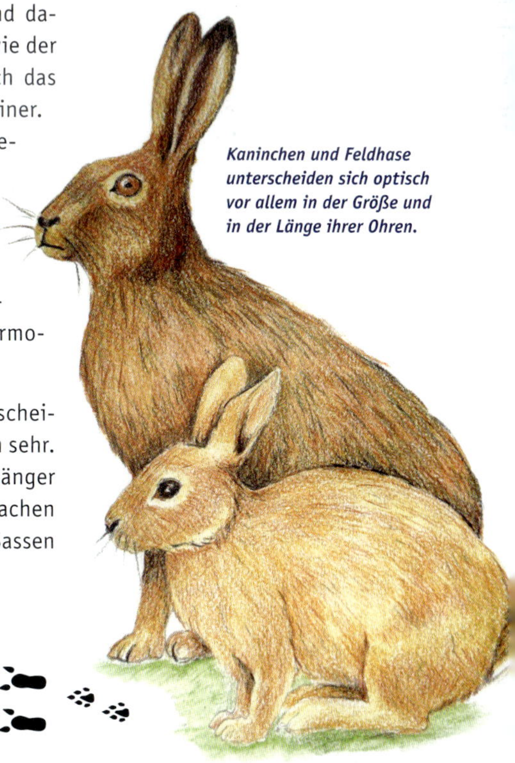

Kaninchen und Feldhase unterscheiden sich optisch vor allem in der Größe und in der Länge ihrer Ohren.

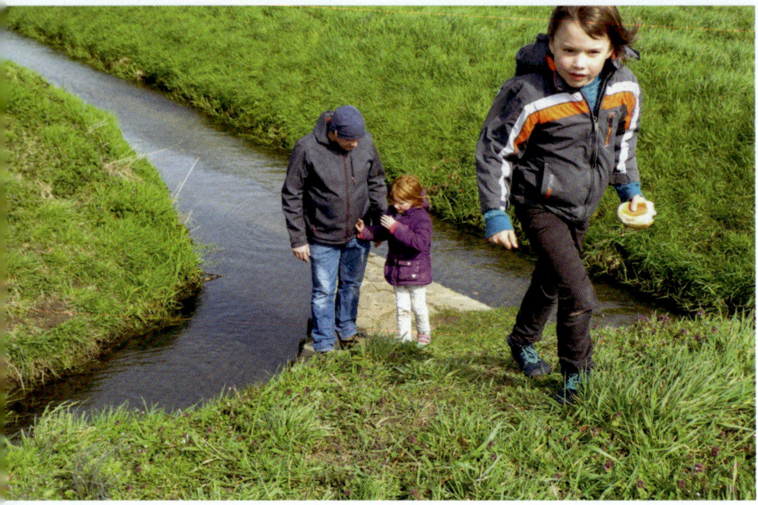

eben

STRECKE 4,8 km

1 h 30

ab 4

Tour 17: Einmal selber Kapitän*in sein

Auf der Selbstbedienungsfähre bei Wachtendonk

*Bei dieser kurzweiligen Wanderung werden Kinderträume wahr: Auf der Selbstbedienungsfähre über die Niers kann jede und jeder Kapitän*in sein und die Fahrt über den Fluss mit eigener Muskelkraft bewältigen. Die Tour verläuft überwiegend am Ufer der Flüsse Nette und Niers und bietet dort viele Möglichkeiten zur Tierbeobachtung, zum Spielen und Picknicken. Als Belohnung für alle Wandernden lockt kurz vor Ende der Tour die Eisdiele im Ortskern von Wachtendonk.*

Wanderung: Vom Parkplatz aus überqueren wir die Straße »Achter de Stadt« und wenden uns kurz darauf nach links in die schmale Straße, die unmittelbar am **Wohnmobilstellplatz** ① vorbeiführt. Diesen lassen wir links von uns liegen. Kurz vor dem Parkplatz des Tennisclubs biegen wir links ab und überqueren auf einer Holzbrücke die Nette. Direkt dahinter geht es rechts am Ufer des Baches entlang. Links von uns liegt das **Naturbad Wachtendonk** ②. Wir überqueren kurz nach Erreichen eines Picknickplatzes die Wankumer Straße und wandern weiter am Ufer der Nette entlang.

Nachdem wir auf einer Brücke einen kleinen Zufluss überquert haben, wenden wir uns noch vor dem nächsten Picknickplatz leicht nach links in den mit A3 markierten Weg. Kurz darauf überqueren wir erneut auf einer Brücke einen schmalen Kanal und biegen direkt darauf links ab. An der nächsten **Kreuzung** ③

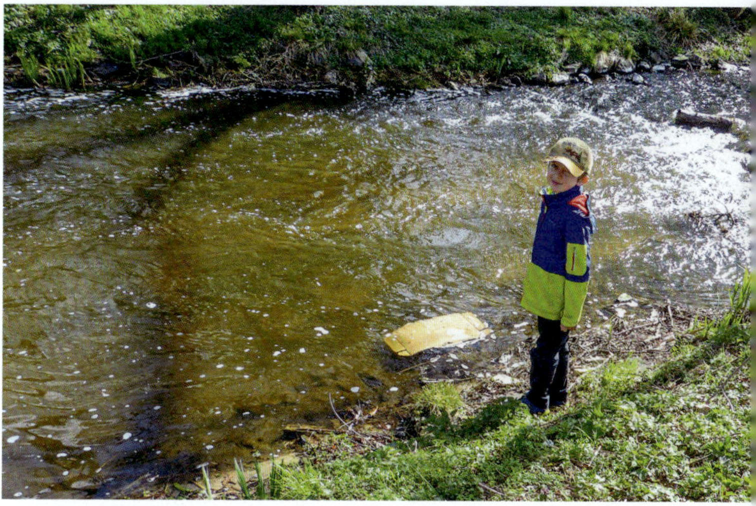

gehen wir nach rechts und verlassen damit die Markierung A3. Die für den Niederrhein typischen Kopfweiden säumen nun ebenso unseren Weg wie die meist mit ein wenig Wasser gefüllten Kendel. Die flachen Rinnen sind aus Altstromrinnen des verwilderten Ur-Rheins entstanden und auch unter den Namen Ley und Fleuth bekannt. Sie können immer wieder auf kleinen Brücken überquert werden und bieten somit abwechslungsreiche Spiel- und Klettermöglichkeiten für die Kinder.

Wir folgen dem Hagenbruchweg in eine Rechtskurve, bis dieser nach Passieren einer weiteren Picknickbank an einer **T-Kreuzung** ④ endet. Hier treffen wir auf die Markierung W der »Wasser.Wander.Welt« und biegen rechts ab in den Ponter Weg. Auch dem Weg A3 folgen wir nun wieder.

Schließlich überqueren wir zuerst einen kleinen Kanal und direkt darauf auf einer schönen **Holzbrücke** ⑤ die Nette. Hier lassen

TOUREN-STECKBRIEF

Anfahrt: A40, Ausfahrt Wachtendonk. Auf der Kempener Straße in Richtung Wachtendonk fahren, dieser in einen Abzweig nach links folgen, im weiteren Verlauf geradeaus zweimal durch einen Kreisverkehr fahren und kurz darauf links abbiegen in die Straße »Achter de Stadt«. Wir folgen ihrem Verlauf bis zum Parkplatz bei **GPS N 51°24'22.0", E 6°19'54.0"** auf der linken Seite.
ÖPNV: Haltestelle Jungfernsteg, Buslinie 063.
Anspruch und Charakter: Leichte Wanderung, die größtenteils am Wasser entlangführt und viele Spiel- und Picknickmöglichkeiten bietet.
Kinderwagentauglich: Ja.
Markierung: Teilweise A3 und W.
Highlights: Spielplatz an Start und Ziel, Selbstbedienungsfähre, Aussichtspunkt »Wasser.Blick Nette trifft Niers«, viele schöne Picknickplätze am Wasser.
Einkehr: In Wachtendonk.
In der Nähe: Naturbad Wachtendonk, Maislabyrinth, Blaue Lagune, Naturparkzentrum Wachtendonk im Haus Püllen.

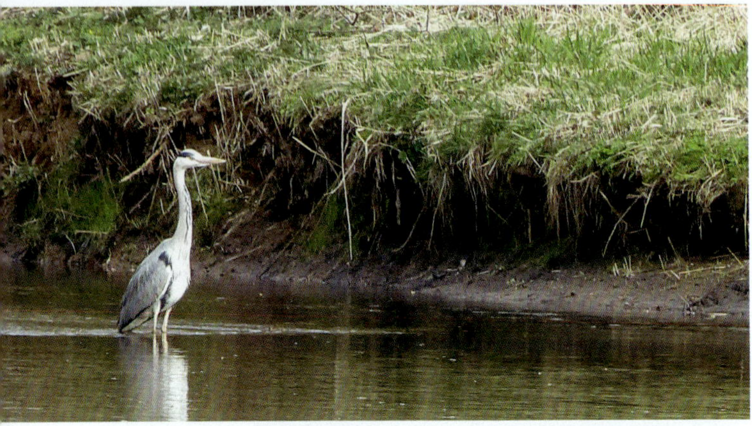

sich oft Reiher beobachten. Die Fähre über die Niers ist jetzt nur noch 150 Meter entfernt. Wir folgen dem Wegweiser mit einem kurzen Schwenk nach links. Maximal sechs Personen dürfen auf der **Selbstbedienungsfähre** ⑥ gleichzeitig die Niers überqueren. Eine eventuelle Wartezeit lässt sich gut auf einer der einladenden Picknickbänke an beiden Seiten des Ufers überbrücken. Nach der Überfahrt biegen wir links ab zum Aussichtspunkt **Wasser.Blick »Nette trifft Niers«** ⑦. Auch hier wartet wieder eine Picknickbank auf uns.

Danach gehen wir den Weg ein Stück zurück und an der Selbstbedienungsfähre vorbei. Wir wandern nun immer an der rechts von uns fließenden Niers entlang, bis wir erneut die Wankumer Straße erreichen. Hier biegen wir links ab und überqueren die Straße gegenüber der **rot-weißen Pfosten** ⑧.

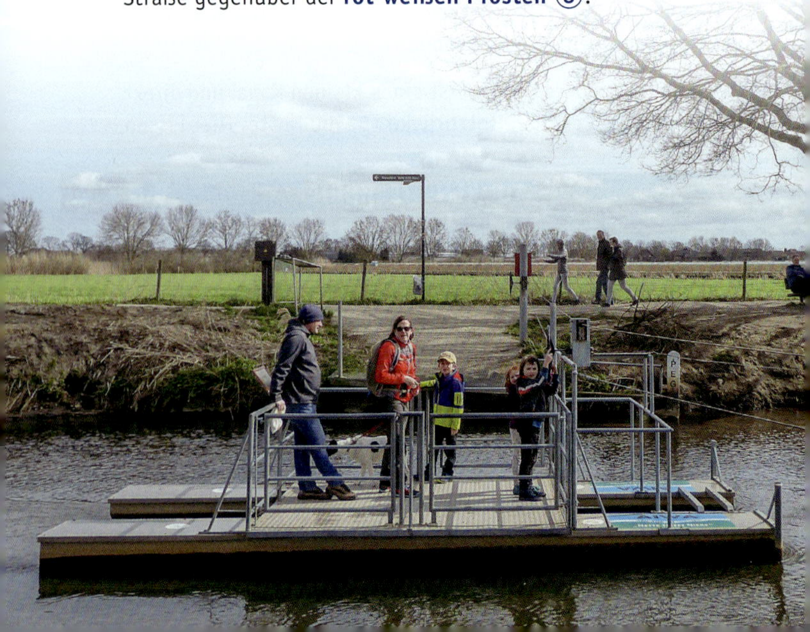

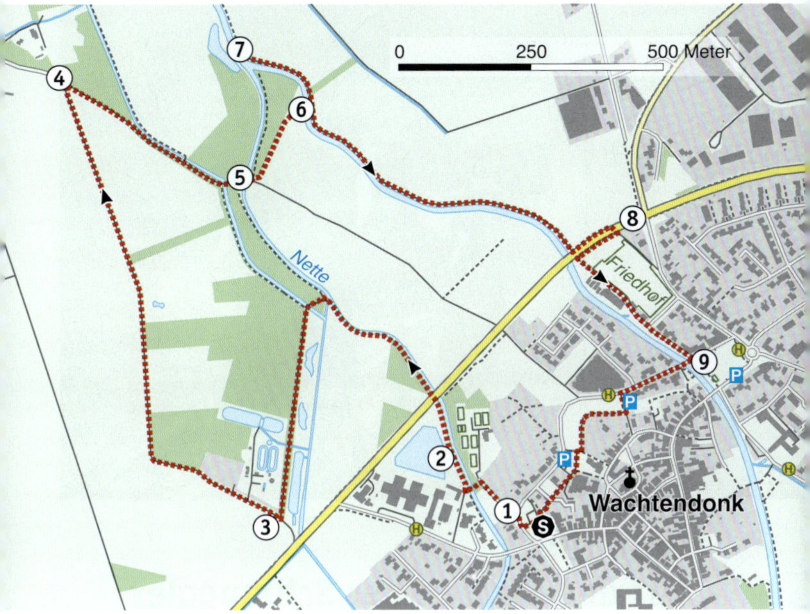

Anschließend wenden wir uns nach rechts in den Wiesenweg, der parallel zur Wankumer Straße auf der einen und zum Friedhof auf der anderen Seite verläuft. Kurz vor Erreichen der Niers biegen wir links ab. Wenig später gelangen wir zum **Friedensplatz** in Wachtendonk. Mit einem Blick nach links können wir hier die **Eisdiele** ⑨ entdecken. Dann geht es nach rechts in die Straße »Achter de Stadt« und wir überqueren noch einmal die Niers.

Wachtendonk
Vor oder nach der Wanderung lohnt sich ein Bummel durch das Städtchen Wachtendonk. An seinem südlichen Ende befindet sich direkt an der Niers eine Burgruine, an der auch der kulturlandschaftliche Erlebnispfad Wachtendonk-Süd (Gesamtlänge 3,2 Kilometer) vorbeiführt.

An den Wegweisern zu Tourist-Information, Bürger- und Rathaus sowie zum Naturparkzentrum biegen wir links ab in den **Jungfernsteg**. Wir überqueren den Stadtgraben und wenden uns direkt danach bei der Infotafel zum historischen Ortskern nach rechts in den über die Wiese führenden Weg. Wir erreichen den **Spielplatz eines Kindergartens**, biegen hier rechts ab und wenden uns unmittelbar danach wieder nach links in den am Graben verlaufenden Weg. Schließlich überqueren wir den Stadtgraben und erreichen damit wieder unseren Ausgangspunkt.

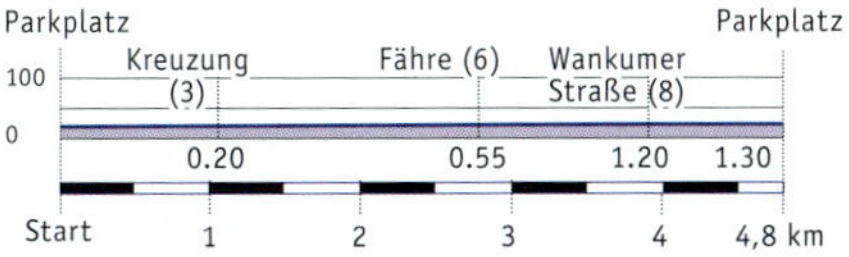

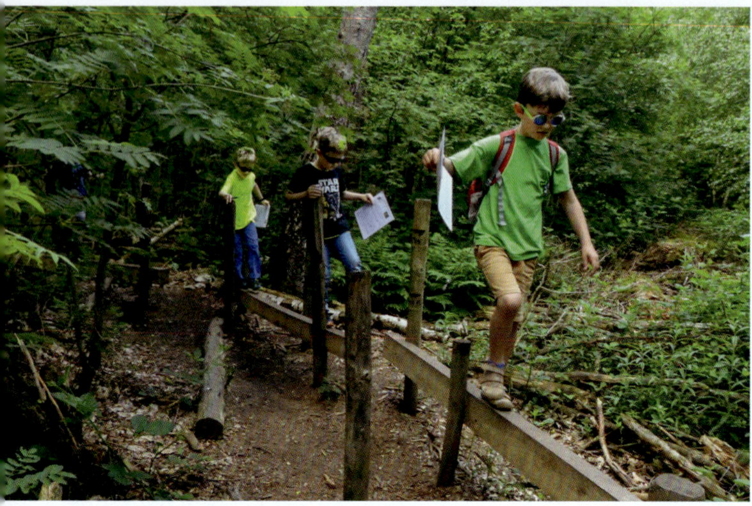

30 m

STRECKE 5,5 km

2 h

ab 6

Tour 18: Auf den Spuren der Schmuggler

Vom Schmugglerpfad ins Ravenvenn

Beim Ausflug ins Grenzgebiet bei Straelen besuchen wir nicht nur den spannenden Schmugglerpfad, sondern wandern auch durch das Ravenvenn. In der Moor- und Heidelandschaft verstecken sich zwischen großen alten Bäumen viele kleine Teiche. Außerdem gibt es hier eine große Sanddüne, den »Witte Berg«. Zum Abschluss des Ausflugs lockt die Einkehr in der »Jagersrust«, wo leckere niederländische Pfannkuchen serviert werden. An den großzügigen Biergarten grenzt ein schöner Spielplatz mit Trampolinen.

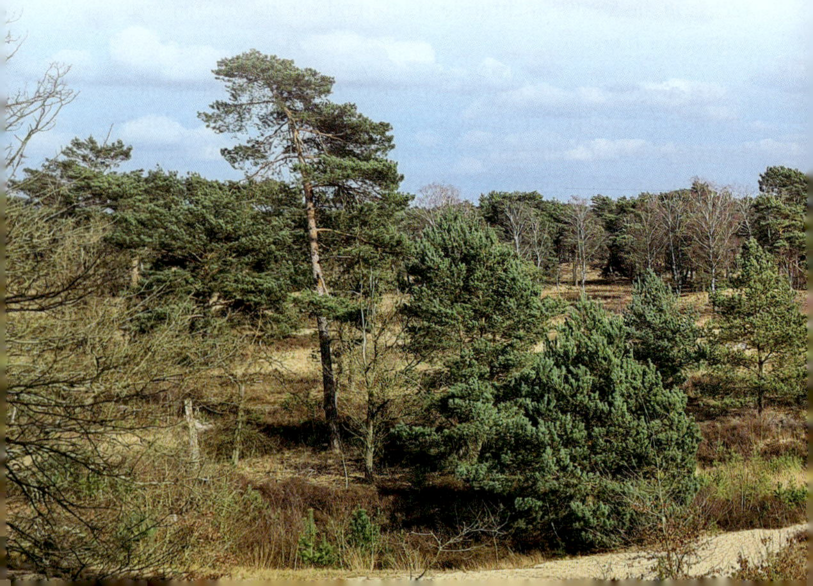

Wanderung: Unser Weg startet bei der großen Eule, die gleichzeitig auch den Einstieg in den Schmugglerpfad anzeigt. Hier biegen wir rechts ab in den Pfad, der mit kleinen Eulen markiert ist, bis wir auf einen Schotterweg treffen, den wir an **Knotenpunkt 34** ① geradeaus überqueren. Damit verlassen wir auch vorerst den Schmugglerpfad.

Nun wandern wir immer geradeaus, bis wir wieder in den Wald gelangen. An der folgenden **T-Kreuzung** ② biegen wir links und dann bei nächster Möglichkeit wieder rechts ab. Damit befinden wir uns in den Maasduinen.

Wir ignorieren den nach rechts abzweigenden Weg und durchqueren wenig später ein **Weidetor** ③, wenden uns kurz nach links, wandern erneut durch ein Tor und wählen dann den rechten Weg. Damit gehen wir in annähernd derselben Richtung

TOUREN-STECKBRIEF

Anfahrt: A40, Ausfahrt Straelen. Auf der Broekhuysener Straße in Richtung Broekhuysen, ein kurzes Stück hinter der Ortschaft links abbiegen auf die B58. Nach einer Linkskurve rechts abbiegen auf die Maasstraße und nach links abzweigen auf den Grenzweg bis zum Parkplatz bei **GPS N 51°26'05.0", E 6°12'57.0"**. Weitere Parkmöglichkeiten sind ausgeschildert.

ÖPNV: Haltestelle Kastanienburg/Steindyck, AnrufSammelTaxi. Von dort etwa 600 Meter auf dem Grenzweg bis zum Startpunkt der Wanderung.

Anspruch und Charakter: Abwechslungsreiche Runde über große Teile des Schmugglerpfads und durch den Grenzwald bis zur Sanddüne im Ravenvenn. Festes Schuhwerk und Mückenschutz sind hier empfehlenswert.

Kinderwagentauglich: Ja, über die Sanddüne muss man diesen aber eventuell ein kleines Stück tragen.

Markierung: Vereinzelt Wegweiser.

Highlights: Schmugglerpfad, Ravenvenn mit Sanddüne und vielen kleinen Gewässern.

Einkehr: Bauerncafé Jacobs und Pannekukenhuis Jagersrust an Start und Ziel. Unterwegs keine Einkehrmöglichkeit, aber schöne Picknickplätze: Ausreichend Getränke und Proviant mitnehmen!

In der Nähe: Schlossgärten Arcen, Maislabyrinth, Naturbad Wachtendonk, Blaue Lagune.

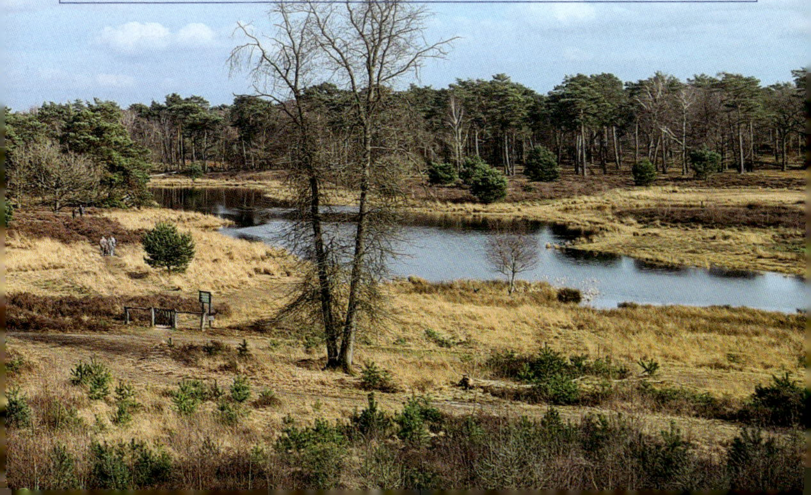

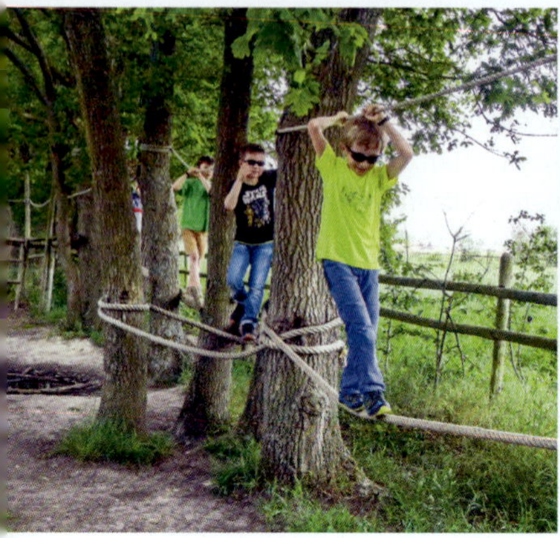

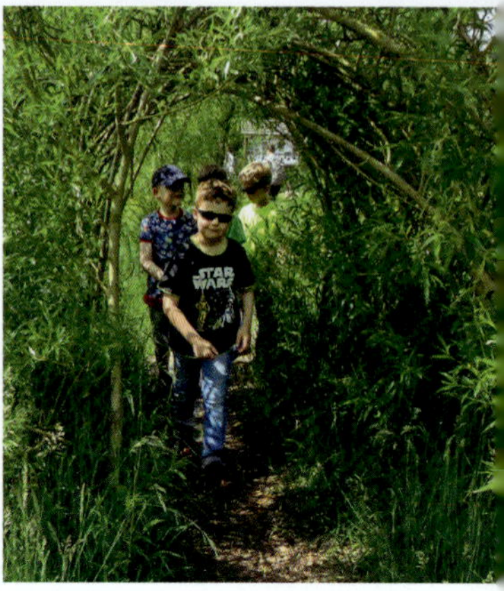

weiter wie zuvor. An der nächsten Gabelung wählen wir rechts den schmalen Abenteuerpfad und biegen an der kurz darauf erreichten **T-Kreuzung** ④ rechts ab.

An nächsten Abzweig wenden wir uns nach links und steigen auf den **Witte Berg** ⑤ (der Weiße Berg), eine große Sanddüne. Hier können die Kinder herrlich spielen, während die Erwachsenen im Schatten eines großen, alten Baumes rasten und den tollen Ausblick auf das Ravenvenn genießen.

Wir überqueren die Sanddüne geradeaus und steigen steil bergab. Unten angekommen wenden wir uns an der **T-Kreuzung** nach rechts, ebenso bei nächster Möglichkeit. Wir ignorieren den scharf nach links abzweigenden Weg und folgen dem unseren in eine Rechtskurve. Auch den nächsten nach rechts abzweigenden Weg, der wieder hinauf zur Sanddüne führt, wählen wir nicht. Erst an der **Infotafel zum Ravenvenn** ⑥ biegen wir links ab.

Durch einen Weidetor geht es jetzt mitten ins Ravenvenn. Es verzaubert uns mit vielen Gewässern und schönen Pfaden, die teilweise auch über Holzstege führen. Schließlich treffen wir an einer **T-Kreuzung** ⑦ auf eine grüne Markierung und biegen links ab. Wir ignorieren den nach rechts abzweigenden Weg und wandern kurz darauf wieder durch den Weidezaun, an einer grünen und blauen Markierung vorbei. Bei nächster Möglichkeit folgen wir der blauen Markierung nach rechts.

An **Knotenpunkt 82** ⑧ biegen wir links ab Richtung Punkt 83 und folgen weiter der blauen Markierung. Dies bleibt auch beim direkt folgenden Abzweig nach rechts so, hier wartet noch einmal ein schmaler Abenteuerpfad auf uns. An der kurz darauf erreichten **T-Kreuzung** biegen wir links ab, an der darauf folgenden nach rechts. Auf der linken Seite laden uns Tisch und Bänke zu einer Rast ein. Wir wandern weiter geradeaus. Am

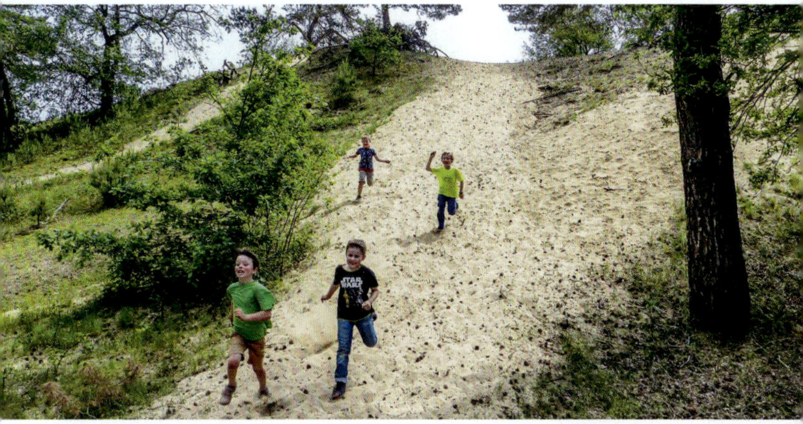

nächsten Abzweig biegen wir rechts ab, ein Pfeil weist in Richtung Knotenpunkt 62.

Etwas später treffen wir wieder auf den **Schmugglerpfad** ⑨ und biegen links ab. Nun warten noch einige tolle Klettermöglichkeiten auf die Kinder. Dafür folgen wir dem Schmugglerpfad zunächst durch eine Rechtskurve. Danach biegen wir erst links und dann wieder rechts ab. Mit der nächsten Rechts-Links-Kurve überqueren wir einen Kanal und laufen nun geradeaus bis zum Ausgangspunkt zurück.

Schmugglerpfad
Im Grenzgebiet Straelen-Velden befindet sich der 2,6 Kilometer lange Schmugglerpfad. Früher wurden hier Tabak, Kaffee und andere Waren über die Grenze geschmuggelt. An verschiedenen Stationen können die Kinder hier klettern und entdecken. Dazu gibt es Stationen mit spannenden Quizfragen. Die Materialien dazu sind bei den beiden Cafés erhältlich. Die hier beschriebene Wanderung umfasst nicht den kompletten Schmugglerpfad. Man kann ihn aber problemlos auch komplett vor oder nach der Wanderung erkunden.

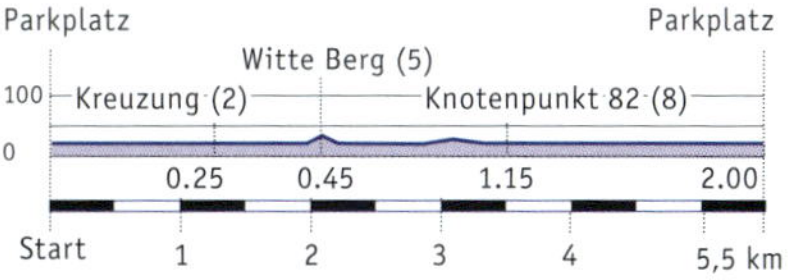

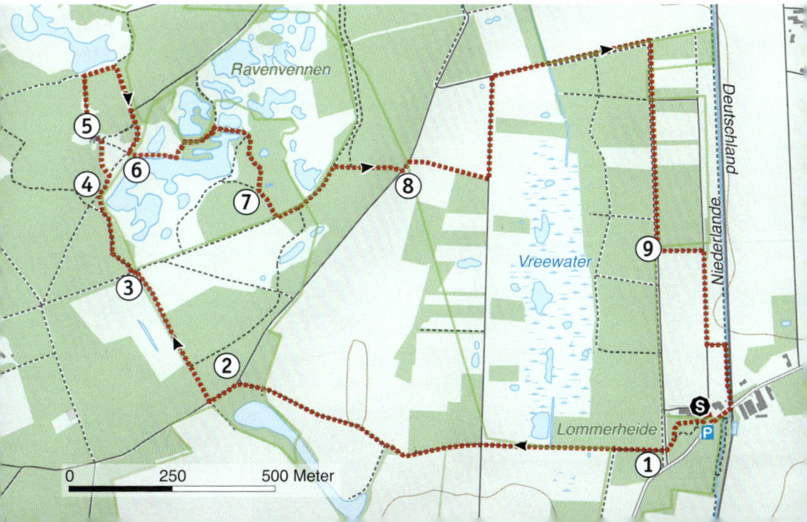

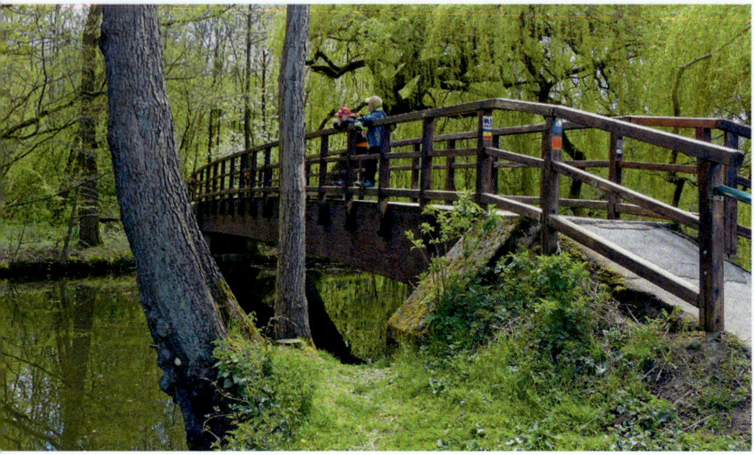

eben

STRECKE 8,5 km

2 h 45

ab 6

Tour 19: Natur pur an den Nette-Seen

Rund um den De Wittsee und zum Naturschutzhof

Der Premiumwanderweg »Nette Seen« ist in seiner Gänze 11,6 Kilometer lang, lässt sich aber an mehreren Stellen leicht abkürzen, sodass man auch mit jüngeren Kindern in den Genuss der tollen Wanderung kommen kann. Unsere leicht gekürzte Variante beinhaltet alle Highlights plus ein paar Extras: die Umrundung des Sees, den kleinen Aussichtsturm am Rohrdommelprojekt, eine besondere Picknickstelle direkt am See, den NABU-Naturschutzhof und die Fischtreppe Ferkensbruch.

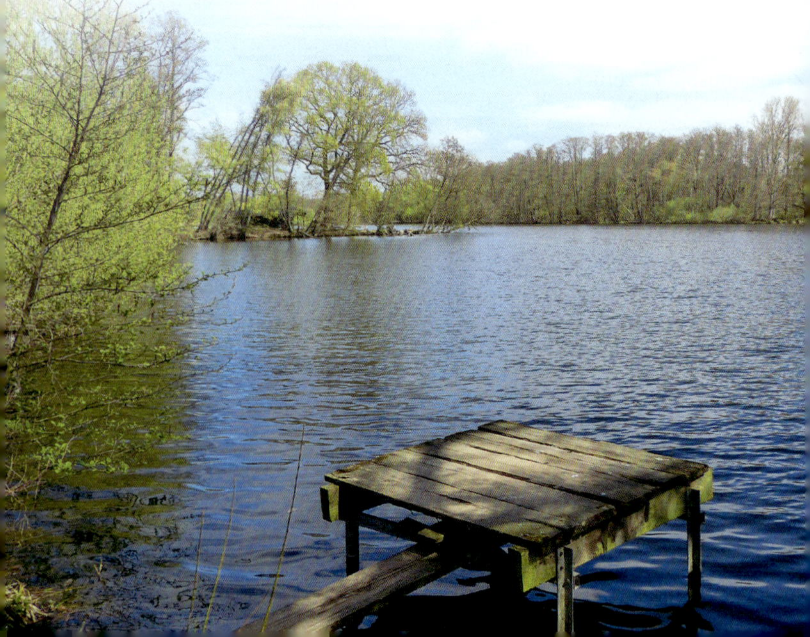

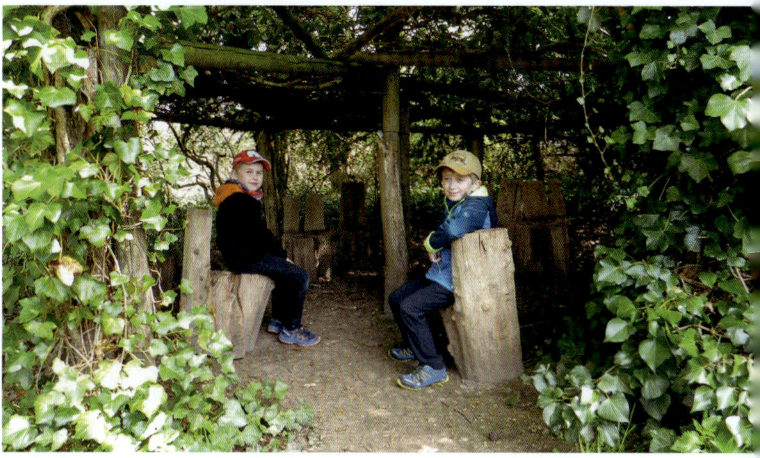

Wanderung: Wir biegen am Ende des Parkplatzes links ab, kommen an der Infotafel zum Premiumwanderweg Nette Seen vorbei und folgen dem weißen W der »Wasser.Wander.Welt« nach links in Richtung »Wasser.Blick Rohrdommelprojekt« und Naturschutzhof. Links von uns liegt der Campingplatz. Kurz darauf sehen wir rechter Hand den De Wittsee und einige Picknickbänke. Nur wenig später führt uns auch unser Wanderweg an das Ufer des Sees, an dem uns immer wieder schöne Stellen zu einer Rast einladen. Schließlich erreichen wir eine Infotafel zum Thema Feuchtbiotop. Kurz darauf sehen wir die Holzbrücke, auf der wir gleich das Ende des Sees überqueren werden. Vorher lohnt aber ein kurzer Abstecher zum **kleinen Aussichtsturm** ① am Rohrdommelprojekt, über 15 Stufen gelangen wir hinauf.

TOUREN-STECKBRIEF

Anfahrt: A61, Ausfahrt Kaldenkirchen. Auf die Kaldenkirchener Straße Richtung Leuth fahren, in Leuth rechts abbiegen auf die Straße »Hampoel« und erneut rechts auf den Buscher Weg, dieser heißt im weiteren Verlauf »Busch«. Links abbiegen auf »Am Wittsee« bis zum Parkplatz auf der linken Seite bei **GPS N 51°19‘31.0“, E 6°14‘16.0“**.

ÖPNV: Haltestelle De Wittsee, Buslinie 095. Etwa 600 Meter vom Parkplatz entfernt, die Straße »Busch« ein kleines Stück Richtung Süden gehen, dann links abbiegen auf »Am Wittsee« und immer geradeaus bis zum Parkplatz.

Anspruch und Charakter: Vom Wasser geprägte Wanderung, die nach Regenfällen stellenweise über matschigen Untergrund führen kann. An sonnigen Wochenenden ist es rund um den beliebten De Wittsee oft voll, dann lohnt eine frühe Anreise, um die traumhafte Natur ungestört genießen zu können. Mit Kindern unbedingt einige Zeit am Naturschutzhof einplanen.

Kinderwagentauglich: Ja.

Markierung: Größtenteils das weiße W auf blauem Grund der »Wasser.Wander.Welt«.

Highlights: De Wittsee, Aussichtsturm am Rohrdommelprojekt, NABU-Naturschutzhof, Fischtreppe.

Einkehr: Café Restaurant De Wittsee, Landcafé Stemmeshof am Naturschutzhof, La Caverna und Gasthaus Lüthemühle am Ferkensbruch.

In der Nähe: Tortuga Adventure Golf, Kletterwald Niederrhein, Sequoiafarm, Biologische Station Krickenbecker Seen.

Rohrdommelprojekt
Die Biologische Station Krickenbecker Seen hat 2009 das Rohrdommelprojekt ins Leben gerufen. In dem gefluteten Gebiet zwischen Leuther Mühle und De Wittsee leben und brüten Teich- und Sumpfrohrsänger, Rohrammer, Zwergtaucher und Rohrdommel. In der »Roten Liste« war die Rohrdommel zuvor bereits als ausgestorben aufgeführt. Von dem kleinen Aussichtsturm hat man einen tollen Blick in das von Wasser und Schilf geprägte Gelände.

NABU-Naturschutzhof Nettetal
Der große naturkundliche Schaugarten mit verschiedenen Kräutern, Teichanlagen, Bauerngarten, Blumen- und Streuobstwiesen (um nur einige Highlights zu nennen) sowie vielen Infotafeln zu Flora und Fauna lädt seine Besucher bei kostenfreiem Eintritt zu einer abwechslungsreichen Entdeckungstour ein. Das zwei Hektar große Außengelände ist das Herzstück der Anlage. Besonderes Highlight ist der Lebensturm, der vielen Vögeln, Insekten und kleinen Säugetieren Heimat, Schutz und Nahrung bietet. Direkt neben dem Naturschutzhof liegt das Landcafé Stemmeshof. Der NABU bietet das ganze Jahr über außerdem viele Veranstaltungen rund um den Naturschutzhof.

Zurück an der Brücke wandern wir über diese weiter und wenden uns direkt danach nach links in den mit dem weißen W markierten Weg. Weiter führt uns das Wanderzeichen rechts herum und etwas später noch einmal nach rechts in Richtung Naturschutzhof.

Wir folgen weiter unserem Weg und passieren rechter Hand eine Picknickbank. Die nächste Picknickbank steht links vom Weg. An dieser Kreuzung, eigentlich wandern wir hier geradeaus weiter, lohnt ein Abstecher nach rechts bis an das Seeufer, wo ein idyllischer **Picknickplatz** ② wartet. Zurück auf unserem Weg wandern wir immer geradeaus, bis wir den **NABU-Naturschutzhof** ③ und das angrenzende **Landcafé Stemmeshof** erreichen. Für den Besuch auf dem Außenge-

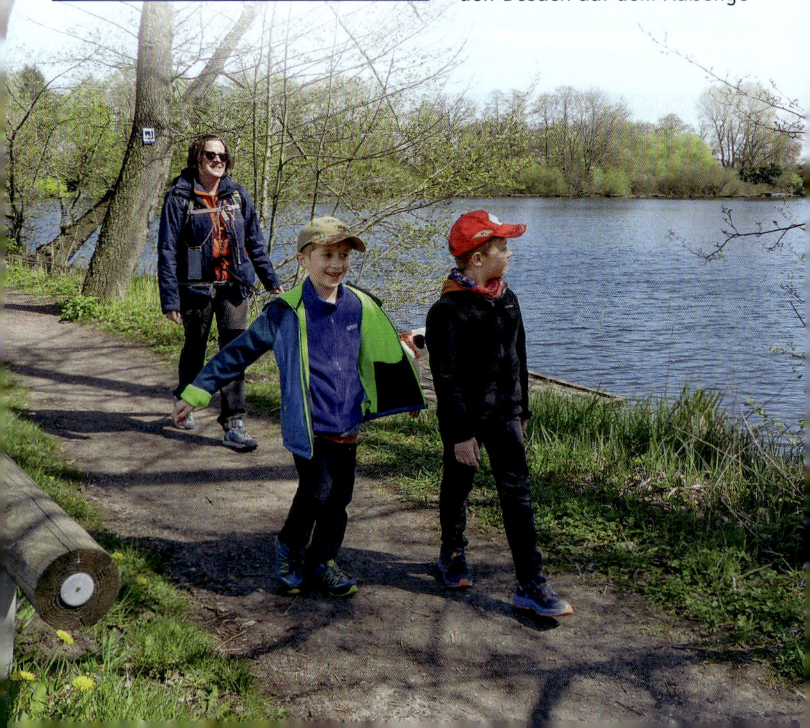

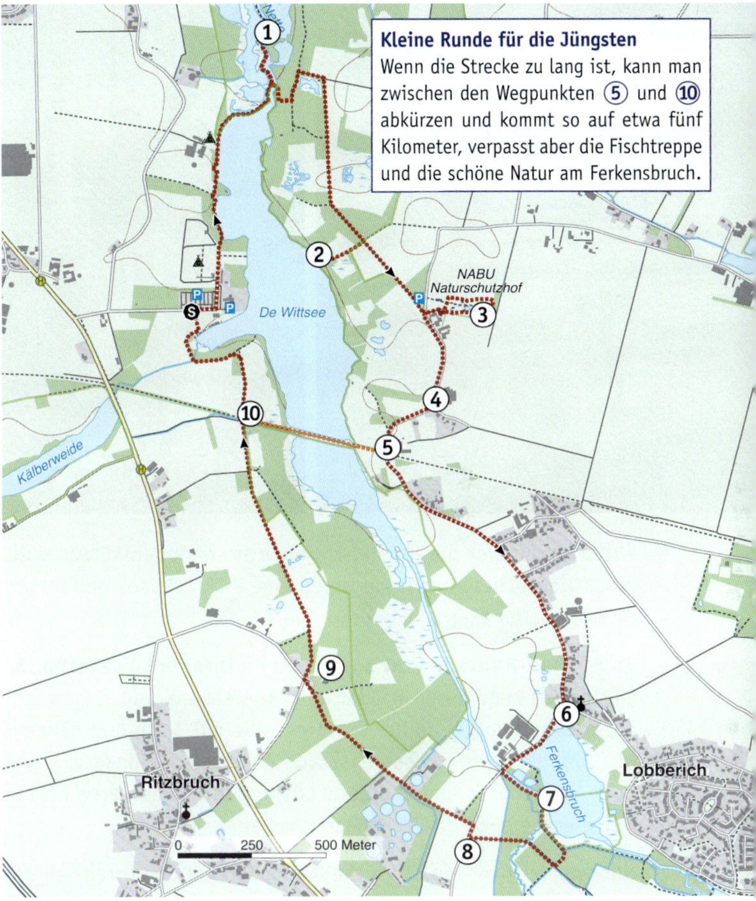

Kleine Runde für die Jüngsten
Wenn die Strecke zu lang ist, kann man zwischen den Wegpunkten ⑤ und ⑩ abkürzen und kommt so auf etwa fünf Kilometer, verpasst aber die Fischtreppe und die schöne Natur am Ferkensbruch.

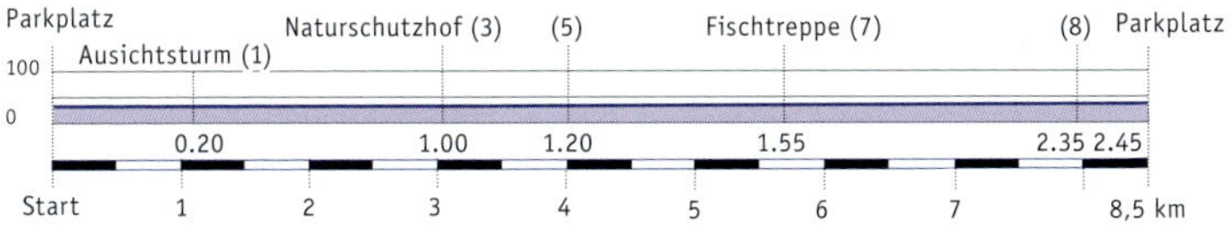

lände sollte auf jeden Fall ausreichend Zeit zur Erkundung eingeplant werden. Hier gibt es so viel zu entdecken!

Schließlich verlassen wir das Gelände wieder und folgen unserem Wanderzeichen nach links in den schmalen Pfad, der parallel zur wenig befahrenen Straße verläuft. Etwas später zweigt der mit dem weißen W markierte Weg links ab in die Straße **Sassenfeld** ④, wir verlassen hier den markierten Weg und bleiben auf unserem Pfad. Wir folgen ihm in eine Rechtskurve und passieren wenig später eine Picknickbank.

An **Fahrrad-Knotenpunkt 12** ⑤, kurz hinter der Infotafel zum Thema Kopfweide, wandern wir weiter geradeaus die kleine Straße

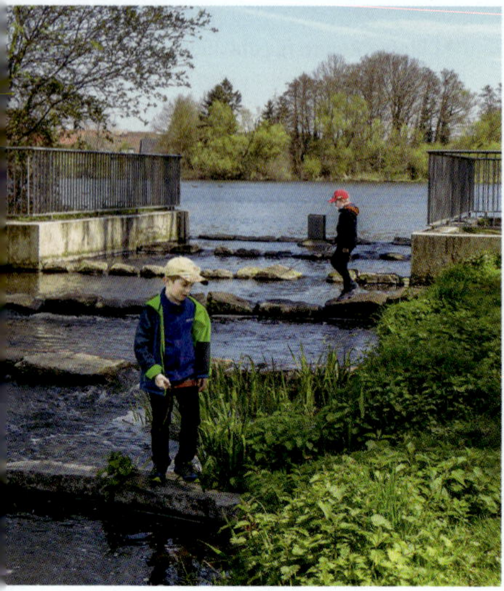

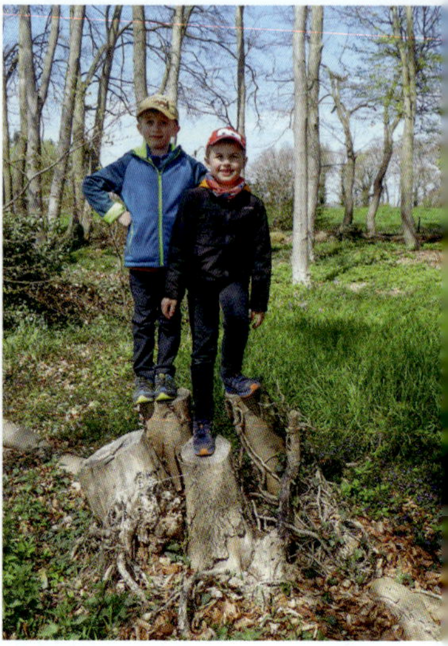

entlang. Nur wer die Runde wie oben beschrieben kürzen will, biegt hier rechts ab. Wir passieren eine Picknickbank und folgen dem schmalen Weg immer weiter geradeaus.

An **Fahrrad-Knotenpunkt 1** und dem **Ristorante La Caverna** ⑥ treffen wir schließlich wieder auf das weiße W und folgen ihm nach rechts, vorbei an der Picknickstelle mit Tisch und Bänken. Nun wandern wir am Ferkensbruch entlang, der links von uns liegt. Kurz hinter dem **Gasthaus Lüthemühle** überqueren wir die Nette und biegen direkt danach links ab.

Nun wandern wir ein Stück die Nette entlang und erreichen die **Fischaufstiegsanlage Ferkensbruch** ⑦. Diese überbrückt durch elf Becken einen Höhenunterschied von 1,10 Meter zwischen dem kleinen See und der Nette und ermöglicht den Fischen und anderen Organismen so ungestörte Bewegung zwischen Quelle und Mündung des Baches. Den Kindern bietet die Fischtreppe ein paar spannende Spielmöglichkeiten entlang der Nette. Am Ufer des Sees wartet danach erneut eine Picknickbank auf uns.

Wir folgen dem weißen W noch ein Stück weiter, rechts von uns fließt ein kleiner Bach. An einer Picknickbank, die links des Weges steht, biegen wir rechts ab und verlassen damit kurz das weiße W. Dieses führt hier weiter geradeaus. An der nächsten Kreuzung wenden wir uns nach rechts und folgen dem weißen W nun bis zu unserem Ausgangspunkt.

Wir passieren eine Infotafel zur Renaturierung des Unteren Mühlenbachs. Hier können die Kinder ein wenig am schmalen Bach spielen. Schließlich gelangen wir an eine **Straße** ⑧, biegen auf dem markierten Weg nach rechts ab und wenden uns direkt da-

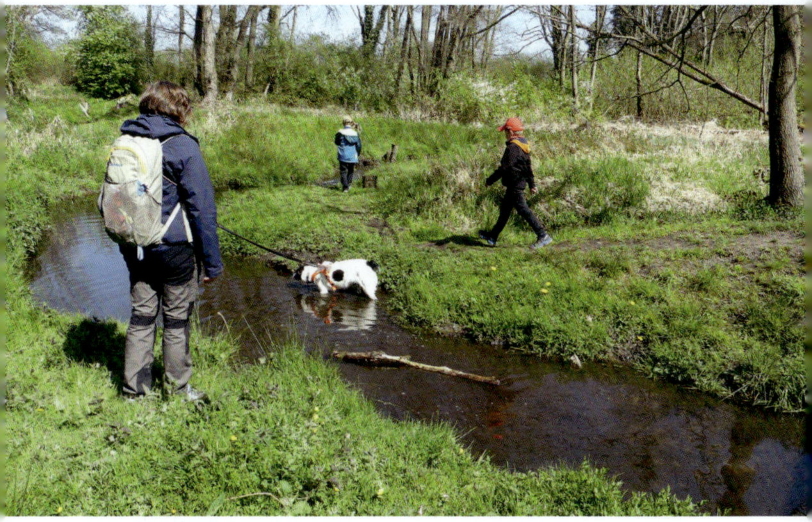

rauf nach links in den Weg in Richtung **Landschaftshof Baerlo** und Niederrheinmuseum. Als nächstes passieren wir das **Klärwerk Nette** und eine Infotafel zum Gewässerschutz. Schließlich erreichen wir einen **Sportplatz** ⑨ und biegen hier rechts ab. An der Infotafel zum Landschaftshof Baerlo, zum Kultur-Erlebnispfad und einer weiteren zum Thema Weidegarten folgen wir der Markierung weiter geradeaus, ebenso an der Infotafel zum Artenschutzgewässer. Wir passieren zuerst eine Picknickbank auf der rechten und dann einen **großen Picknickplatz** ⑩ auf der linken Seite und wandern weiter geradeaus. (Sollten wir die oben erwähnte Abkürzung gewählt haben, kommen wir hier von rechts und müssen rechts abbiegen.)

In Sichtweite des De Wittsees biegen wir schließlich links ab und halten uns immer auf dem markierten Weg. Er macht noch ein paar Kurven und dann stehen wir auch schon wieder am Parkplatz, an dem unsere Wanderung begonnen hat.

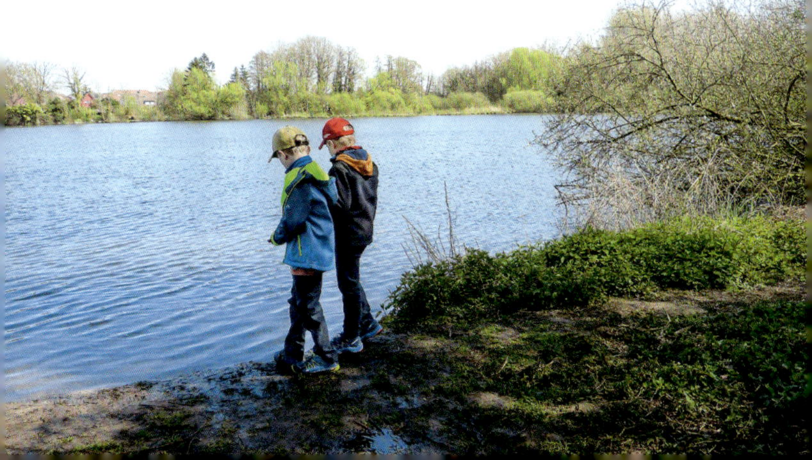

Geocaching – eine Schnitzeljagd mit digitaler Schatzkarte

Mit dem Smartphone oder einem GPS-Gerät auf Schatzsuche gehen, das ist Geocaching. Die moderne Form der Schnitzeljagd hat sich im vergangenen Jahrzehnt auf allen Kontinenten ausgebreitet und zieht Groß und Klein in ihren Bann. So gibt es alleine in Nordrhein-Westfalen inzwischen über 55.000 verschiedene Geocaches, sodass wir auf einer Wanderung auch mal spontan schauen können, ob in der Nähe vielleicht ein »Schatz« zu finden ist.

Wie funktioniert die Schatzsuche per GPS?

Wer einen Cache anlegt, verstaut seinen Schatz in einem wasserdichten Behälter und versteckt ihn in der Natur. In dem Behälter befinden sich oft kleine Tauschgegenstände und immer ein Logbuch. Gut geeignet sind zum Beispiel Figuren aus Überraschungseiern oder andere kleine Spielzeuge. Da viele Caches auch einmal über einen längeren Zeitraum nicht geöffnet werden, sollten sie keine essbaren Dinge wie Süßigkeiten enthalten.

Wenn wir einen Schatz aufgespürt haben, dürfen wir einen Gegenstand aus der Dose mit etwas Gleichwertigem tauschen. Außerdem dokumentieren wir den Besuch im Logbuch und später auch auf der zugehörigen Website. Zum Abschluss wird die Dose an genau der gleichen Stelle wieder versteckt. Aber Vorsicht! Wir dürfen dabei das Versteck nicht verändern und auch nicht verraten. Wir achten beim Heben des Schatzes also sorgfältig darauf, dass uns niemand beobachtet! Vor allem keine »Muggel«, wie all die normalen, ahnungslosen Menschen und Wanderer genannt werden, die das Versteck verderben könnten. Ein echter Schatz muss geheim bleiben.

Plattformen und Apps

Die Koordinaten der Verstecke finden wir online auf Seiten wie zum Beispiel geocaching.com und opencaching.de. Zum Cachen mit Smartphone braucht man außerdem noch eine kostenlose App. Beliebt und bewährt sind CGeo und die App der Plattform geocaching.com.

Zusätzlich zu den Koordinaten des Schatzes veröffentlicht der »Owner«, der Besitzer des Schatzes, auf der Online-Plattform meist auch Hinweise, nach denen wir entscheiden können, ob diese Schatzsuche für uns geeignet ist. Für Gebiete mit schlechter Netzabdeckung sollte man sich diese unbedingt vor dem Start herunterladen.

Es gibt ganz unterschiedliche Verstecke: Manche sind nur nachts zu finden, für andere muss man klettern oder schwimmen. Eine Schatzsuche kann auch mehrere Stationen haben und uns über einige Kilometer durch die Landschaft lotsen. Man bezeichnet sie dann als Multicache.

Mit Kindern suchen wir nur leichte Caches aus. Manche Schatzsuchen sind nämlich ganz schön anspruchsvoll. Es gibt auch spezielle Kindercaches, die spannende Geschichten erzählen oder kleine Aufgaben stellen, die zum Finden des Schatzes gelöst werden müssen. Manchmal werden diese in besonders schönen Dosen versteckt. Fantasie und Einfallsreichtum sind da keine Grenzen gesetzt.

Für alle, die zum ersten Mal auf digitale Schatzsuche gehen, haben wir auf **[› Tour 20]** bei **N 51°18.717", E 6°22.497"** einen einfachen Geocache versteckt. Dieser hat nur eine Station und ist ohne besondere Vorkenntnisse und auch ohne technische Hilfsmittel zu finden. Wir suchen nach einer Dose, lassen die Kinder auswählen und legen etwas Gleichwertiges zurück, damit auch die nächsten Schatzsucher*innen ihren Spaß haben.

Was muss mit zum Geocachen?

- Wanderausrüstung wie feste Schuhe, Regenjacke und Rucksack
- Proviant und Wasser
- ein oder zwei kleine Gegenstände zum Tauschen
- Smartphone mit App oder GPS-Gerät mit vollem Akku
- Powerbank zur Stromversorgung
- Taschenlampe zum Suchen an dunklen Stellen
- Stift für den Eintrag ins Logbuch, bei Multicaches mit mehreren Stationen auch ein Notizbuch
- eventuell ein Taschenmesser oder Multitool und einen Magneten als Werkzeug zum Bergen des Schatzes

Solltet ihr vor Ort nicht fündig werden, schreibt bitte eine E-Mail an info@naturzeit-verlag.de. Unsere Autorin ist die Ownerin des Schatzes. Sie schaut gerne nach und gibt Rückmeldung. Dieser Geocache ist exklusiv für unsere Leser. Daher ist er nicht auf geocaching.com oder einer anderen Plattform eingetragen.

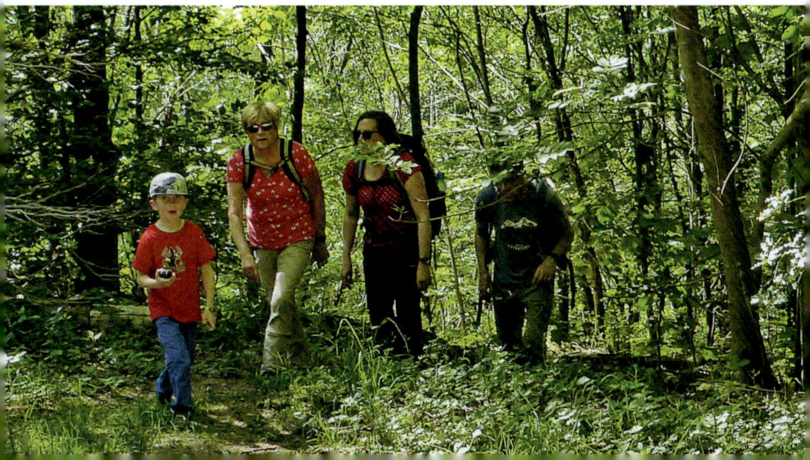

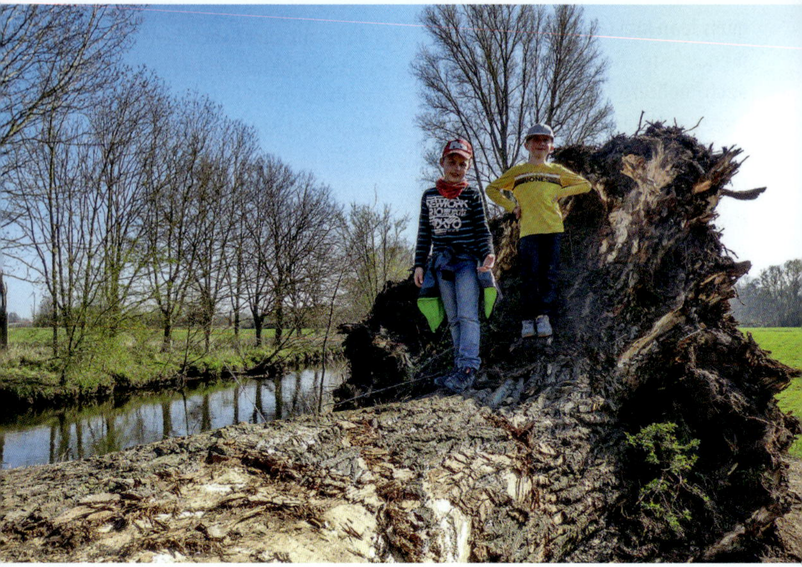

eben

STRECKE

7,3 km

2 h 30

ab 6

Tour 20:
Durch die Niersauen zur Burgruine

Zwischen Wassersportlern und Segelflugzeugen in Grefrath-Oedt

Die beschaulich dahinfließende Niers prägt diese Wanderung in der »Wasser.Wander.Welt«. Gleich zu Beginn kommen wir an einer Ein- und Ausstiegsstelle für Wassersportler vorbei, kurz danach können wir die Segelflugzeuge bei Start und Landung am nah gelegenen Flugplatz bestaunen. Mit dem »Wasser.Blick« am Niersauenprojekt Burgbenden und – zum krönenden Abschluss – der Burg Uda hält diese Wanderrunde besonders viele Highlights für uns bereit.

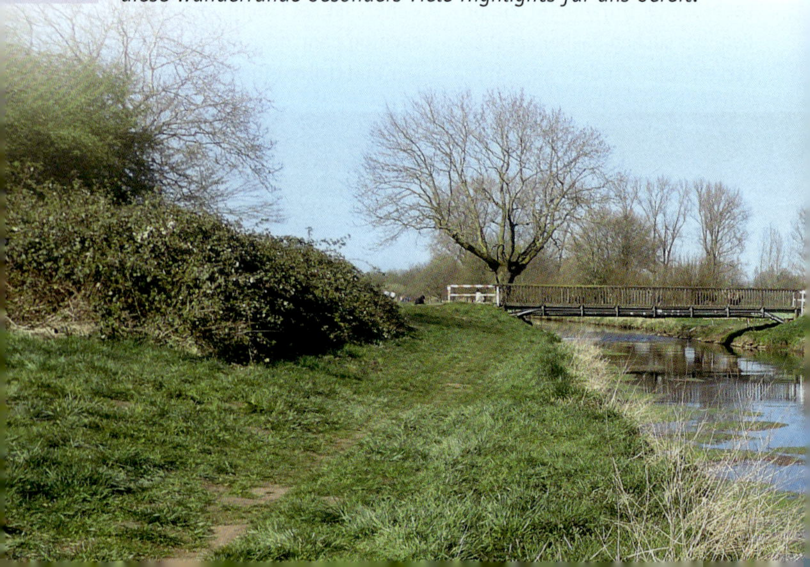

Wanderung: Vom Parkplatz aus gehen wir zurück zur Straße und biegen vor dieser links ab auf den Rad- und Wanderweg. Wir erreichen die Niers, überqueren unmittelbar vor der Brücke mit einem Schwenk nach rechts die Straße und wandern dann am Ufer der Niers entlang, die links von uns fließt. Schnell erreichen wir die **Ein- und Ausstiegsstelle ①** für Wassersportler. Wir passieren mehrere Picknickbänke und sehen mit etwas Glück einen der zahlreichen tierischen Bewohner dieses Gebietes, über die uns eine Infotafel aufklärt: Kormorane, Eisvögel, Zauneidechsen, Seidenreiher, Schmetterlinge, Biber und viele mehr sind hier zuhause. Weitere Infotafeln über die Niers und ihre Geschichte sorgen für Abwechslung.

TOUREN-STECKBRIEF

Anfahrt: A 40, Ausfahrt Wankum. Rechts abbiegen auf die Grefrather Landstraße, danach nach links auf die Kempener Straße. Diese heißt im weiteren Verlauf Mühlengasse. Kurz nach Überquerung der Niers befindet sich der Parkplatz auf der rechten Seite bei **GPS N 51°19'22.0", E 6°22'36.0"**. Ein weiterer, größer Parkplatz liegt noch vor der Ampel auf der linken Seite.

ÖPNV: Grefrath Obertor, Buslinien 062 und 066. Von der Hochstraße links abbiegen in die Mühlengasse bis zum Parkplatz vor der Burg Uda auf der linken Seite.

Anspruch und Charakter: Leichte Wanderung, die oft direkt am Wasser entlangführt. Nach Regenfällen kann es streckenweise sehr matschig sein, dann ist festes Schuhwerk von Vorteil. Die Wiesen rund um die Niers laden zum Picknick ein. Decke nicht vergessen!

Kinderwagentauglich: Aufgrund der Wiesenpfade entlang der Niers nicht geeignet für Kinderwagen.

Markierung: Größtenteils das W der »Wasser.Wander.Welt« (Niersauen-Runde (hellblau) und Burg-Uda-Pfad (braun), siehe Beschreibung.

Highlights: Schmale Pfade an der Niers, startende und landende Segelflugzeuge, Auffelder Bauerncafé, Parkwächter, Niersauenprojekt Burgbenden, Flügelbaum, Burg Uda.

Einkehr: Auffelder Bauerncafé (Innen- und Außengastronomie mit Spielplatz).

In der Nähe: Flugplatz Grefrath-Niershorst, Grefrather EisSport & EventPark, Kletterwald Niederrhein, Walderlebniszentrum und Wildgehege Süchtelner Höhen.

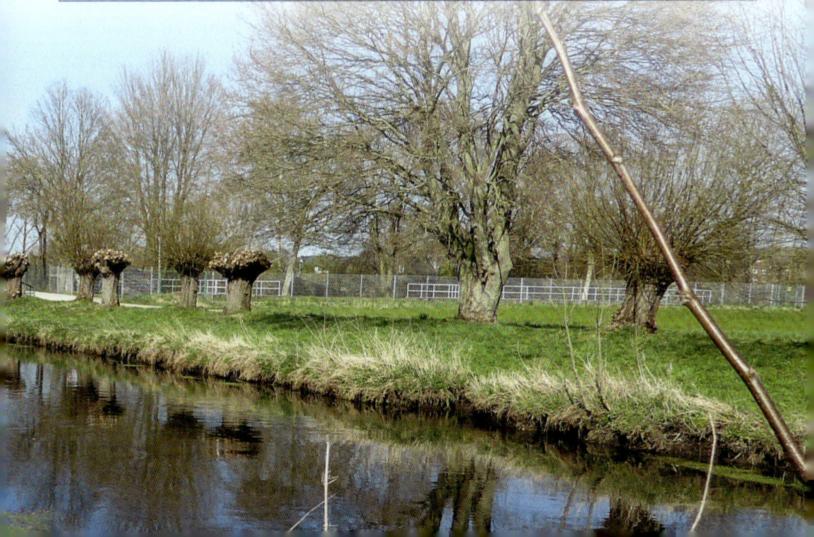

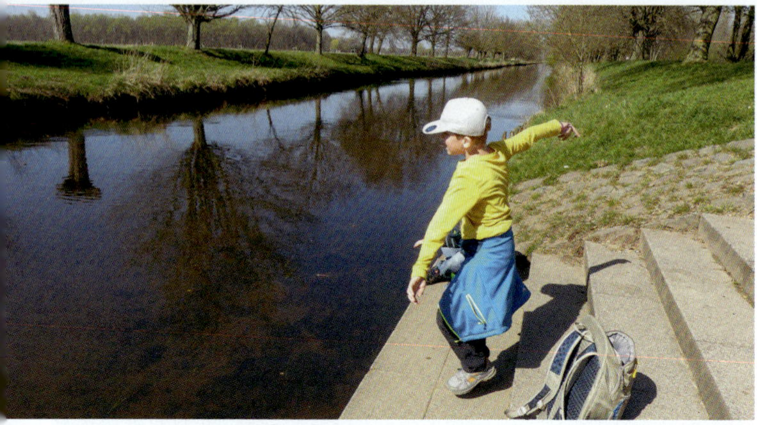

Am Fahrrad-Knotenpunkt 98 überqueren wir die Niers mithilfe einer schmalen **Holzbrücke** ②. Spätestens hier können wir Segelflugzeuge bei Start und Landung beobachten, denn wir sind dem Flugplatz nun ganz nahe. Unsere Wanderung führt uns auf der anderen Uferseite der Niers wieder zurück zur Straße, die wir erneut überqueren. Wer mutig ist, spart sich die Überquerung der Straße und geht je nach Körpergröße mehr oder weniger gebückt unter der Brücke hindurch.

Nun folgen wir dem blauen W der »Wasser.Wander.Welt«: Dieses führt uns auf den Weg oberhalb der Niers und vorbei an mehreren schönen Picknickbänken. Eine Pause lohnt sich: Wer aufmerksam schaut, kann hier Bauwerke und Bissspuren von Bibern entdecken. Mit ganz viel Glück zeigt sich vielleicht sogar eins der putzigen Tiere. An der nächsten **Brücke** ③ überqueren wir erneut die Niers und biegen links ab. An der nächsten Kreuzung (Rad-Knotenpunkt 58) geht es rechts herum weiter.

An einer **kleinen Steinbrücke** ④ verlassen wir den breiteren Weg nach links auf einen Wiesenweg. Dieser führt zu einem asphaltierten Weg, auf dem wir uns nach links wenden. Kurz darauf biegen wir erneut links ab und gelangen zusammen mit dem braunen W des Burg-Uda-Pfads zum **Auffelder Bauerncafé** ⑤, in dem sich eine Einkehr lohnt.

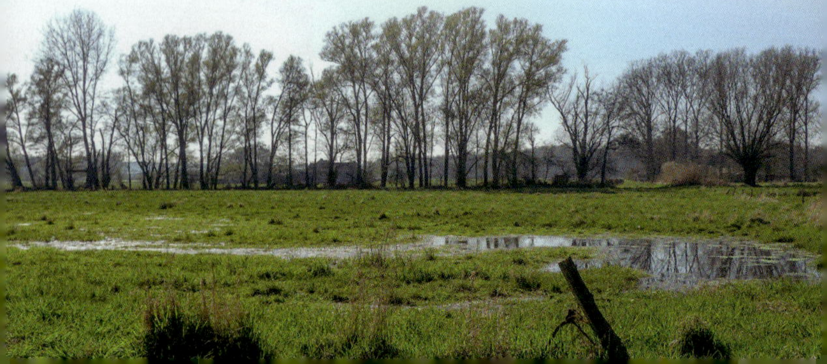

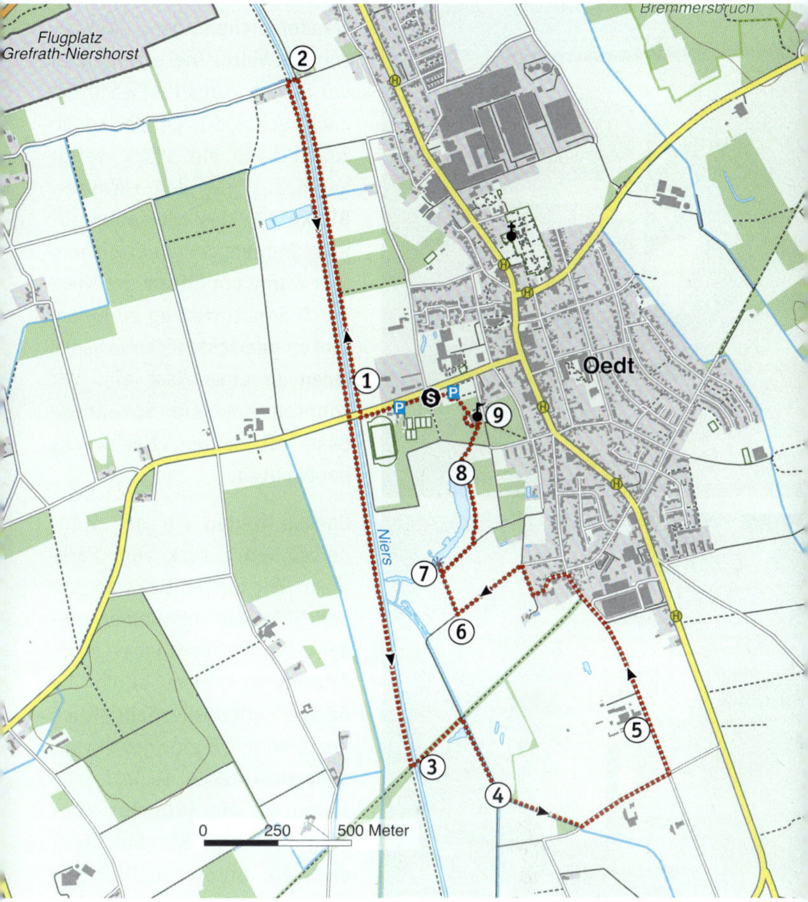

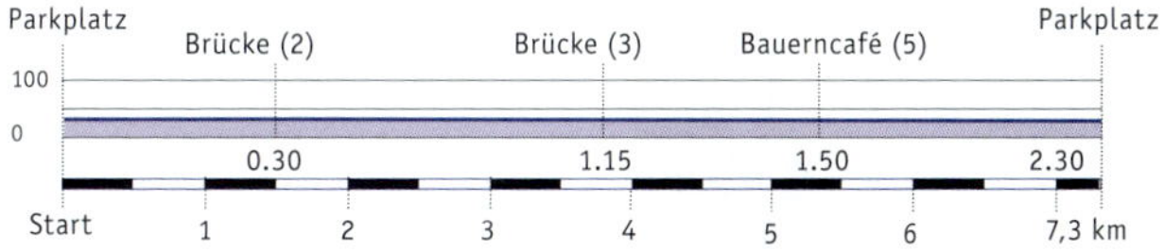

Danach wandern wir in gleiche Richtung weiter wie zuvor. Auch am Tempo-30-Schild geht es geradeaus weiter, durch die rot-weiße Absperrung hindurch. Nur wenig später biegen wir links ab in die Niederstraße und verlassen damit den Burg-Uda-Pfad. Die Niederstraße führt uns zwischen den Häusern hindurch zurück zum Feldrand. Dort angekommen biegen wir an der **T-Kreuzung** rechts ab, an der nächsten Möglichkeit links. An der folgenden **Kreuzung** ⑥ wenden wir uns nach rechts und folgen damit noch einmal den

Kleine Runde für kurze Beine

5 km, Gehzeit: 2 h, ab 4 Jahre

Bei der kürzeren Variante biegen wir zu Beginn der Wanderung nicht unmittelbar vor der Niers rechts ab, sondern überqueren diese und biegen direkt danach links ab. Ab dann ist der Weg wie oben beschrieben.

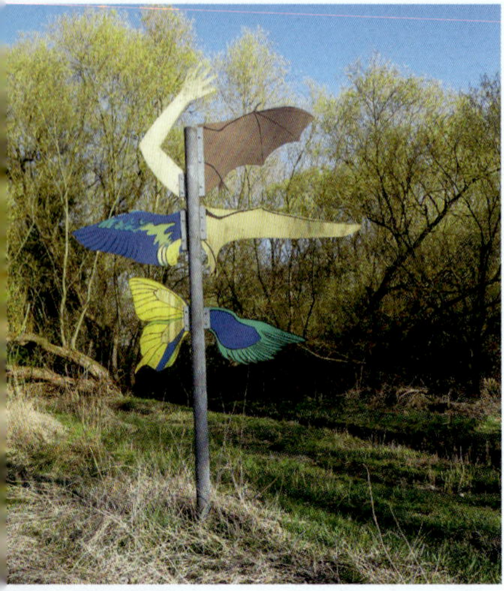

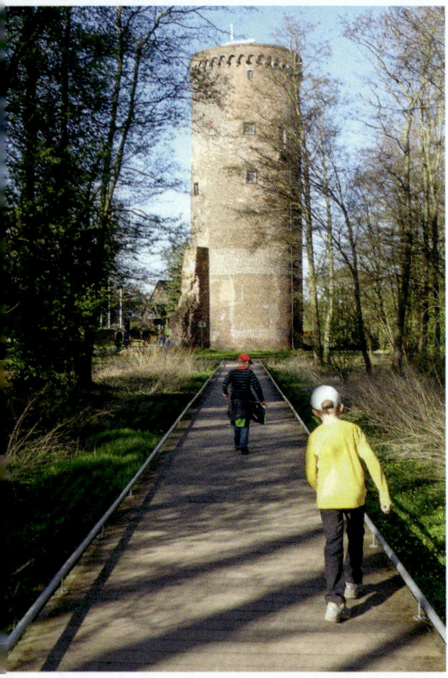

Burg Uda
Die mittelalterliche Burgruine wurde erstmals 1313 urkundlich erwähnt. Bis heute erhalten sind der bereits von weitem sichtbare Rundturm und einige Fundament- und Mauerreste. Der Turm kann an manchen Tagen erstiegen werden. Dabei sind auch Vitrinen mit Ausgrabungsfunden zu besichtigen. Weitere Infos und Kontakt: heimatverein-oedt.de.

Wanderzeichen der »Wasser. Wander.Welt«. Diese zeigen an der Skulptur des Parkwächters nach rechts, wir gehen jedoch zuerst noch ein Stück weiter geradeaus, um den **»Wasser. Blick«** ⑦ des Niersauenprojekts Burgbenden zu erreichen. Hier wurde ein Altarm der Niers durch Renaturierung zu einem Biotop gemacht. Picknickbänke laden zu einer Rast ein. Wir konnten hier ein Schwanenpaar mit seinem Nachwuchs beobachten.

Danach folgen wir den Wanderzeichen zurück zum Parkplatz: Wir biegen links ab, sehen links von uns immer wieder die Wasserfläche eines Altarms der Niers durch die Bäume glitzern. Schließlich überqueren wir eine geschwungene Holzbrücke. Danach passieren wir **die Skulptur »Der Flügelbaum«** ⑧. Sie stellt dar, wie unterschiedlich ein Arm bei verschiedenen Arten ausgebildet sein kann. Sie zeigt zum Beispiel den Flügel eines Flugsauriers und einer Fledermaus. Könnt ihr erkennen, wem die anderen »Arme« gehören?

Ganz am Ende der Runde führt uns der markierte Weg schließlich noch zu einem Holzsteg, der uns zur Ruine der **Burg Uda** ⑨ bringt. Der runde Burgturm ist gut erhalten, vom Rest des Gebäudes sind nur noch Fundamente zu sehen. An der Burg biegen wir links ab und gelangen so wieder zum Parkplatz.

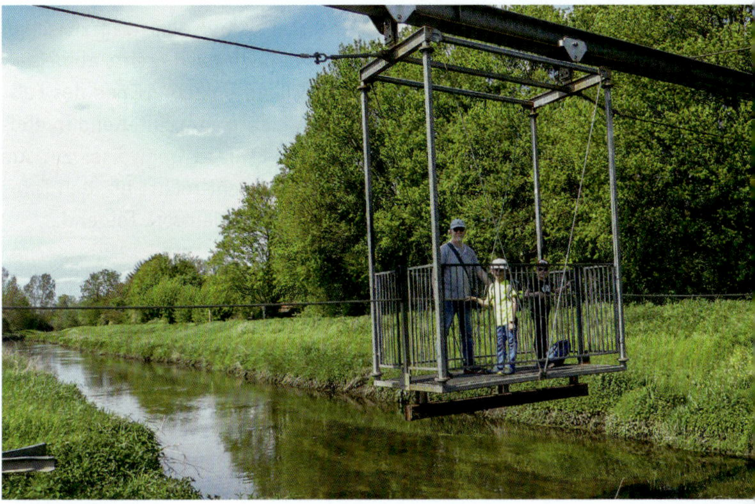

Tour 21: Auf der schwebenden Brücke

eben

STRECKE 7,3 km

2 h 30

ab 6

Zwischen Niers und Schloss Neersen

Das Schloss Neersen mit seinem angrenzenden Schlosspark ist ein beliebtes Ausflugsziel für Familien: Der Erlebnispfad, ein großer Spielplatz und großzügige Liege- und Spielwiesen sowie das hervorragende Eis in der Orangerie locken besonders am Wochenende viele Menschen an. Wir verknüpfen den Ausflug mit einer Wanderung zu drei weiteren Highlights: Der Blick von der Aussichtsplattform über den Nierssee lässt Urlaubsgefühle aufkommen, die schwebende Brücke über die Niers fordert die Muskelkraft ihrer Fahrgäste und begeistert die Kinder besonders. Dazwischen können wir an einem schönen Rastplatz im Grünen gemütlich picknicken.

TOUREN-STECKBRIEF

Anfahrt: A44, Ausfahrt Kreuz Neersen. Von »Am schwarzen Pfuhl« links abbiegen auf die Hauptstraße und noch einmal links auf den Rothweg. Kurz darauf befindet sich der Parkplatz am Schloss Neersen auf der rechten Seite bei **GPS N 51° 15'02.0", E 6° 28'40.0"**.

ÖPNV: Am Schloss, Buslinien 036, 038, 056 und 094.

Anspruch und Charakter: Leichte Wanderung über meist festen Untergrund, auch über Asphalt. Für Kinder lohnt die Mitnahme eines Laufrads oder Rollers. Man kann die Runde auch komplett mit dem Fahrrad fahren, wenn die Strecke zum Wandern zu weit erscheint.

Kinderwagentauglich: Ja.

Markierung: Wechselnd A4, X und R.

Highlights: Aussicht über den Nierssee, Rastplatz im Grünen, die schwebende Brücke, Erlebnispfad und Spielplatz im Schlosspark.

Einkehr: Restaurant Dionysos (mit Biergarten), Eiscafé Orangerie im Schlosspark.

In der Nähe: Walderlebniszentrum und Wildgehege Süchtelner Höhen, Schloss Rheydt, Stars of the Galaxy.

Wanderung: Unsere Wanderung startet auf dem Weg zwischen Schlossgraben und Parkplatz, auf den wir nach rechts abbiegen. An der nächsten Kreuzung geht es dann links. Am Ende des Fußwegs überqueren wir die Straße und laufen anschließend in gleicher Richtung wie zuvor auf einen Fahrrad-Wegweiser zu. Am **Restaurant Dionysos** ① biegen wir leicht rechts ab, den Fahrrad-Wegweisern in Richtung Viersen und Neuwerk folgend.

An der nächsten Kreuzung laufen wir weiter geradeaus, der Weg ist jetzt mit den Wanderzeichen R und A4 markiert. Wir überqueren einen Bach, hier sind auf den umliegenden Wiesen oft Gänse zu beobachten. An der nächsten Kreuzung biegen wir rechts ab und verlassen dabei die Wanderzeichen. Auf der linken Seite stehen jetzt nacheinander drei Picknickbänke. An der folgenden Kreuzung zwischen zwei Seen biegen wir links ab. Kurz vorher können wir uns an einer Infotafel zum Wasser- und Bodenverband der Mittleren Niers informieren. Ein Stück weiter erreichen wir eine **Aussichtsplattform** ② links am Seeufer und ein paar schöne Picknickbänke.

Nach einer Pause wandern wir in gleicher Richtung wie zuvor weiter. Auch an **Fahrrad-Knotenpunkt 16** ändern wir die Richtung nicht. So überqueren wir zuerst die Niers und laufen anschließend geradeaus weiter. An **Fahrrad-Knotenpunkt 1** ③ überqueren wir die Straße und biegen direkt danach links ab in den schmaleren Weg. Kurz danach führt uns der Weg wieder auf die andere Straßenseite. Wir passieren eine Picknickbank. Unser Weg schlängelt sich leicht bergauf, wir biegen auf einen Pfad nach links ab und er-

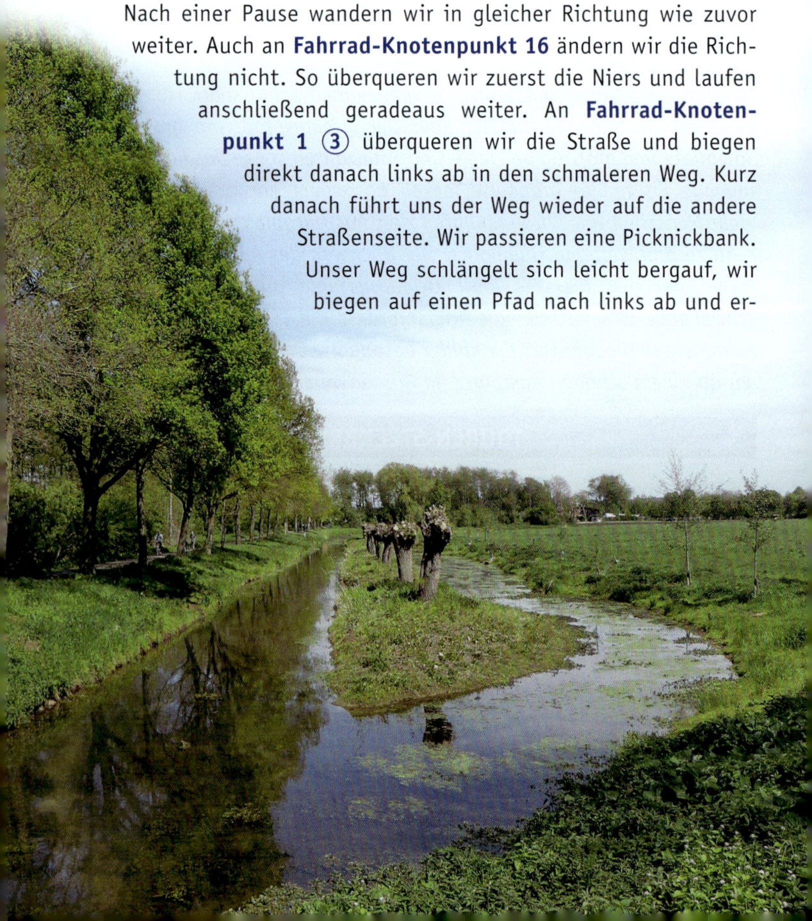

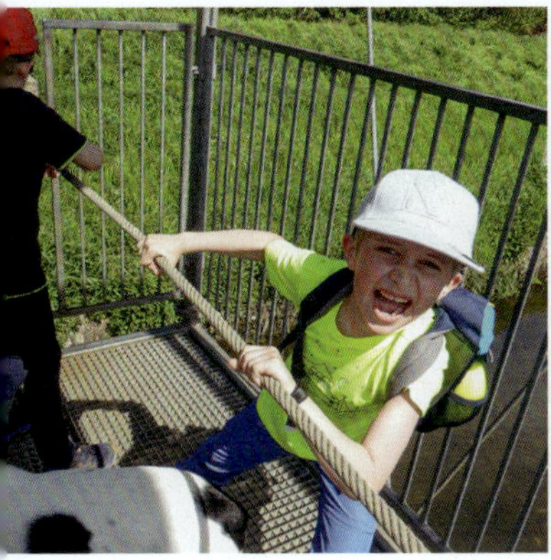

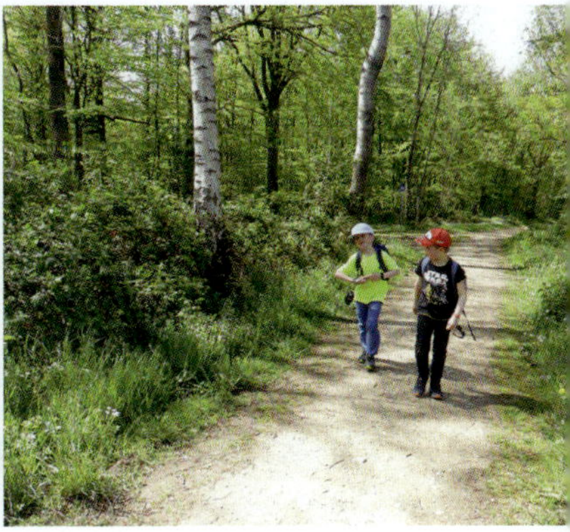

reichen schließlich auf einer kleinen Anhöhe einen schönen **Picknickplatz** ④ mit Bänken im Grünen. Auch Infotafeln über den Verlauf des Nordkanals und die benachbarte Kläranlage Mönchengladbach-Neuwerk finden wir hier.

Danach bringt uns der Pfad zurück auf unseren Weg, auf dem wir nun nach links abbiegen. Auf der rechten Seite liegen einige Pferdekoppeln. Am Ende unseres Weges geht es rechts und ein kleines Stück parallel zur Autobahn, die links von uns verläuft. Wir überqueren die **Donker Straße** geradeaus, biegen unmittelbar danach links ab und unterqueren die **Autobahn**.

Wir folgen unserem Weg weiter geradeaus, kommen auf der rechten Seite an einer Picknickbank vorbei und folgen unserem Weg in eine Linkskurve. Am **Fahrrad-Knotenpunkt 3** ⑤ wandern wir weiter geradeaus. Auch an der nächsten Kreuzung geht es geradeaus weiter. Unmittelbar vor dem Erreichen des **Ufers der Niers** schwenkt unser Weg nach rechts. Hier steht ein Tisch mit zwei Bänken und ein kleines Stück weiter gibt es eine spannende Klettermöglichkeit für kleine Wanderkinder. Kurz danach erreichen wir bereits die **schwebende Brücke** ⑥, die wir mit Muskelkraft bewegen müssen, um die Niers zu überqueren. Was für ein Abenteuer!

Auf der anderen Flussseite gehen wir nach links, wandern noch ein kleines Stück die Niers entlang und biegen bei erster Möglichkeit rechts ab. Kurz danach geht es wieder nach links. Der Weg ist mit dem Wanderzeichen X und dem Radwanderzeichen markiert. Über eine steile Schräge hinauf und dann auf der anderen Seite wieder hinunter überqueren wir die **A52**.

Danach wandern wir in Richtung Willich und Neersen auf dem Weg links der Straße. Wir ignorieren den nach links abzweigenden Weg und wandern immer weiter geradeaus. An der nächsten **T-Kreuzung** ⑦ überqueren wir erst die Straße und

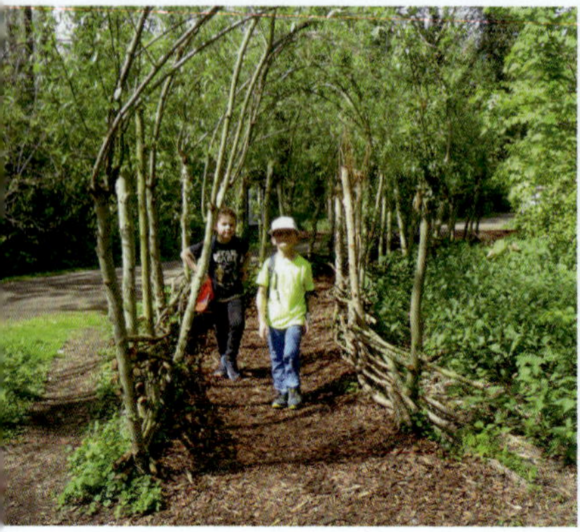

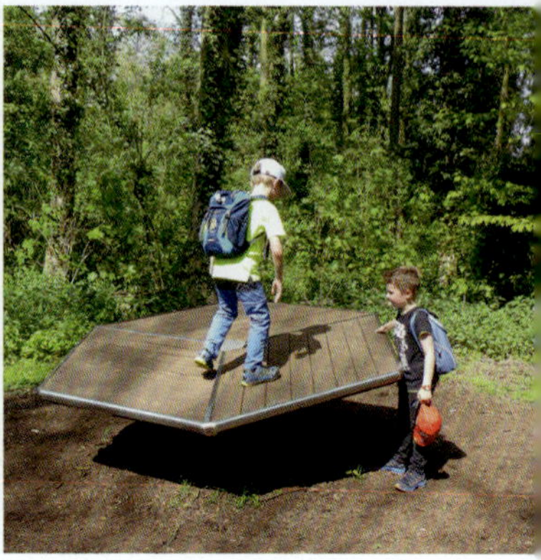

Schloss Neersen

Das heutige Schloss wurde im 13. oder 14. Jahrhundert ursprünglich als Burg erbaut, die direkt neben der Niers stand. Von ihr leitet sich wohl auch der Name Neersen ab. Seit der Begradigung der Niers fließt diese in etwa einem Kilometer Entfernung zum heutigen Schloss. Dieses wurde im 17. Jahrhundert so erweitert, dass aus der ehemaligen Burg ein Schloss wurde. Es brannte 1859 fast komplett nieder und wurde zwischen 1894 und 1896 neu aufgebaut. Im Rahmen der Euroga 2002 wurde die jederzeit frei zugängliche Außenanlage nach den Vorbildern des 18. Jahrhunderts wiederhergestellt. Alljährliches Highlight am Schloss Neersen sind die Schloss-Festspiele, die seit 1984 unter freiem Himmel stattfinden. Dabei gibt es immer auch ein extra für Kinder konzipiertes Theaterstück zu sehen.

biegen unmittelbar danach links ab, auf den parallel und etwas unterhalb zur Straße verlaufenden Weg (Wanderzeichen R).

Wir überqueren einen kleinen Kanal auf einer **Holzbrücke** und folgen direkt danach dem Radwanderzeichen nach rechts. Kurz danach kommen wir an einer Picknickbank vorbei. An der Kreuzung wandern wir weiter geradeaus, überqueren einen Tümpel und biegen dann links ab in den **Schlosspark** ⑧.

Zuerst kommen wir an einem Naturgarten vorbei. Kurz vor der

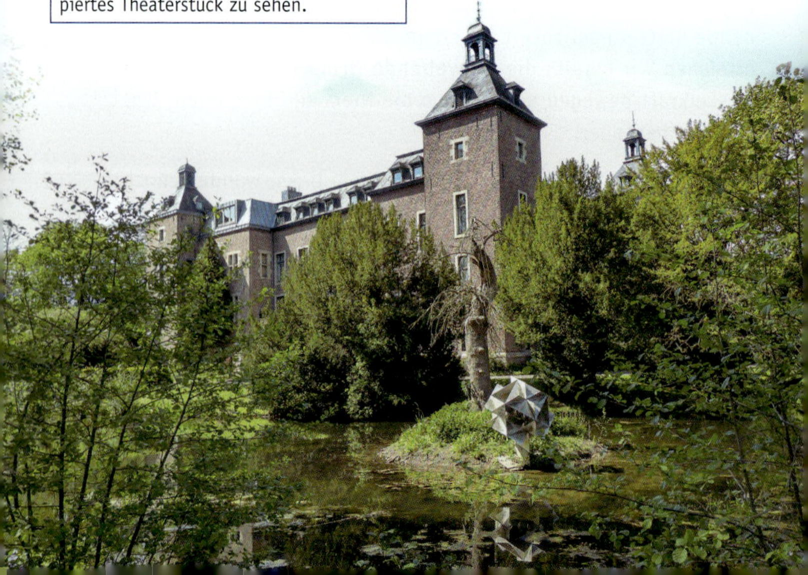

Eva-Lorenz-Umweltstation und dem größeren Picknickplatz biegen wir rechts ab. Direkt danach geht es wieder nach links. Damit erreichen wir den **Erlebnispfad der Sinne**, auf dem wir nun viel entdecken können. So kommen wir zuerst an der **Pyramiden-Doppel-Schaukel** vorbei, gegenüber von ihr stehen einige Bänke. Mit einem Abstecher nach rechts können wir das Labyrinth erreichen. Unser Weg führt jedoch geradeaus weiter. Als nächstes erreichen wir den Summstein und eine Balancierscheibe. Es folgen ein paar weitere Stationen, bis wir auf der rechten Seite den **Spielplatz ⑨** erspähen. Unmittelbar vor diesem biegen wir rechts ab.

Danach wandern wir weiter geradeaus über eine Holzbrücke, wenden uns nach rechts und sehen links von uns das Schloss liegen. Hier lohnt ein Abstecher nach rechts zur **Orangerie ⑩**, bei der es besonders leckeres Eis gibt. Wir lassen das Schloss links von uns liegen und erreichen schließlich wieder den Parkplatz und unseren Ausgangspunkt.

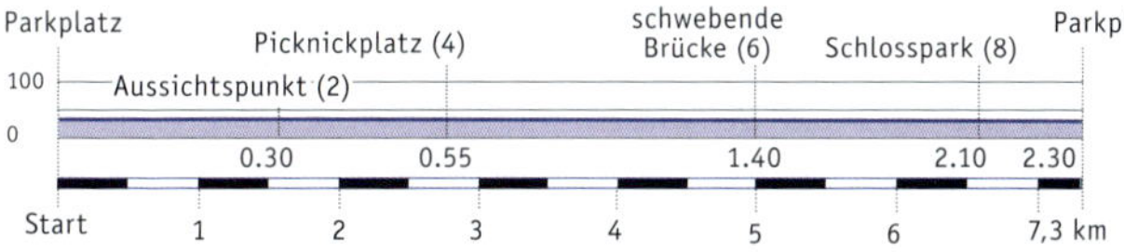

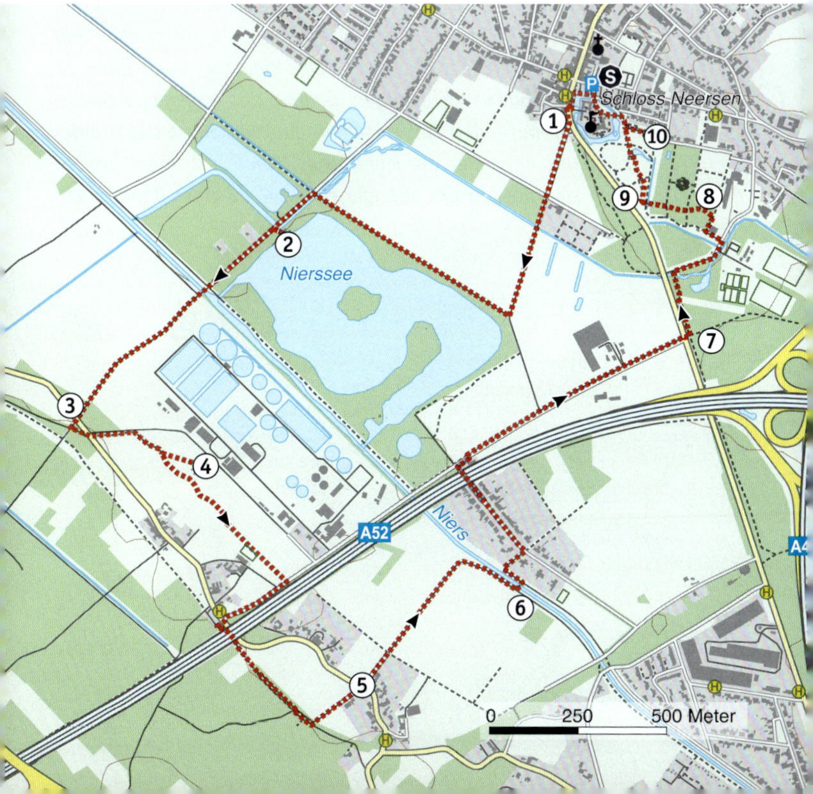

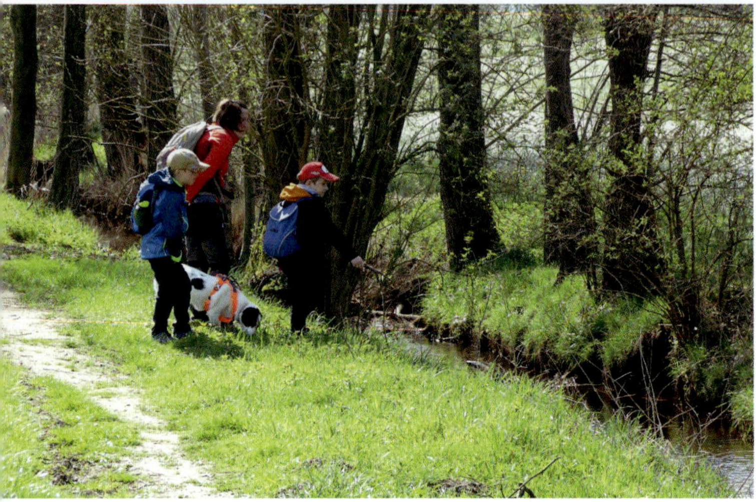

eben

STRECKE 6 km

2 h

ab 6

Tour 22: Dem Biber auf der Spur

Rund um die Seen der Schwalm

Diese abwechslungsreiche Wanderung im Naturpark Schwalm-Nette führt uns zum Ufer der Schwalm und zu ihren Seen. Am Ufer stehen gleich zwei alte Mühlen und auf dem Wasser können wir Enten und Schwäne beobachten. Mit ganz viel Glück sind hier auch Biber zu entdecken. Ihre Bauwerke – Burgen, Dämme und abgenagte Baumstämme – sind auf jeden Fall zu sehen. Zum Abschluss der Wanderung lockt uns entweder die Mühlrather Mühle mit ihrem großen Biergarten zu einer Einkehr oder der Hariksee zu einer Bootsfahrt.

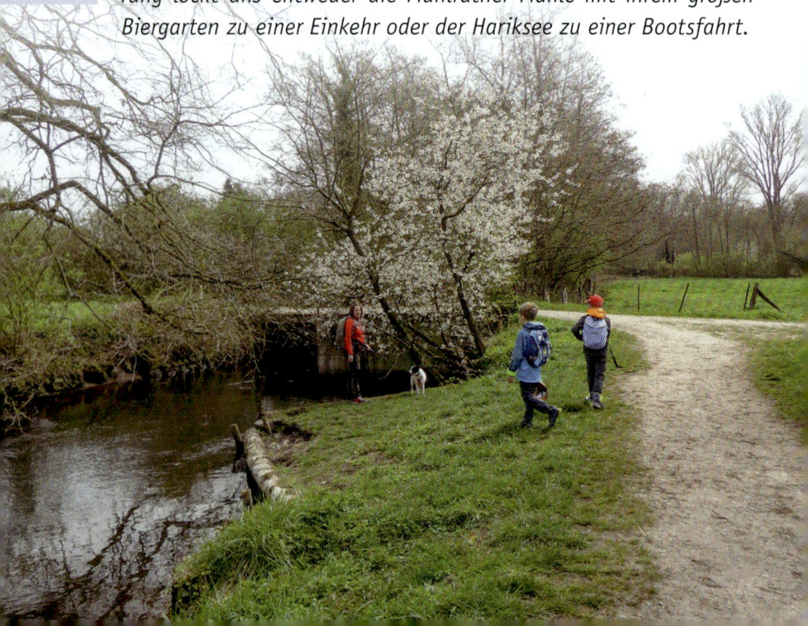

Wanderung: Vom Parkplatz folgen wir dem Wanderzeichen der »Wasser.Wander.Welt« (weißes W auf blauem Grund) nach links und laufen am Minigolfplatz entlang, der links von uns liegt. Wir ignorieren den nach links abzweigenden Weg und folgen unserem Wanderzeichen geradeaus. Kurz darauf steht links eine erste Picknickbank. An der ersten **T-Kreuzung** gehen wir nach rechts, überqueren den Laarer Bach und wenden uns direkt danach nach links in den Wiesenweg. Die nächste **Kreuzung** überqueren wir geradeaus und verlassen damit unser Wanderzeichen. Hier **am Bach** ① können wir Enten beobachten und die Bauten von Bibern bewundern.

An der folgenden **T-Kreuzung** biegen wir rechts ab und folgen jetzt wieder dem weißen W. In der Ferne können wir auf der linken Seite bereits die **Borner Mühle** und ihr imposantes Mühlrad erkennen. Wir überqueren die Schwalm, erreichen einen schönen **Picknickplatz mit einem Tisch und Bänken** ②. Dann folgen wir unserem Wanderzeichen nach links. Nun laufen wir an der Schwalm entlang. Kurz vor der Borner Mühle durchwandern wir eine Rechtskurve und wenden der Schwalm den Rücken zu. Über eine Holzbrücke überqueren wir den Kranenbach, erreichen kurz darauf die nächste Picknickbank und biegen unmittelbar dahinter rechts ab. Vor uns sehen wir nun bereits den Borner See in der Sonne glitzern.

Am **Fahrrad-Knotenpunkt 90** ③ passieren wir den ehemaligen **Haltepunkt Nr. 12** der 1891 eröffneten Bahnstrecke Dülken-Brüggen. Wir wandern geradeaus weiter und biegen kurz darauf rechts ab in Richtung Borner See. Bald stehen wir an seinem Ufer und folgen dem Weg nach links. Immer wieder laden nun Bänke zu einer Rast am Ufer des Sees ein, auf dem meist zahlreiche Wasservögel schwimmen. Auch am »Wasser.Blick Borner

TOUREN-STECKBRIEF

Anfahrt: A52, Ausfahrt Niederkrüchten. Auf die B221 in Richtung Brüggen fahren, rechts abbiegen auf die Damer Straße und weiter bis zum Parkplatz auf der linken Seite bei **GPS N 51°13'42.0", E 6°13'04.0"**.

ÖPNV: Haltestelle Born, Buslinie 074. Die Tour beginnt so nördlich des Borner Sees: von der Haltestelle über den Tantelbruchweg und die Straße »Born« in südliche Richtung bis zur Kirche gehen, hinter der Kirche rechts und am Seeufer nach links auf den Uferweg abbiegen. Von Wegpunkt ④, den Brücken am Seeende, der Wegbeschreibung folgen.

Anspruch und Charakter: Abwechslungsreiche, vom Wasser geprägte Runde mit vielen Picknickmöglichkeiten. Die Wege sind teilweise schmal, aber es gibt auch breitere Passagen.

Kinderwagentauglich: Ja.

Markierung: Meist das weiße W auf blauem Grund der »Wasser.Wander.Welt«.

Highlights: Borner See, Hariksee, große Mühlräder an der Borner und der Mühlrather Mühle, zahlreiche Biberspuren.

Einkehr: Mühlrather Mühle.

In der Nähe: Natur- und Tierpark Brüggen, Walderlebniszentrum und Wildgehege Süchtelner Höhen.

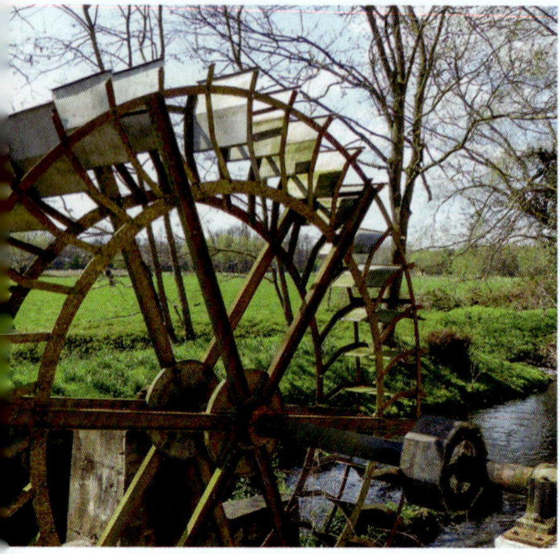

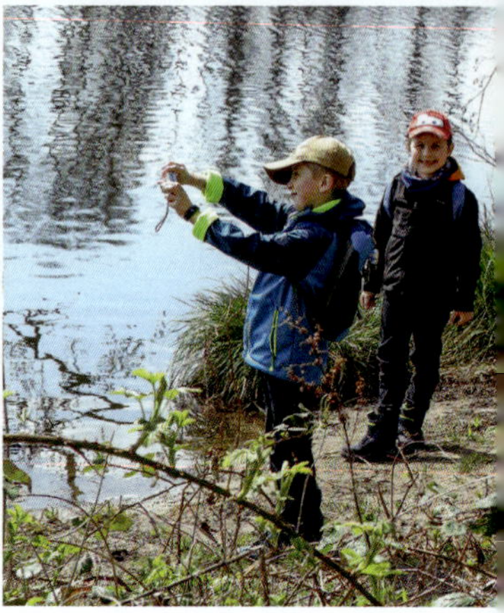

See« kommen wir vorbei. Mit einem Schwenk nach rechts überqueren wir am östlichen Seeende die beiden schön **geschwungenen Brücken** ④. Hinter der zweiten Brücke befindet sich noch einmal ein einladender Picknickplatz mit Tisch und Bänken. Hier wählen wir den rechten von zwei Wegen. Nach einer weiteren Picknickmöglichkeit direkt am See wandern wir über einen schmalen Pfad unmittelbar am Ufer entlang. Dabei verlassen wir noch einmal den markierten Weg, der hier links abbiegt. Schließlich folgen wir unserem Pfad in einen Schwenk nach links und verlassen damit das Ufer des Borner Sees. An der Kreuzung kurz darauf geht es nach rechts.

In der Wiese links von uns verstecken sich Kaninchenbauten. Mit etwas Geduld kann man fast immer einige ihrer Bewohner über die Wiese hoppeln sehen. An der **Schwalm** ⑤ angekommen biegen wir links ab und folgen nun wieder ein Stück ihrem Lauf. Schließlich entfernt sich unser Weg ein Stück vom Ufer und wir biegen an der kurz darauf erreichten **T-Kreuzung** rechts ab. An der nächsten **Kreuzung** ⑥ treffen wir wieder auf das weiße W und folgen diesem nach rechts.

Kurz darauf überqueren wir die Schwalm auf einer **kleinen Holzbrücke** und folgen dann dem Weg durch eine Linkskurve. Nun wandern wir wieder an der Schwalm entlang. Nach einiger Zeit wechseln wir erneut die Uferseite, überqueren wenig später die Landstraße geradeaus und folgen unserem Wanderzeichen bis zur **Mühlrather Mühle** ⑦ mit ihrem großen Biergarten.

Das weiße »W« führt uns nun noch zum **Hariksee**. Am Teich wenden wir uns nach links, um an seinem Ufer entlangzulaufen. Auch hier laden Bänke zur Rast ein. Am Hariksee geht es dann rechts und zwischen den Gewässern hindurch. Wer Lust hat, kann den See mit einem Tretboot oder einem der Ausflugsboote erkunden.

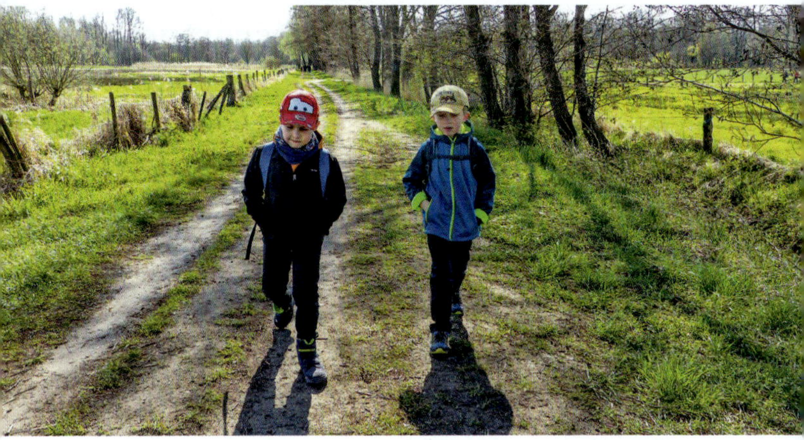

Kurz vor der Straße überqueren wir mit einem Schwenk nach links die Schwalm und haben so noch einmal einen perfekten Blick auf das große Mühlrad der Mühlrather Mühle. Nun müssen wir nur noch die Straße überqueren, um wieder zu unserem Ausgangspunkt zu gelangen.

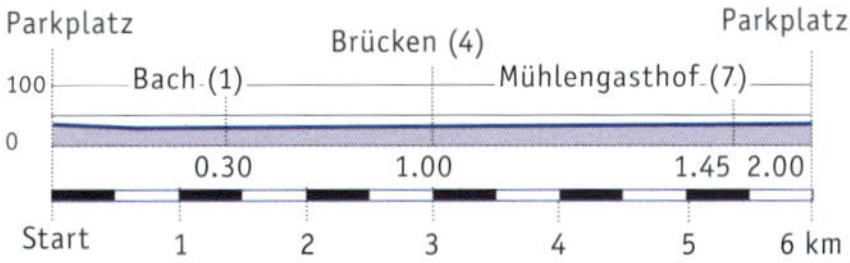

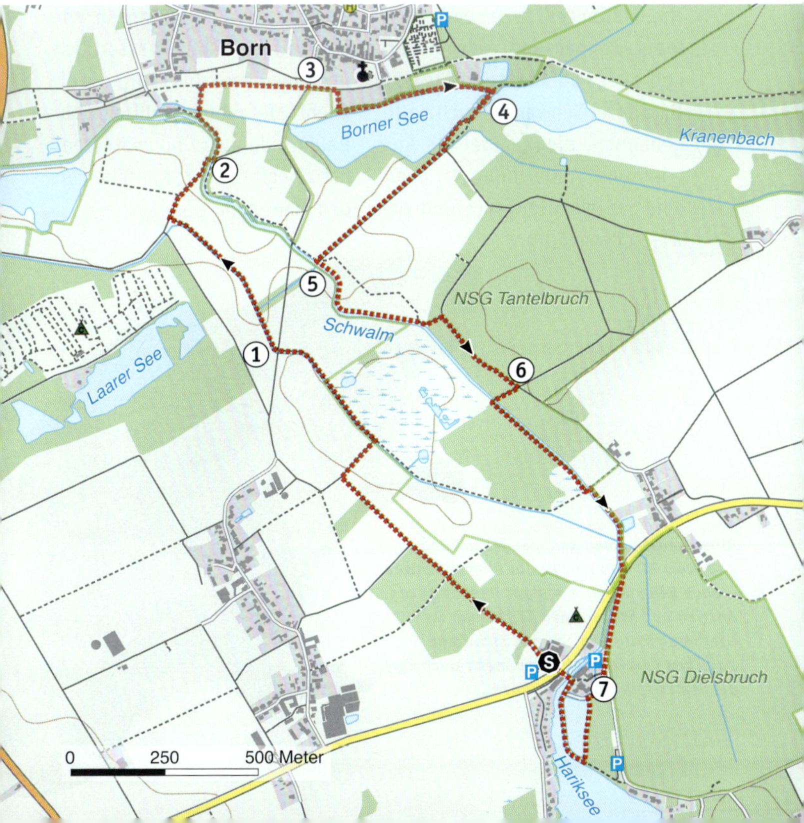

Der Biber – Landschaftsgärtner mit Heckantrieb

Biber sind nachtaktiv und tagsüber kaum zu entdecken. Begegnen kann man ihnen in den frühen Morgenstunden und in der Abenddämmerung. Ihre Spuren sind aber auch tagsüber nicht zu übersehen. Sie leben in Höhlen in der Uferwand. Die Höhle ist oft durch einen Aufbau aus Ästen erweitert, der mit Lehm abgedichtet ist. In einem Bau lebt ein Biberpaar mit seinen Jungen. Außer dem Wurf des aktuellen Jahres sind auch die Jungbiber des Vorjahres dabei. Biberjunge werden behaart und mit offenen Augen geboren und beginnen schon nach zwei Wochen, Pflanzen zu fressen. Alle Biber können gut schwimmen und bis zu 15 Minuten tauchen. Ihr breiter Schwanz – auch Kelle genannt – dient dabei als Antrieb und Steuerruder. An Land sind sie eher langsam und etwas schwerfällig.

Um vor Feinden geschützt zu sein, liegt auch der Eingang zur Biberburg unter Wasser. Dazu muss das Gewässer zwischen 50 Zentimetern und einem Meter tief sein. Fällt der Wasserstand, werden Biber aktiv: Sie bauen Dämme. Oberhalb des Dammes entsteht dann ein sogenannter Biberteich, der große Uferbereiche komplett unter Wasser setzen kann. Die Vegetation verändert sich. Und wie praktisch: Viele der Pflanzen, die in so einem Biberteich wachsen, schmecken den Tieren besonders gut. Biber leben nämlich absolut vegetarisch. Im Sommer fressen sie Wasserpflanzen wie Rohrkolben, Schilf, Wasserlilien und Seerosen. Im Winter weichen sie hauptsächlich auf Baumrinde aus. Und spätestens hier beginnt der Konflikt mit den Menschen.

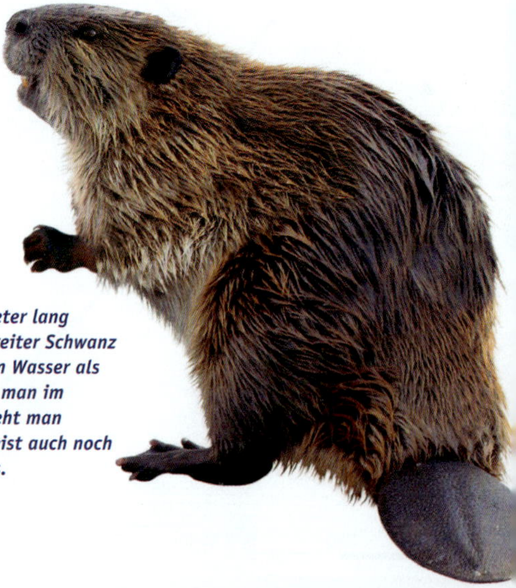

Biber werden einen knappen Meter lang und etwa 30 Kilo schwer. Ihr breiter Schwanz – auch Kelle genannt – dient im Wasser als Antrieb und Steuerruder. Trifft man im Uferbereich auf ihre Spuren, sieht man zwischen den Fußabdrücken meist auch noch die Schleifspur ihres Schwanzes.

Eine aktive Biberfamilie ist in der Lage, ein Gebiet nachhaltig zu verändern. In der kompletten Uferzone werden die Bäume bis zu einer Höhe von einem Meter entrindet. Um an weiteres Futter zu kommen, oder um Bauholz für ihre Dämme zu erhalten, fällen Biber auch Bäume mit beachtlichem Umfang. Einen Stamm mit 40 Zentimetern Durchmesser schaffen sie leicht in einer einzigen Nacht. Eigentlich lieben Biber Weichholz und ziehen jüngere Bäume vor, aber wenn man ihre Spuren dann doch an einem uralten Giganten sieht, der bald quer über den Teich oder Fluss zu fallen droht, tut das nicht nur Forstleuten in der Seele weh.

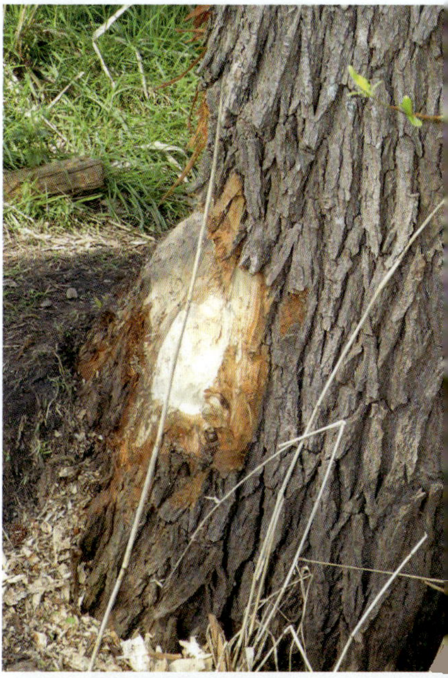

Von Menschen systematisch verfolgt, war der Biber bereits kurz vor dem Aussterben. In den letzten Jahrzehnten breitet er sich dank eines Schutzprogrammes wieder aus. Um im dicht besiedelten Deutschland eine friedliche Koexistenz mit den Menschen zu gewährleisten, werden in Bibergebieten wertvolle alte Bäume mit Draht geschützt und Drainagerohre in Biberdämme gelegt, um die oft wenig willkommene Teichbildung zu steuern, die auch mal Gärten in der Nachbarschaft unter Wasser setzt.

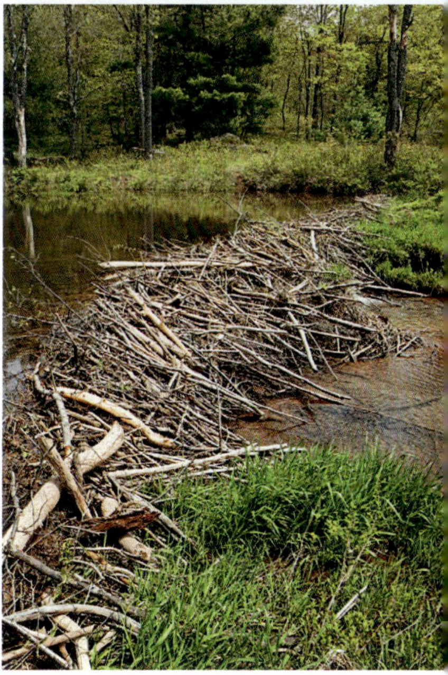

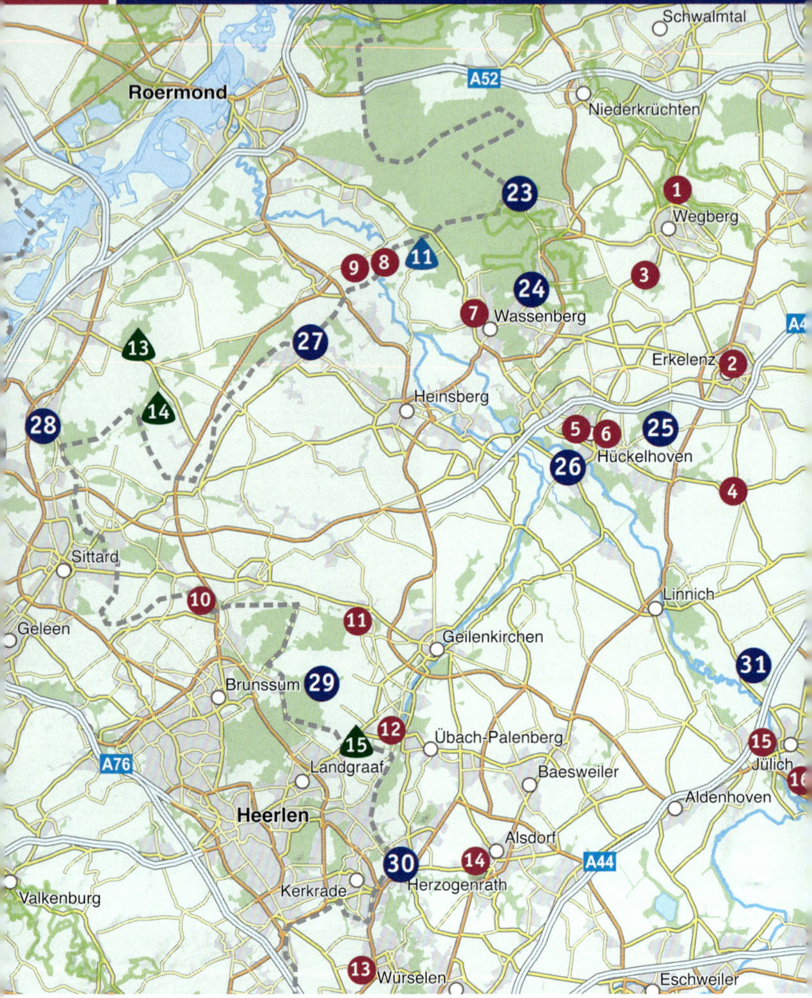

1 Schrofmühle

Als eine der am besten erhaltenen Wassermühlen des Rheinlandes ist die Schrofmühle noch heute funktionstüchtig. Sie wurde erstmals Mitte des 16. Jahrhunderts erwähnt und diente als Öl- und Kornmühle. Sie besitzt ein Getreidemahlwerk mit zwei Mahlgängen, einen Sackaufzug und eine Ölmühle mit Kollergang, Leinölofen, Rührwerk und Ölpresse.

Die Mühle und das dazu gehörende Museum stehen zwischen April und Oktober einmal pro Monat für Besucher offen. Gruppen können zusätzliche Termine vereinbaren. Eintritt €2,50, Kinder €1,50. www.schrofmuehle.de

2 Erka-Bad

Highlight im Familienbad mit Innen- und Außenbereich sind die vier Meter hohe Wasserfontäne, der Wasserkanal und die Luftsprudelplatte. Außerdem gibt es gleich drei 25-Meter-Bahnen, eine geräumige Sprudelliege und Massagedüsen sowie einen Kiosk. Für Kinder befinden sich hier außerdem ein Spielplatz, Wasserrutschen und ein Kleinkindbereich.

Geöffnet Mo 10–21 Uhr, Di + Do 6–21 Uhr, Mi + Fr 6.30–21 Uhr, Sa 8–21 Uhr, So 9–21 Uhr, Freibad Mai bis September täglich 10–20 Uhr. Eintritt €3,50, Schüler + Studenten €1,50, Kinder bis zum Schuleintritt frei. www.erka-bad.de

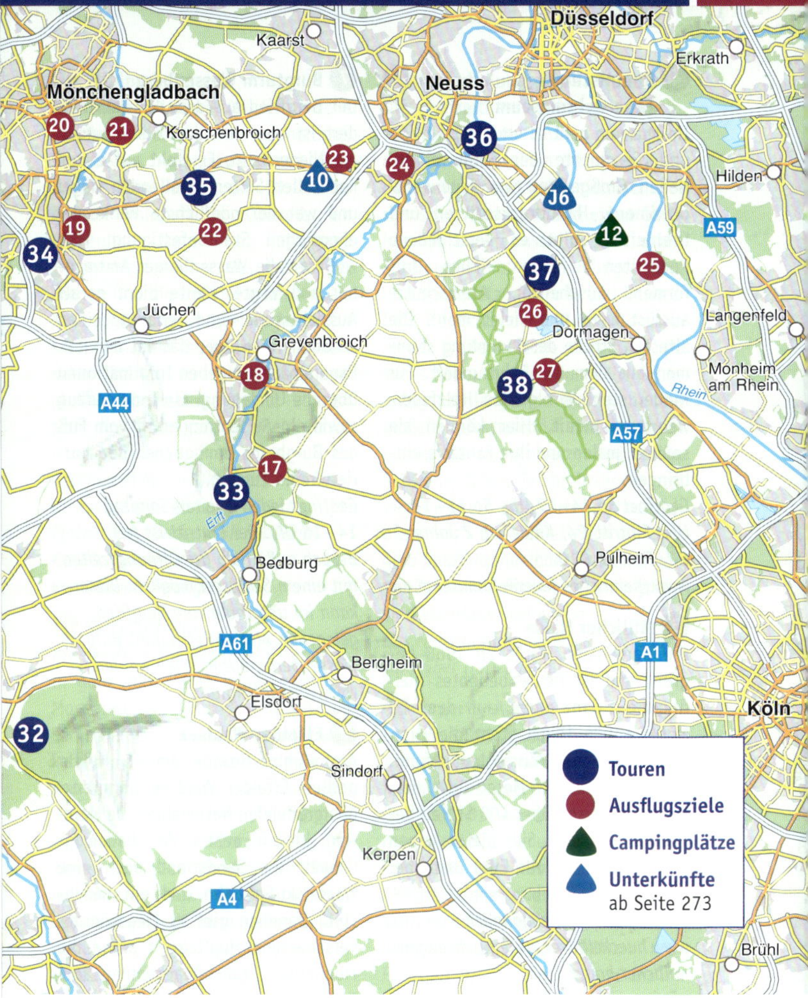

3 Schloss Tüschenbroich

Das Schloss Tüschenbroich ist heute zusammen mit den benachbarten Mühlen (es gibt eine Getreide- und eine Ölmühle), einem Restaurant und angrenzenden Grünanlagen, die zum Spazieren einladen, ein beliebtes Ausflugsziel. Außerdem kann man hier minigolfen, geräucherten Fisch kaufen und viele Tiere beobachten. So gibt es in der Dämmerung zum Beispiel häufig Fledermäuse zu sehen. *Das Schloss ist in Privatbesitz, der Park ist jederzeit frei begehbar.*

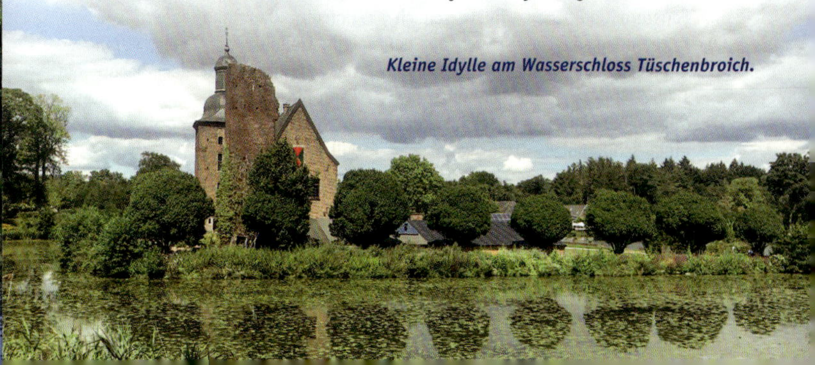
Kleine Idylle am Wasserschloss Tüschenbroich.

14 Tierpark Alsdorf

Lamas, Minischweine, Schneeeulen, Rotwild und viele Enten begeistern Klein und Groß ebenso wie die Tiere im Streichelzoo. Der Besuch des Tierparks lässt sich gut mit einem Spaziergang am Weiher, auf dem man auch Boot fahren kann, oder durch das angrenzende Broichbachtal verbinden. Ein großer Spielplatz mit Floßteich, Picknickbereiche, Grillplätze und Einkehrmöglichkeiten runden das Angebot ab.

Geöffnet rund um die Uhr, Eintritt frei.

15 Brückenkopf-Park Jülich

Die Festungsanlage Brückenkopf wurde zur Zeit Napoleons zu Beginn des 19. Jahrhunderts errichtet. Heute ist das Innere der Zitadelle ein Park mit großer Gartenanlage. In diesem befinden sich mehrere Spielplätze für verschiedene Altersgruppen, ein Zoo, eine Minigolfbahn, ein Skate- und Beachvolleyballbereich sowie ein Hochseil- und Fitnessgarten. Hunde sind nicht erlaubt. Gastronomie und sogar Übernachtsungsmöglichkeiten sind vorhanden.

Geöffnet März bis Oktober täglich 9–18 Uhr, November bis Februar 10–16 Uhr. Eintritt im Sommer €6, Kinder €4, im Winter €4, Kinder €2. Für einige Aktivitäten fallen Zusatzkosten an. www.brueckenkopf-park.de

16 Museum Zitadelle

In der historischen Festungsanlage aus dem 16. Jahrhundert sind sowohl Dauer- als auch Sonderausstellungen zu sehen. Dabei spielt die lokale Geschichte eine wichtige Rolle: die Zeit der Römer, die Jülich vor über 2.000 Jahren gegründet haben, die Renaissance, in der Schloss und Festung gebaut wurden, und die Romantik, das 19. Jahrhundert, in dem die Preußen Jülich umbauten. Bei Führungen sind die eindrucksvollen Kasematten ebenso teilweise zugängig wie die Tunnel, Wälle und Bastionen der Anlage.

Geöffnet April bis Oktober Di bis Fr 14–17 Uhr, Sa, So und Feiertage 11–17 Uhr, November bis März Sa + So 11–17 Uhr. Eintritt €5, Kinder bis 10 Jahre frei, Familie €10. www.museum-zitadelle.de

17 Bobbolandia

Der 60.000 Quadratmeter große Freizeitpark in Grevenbroich besteht aus mehr als 30 Spielattraktionen. Dazu gehören unter anderem eine Ritterburg, ein Hexenbaumhaus, Trampoline, ein großer Wasserspielplatz und ein Rutschenturm. Auch eine Möglichkeit zum Floßfahren gibt es. Über die befestigten Wege können auch Bollerwagen oder Buggys rollen, zahlreiche Picknickplätze bieten sich an für eine Rast. Vorab können außerdem Grillplätze gebucht werden. Kioske bieten Snacks, Eis und kühle Getränke an.

An der Zitadelle in Jülich.

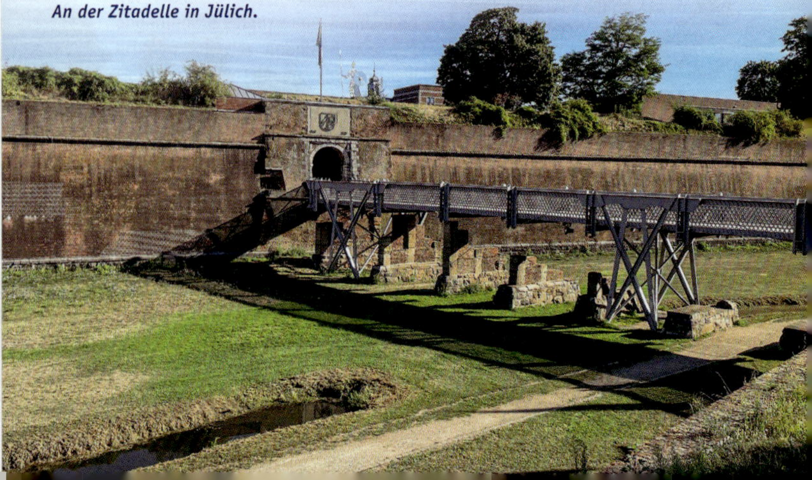

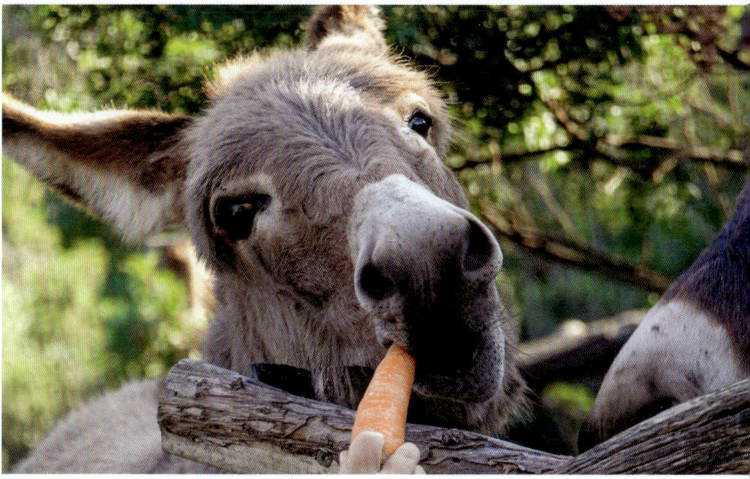

Tiere füttern – das steht bei den meisten Kindern hoch im Kurs.

Geöffnet Mo bis Fr 13 – 19 Uhr, Sa, So 10 – 19 Uhr. Eintritt € 10, Kinder bis zum 2. Geburtstag und Geburtstagskinder frei. www.bobbolandia-grevenbroich.de

18 Wildfreigehege Grevenbroich

Auf dem über 70.000 Quadratmeter großen Gelände leben etwa 200 verschiedene Wild- und Haustiere in ihrem natürlichen Lebensraum. So lassen sich Sika-, Dam-, Muffel- und Schwarzwild beobachten. Auch Moor- und Heidschnucken, Enten, Esel, Dexterrinder, Kamerunschafe und Ziegen sind hier zuhause. Die kleinen Gäste erfreuen sich vor allem am Streichelzoo oder toben auf dem Spielplatz. Picknickplätze, Unterstellhäuschen und eine Grillhütte bieten Möglichkeit zur Rast. Alle Wege sind kinderwagengeeignet.

Geöffnet täglich rund um die Uhr. Eintritt frei.

19 Tiergarten Mönchengladbach

Vom winzigen Küken bis zum großen Wisent - unter den mehr als 500 Tieren aus 80 verschiedenen Arten im Mönchengladbacher Tiergarten sind die verschiedensten Größen vertreten. Exotische Tiere sucht man hier vergebens, dafür darf man die Ziegen, Schafe und Rehe teilweise selber füttern. Auch Meerschweinchen, Enten und Esel wohnen hier. Daneben gibt es ein Affenhaus, einen Spielplatz und einen Kiosk mit Gastgarten.

Geöffnet täglich 9 – 18 Uhr, im Winter bis 16 Uhr. Eintritt € 6, Kinder 4 bis 14 Jahre € 4. www.tiergarten-moenchengladbach.de

20 Stars of the Galaxy

Im ehemaligen Kaiserbad können auf einer Gesamtfläche von etwa 1.000 Quadratmetern jede Menge galaktische Exponate bestaunt werden: lebensgroße Filmfiguren, Laserschwerter, Raumschiff- und Lego-Modelle aus bis zu 400.000 einzelnen Teilen, Original-Requisiten aus den Star-Wars-Filmen und andere seltene Sammlerstücke. Das Herzstück der Ausstellung ist die nachgebaute Schlacht auf dem Eisplaneten Hoth, die sich in einem umgebauten Schwimmbecken befindet. Auch Kindergeburtstage kann man hier feiern.

Geöffnet Do, Fr 12 – 8 Uhr, Sa 10 – 18 Uhr, So 12 – 17 Uhr. Eintritt € 12, Kinder 3 bis 15 Jahre € 9, Familie € 30. www.starsofthegalaxy.de

21 Schloss Rheydt

Das einzige unverfälscht erhaltene Schloss der Renaissance am Niederhein beherbergt heute das Museum der Stadt Mönchengladbach. Die naturnahen Grünanlagen bilden ein weitläufiges Naherholungsgebiet. Einige Festungsanlagen über der Erde und

die Kasematten darunter sind begehbar. Auch im Schloss Rheydt können Kindergeburtstage zu verschiedenen Themen gebucht werden.
Geöffnet Di bis Fr 11–17 Uhr, Sa + So 11–18 Uhr. Eintritt €6, Familie €12. www.schlossrheydt.de

22 Schloss Dyck

Als eines der bedeutendsten Wasserschlösser des Rheinlandes ist Schloss Dyck bis heute ein Besuchermagnet, nicht nur bei Veranstaltungen. Auch Familien kommen gerne hierher, um durch den Park zu schlendern, Flora und Fauna zu entdecken sowie Zeit am Wasser oder auf den Spielplätzen zu verbringen. Diese greifen typische Elemente des Schlosses auf und wecken bei Kindern Interesse für das historische Gemäuer und seine Geschichte. Klettergarten, Wasser- und Labyrinthspielplatz lassen dabei Kinderherzen höher schlagen.
*Geöffnet Ende März bis Oktober Di bis So 10–18 Uhr, November bis März Di bis So 10–17 Uhr.
Eintritt €10, Kinder 7 bis 6 Jahre €2, jüngere Kinder frei.
www.stiftung-schloss-dyck.de*

23 Alpenpark Neuss

Der Aktiv-Freizeitpark bietet neben der Möglichkeit zum ganzjährigen Skilaufen auch einen Kletterpark, Almgolf und Fun-Fußball. Hinzu kommen ein gastronomisches Angebot, Shops und auch die Möglichkeit zur Übernachtung im Hotel oder in einem Baumhaus. Ein großer Spielplatz kann kostenfrei genutzt werden.
*Geöffnet Mo bis Fr 14–20 Uhr, Sa, So, sowie in den Sommerferien 10–20 Uhr. Das Alpenpark-Ticket bietet alle Attraktionen (je zwei Stunden Klettern und Pistenspaß, zwei Runden Almgolf und eine Runde Fun-Fußball) zum Preis von €39, Kinder 6 bis 13 Jahre €34. Alle Aktivitäten können aber auch einzeln bezahlt werden.
www.alpenpark-neuss.de*

24 Südbad Neuss

Das Südbad besteht aus einem Hallen- und einem Freibad. Zu letzterem gehören eine große Liegewiese, ein Schwimmbecken, ein Planschbereich für die Jüngsten und ein Freizeitbecken. Im Innenbereich finden wir noch einmal je ein Plansch-, Freizeit-, und Schwimmbecken – dazu ein Sprung- und Lehrschwimmbecken, eine 65 Meter lange Rutsche und eine Sauna.
*Geöffnet Mo bis Do 8–21 Uhr, Fr bis So 8–20 Uhr. Eintritt €8,30, Kinder €4,60, Kinder bis 4 Jahre frei, günstigere Tarife für 2 oder 4 Stunden.
www.stadtwerke-neuss.de/baeder-eishalle/suedbad*

In den Parkanlagen am Schloss Dyck.

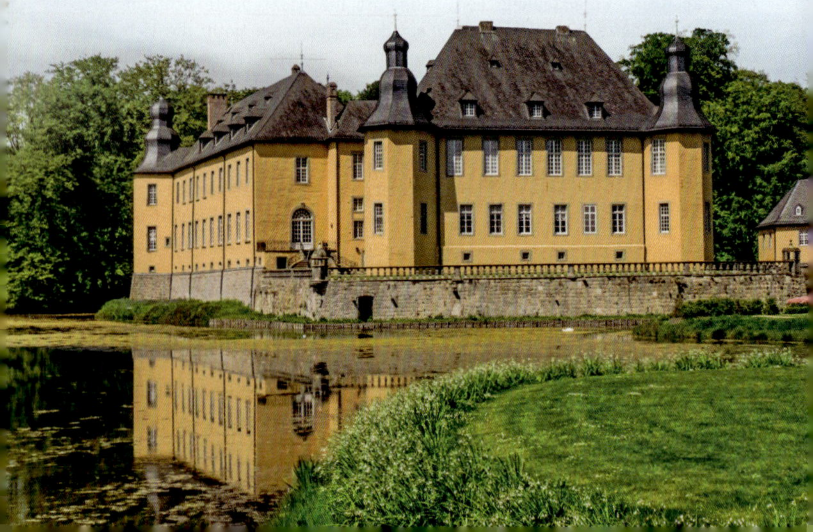

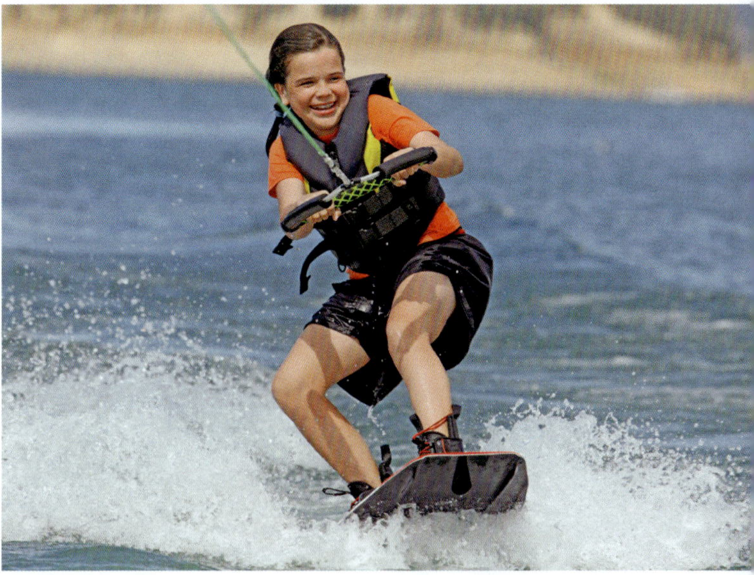

Mit dem Wakeboard über den See sausen – das richtige Abenteuer für größere Kids.

25 Feste Zons

Das mittelalterliche Städtchen am Rhein wird von einer gut erhaltenen Befestigungsanlage aus dem 14. Jahrhundert umgeben. Auch eine 600 Jahre alte Windmühle befindet sich hier. In den engen Gassen der romantischen Altstadt kann man in gemütlichen Restaurants und Cafés einkehren. Im Sommer lockt Zons mit den Märchenfestspielen, im Herbst mit einem mittelalterlichen Kunsthandwerkermarkt. Beim Spaziergang über die Rheinstraße verzaubert der Blick auf den Fluss und die ihn umgebenden Auen. Mit der Fähre kann der Rhein hier sogar überquert werden. Inmitten von Auwäldern und Feuchtwiesen gelangt man so in das größte Naturschutzgebiet von Düsseldorf, die Urdenbacher Kämpe. Hier leben seltene Vogelarten wie Steinkauz und Grünspecht, außerdem wachsen hier an rund 850 Bäumen Birnen und an weiteren 400 Äpfel.

Die Feste Zons und die Urdenbacher Kämpe sind das ganze Jahr über frei zugänglich.

26 Wakebeach 257

Die Wakeboard- und Wasserskianlage am Straberger See lockt sowohl Fortgeschrittene als auch Neugierige ohne jede Wassersport-Erfahrung an. SUP ist hier ebenfalls möglich. Wer vorher lieber eine Einführung bekommen möchte, kann an Kursen teilnehmen. Sonntags gibt es ein Brunch-Angebot, zur Selbstverpflegung kann man Grillplätze mieten.

Geöffnet zwischen Februar und Dezember zu unterschiedlichen Zeiten. Die Preise variieren je nach Sportart, Kursangebot und Leihoptionen. www.wakebeach.de

27 Wildpark Tannenbusch

Zu den 130 im Wildfreigehege lebenden Säugetieren gehören Auerochsen, Tarpane, Heid- und Moorschnucken, Dam- und Rotwild. Der Park ist Teil des Naturerholungsparks Tannenbusch, der auch einen Geopark mit geologischem Lehrpfad, einen Naturerlebnispfad, einen Baumpfad, Waldspielplatz und ein Gasthaus umfasst.

Wildpark geöffnet im Sommer 8–20 Uhr, im Winter bis 18 Uhr, alles andere ist das komplette Jahr über frei zugänglich. Eintritt frei.

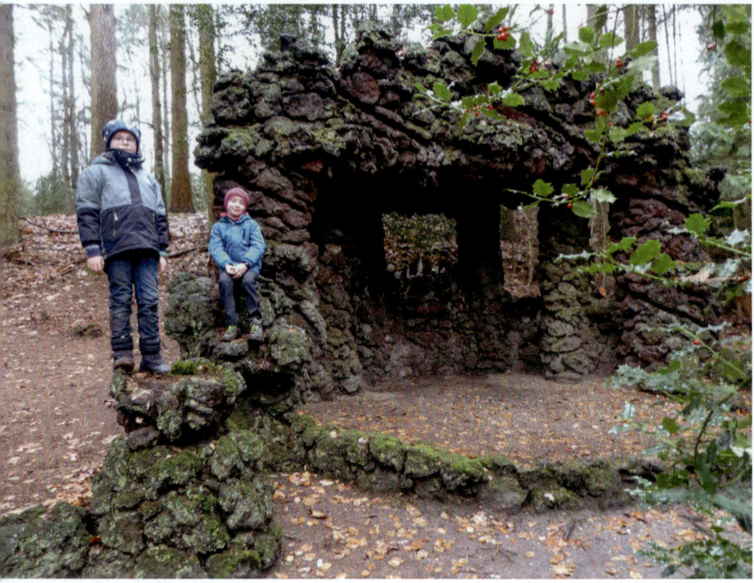

50 m

STRECKE 7,1 km

2 h 30

ab 6

Tour 23: Zu Fuß über die Grenze

Über Holzstege zur Dalheimer Mühle

Im deutsch-niederländischen Grenzgebiet wandern wir durch einen ausgedehnten Wald. Auf der niederländischen Seite sind wir dabei im Nationalpark unterwegs. Picknickhütten und -bänke bieten immer wieder Möglichkeit zu einer Rast, teilweise auch direkt am Wasser. Im Nationalpark entdecken wir eine geheimnisvolle Grotte, bevor wir über Holzstege zur idyllisch an einem See gelegenen Dalheimer Mühle laufen. Wer aufmerksam ist, kann auf dieser Wanderung Spuren von Bibern, Wildschweinen und anderen Waldtieren entdecken.

TOUREN-STECKBRIEF

Anfahrt: A52, Ausfahrt Niederkrüchten. Der B 221 in Richtung Süden folgen bis Arsbeck, rechts abbiegen auf »Roermonder Bahn« und bis zum Parkplatz auf der rechten Seite bei **GPS N 51°09'23.0", E 6°10'55.0"** fahren.

ÖPNV: Dalheim Waldweg, Buslinie 413. Von der Haltestelle rechts abbiegen in den Waldweg, diesem 350 Meter folgen bis zum Startpunkt der Wanderung.

Anspruch und Charakter: Abwechslungsreiche Waldwanderung mit leichtem Auf und Ab, nach Regenfällen kann es recht matschig sein. Der Abschnitt durch »Rode Beek« führt über Holzstege.

Kinderwagentauglich: Nein.

Markierung: Wechselnde A-Wanderwege, siehe Beschreibung.

Highlights: Weiher mit Pavillon, Grotte, Holzstege im Wald, Dalheimer Mühle.

Einkehr: Hotel St. Ludwig, Dalheimer Mühle.

In der Nähe: Schurenhof, Effelder Waldsee, Schloss Tüschenbroich, Schrofmühle.

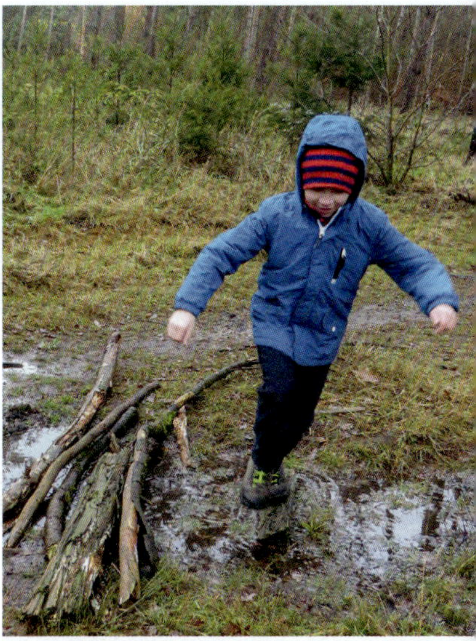

Wanderung: Wir starten unsere Wanderung auf dem Sechseichenweg in Richtung Dalheimer Mühle. Der Weg ist markiert mit A1 und A4. Wir wandern immer geradeaus, bis wir das **Naturdenkmal Sechseichen** ① erreichen, an dem auch eine Picknickhütte auf uns wartet. An der Wegkreuzung biegen wir links ab, erneut in Richtung Dalheimer Mühle. Bei der nächsten Möglichkeit geht es rechts ab und am Schild »Stiltegebied« vorbei. Nun führt uns der Weg leicht bergauf. Wir überqueren den Graben und die folgende **Kreuzung** geradeaus und wandern auf nun schmaler werdendem Abenteuerpfad weiter. An einer **T-Kreuzung** ② biegen wir erst links, kurz darauf wieder rechts ab.

Wir erreichen erneut eine **Picknickhütte** ③ und wenden uns unmittelbar vor dieser nach links. Die folgende Kreuzung überqueren wir geradeaus und halten uns kurz darauf an der Weggabelung rechts. Damit wandern wir leicht bergauf. Die nächste Kreuzung überqueren wir und gehen weiter leicht bergauf, auf den **Pavillon am Wasser** ④ zu. An diesem überqueren wir den Bach und wenden uns direkt danach nach links auf den Weg, der am Wasser entlangführt.

An der nächsten **Kreuzung** halten wir uns links und wenden uns damit ein Stück vom Zaun ab. Direkt danach geht es wieder nach rechts in einen neuen Weg, der uns zu einer **asphaltierten Straße** führt. Diese überqueren wir und erreichen kurz danach eine **Grotte** ⑤. Sie liegt auf der linken Seite des Weges.

An der folgenden Kreuzung gehen wir geradeaus, nur wenige Meter weiter wenden wir uns an der **T-Kreuzung** nach rechts auf

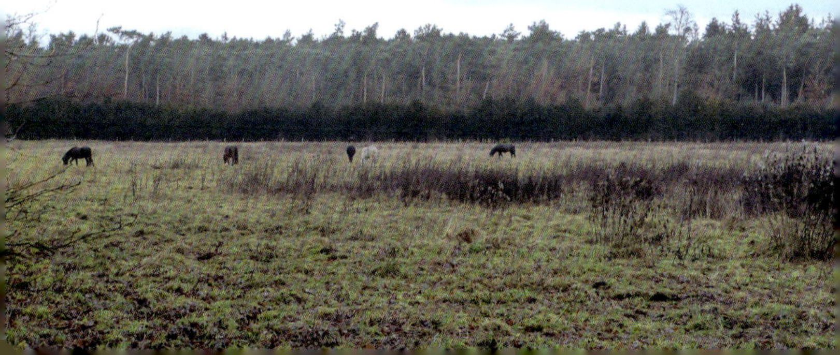

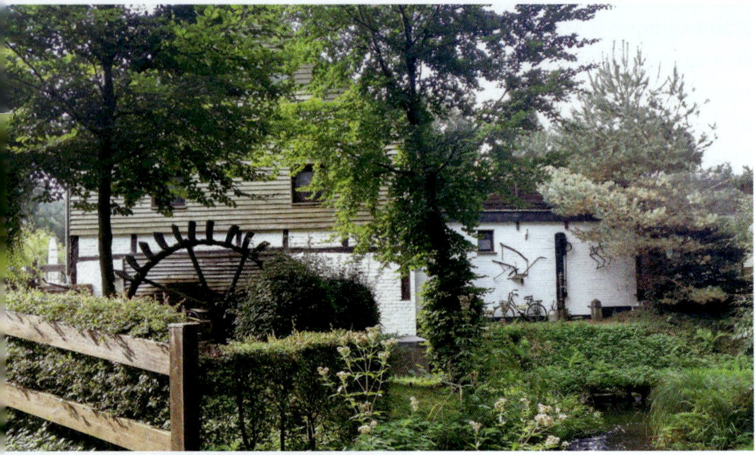

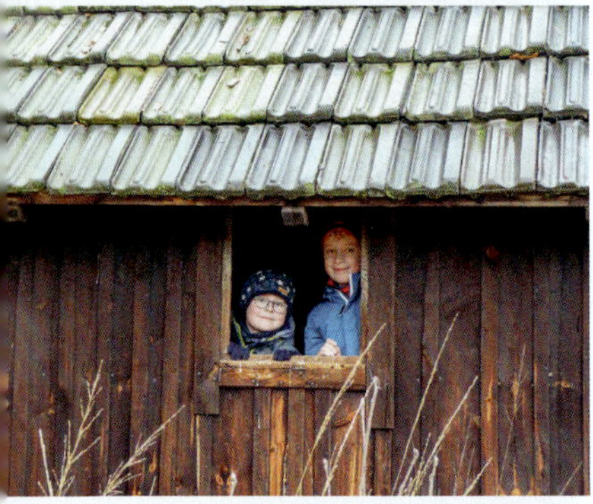

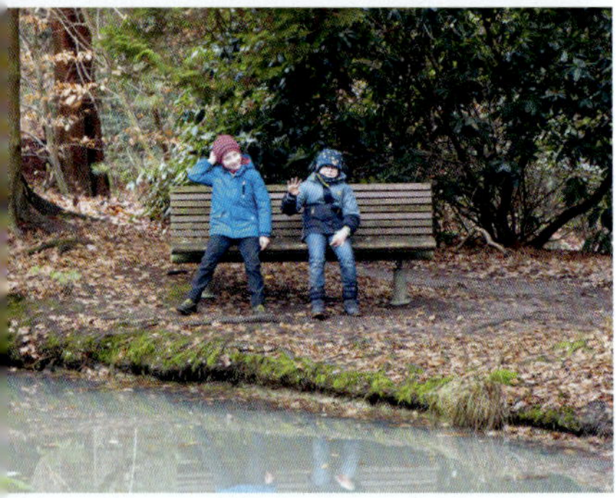

Verlängerung Dalheimer Runde
An der Dalheimer Mühle treffen wir auf den ausgeschilderten Premiumwanderweg der »Wasser.Wander.Welt Dalheimer Runde«. Dieser führt über 5,3 Kilometer abwechslungsreich durch das angrenzende Gebiet. Zusammen mit der hier beschriebenen Runde kann die Tour so auf eine Gesamtstrecke von 12,4 Kilometer verlängert werden. Weitere Infos: www.wa-wa-we.eu.

einen sanft ansteigenden Weg. An den nächsten beiden T-Kreuzungen biegen wir links ab.

An der folgenden **Weggabelung** ⑥ halten wir uns links, leicht bergab wandernd. Unter uns verläuft parallel ein weiterer Weg. In einer Rechtskurve steigen wir weiter bergab. Unten angekommen biegen wir erst links, dann rechts ab. Wir überqueren die **Bahnschienen** und gelangen zu einem Parkplatz.

An diesem geht es nach links. Wir überqueren die Straße, biegen vor dem **Hotel St. Ludwig** rechts ab und sind jetzt im Nationalpark De Meinweg. Am Ende der Pferdekoppel wenden wir uns nach links und an der folgenden **T-Kreuzung** ⑦ nach rechts, hinein in das Gebiet **Rode Beek**. Den Weg durch das nun folgende sumpfige Gebiet erleichtern uns **Holzstege**. Hier heißt es Augen auf: Biber und andere Waldtiere haben ihre Spuren hinterlassen.

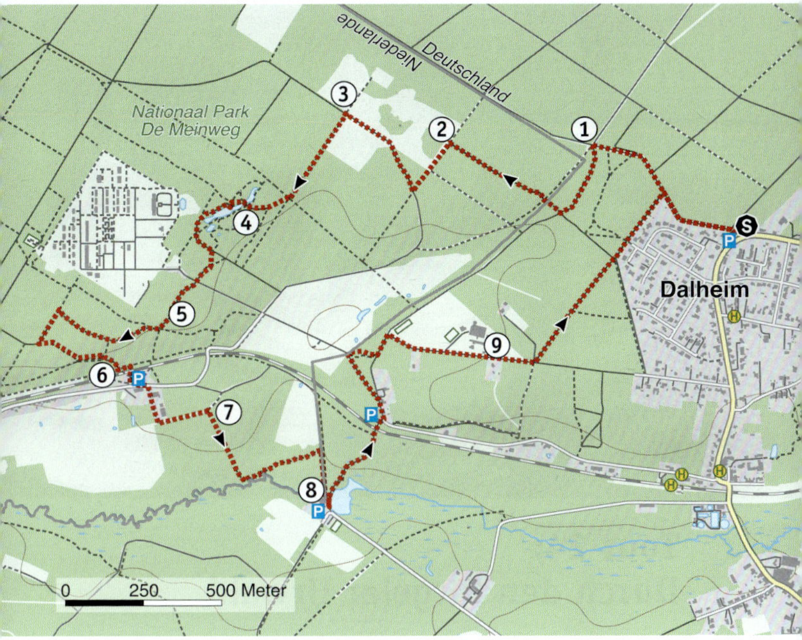

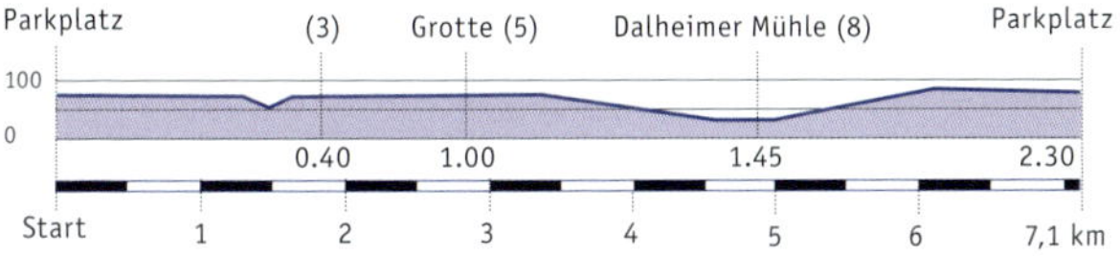

Am Ende unseres Weges biegen wir am Holztor rechts ab, um zur **Dalheimer Mühle** ⑧ zu gelangen. Das imposante Mühlrad können wir bereits aus einiger Entfernung erkennen.

An der Mühle treffen wir dann auf den ausgeschilderten Rundwanderweg der »Wasser.Wander.Welt Dalheimer Runde« (siehe Infokasten). Unser Weg ist hier mit A4 und X markiert und zweigt noch vor der Mühle links ab. Damit liegt der See rechts von uns. Wir folgen der Markierung durch die **Unterführung der Bahnlinie**. Dann wechseln wir auf den leicht nach links führenden Fahrradweg und verlassen damit kurzzeitig X und A4. Noch vor der Picknickbank auf der rechten Seite biegen wir scharf rechts ab in einen schmalen Abenteuerpfad. Dieser führt uns ein Stück bergauf zu einem größeren Weg, auf dem wir uns nach links wenden. Kurz darauf biegen wir rechts ab.

Nachdem wir am **Gestüt St. Ludwig** ⑨ vorbeigelaufen sind, geht es halblinks am rot-weißen Gatter vorbei. Nun wandern wir noch einmal ein ganzes Stück geradeaus, bevor wir an einer **T-Kreuzung** rechts abbiegen, um auf unserem Hinweg zum Ausgangspunkt zurückzukehren.

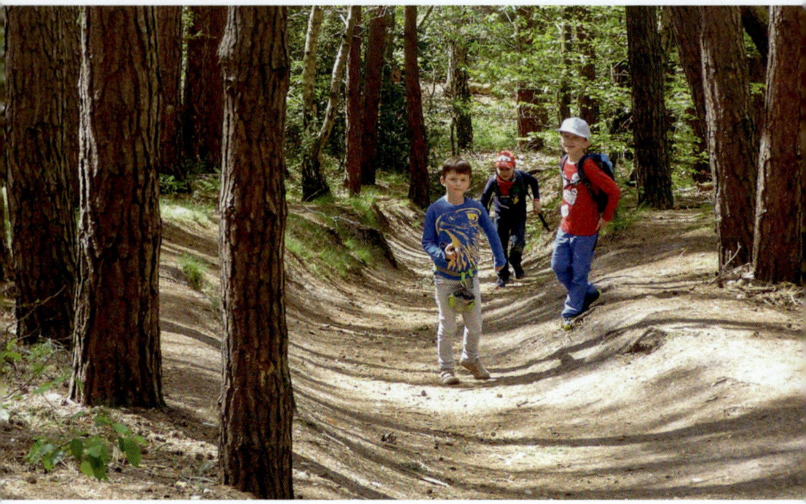

100 m

STRECKE 12,5 km

4 h 15

ab 8

Tour 24: Durch den Birgeler Urwald

Wander-Abenteuer auf Premiumwegen

Der komplette Premiumwanderweg Birgeler Urwald umfasst insgesamt 15 Kilometer. Wir kürzen ihn etwas ab und entdecken auf der Abkürzung einen Abenteuerpfad, wie er schöner nicht sein könnte. Auch der Rest der Wanderung beeindruckt uns vor allem durch seine landschaftliche Schönheit und abwechslungsreiche Wegführung. Das Haus Wildenrath bringt uns mit seinem weitläufigen Außengelände die heimische Flora und Fauna näher. Die vielen quakenden Frösche begeistern Kinder ebenso wie der Irrgarten und das riesige Insektenhotel.

Wanderung: Unsere Wandertour beginnt an der Infotafel zum Premiumwanderweg Birgeler Urwald, an der wir dem weißen W auf blauem Hintergrund in einen schmalen Wiesenweg folgen. Wir laufen den markierten Weg im Uhrzeigersinn. Zuerst treffen wir auf einen Weiher und biegen unmittelbar vor diesem links ab, um zum **Haus Wildenrath** (1) und seinem Außengelände mit mehreren schönen Picknickbänken zu gelangen.

Haus Wildenrath
Der ehemalige Bauernhof beherbergt heute eine Naturschutzstation, in der ökologische Forschung und naturpädagogische Programme durchgeführt werden. Auch vom Aussterben bedrohte Haus- und Nutztiere sind hier zuhause. Das Außengelände umfasst 25 Hektar, auf denen verschiedene Naturlehrpfade verlaufen.

Im Anschluss führt uns unser Wanderzeichen über eine schmale Holzbrücke und in den Wald hinein. Dort biegen wir rechts ab und folgen dem weißen W weiter geradeaus durch den Wald

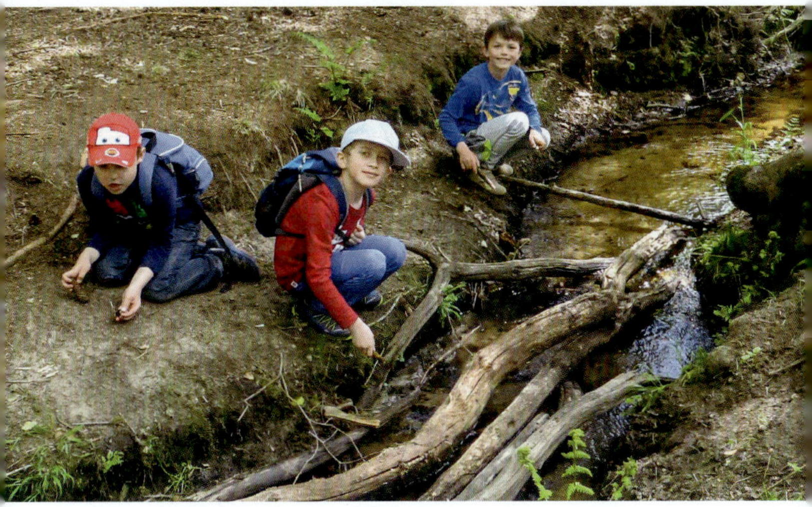

und schließlich über einen Holzsteg. Danach geht es in eine sanfte Rechtskurve. An der **T-Kreuzung** ② biegen wir links ab. Wir erreichen eine Lichtung und biegen an dieser erst rechts und danach wieder links ab.

Wir wandern leicht bergauf und überqueren die nächste **Kreuzung**. Links von uns liegt nun ein Feld, auf halber Strecke von diesem biegen wir rechts ab und betreten wieder den Wald. Ein Stück weiter geht es nach links und kurz danach in den rechten Weg. An der **T-Kreuzung** ③ biegen wir links ab. Am **Ortseingangsschild von Birgelen** wandern wir geradeaus und gelangen etwas später wieder in den Wald.

Nun geht es bergab. Wir folgen dem markierten Weg nach links und wandern jetzt über einen besonders schönen Weg, der sich bald zu einem schmalen Abenteuerpfad wandelt. Schließlich

TOUREN-STECKBRIEF

Anfahrt: A52, Ausfahrt Niederkrüchten, auf die B221 in Richtung Arsbeck. Rechts abbiegen auf die Friedrich-List-Allee, den Kreisverkehr an der zweiten Ausfahrt verlassen, direkt danach liegt der Parkplatz auf der linken Seite bei **GPS N 51°07'10.0", E 6°11'40.0"**. Weitere Parkmöglichkeiten sind ausgeschildert.
ÖPNV: Haus Wildenrath, Buslinie 413.
Anspruch und Charakter: Wunderschöne Wanderung durch den Birgeler Urwald und das wilde Schaagbachtal. Viele schmale Pfade erfordern festes Schuhwerk. Die Länge der Tour setzt auch eine gewisse Kondition voraus, aufgrund der abwechslungsreichen Wegführung laufen die Kinder hier aber wie von selbst. Ausreichend Proviant mitnehmen!
Kinderwagentauglich: Nein.
Markierung: Größtenteils weißes W auf blauem Hintergrund.
Highlights: Birgeler Urwald mit vielen tollen Pfaden, Haus Wildenrath, Spielmöglichkeiten am Bach.
Einkehr: Unterwegs keine Einkehr-, aber viele Picknickmöglichkeiten.
In der Nähe: Schurenhof, Effelder Waldsee, Schloss Tüschenbroich, Burgturm Wassenberg, Schrofmühle.

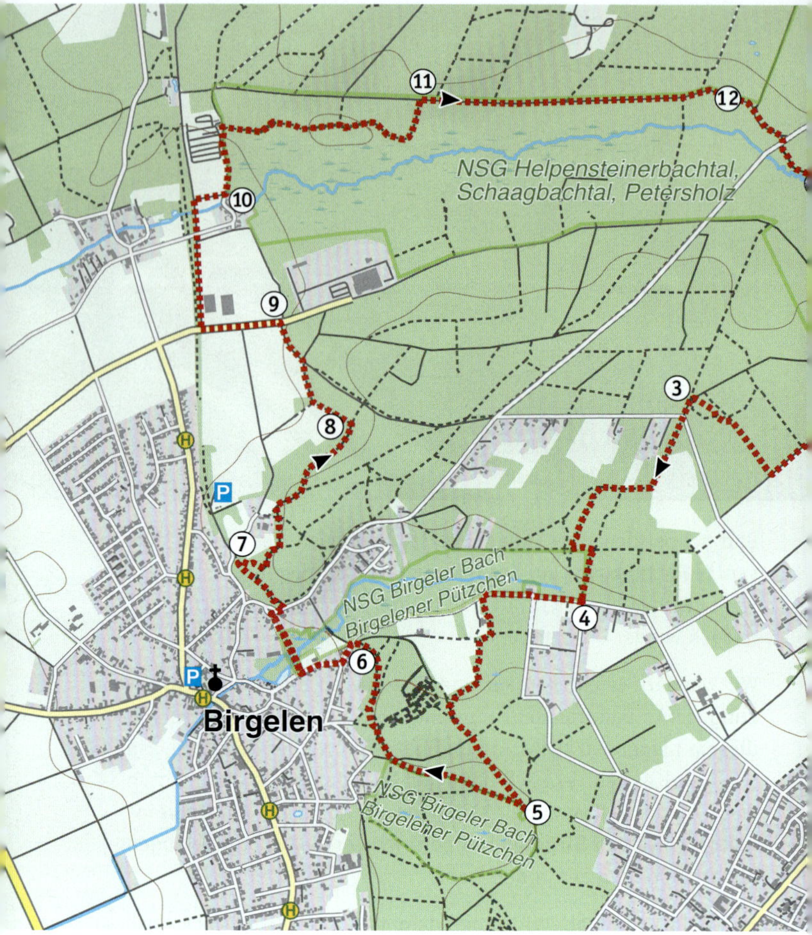

Birgelener Pützchen
Die idyllisch gelegene Wallfahrtsstätte besteht bereits seit mehr als 1.300 Jahren. Pützchen bedeutet Brunnen. Das hier vorkommende Wasser gilt als heilend, besonders bei Augenleiden. Es gibt sogar eine alte Legende: Einmal wurde ein adliger Herr bei der Jagd von einer Bärin verletzt. Ein Jagdgenosse kam ihm zu Hilfe und wusch seine Wunden mit dem Wasser des Pützchens aus. Danach heilten die Verletzungen und aus Dankbarkeit stiftete der Mann einen Bildstock der Mutter Gottes an der Stelle. Seitdem pilgern Menschen zu dem Ort, um für Heilung und Genesung zu beten. Im Jahr 1850 wurde an der Stelle schließlich ein Brunnen gebaut und darüber eine Kapelle errichtet.

führt uns das Wanderzeichen noch im Wald erst links und dann rechts. Wir erreichen einen schönen **Picknickplatz** ④ mit einem Tisch und zwei Bänken und biegen hier rechts ab.

Wenig später befindet sich auf der linken Seite erneut eine Picknickbank. Hier zweigt unser Wanderweg nach links in den Wald ab und es geht ein Stück steil bergauf. Unser Pfad endet an einer **T-Kreuzung**, an der wir rechts abbiegen. Wir folgen unserem Weg

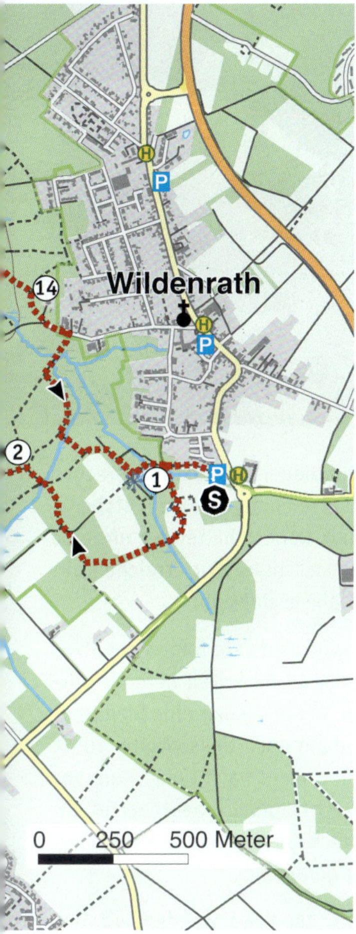

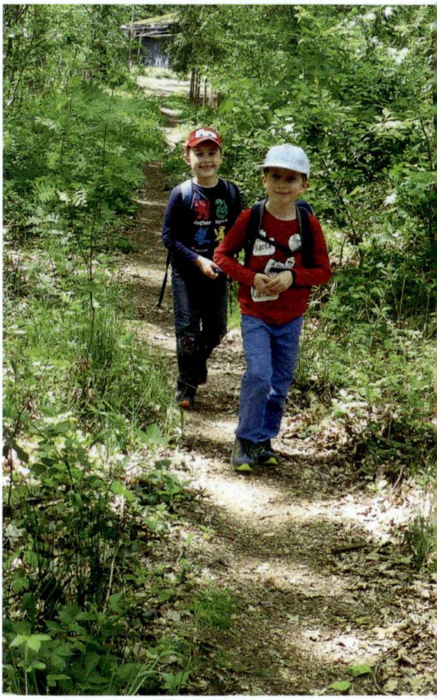

zunächst zweimal nach rechts und halten uns dann zweimal links. Wir wandern weiter geradeaus und passieren eine Picknickbank auf der linken Seite. Schließlich gelangen wir zum **Birgelener Pützchen** ⑤. Unmittelbar vor der Kapelle zweigt unser Wanderweg rechts ab.

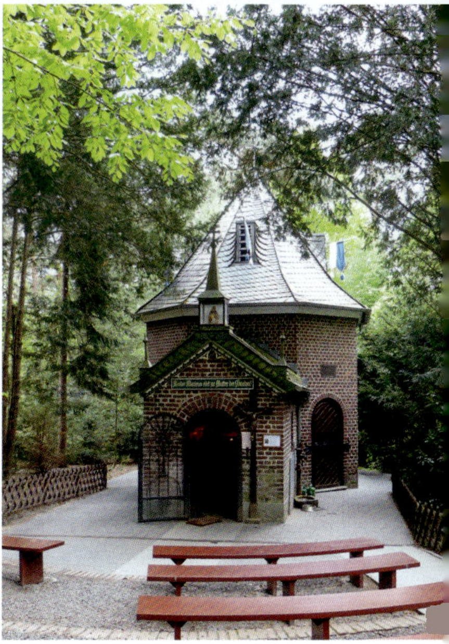

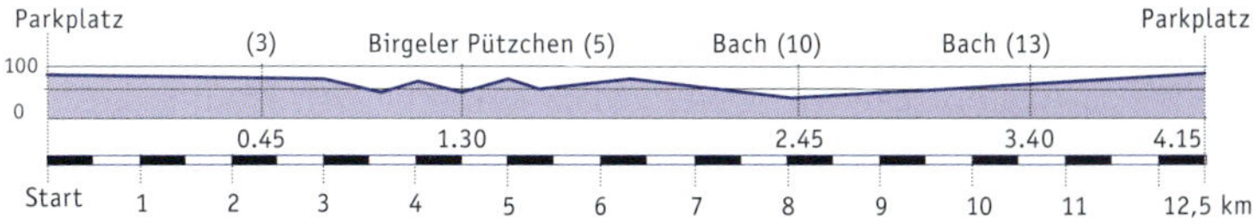

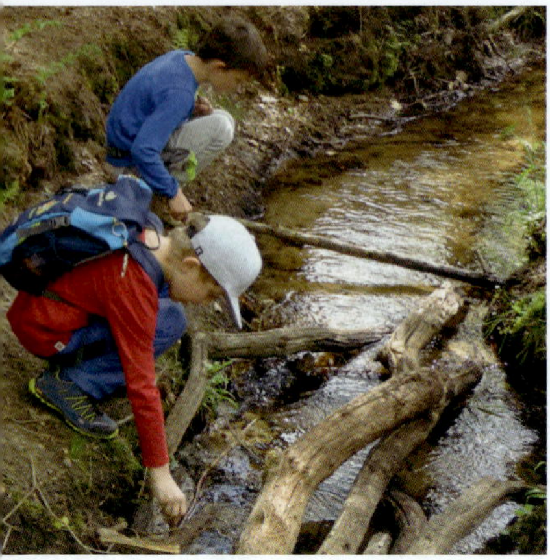

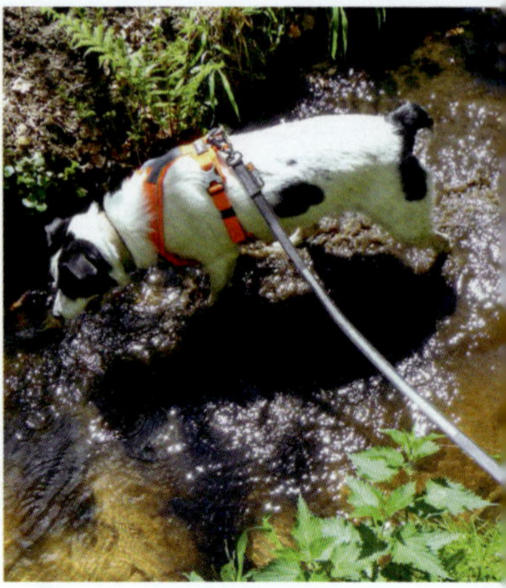

Wir passieren eine Picknickbank und biegen kurz dahinter rechts ab. Jetzt wandern wir bergauf und erreichen den Friedhofsberg. Weiter geht es geradeaus und bergab. Danach halten wir uns erst rechts und an der Weggabelung danach links. Wir erreichen die **Mühlenstraße** ⑥ und biegen auf dieser links ab.

An der nächsten **Kreuzung** biegen wir rechts ab, folgen der Straße in eine Kurve und folgen kurz darauf dem steil bergauf führenden Abenteuerpfad nach rechts. Wir erreichen eine Siedlung, wenden uns erst nach rechts und dann nach links. Weiter führt uns unser Weg erst steil bergauf und dann nach links. Kurz vor der Straße macht unser Weg eine Rechtskurve. Erneut wartet ein **steiler Anstieg** ⑦ auf uns. Danach biegen wir links ab und gehen an der folgenden **Kreuzung** geradeaus.

Kurz darauf biegen wir rechts ab. Im Wald wenden wir uns schließlich wieder nach links und erreichen eine offene **Feldlandschaft** ⑧. Wir folgen unserem Weg in eine Rechtskurve und wandern damit weiter am Rand des Feldes entlang. Dann folgen wir dem Wanderzeichen nach links und befinden uns damit weiter zwischen Wald und Feld. Wir erreichen eine **Straße** ⑨ und biegen links ab.

Nun heißt es Obacht, denn wir verlassen das weiße W: Dafür biegen wir unmittelbar vor dem Bahndamm rechts ab und wenden uns nach Überqueren einer Kreuzung bei erster Möglichkeit erneut nach rechts in den schmalen Wiesenweg. An seinem Ende lädt eine **Stelle am Bach** ⑩ zum Spielen ein. Hier biegen wir links ab und wandern damit auf den Campingplatz zu, an dem wir dann auch ein Stück entlang gehen. Am Gänse- und Ziegengehege biegen wir rechts ab auf den schmalen Pfad in das Naturschutzgebiet. Dieser tolle Abenteuerpfad führt uns nun direkt durch den Wald. An der nächsten **T-Kreuzung** halten wir uns

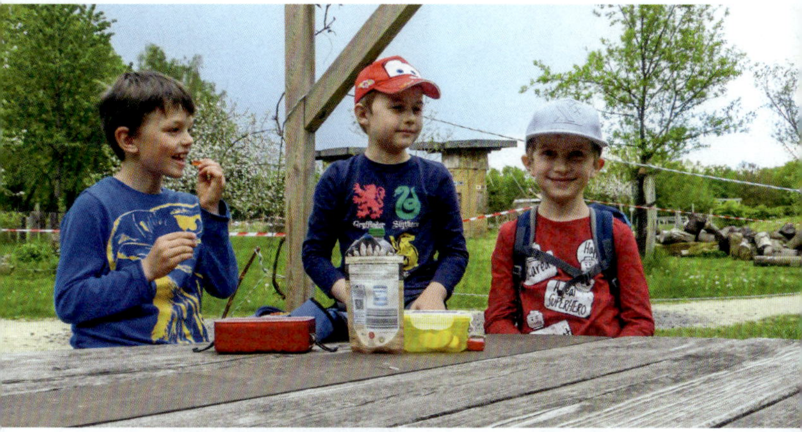

rechts. Unser Pfad macht eine Linkskurve und bringt uns wieder zu einem **größeren Weg** ⑪, auf dem wir uns nach rechts wenden.

Nun wandern wir auf dem mit A8 markierten Weg immer geradeaus. Schließlich treffen wir wieder auf das weiße W, dem wir nun bis zu unserem Ausgangspunkt folgen. Dabei kommen wir zunächst an einer **Picknickhütte** ⑫ vorbei.

Wir folgen unserem Weg in eine Kurve und wenden uns an einer **T-Kreuzung** zunächst nach rechts, folgen dann aber dem Wanderzeichen geradeaus in einen schmalen Abenteuerpfad. Kurz darauf liegt rechts am Weg eine tolle **Spielstelle am Bach** ⑬.

Etwa 200 Meter weiter biegen wir rechts ab und laufen nun leicht bergab. Der Weg führt über einen Holzsteg, dann passieren wir eine Picknickbank und eine Holzliege. An der darauffolgenden **T-Kreuzung** ⑭ wenden wir uns nach rechts und erreichen kurz danach die Hochstraße, der wir geradeaus folgen.

Bei nächster Möglichkeit geht es nach rechts wieder in den Wald hinein. Danach biegen wir gleich dreimal hintereinander links ab und gelangen schließlich wieder zum Weiher vor dem **Haus Wildenrath** ①. Geradeaus folgen wir dem uns bereits bekannten Wiesenpfad zurück zu unserem Ausgangspunkt.

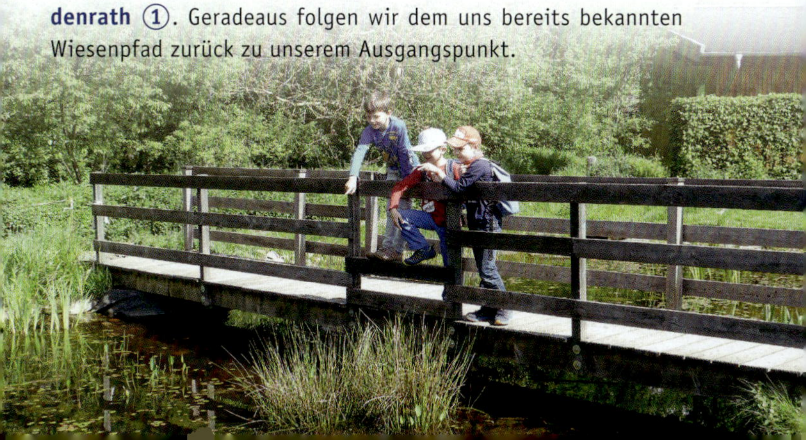

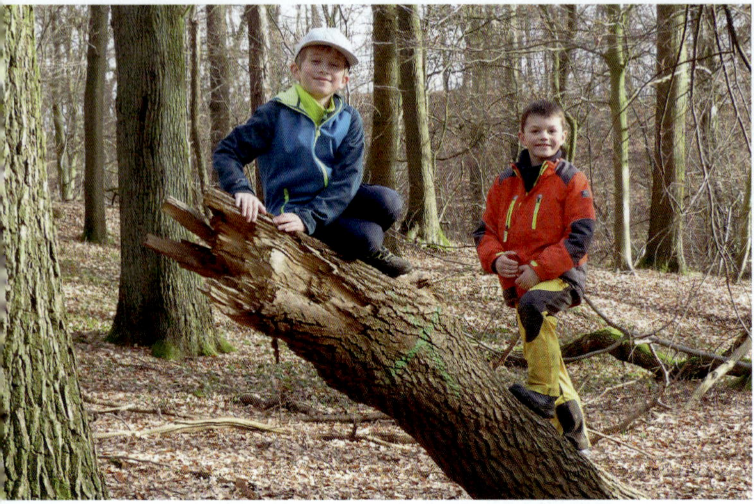

40 m

STRECKE 5,1 km

1 h 45

ab 6

Tour 25: Auf Abenteuerpfaden durch das Doverner Bruch

Steile Hänge, schmale Pfade und ein idyllischer See im Wald

Das Doverner Bruch begeistert uns mit seinen schmalen Pfaden, steilen Hängen und dem idyllisch in seiner Mitte gelegenen Waldsee. Besonders bemerkenswert sind auf dem Wegstück vor dem See die alten Buchen, die einen Durchmesser von bis zu 150 Zentimeter haben und hier in einer alten Allee aneinander gereiht stehen. Diese stammt wahrscheinlich aus dem 18. bis 19. Jahrhundert und führte einst bis zum Kühler Hof, an dem wir auf dem ersten Abschnitt unserer Tour vorbei wandern.

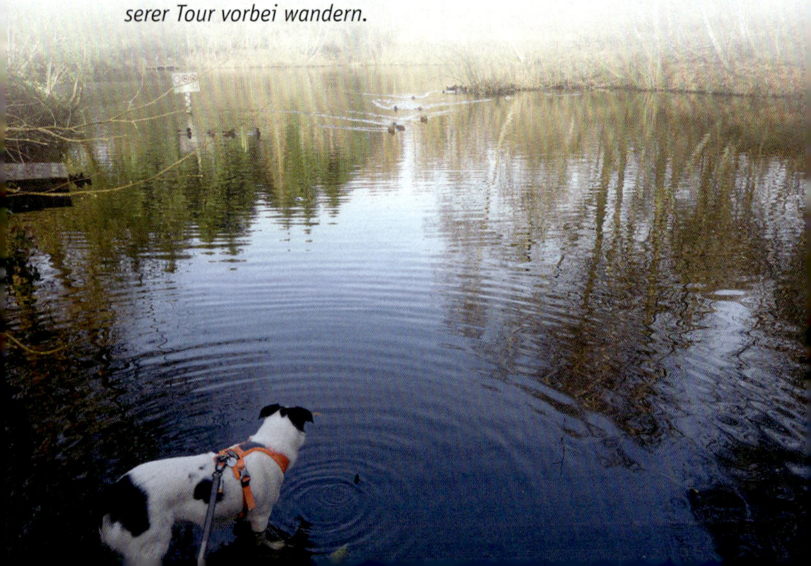

Wanderung: Wir starten mit dem Rücken zur Straße und betreten am Poller vorbeigehend den Feldweg, der uns in Richtung des Waldes bringt. An der ersten **T-Kreuzung** biegen wir links, an der zweiten rechts ab und wandern an der einladenden Picknickbank vorbei. Bei der nächsten Möglichkeit wenden wir uns erneut nach rechts in das Naturschutzgebiet Doverner Bruch. Kurz darauf führt uns der Weg ein Stück steil bergab. Wir durchwandern eine Linkskurve und erreichen schließlich den **Kühler Hof** ①, den wir links von uns liegenlassen. Nun wandern wir auf asphaltiertem Weg bergab.

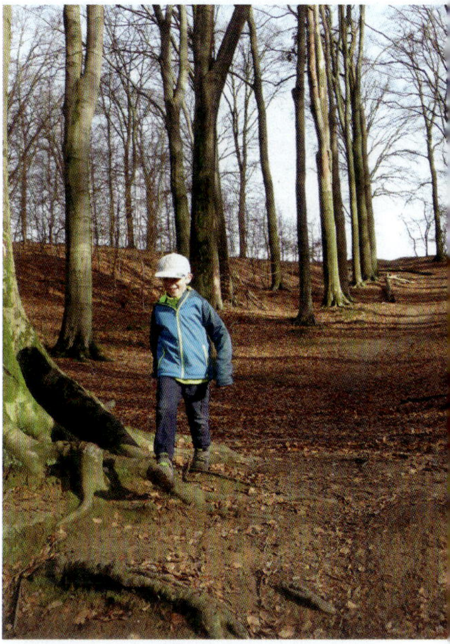

Wenig später sehen wir nach Passieren einer Picknickbank links von uns einen **See**, an dessen Ufer wir später noch verweilen werden. Zunächst wandern wir jedoch weiter geradeaus. Nach einer Schranke auf der linken Seite laden rechts am Weg mehrere Baumstämme und große Steine zum Klettern und Balancieren ein. So kommen auch die Kids auf ihre Kosten.

Wir kommen zum Waldrand und der Blick streift jetzt frei über die Felder und auf einige Windräder. An einer **Kreuzung**

TOUREN-STECKBRIEF

Anfahrt: A46, Ausfahrt Erkelenz Süd. Auf die B57 in Richtung Linnich fahren, die ersten beiden Kreisverkehre geradeaus überqueren, im dritten die erste Ausfahrt nehmen, ebenfalls im darauf folgenden. Links abbiegen auf die Hatzurodestraße und dann rechts auf die Houverather Straße. Danach links abbiegen auf Am Kammerbusch und kurz darauf rechts in Richtung Friedhof. Der kleine Parkplatz befindet sich vor diesem auf der linken Seite bei **GPS N 51°03′35.0″, E 6°16′05.0″**. Ein weiterer, größerer Parkplatz befindet sich bei Wegpunkt ③.
ÖPNV: Doveren Markt, Buslinien 401 und HÜ2. Dann beginnt die Tour bei Wegpunkt ④.

Anspruch und Charakter: Abwechslungsreiche Wanderung, die mal über Feldwege, mal über schmale Waldpfade und ein Stück auch über Asphalt führt. Besonders nach Regenfällen sind Matschhosen und festes Schuhwerk nicht verkehrt. Der Wegabschnitt durch das Bruch erfordert spätestens dann auch eine gewisse Trittsicherheit. Es gibt mehrere schöne Picknickmöglichkeiten. Proviant einpacken!
Kinderwagentauglich: Nein.
Markierung: Keine.
Highlights: Doverner Bruch, Doverener Bach, Buchenallee, kleiner See.
Einkehr: Keine.
In der Nähe: Millicher Halde, Erka-Bad, Rheinisches Feuerwehrmuseum.

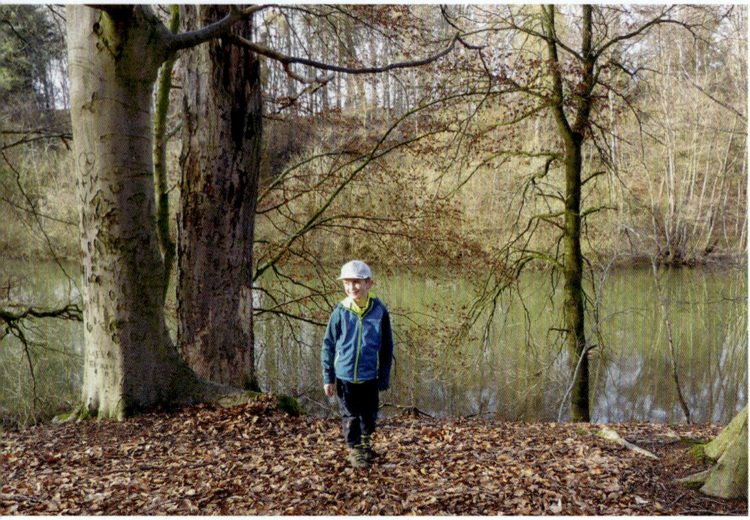

am Feldrand ② könnten wir die Runde abkürzen, der längere Rundweg führt hier jedoch weiter geradeaus. Wir überqueren wenig später die Landstraße und gehen in die Junkerstraße. Kurz darauf biegen wir links ab in die Schulstraße, die uns zuerst zu einem **Parkplatz** ③ und dann zur Kirche führt. Wir wandern rechts an dieser vorbei und steigen die Steinstufen bergab zur Hetzerather Straße mit **Bushaltestelle** ④. Hier geht es noch kurz geradeaus weiter, bevor wir links in die Sackgasse »Am Kaiserstein« abbiegen.

Wir folgen dem Weg bergauf in eine Linkskurve und betreten kurz darauf den Wald. Hier steht rechts eine Picknickbank. Wir wählen nicht den bergauf führenden Weg mit der Schranke, sondern wandern auf gleicher Höhe bleibend geradeaus. Am Naturschutzgebiet-Schild wählen wir den linken Weg und befinden uns nun auf einer von **Buchen gesäumten Allee** ⑤. Rechter Hand steht noch einmal eine Picknickbank.

Nun geht es auf einem Abenteuerpfad immer geradeaus durch den Wald. Links unter uns sehen wir eine **Holzbrücke** ⑥, von der ein **weiterer Pfad** zu uns hinaufführt. Hier trifft die gekürzte Runde wieder auf unseren Rundweg. Schließlich erreichen wir das **Ufer des Sees**, Stege laden zu einer Rast ein.

Wir lassen den See links liegen und wandern weiter auf schmalem Pfad, der ein wenig Trittsicherheit erfordert. Schließlich folgen wir dem Pfad in eine Rechtskurve und bergauf, bis wir

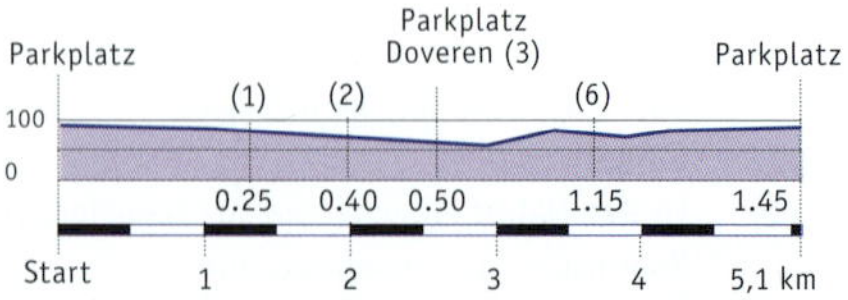

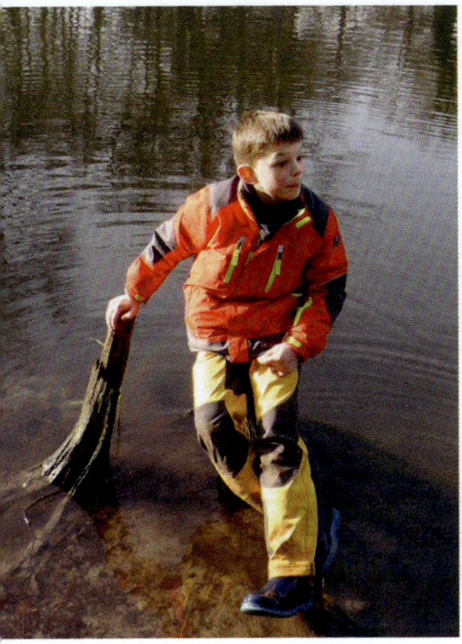

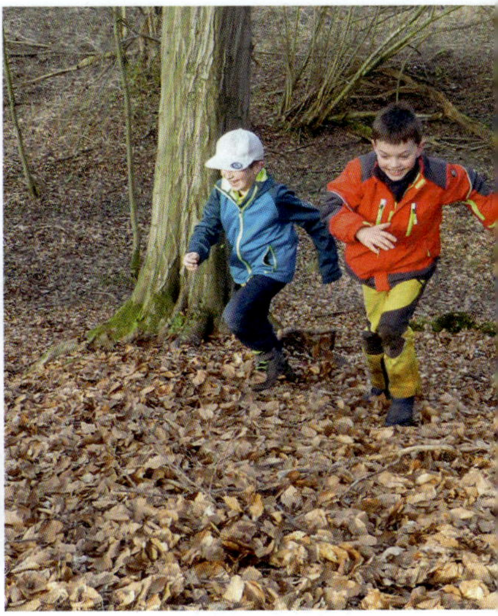

an der nächsten **T-Kreuzung** ⑦ aufs freie Feld treten. Hier geht es links weiter. In der nächsten Rechtskurve treffen wir auf unseren Hinweg, dem wir an der Picknickbank vorbei und dann noch einmal nach links und rechts abbiegend zurück bis zum Parkplatz folgen.

Variante für die Jüngsten

Mit kleineren oder wandermüden Kindern kann man die Wanderung bei Bedarf auf eine Gesamtstrecke von 3,9 Kilometern abkürzen: Dafür bei Punkt ② links abbiegen und hinab ins Doverner Bruch wandern. Auf einer Holzbrücke überquert man im Anschluss den Doverener Bach und trifft bei Punkt ⑥ mit einem Abzweig nach links wieder auf den beschriebenen Weg.

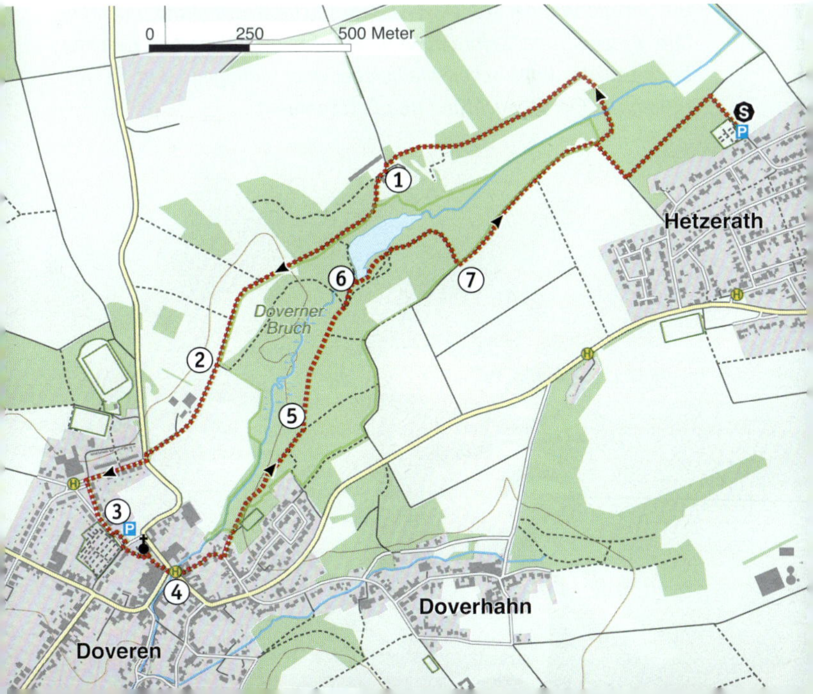

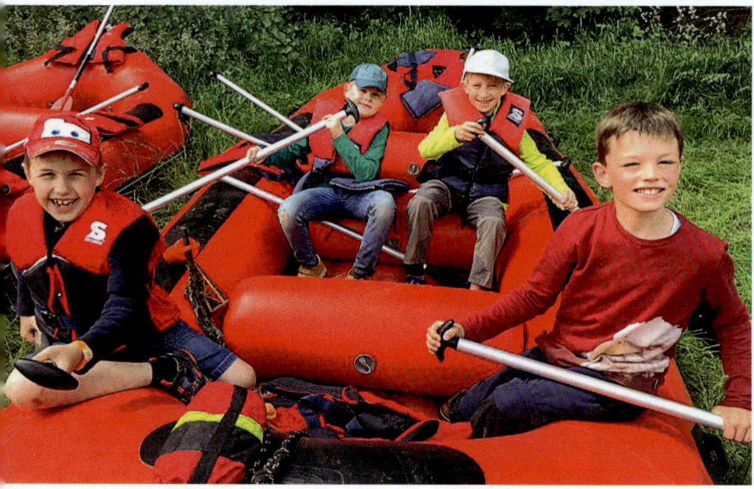

STRECKE
11 km

2 h 45

ab 6

Tour 26: Paddelspaß auf der Rur

Zwischen Hilfarth und Orsbeck durch zwei Sohlgleiten

Die Rur entspringt im Hohen Venn in Belgien und mündet in Roermond in den Niederlanden in die Maas. Dazwischen fließt sie durch Deutschland und über weite Strecken im niederrheinischen Gebiet. Ihr überwiegend gemächlicher Verlauf lädt zu einer Paddeltour mit der Familie ein. Allerdings ist der Fluss anspruchsvoller als die Niers. Die Sohlgleiten, der stellenweise sehr flache Wasserstand und mehrere Wasserstrudel erfordern einige Aufmerksamkeit und Geschick beim Lenken. Dazwischen bleibt aber auch genügend Zeit für Naturgenuss, Tierbeobachtung und Entspannung.

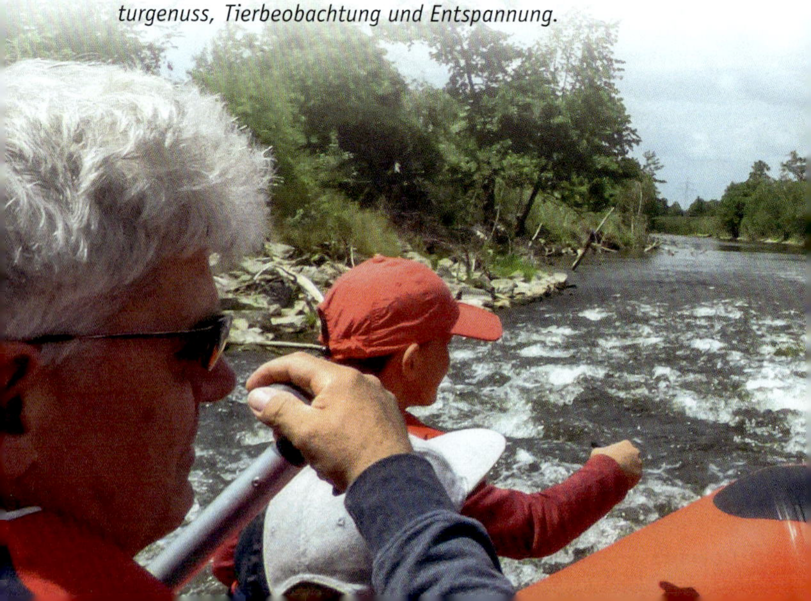

Paddeltour: Unsere Paddeltour beginnt in **Hilfarth**, nahe des Ausflugslokals Haus Sodekamp-Dohmen, in dessen Biergarten wir vor oder nach der Tour einkehren können. Hinter diesem befindet sich ein großer Parkplatz, auf dem die Autos kostenfrei stehenbleiben können. Ein Weg führt von diesem hinab bis zur Einstiegsstelle in den Rurwiesen bei N 51°02'32.0" E 6°13'28.0". An diese Stelle bringen die Kanuverleiher die zuvor gemieteten Boote und geben eine Einführung in Paddeltechnik und die Wegstrecke mit ihren Besonderheiten. Wer ein eigenes Boot besitzt, kann ebenfalls hier oder an der kurz zuvor erreichten Treppe starten, muss dann allerdings auf die fachkundige Einführung verzichten.

Wir tragen unser Boot ins Wasser und paddeln los mit Fließrichtung der Rur. Zunächst las-

Paddeln auf der Rur
Die Rur eignet sich an vielen Stellen zum Paddeln für Familien und auch Anfänger. So sind zum Beispiel die Wegstücke vor Hilfarth und hinter Orsbeck gut zu befahren. Wir sind die hier vorgestellte Strecke mit einem großen Schlauchboot mit mehreren Familien gefahren. Dieses ist quasi unsinkbar und lässt sich auch über die Sohlgleiten leicht steuern. Aber auch Touren im Kanu werden angeboten. Preis im 2er-Kanu €20 pro Person, Raft (Schlauchboot) für zehn Personen €190. www.mit-paddel-und-pedale.de

TOUREN-STECKBRIEF

Anfahrt: A46, Ausfahrt Hückelhoven-Ost. Rechts abbiegen auf die Gladbacher Straße, diese ändert im weiteren Verlauf mehrmals ihren Namen. Als Breite Straße führt sie schließlich über die Rur, direkt dahinter befindet sich der Parkplatz bei **GPS N 51°02'33.0", E 6°13'22.0"** auf der linken Seite.

ÖPNV:
Startpunkt: Hilfarth Rurbrücke, Buslinien HÜ1, 406, 407. Danach die Rur überqueren, links abbiegen und bis zum Parkplatz hinter dem Restaurant laufen.
Ziel: Orsbeck, Buslinie SB1. Vom Parkplatz aus nicht die Rur überqueren, sondern auf dem Radweg links neben der Heinsberger Straße etwa 600 Meter bis zur Haltestelle laufen.

Anspruch und Charakter: Abwechslungsreiche Familientour, die für Anfänger und Fortgeschrittene geeignet ist. Aufgrund der Sohlgleiten ist ein wenig Geschick erforderlich.

Highlights: Zwei Sohlgleiten, malerische Holzbrücke.

Einkehr: Haus Sodekamp-Dohmen am Start, Hotel-Restaurant »Zur Post« am Ausstieg.

In der Nähe: Hobbitlandschaft Hückelhoven, Millicher Halde.

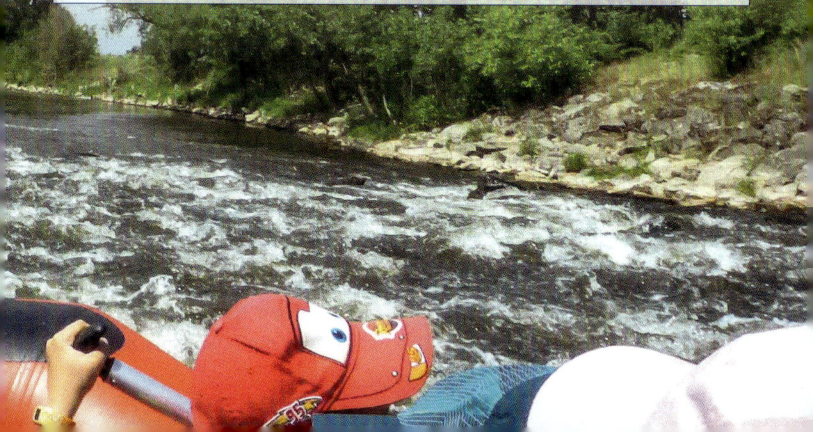

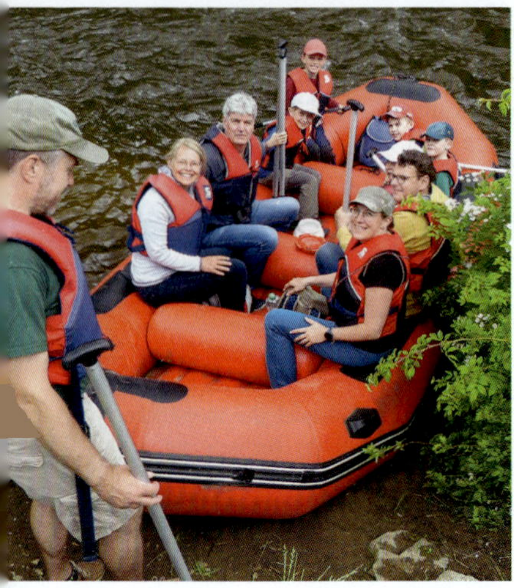

sen wir es ganz gemächlich angehen. Die weiten Kurven des Flusses sind einfach zu fahren und lassen uns ein Gefühl für das Boot entwickeln, bevor die ersten **Wasserstrudel** ① auf uns warten. Hier heißt es dann volle Fahrt voraus und auf beiden Seiten des Bootes mit den Paddeln ordentlich Gas geben, damit uns der Schwung des Bootes über die Wasserwirbel trägt. Dann fahren wir **links** an einer kleinen **Insel** ② vorbei.

Sohlgleiten
An den Sohlgleiten befanden sich früher Wehre. Diese wurden umgebaut, damit die Fische wieder hin und her schwimmen können. Dabei wurde der Höhenunterschied des bislang durch das Wehr kontrollierten Wassers durch Aufschüttungen von beispielsweise Steinen so ausgeglichen, dass auf einer Länge von bis zu 30 Metern die Differenz gleichmäßig verteilt wird. Beim Paddeln merkt man den kontinuierlichen Höhenunterschied deutlich und muss darauf achten, zügig an geeigneter Stelle durch die Sohlgleite zu fahren.

An der nächsten Linkskurve mündet der **Millicher Bach** ③ in die Rur. Kurz darauf unterqueren wir die **A46**. Rechts von uns liegt nun der **Adolfosee**. Dann fahren wir unter einer malerischen **Holzbrücke** ④ hindurch.

Jetzt ist es nicht mehr weit bis zur ersten **Sohlgleite** ⑤. Ein Schild weist auf das Wehr hin, das sich hier früher befand, und zeigt uns die Stelle. Aber auch ohne das Schild ist die Stelle vom Wasser aus leicht zu erkennen: Es wirkt, als würde die Rur plötzlich im Nichts enden. Nun heißt es, das Boot auf die linke Seite der Rur zu bringen und dort zu halten. Um möglichst schnell und sicher durch die Sohlgleite zu kommen, müssen wir auf beiden Seiten des Bootes kräftig paddeln. Wir bekommen den einen oder anderen Wasserspritzer ab und werden kurz hin und her geschaukelt, dann sind wir juchzend und kreischend bereits unten angekommen.

Danach geht es erst einmal ruhig weiter. Von rechts mündet der **Mühlenbach** in die Rur. Danach dauert es nicht lange, bis wir eine **grüne Brücke** ⑥ sehen. Nun heißt es wieder, sich nach links zu orientieren, denn direkt danach wartet die zweite Sohlgleite auf uns. Erneut müssen wir kräftig paddeln und werden noch etwas mehr durchgeschaukelt als beim ersten Mal. Das ist ein Spaß! Dann ist es geschafft und wir blicken stolz zurück auf das unruhige Wasser. Nun ist es nicht mehr weit bis zum Ziel.

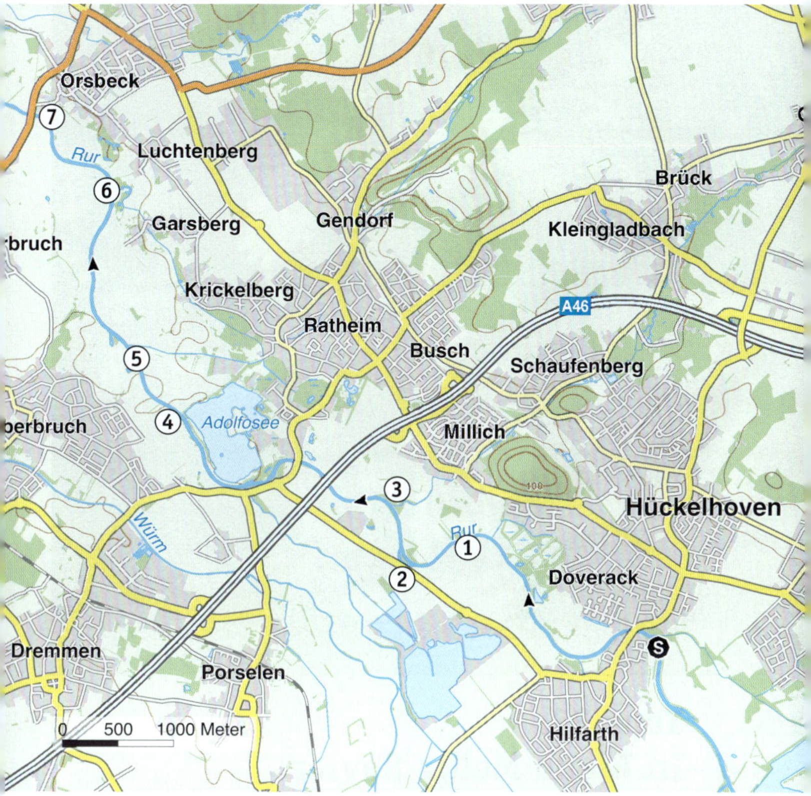

Noch vor der **Rurbrücke Orsbeck** befindet sich auf der rechten Seite die **Ausstiegsstelle** ⑦. Diese ist durch mehrere Stufen gut zu erkennen. Hier auf keinen Fall weiter paddeln, denn unmittelbar hinter der Rurbrücke Orsbeck befindet sich eine Stelle, die zu gefährlich ist, um sie mit dem Boot zu befahren! Wir ziehen unser Boot an Land und gehen die wenigen Schritte hinauf bis zum großen Parkplatz.

Organisation Hin- und Rückfahrt

Zwischen Start und Ziel gibt es keine direkte Verbindung. Man müsste über Erkelenz fahren und mehrmals umsteigen. Dazu ist man etwa 1,5 Stunden unterwegs. Einfacher ist der Transfer mit einem zweiten Auto oder mit dem Fahrrad.

In etwa 15 Minuten kann man mit dem Auto von der Einstiegs- zur Ausstiegsstelle fahren und ein Auto am Endpunkt parken. In Orsbeck gibt es einen großen, kostenfreien Parkplatz direkt am Ufer der Rur mit schönen Picknickplätzen und Dixi-Klo. Wer es etwas sportlicher mag, stellt ein Fahrrad an die Ausstiegsstelle und fährt über den RurUfer-Radweg zurück zum Ausgangspunkt.

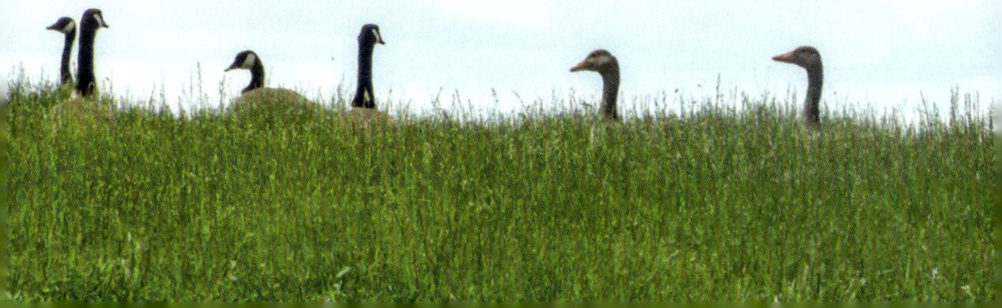

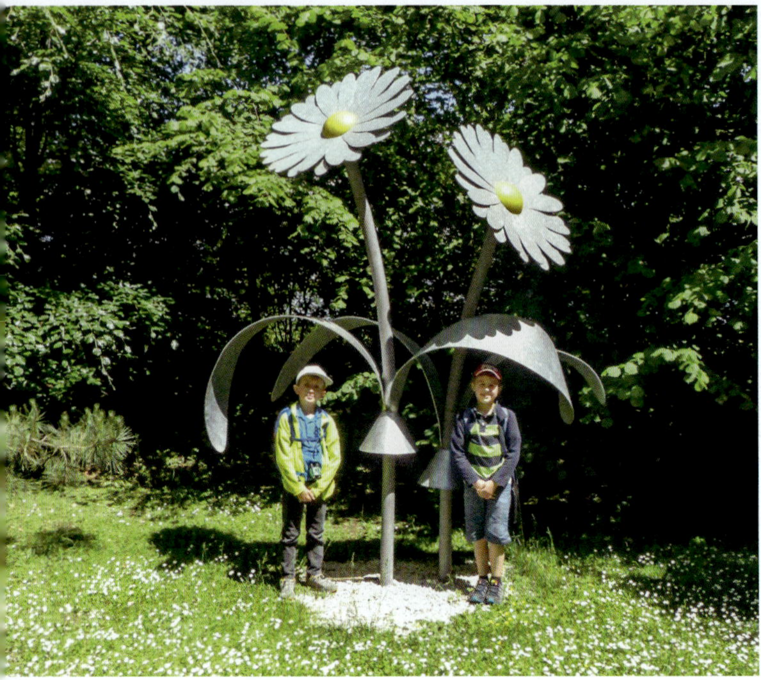

eben

STRECKE 4,4 km

1 h 30

ab 4

Tour 27: In Biene Mellis Revier

Der Waldmärchenpfad bei Waldfeucht

Im Kitscher Bruch an der niederländischen Grenze wartet Biene Melli mit ihren Abenteuern auf neugierige Kinder. Auf einem vier Kilometer langen, barrierefreien Lehrpfad erzählt sie an insgesamt zwölf Stationen ein spannendes Waldmärchen. Auch Erwachsene können hier einiges lernen. Neben der Natur-Erlebnis-Tour ist der privat angelegte, aber frei zugängliche Peter-Müller-Park einen Besuch wert. Zum krönenden Abschluss lockt das Café »Zur Klus« zu einer Einkehr mit ungewöhnlichem Ambiente.

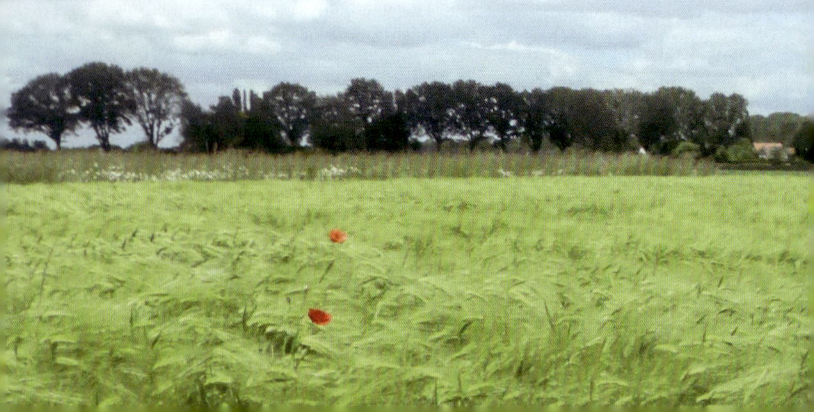

Wanderung: Unsere Wanderung beginnt an Station eins, der Infotafel zum Waldmärchenpfad gegenüber der ehemaligen Kirche, in der sich das Café Klus befindet. Wir lassen das Café links von uns liegen und erreichen kurz darauf eine **Kreuzung**, die wir uns geradeaus halten. Am nächsten Abzweig führt uns ein Wegweiser nach rechts auf den Feldweg. Wir folgen diesem in eine Linkskurve und erreichen kurz darauf an einer Picknickbank auf **Station 2**, den **Blick zur Kitscher Mühle** ①.

Café zur Klus
Das Café befindet sich in einer ehemaligen Pfarrkirche aus dem 18. Jahrhundert. Der Kuchen ist hausgebacken und die Einkehr sehr zu empfehlen. Bei gutem Wetter kann man auch im Garten sitzen. Die Tische stehen unter einer altehrwürdigen, wunderschönen Esskastanie.

Am Schild zum Naturschutzgebiet Kitscher/Kirchhover Bruch wandern wir geradeaus weiter, betreten den Wald und passieren nur wenig später **Station 3**, die Spechthöhle. Linker Hand liegen Tümpel, aus denen oft lautes Quaken zu hören ist. Hier scheinen besonders viele Frösche zuhause zu sein.

TOUREN-STECKBRIEF

Anfahrt: Der A46 bis zu ihrem Ende bei Heinsberg folgen. Rechts abbiegen auf die B221, rechts abfahren auf die Alte Landstraße, an den folgenden Kreisverkehren erst die dritte, dann die zweite und dann wieder die dritte Ausfahrt nehmen. Rechts abbiegen auf »Zur Kornmühle« und nur wenig später nach links auf die Waldfeuchter Straße. Diese heißt im weiteren Verlauf Brauereistraße und Kitscherweg. Von diesem links abbiegen in die Bergstraße und danach rechts in den Kluserweg bis zum Parkplatz auf der linken Seite bei **GPS N 51°05'49.0", E 6°02'22.0"**. Der Parkplatz vor dem Café und der kleinere ein paar Meter weiter dürfen auch genutzt werden.
ÖPNV: Haaren, Buslinie 475. Vom Kitscherberg über die Bergstraße bis zum Kluserweg gehen. Hin- und Rückweg je etwa 800 Meter zusätzlich.
Anspruch und Charakter: Leichte Wanderung, die durch die vielen Stationen des Waldmärchenpfads und die dazugehörende Geschichte besonders kurzweilig ist. Ein großer Teil des Weges verläuft durch den Wald, es geht aber auch übers freie Feld.
Kinderwagentauglich: Ja.
Markierung: Viele Wegweiser entlang des Waldmärchenpfads.
Highlights: Mellis Waldmärchen, Peter-Müller-Park, Barfußpfad.
Einkehr: Café »Zur Klus« (Heiß- und Kaltgetränke sowie diverse Kuchen).
In der Nähe: Effelder Waldsee, Selfkantbahn, Burgturm Wassenberg.

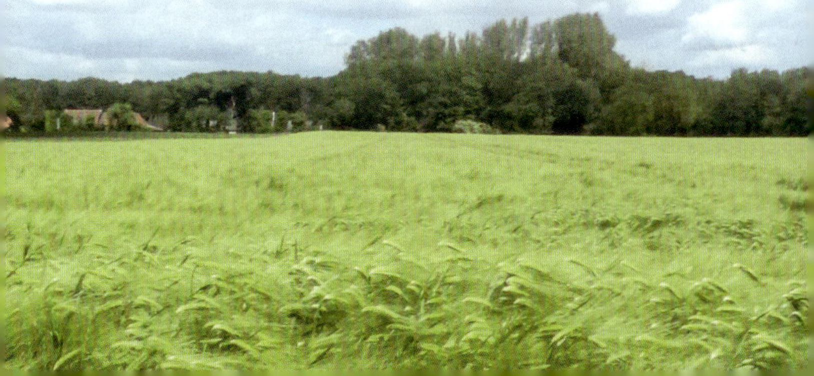

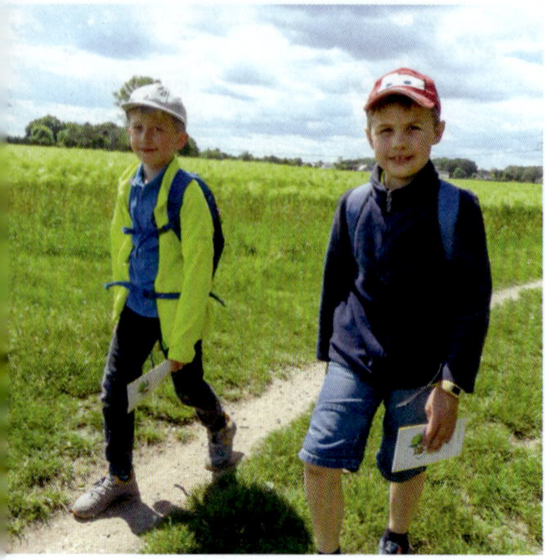

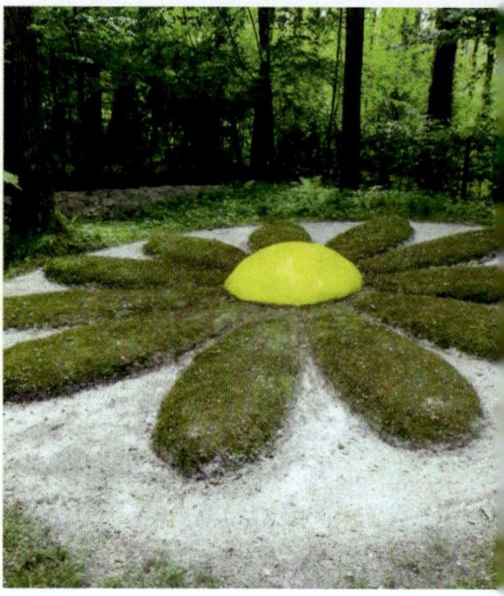

An **Station 4**, **»Im Eichenwald«** ②, biegen wir rechts ab, überqueren einen Bach und laufen weiter durch den Wald. Nur wenig später treffen wir auf das Erlenbruch, das die fünfte Station darstellt. Wir ignorieren den ersten Abzweig nach links, wählen aber den zweiten, um dem sehenswerten **Peter-Müller-Park** ③ einen Besuch abzustatten. Hier gibt es viele schöne Picknicktische (einer davon mit Dach), überdimensionale Blumen-Skulpturen und einen Teich zu entdecken.

Zurück auf dem Waldmärchenpfad überqueren wir an einer Infotafel die Straße. An **Station 6**, dem Gedichtstein, biegen wir rechts ab. Nur wenig später geht es links herum weiter. Damit erreichen wir den **Imkerlehrpfad** ④ und bereits die siebte Station auf dem Waldmärchenpfad. Auf der rechten Seite lockt ein kurzer Barfußpfad dazu, die Welt mit nackten Füßen zu erfühlen. Auch eine Picknickstelle mit Tisch und Bänken sowie eine alte Pumpe gibt es hier.

An **Station 8** erreichen wir den Blühstreifen und wandern weiter geradeaus. Wir verlassen den Wald, treten aufs freie Feld hinaus und genießen die Aussicht über die Umgebung. Der nun bereits vertraute Wegweiser schickt uns kurz darauf nach rechts. An der **Lysimeteranlage** ⑤, **Station 9**, sind die verschiedenen Schichten des Waldbodens zu sehen.

Nur wenig später kommen wir am **Imkerlehrstand** vorbei. An der folgenden Kreuzung gehen wir geradeaus. **An Station 10**, der **Obstwiese** ⑥, biegen wir

Waldmärchenpfad
Der Waldmärchenpfad führt über vier Kilometer zu insgesamt zwölf Stationen. Im Café »Zur Klus« erhält man einen Flyer mit Infos zum Weg. Außerdem gibt für den Besuch mit kleineren Kindern den Flyer »Mellis Abenteuer im Kitscher Bruch« – dem Waldmärchen, nach dem der Pfad benannt ist. Zu jeder Station gehört ein Teil der Geschichte und man kann (vor-)lesen, was Biene Melli dort erlebt. Die Flyer sind auch online zum Download verfügbar: www.waldfeucht.de > Freizeit und Kultur > Waldmärchenpfad Haaren.

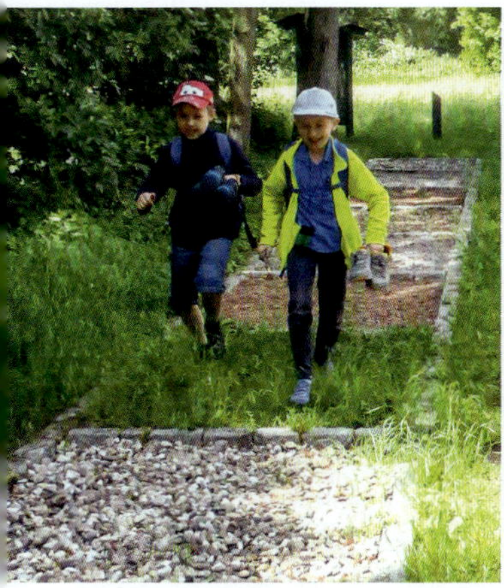

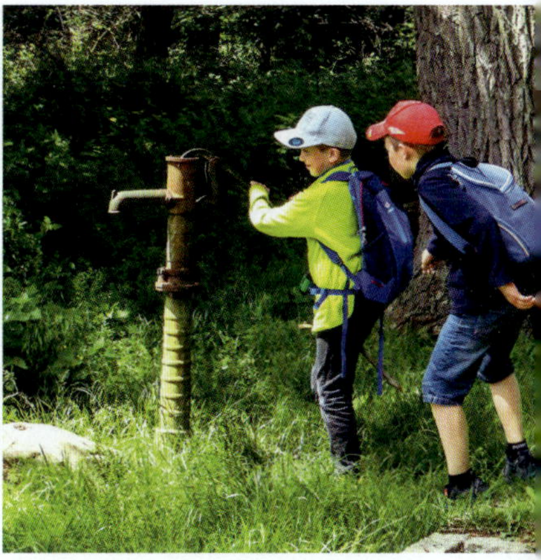

rechts ab in einen Pfad, der von Bäumen gesäumt wird. Die folgende Kreuzung passieren wir geradeaus, danach kommen wir zur **Station 11**, der Hecke. Hier steht noch einmal eine Picknickbank.

Die nächste Straße überqueren wir geradeaus und gelangen zu **Station 12**, der Kläranlage. An der kurz darauf erreichten Kreuzung treffen wir auf unseren Hinweg, biegen links ab und erreichen wieder unseren Ausgangspunkt.

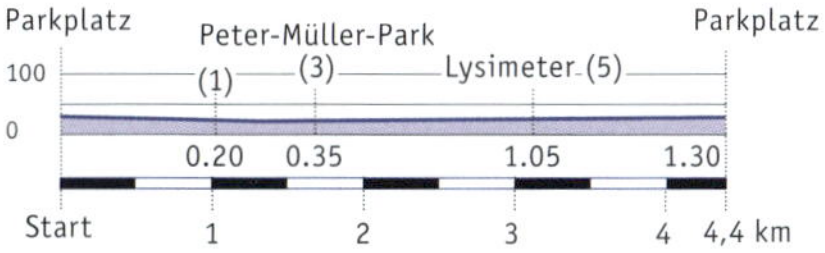

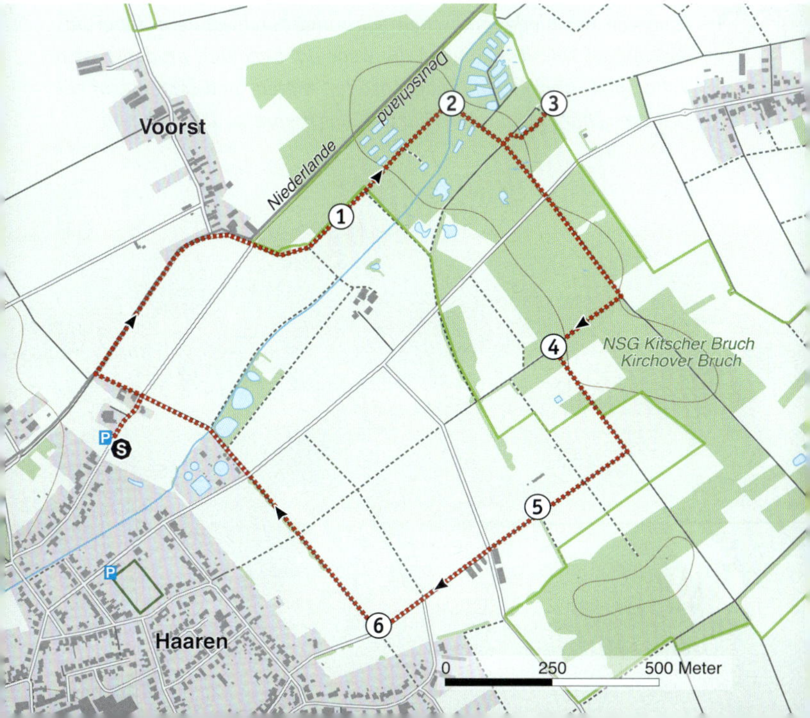

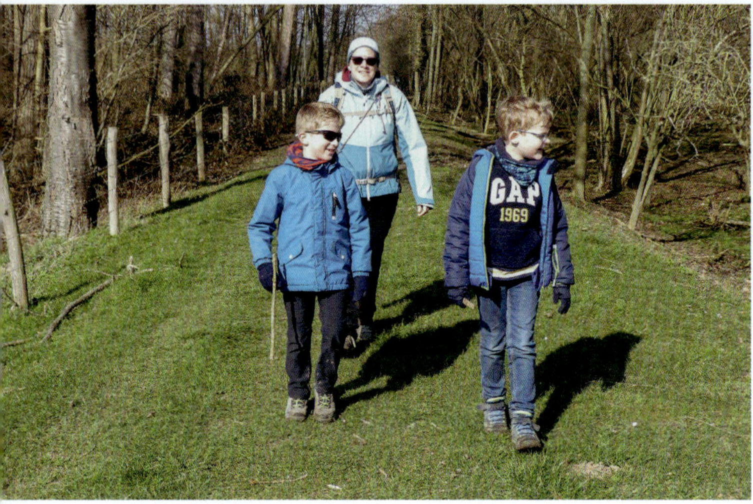

eben

STRECKE 6,2 km

2 h 15

ab 6

Tour 28: Am Westzipfel

Wandern, wo die Niederlande am schmalsten sind

Der westlichste Punkt Deutschlands befindet sich dort, wo die Niederlande am schmalsten sind. Vom deutschen Dorf Selfkant sind es nur 4,8 Kilometer durch die Niederlande – dann kommt schon die belgische Grenze. Wir nähern uns dem »Westzipfel« auf dieser Wanderung von der niederländischen Seite und durchwandern dabei das Waldgebiet t'Hout, genießen die Wege am Bachufer, an denen sich viele Spiel- und Picknickmöglichkeiten bieten, und rasten schließlich am schön gestalteten Platz an der Grenze zu Deutschland.

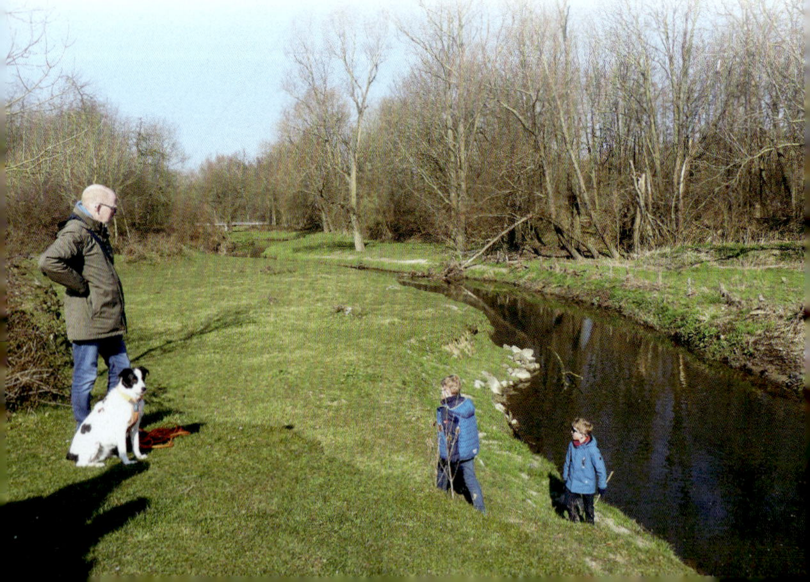

Wanderung: Vom Parkplatz aus gehen wir zurück zur Straße, biegen rechts ab und überqueren die **Bahnschienen**. Kurz danach folgen wir der Straße »In de Mehre« nach links und halten uns sofort danach erneut links in Richtung Knotenpunkt 76. Kurz hinter der **Brücke** ① biegen wir rechts auf den Pfad ab und wandern ein Stück am Bach entlang.

Am Rand eines Wäldchens biegen wir links ab und kehren dem Bach damit den Rücken zu. An der **T-Kreuzung** ② folgen wir der »Beekdalwandelroute« nach links. Nun geht es immer geradeaus, bis wir an Knotenpunkt 75 die große **Picknickhütte t'Hout** ③ erreichen.

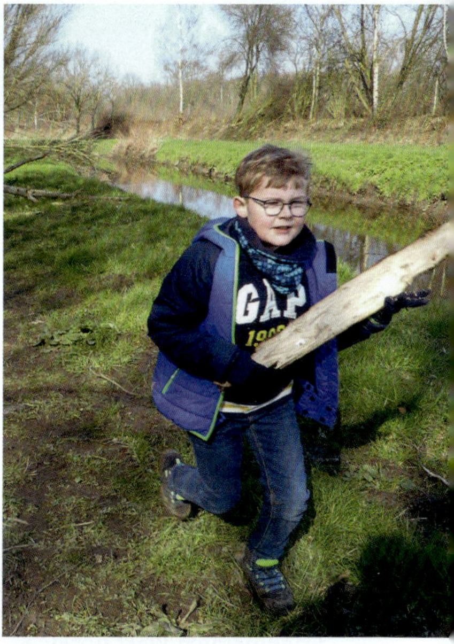

Nach einer Rast wandern wir weiter geradeaus und überqueren etwas später den **Bach Vloedgraaf** auf einer Brücke. Kurz darauf biegen wir links ab und durchqueren an **Knotenpunkt 77** ein Tor im Zaun.

Nun wandern wir am Bach entlang, der sich malerisch durch die Landschaft windet. Links des Weges können wir gut das Ufer erreichen. Die **Wiesen** ④ laden ein zu einem ausgiebigen Picknick, während die Kinder am Bach spielen.

Im Anschluss geht es noch einmal durch ein Tor im Zaun

TOUREN-STECKBRIEF

Anfahrt: Niederländische A 73, Ausfahrt Maasbracht. Auf die N 276 in Richtung Sint Joost fahren. Am Sportzentrum in Susteren links abbiegen auf den Oude Rijksweg Noord, erneut links abbiegen auf die Louerstraat, diese heißt im weiteren Verlauf Stationsstraat. Unmittelbar nach dem Bahnübergang befindet sich der Parkplatz auf der linken Seite bei **GPS N 51°03'34.0", E 5°51'46.0"**.

ÖPNV: Bahnhof Susteren, verschiedene Zug- und Buslinien.

Anspruch und Charakter: Leichte Wanderung, die auch mit einem sportlichen Buggy oder geländetauglichen Kinderwagen gemacht werden kann. Unterwegs bieten sich mehrere schöne Picknickmöglichkeiten, auch auf den Wiesen direkt am Wasser. Picknickdecke nicht vergessen! Nach Regenfällen kann es streckenweise sehr matschig sein.

Kinderwagentauglich: Ja.

Markierung: Keine. Orientierungshilfen durch Knotenpunkte siehe Wegbeschreibung.

Highlights: Große Picknickhütte t'Hout, Vloedgraaf (Bach), Erlebnisraum Westzipfel.

Einkehr: Koffiehuis & Brasserie Het ijzerenbos.

In der Nähe: Selfkantbahn, Wildpark Gangelt, Sternwarte Limburg.

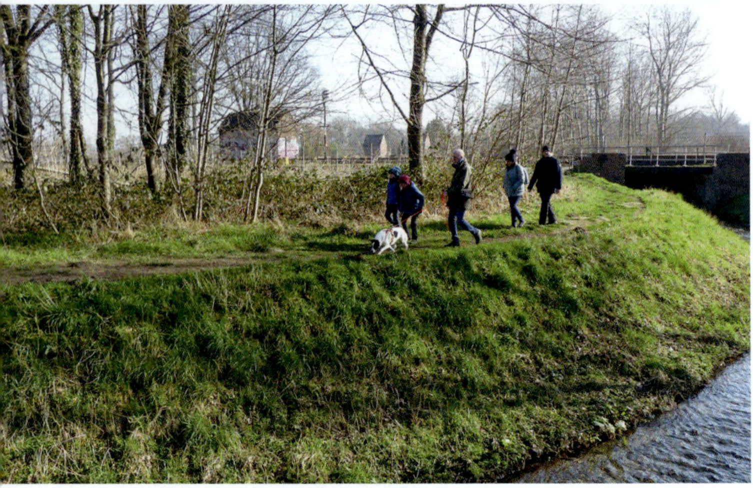

und dann durch eine Unterführung unter der Bahnlinie. Wer traut sich, hier stehen zu bleiben und dem donnernden Geräusch eines durchfahrenden Zuges zu lauschen?

An **Knotenpunkt 87** wandern wir weiter geradeaus, immer am Ufer des Baches entlang. Auf der folgenden **Brücke** ⑤ wenden wir uns nach links und überqueren den Bach. Nun laufen wir ein Stück auf dem breiten Radweg, der parallel zur Straße verläuft. Dabei kommen wir an einem Hof vorbei, auf dessen Weideflächen oft Esel, Schweine und Ziegen grasen.

Schließlich folgen wir der Beschilderung zu Deutschlands westlichstem Punkt nach rechts in Richtung Knotenpunkt 47. Dabei gelangen wir zu einer schönen Picknickstelle mit Bank und Tischen. Wir überqueren den Bach »Roode Beek« und stehen am **Erlebnisraum Westzipfel** ⑥.

Dann überqueren wir die Straße, biegen links ab und wandern auf dem Fahrradweg zurück in Richtung Susteren. Rechts am Weg steht eine Kasematte aus dem Zweiten Weltkrieg, kurz dahinter biegen wir leicht rechts ab. Nun laufen wir links der Straße und können bereits unseren Ausgangspunkt sehen.

Immer geradeaus ginge es zurück zum Parkplatz. Um noch im **Kaffeehaus** ⑦ einzukehren, müssen wir kurz vor dem Ziel rechts in die Straße »Heerenstraat« abbiegen. Nur wenig später stehen wir vor der

Der westlichste Punkt Deutschlands
Der Westpunkt Deutschlands liegt direkt im Rodebach. Rund um den so genannten Erlebnisraum Westzipfel erfährt man auf verschiedenen Infotafeln Wissenswertes zur bewegten Vergangenheit der Region. Zum westlichsten Punkt, der mit einer Tafel mit den Buchstaben WEST markiert wurde, gelangen wir über einen Holzsteg. Außerdem gibt es hier Sitzstufen am Wasser und Bänke, die zu einem Picknick einladen. Auch ein Unterstand und öffentliche Toiletten sind vorhanden.

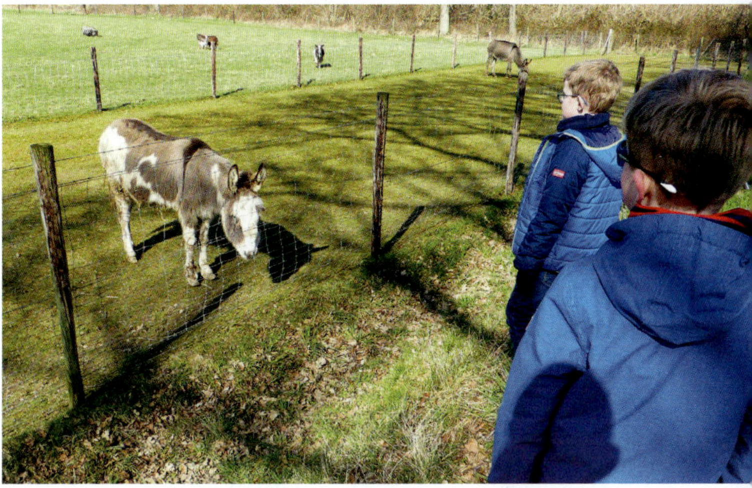

verlockenden Einkehrmöglichkeit. Das Café befindet sich auf der rechten Seite, an Knotenpunkt 44. Zurück zum Parkplatz geht es dann auf gleichem Weg.

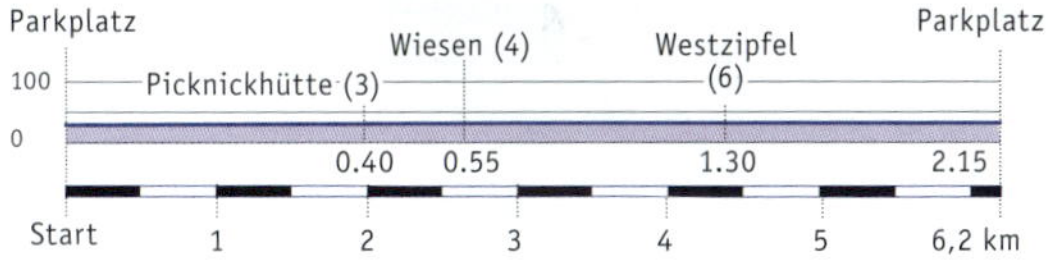

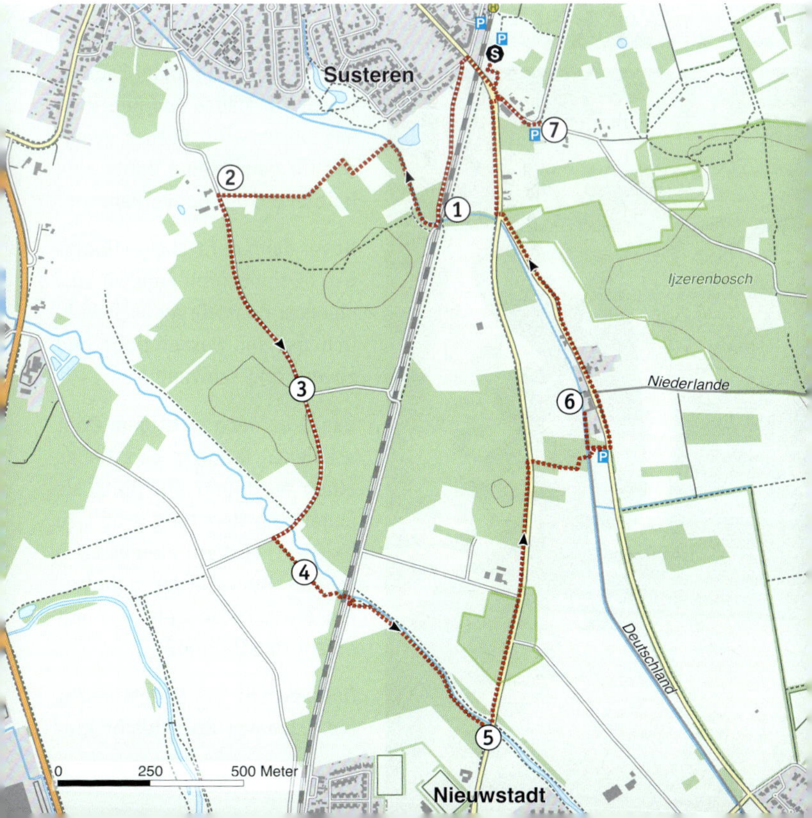

Eine Wettfahrt im Bach
Boote aus der eigenen Werkstatt

Eine Wettfahrt den Bach hinunter oder das Spiel im selbstgebauten Bootshafen – ein Schiffchen am Wasser weckt unzählige Spielideen. Zwar kann man auch Wettfahrten mit treibenden Blättern oder einfachen Rindenstückchen veranstalten – so ein richtiges Boot ist aber doch eine andere Sache. Selbstgebaute Boote aus Naturmaterialien haben einen entscheidenden Vorteil gegenüber mitgebrachten Plastikbooten: Man muss sie nicht tragen, kann sie am Ende des Spieles oder als ein Teil davon einfach auf dem Bach aussetzen – und es macht viel Spaß, sie selbst zu bauen.

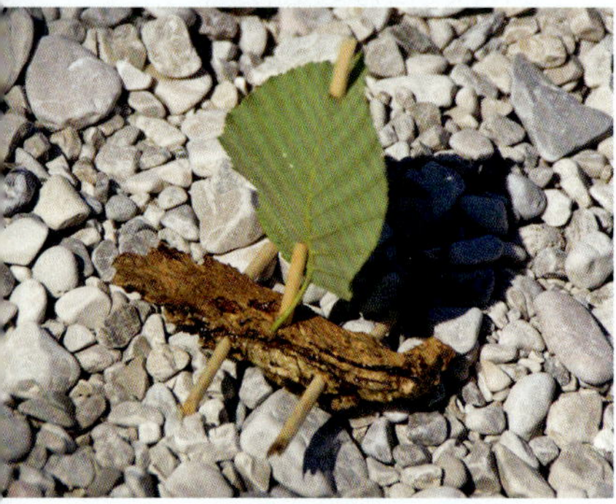

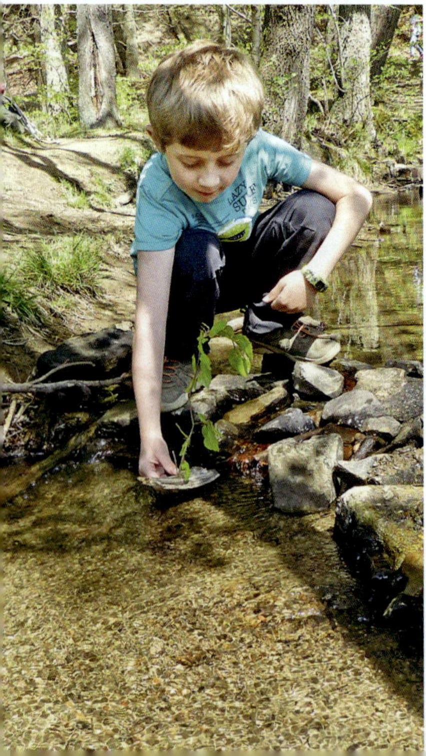

Ein kleines Schiff – schnell gebaut

Der wichtigste Teil des Bootes ist eine gut schwimmende Basis. Ein Stück trockene Baumrinde, wie man sie lose im Wald findet, eignet sich gut. Noch besser funktioniert es mit der extrem leichten Rinde der Korkeiche. Stücke davon kann man im Zoofachhandel kaufen, wo sie für Mäuse und Reptilien angeboten wird. Ebenso geeignet für ganz kleine Boote sind halbierte Flaschenkorken.

Bevor dann der richtige Bootsbau beginnt, probieren wir aus, ob unser Bootskörper auch wirklich gut im Wasser liegt und zuverlässig schwimmt.

Damit es nach richtigem Boot aussieht, braucht das Ganze einen Mast und ein Blatt als Segel. Um den Mast stabil zu fixieren, wird ein kleines Loch in den Bootskörper gebohrt. Am einfachsten geht das mit einem Handbohrer.

Das Gewicht des Segels macht ein schmales Boot leicht kip-

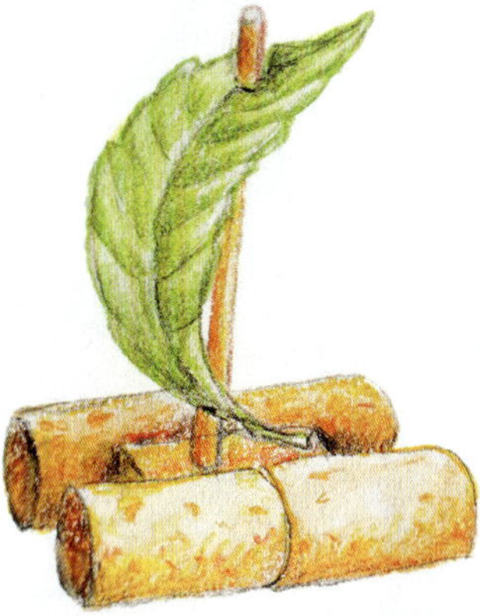

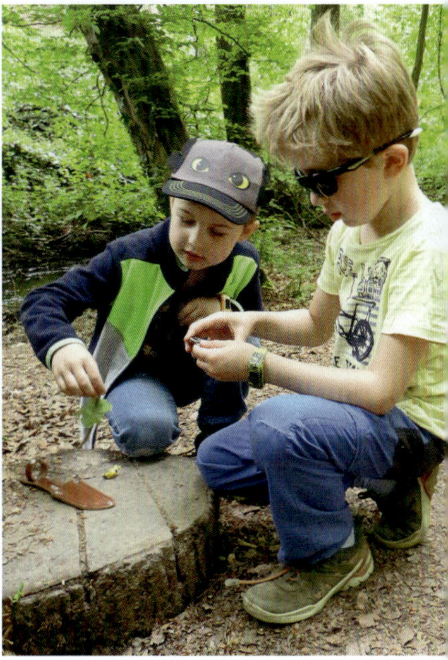

pelig. Um ihm mehr Stabilität zu geben, sind Ausleger nach rechts und links hilfreich, die man ganz einfach mit halben Zahnstochern anfügen kann. Ein Rindenboot aus einem breiteren Rindenstück schwimmt auch ohne diese Hilfe stabil genug, um kleine Wellen, leichte Strömung und ein bisschen Wind auszuhalten.

Ein Katamaran aus Korken

Ebenfalls gut im Wasser liegt ein Bootskörper mit der Bauweise eines Katamarans. Dabei werden zwei schmale Schwimmkörper miteinander verbunden. Das funktioniert sowohl mit Flaschenkorken als auch mit zwei Rindenstücken. Als Verbindung zwischen beiden Teilen eignen sich auch hier Zahnstocher oder Schaschlikstäbe.

Ein Floß im Miniformat

Baut man ein Boot an einem See oder während einer Pause am Bach und kann keine Baumrinde finden, kann man den Schwimmkörper auch nach dem Prinzip eines Floßes aus mehreren Zweigen herstellen. Um die Einzelteile zu verbinden, braucht man lange, stabile Halme, die dann zwischen den Stöcken hindurch gewoben werden. Einfacher ist es, zu zweit zu arbeiten, so dass einer die Einzelteile festhält. Man kann die Stöcke auch fixieren, indem man sie in den Boden steckt. Die Herstellung eines Floßes stellt trotzdem einige Ansprüche an die Feinmotorik und ist weniger geeignet für ungeduldige Naturen. Auch aus frischen Weidenzweigen kann man einen Schwimmkörper flechten.

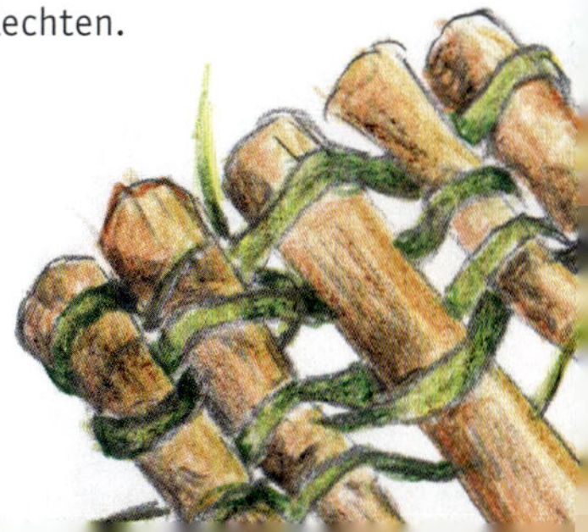

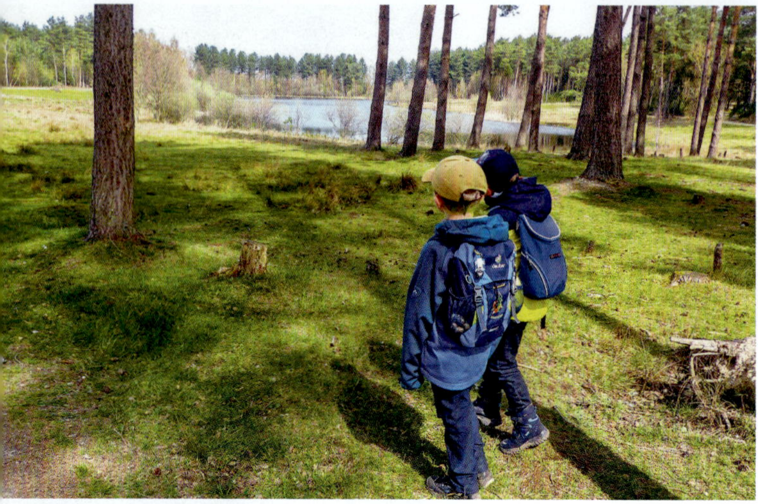

30 m

STRECKE 7,2 km

2 h 30

ab 6

Tour 29: Durch die Teverener Heide

Heide, Wasser und imposante Flugzeuge

Die stille Idylle der Teverener Heide steht in krassem Kontrast zu den immer wieder mal über den Himmel donnernden AWACS-Maschinen, die wir während unserer Wanderung im An- oder Abflug auf die nahe NATO-Airbase beobachten können. Besonders die Kinder betrachten die Flugzeuge mit staunenden Augen. Auch sonst bietet die Runde viel Abwechslung: Die artenreiche Heidelandschaft und die vielen Gewässer, an denen wir vorbeiwandern, lassen keine Langeweile aufkommen. Viele Picknickbänke laden zum Rasten ein.

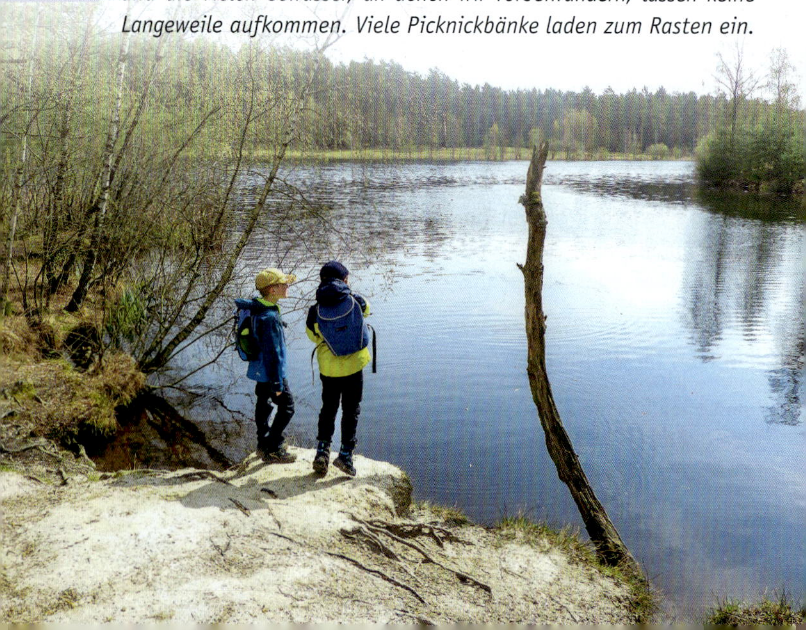

Wanderung: Vom Parkplatz mit überdachtem Picknickplatz gehen wir zur Infotafel über die Teverener Heide, auf der auch die farbig markierten Rundwanderwege eingezeichnet sind. Wir wandern von der Infotafel in den Wald hinein, an den rot-weißen Pfosten vorbei. Links von uns verläuft ein Reitweg. Wir folgen unserem Weg in eine Rechtskurve und biegen kurz darauf an der Picknickbank links ab. Nur wenig später erreichen wir ein Moor mit Infotafel und einem **Aussichtspunkt** ①.

Nur ein paar Meter weiter steht bereits die nächste Picknickbank. Die folgende **Kreuzung** überqueren wir und wählen an der Gabelung direkt dahinter den rechten Weg. Den nächsten nach rechts abzweigenden Weg ignorieren wir und wandern geradeaus auf eine **Kreuzung** ② mit einer weiteren Infotafel zu. Hier biegen wir rechts ab.

An der nächsten Kreuzung wenden wir uns an einer weiteren Bank nach links. Kurz darauf biegen wir rechts ab. Nun wandern wir an einem idyllischen **See** entlang. Am Ende des Sees biegen wir links ab, unmittelbar davor gibt es eine **schöne Spielstelle** ③ direkt am Wasser.

Wir ignorieren den nach rechts abzweigenden Weg und folgen der gelben Markierung geradeaus. Dann folgen wir unserem Weg in eine Linkskurve. Rechts von uns liegt erneut ein See. Wir folgen unserem Weg abermals in eine Linkskurve und erreichen linker Hand einen weiteren See. An der folgenden **Weggabelung** biegen wir rechts ab. Vorher lohnt jedoch ein Abstecher nach links, um den **Heidemann** ④, eine bewegliche Skulptur, zu besuchen.

Nun folgen wir allen fünf Farben der markierten Wanderwege. An der nächsten **T-Kreuzung** wenden wir uns nach rechts in den lila, blau und gelb markierten Weg. Wir passieren eine Picknickbank mit schöner Aussicht und wandern leicht bergab. Unten angekommen folgen wir unserem Weg in eine Linkskurve. Wir passieren die

TOUREN-STECKBRIEF

Anfahrt: A46 bis zu ihrem Ende bei Heinsberg, vom Autobahnende links abbiegen auf die B56 in Richtung Geilenkirchen. Dort angekommen den Kreiserkehr an der ersten Ausfahrt verlassen auf die L42, hinter Teveren und kurz vor Neuteveren links abbiegen Richtung Teverner Heider bis zum Parkplatz bei **GPS N 50°56'44.0", E 6°02'41.0"**.
ÖPNV: Haltestelle Parkplatz Grotenrath, Multibus (nur auf Anfrage unter: 0049 (0)2431 886688).

Anspruch und Charakter: Überwiegend einfache Wanderung mit leichten An- und Abstiegen, ausreichend Verpflegung mitnehmen.
Kinderwagentauglich: Ja.
Markierung: Wechselnd.
Highlights: Heidelandschaft mit vielen Wasserstellen, Heidemann, fliegende AWACS-Maschinen.
Einkehr: Keine.
In der Nähe: Wildpark Gangelt, Naherholungsgebiet Wurmtal, Selfkantbahn.

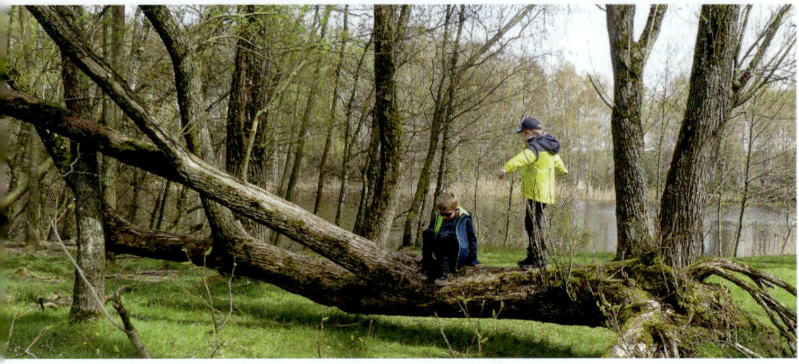

Infotafel zum **Dünensandlaufkäfer** ⑤ und wandern weiter geradeaus. Rechts von uns glitzert weit unten ein kleiner See. Auf einer Anhöhe angekommen, biegen wir links ab. Am nächsten **Abzweig** ⑥ geht es erneut nach links und etwas steiler bergauf.

Wir folgen dem Weg durch eine Rechtskurve und steigen weiter bergan. Am höchsten Punkt biegen wir links ab. Über 34 Holzstufen erreichen wir einen tollen **Aussichtspunkt** ⑦ und die Infotafel zur blauflügeligen Ödlandschrecke, deren blaue Flügel nur im Flug zu sehen sind. Sitzt die Heuschrecke auf dem Heideboden, ist sie mit ihrem grau-braunen Körper perfekt getarnt.

Teverener Heide
Die Teverner Heide steht seit 1977 unter Naturschutz. In dem abwechslungsreichen Gebiet mit trockenen und feuchten Bereichen aus Heide, Moor, Trockenrasen und Wald leben rund 200 bedrohte Tier- und Pflanzenarten, aber auch Schafe und Ziegen, die durch Abgrasen die Heidelandschaft erhalten. Im Frühjahr setzen die tiefroten Blüten der Gagelsträucher und die weißen Köpfchen des Wollgrases farbige Akzente, im Sommer das Lila der blühenden Heide. In der Teverener Heide gibt es fünf verschiede farbig markierte Rundwege zwischen 5,8 und 9,4 Kilometern Länge. Unsere Runde kombiniert die Highlights mehrerer Rundwege.
www.teverenerheide.de

Danach steigen wir wieder bergab und sehen kurz darauf links die nächste Picknickbank. Unmittelbar davor biegen wir rechts ab. Wir folgen unserem Weg nun geradeaus, bis wir am Waldrand auf ein **rot-weißes Gatter** ⑧ treffen. Hier biegen wir links ab und wandern zwischen Wald und Feld zurück zu unserem Ausgangspunkt.

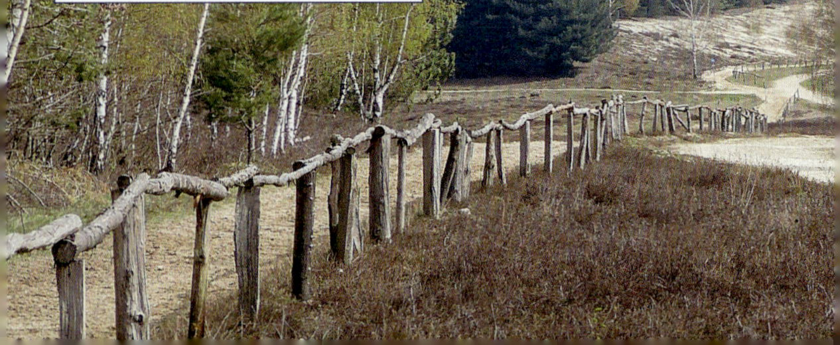

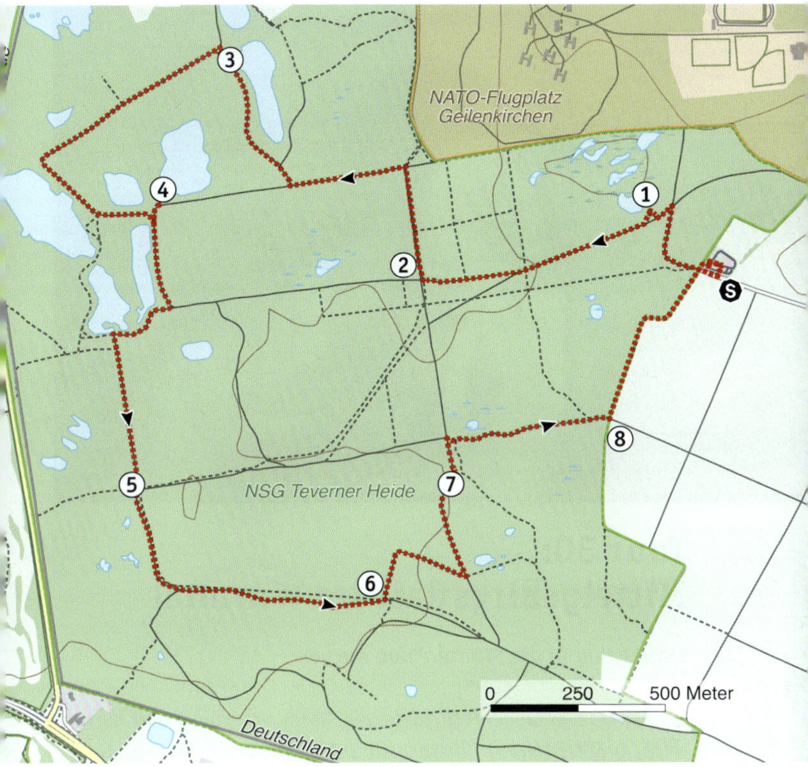
NATO-Flugplatz Geilenkirchen
NSG Teverner Heide
Deutschland
0
250
500 Meter
1
2
3
4
5
6
7
8
S

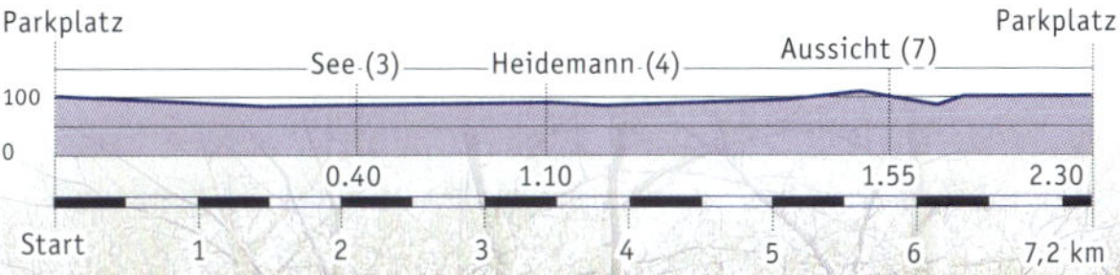
Parkplatz
See (3)
Heidemann (4)
Aussicht (7)
Parkplatz
100
0
0.40
1.10
1.55
2.30
Start
1
2
3
4
5
6
7,2 km

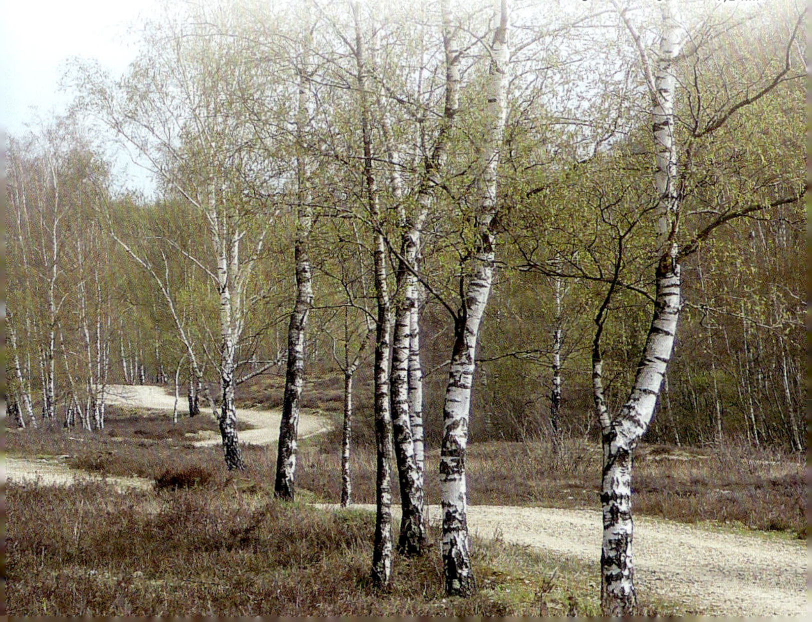

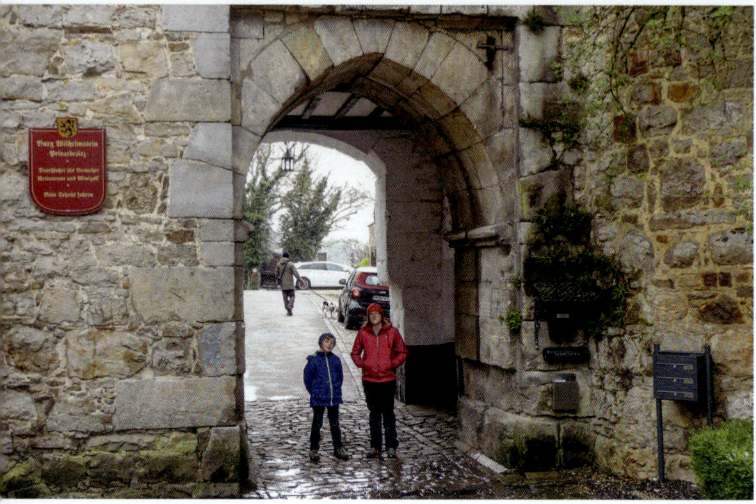

130 m

STRECKE 7,7 km

2 h 30

ab 6

Tour 30: Mittelgebirgsflair im Wurmtal

Ein Ausflug in die Städteregion Aachen

Südlich von Herzogenrath fließt die Wurm unverbaut und kurvenreich, größtenteils in ihrem ursprünglichen Bett. Das Flusstal ist von Auen umgeben und wird von steilen Hängen flankiert. Im Frühling wandern wir hier durch prächtig blühende Wiesen. Quellrinnen und -mulden durchziehen das Gelände. So gibt es auf dieser Wanderung einige steile Auf- und Abstiege zu überwinden und schmale Abenteuerpfade zu entdecken. Eine wahrhaft traumhafte Tour, die Wandernde zu jeder Jahreszeit begeistert.

Wanderung: Vom Parkplatz gehen wir zwischen den rot-weißen Pfosten hindurch in den Wald hinein. Wir erreichen eine **Kreuzung** mit mehreren Wegen und einer Picknickbank und wandern hier weiter geradeaus in Richtung Pley. An der nächsten **Weggabelung** ① biegen wir links ab und steigen steil bergan. Bei der nächsten Möglichkeit geht es rechtsherum und weiter bergauf. Wir ignorieren den nach rechts abzweigenden Weg. Danach gabelt sich unser Weg. Wir wählen den linken, der unmittelbar am **Feldrand** entlangführt. Die beiden Wege treffen wieder aufeinander, wir ändern unsere Richtung nicht, ebenso an der folgenden Kreuzung. Danach erreichen wir den **Gedenkstein** ② **zum Lager Pley**.

Am Wegweiser zum Knotenpunkt 8 biegen wir, noch bevor wir aus dem Wald heraustreten, rechts ab und wandern damit bergab. Die kurz darauf folgende Kreuzung überqueren wir. Rechts

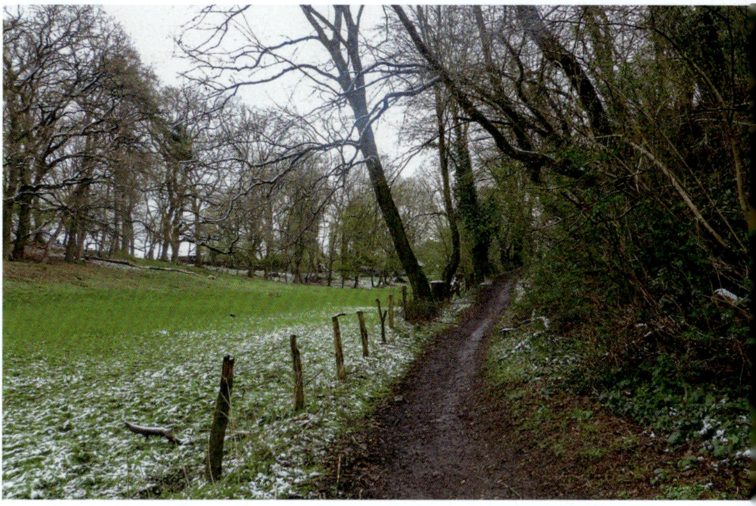

des Weges laden Bodenwellen die Kinder zum Rennen, Toben und Klettern ein. Unten angekommen biegen wir links ab und passieren erst linker Hand eine Picknickbank sowie wenig später die **ehemalige Grube Furth** ③.

Weiter geht es auf unserem Weg in Richtung Burg Wilhelmstein, die hier noch 710 Meter entfernt ist. An **Knotenpunkt 48** entdecken wir eine Infotafel über das Wurmtal und wandern weiter geradeaus. Hier wird die Entfernung zur Burg Wilhelmstein merkwürdigerweise mit 920 Metern angegeben. Inzwischen begleitet uns das Wanderzeichen A1. Nach einem kurzen, aber stei-

TOUREN-STECKBRIEF

Anfahrt: A 44, Ausfahrt Broichweiden. Auf die L223 Richtung Herzogenrath fahren, dort links abbiegen auf die Grünstraße und danach rechts auf die Hillenberger Straße. Links abbiegen auf »Im Boventhal« und noch einmal links auf die Further Straße bis zum Parkplatz auf der rechten Straßenseite bei **GPS N 50°51‘29.0“, E 6°05‘50.0“**.

ÖPNV: Haltestelle Wurmtal, Buslinie HZ2. Dann beginnt die Wanderung mit dem Aufstieg zur Burg Wilhelmstein ④.

Anspruch und Charakter: Anspruchsvolle Wanderung in mittelgebirgsähnlicher Landschaft. Das romantische Wurmtal besticht durch seinen anmutigen Charme, verschlungene Abenteuerpfade und abwechslungsreiche Wegführung. Genügend Zeit für Picknick und Spielzeit am Bach einplanen!

Kinderwagentauglich: Obwohl wir die Wanderung mit Kinderwagen gewandert sind, möchten wir dies nur bedingt empfehlen. Es gibt mehrere Stellen, an denen dieser getragen werden muss. Das Schieben über die zum Teil steilen An- und Abstiege ist zudem sehr mühsam.

Markierung: Wechselnd, siehe Wegbeschreibung. Im zweiten Teil der Wanderung leichte Orientierung durch Knotenpunkte.

Highlights: Wandern an der wildromantischen Wurm, Burg Wilhelmstein, Minigolfanlage, Abenteuerpfade.

Einkehr: Burg Wilhelmstein mit schön gelegenem Gastgarten in toller Lage oberhalb des Wurmtals.

In der Nähe: Superfly Aachen, Naherholungsgebiet Wurmtal, Tierpark Alsdorf.

Burg Wilhelmstein
Die Burg Wilhelmstein stammt aus dem 13. Jahrhundert. Erhalten ist heute noch die Vorburg mit einem gotischen Torbogen und Rundturm, der damals als Kerker fungierte. Im Inneren der Burg, früher ein fünf Stockwerke hoher Bergfried mit angrenzendem Palas, gibt es heute ein Freilichttheater und ein Restaurant mit großzügigem Außenbereich und Spielplatz.

len Anstieg erreichen wir die **Kohlscheider Straße**, auf der wir rechts abbiegen. Noch vor der **Wurmbrücke** ④ geht es links zur **Burg Wilhelmstein** ⑤. Dabei haben wir zwei Wege zur Auswahl: Einen besonders steilen und einen etwas gemächlicheren. Beide führen zum Ziel und beide können wahlweise zum Auf- und Abstieg genutzt werden. An der Burg gibt es auch eine Minigolfanlage.

Zurück am Fluss überqueren wir die **Wurm** ④ und etwas später an der Bushaltestelle und Fahrrad-Knotenpunkt 12 auch die Straße. Nun folgen wir dem Fahrrad- und Wanderweg in Richtung Herzogenrath-Zentrum. An der folgenden **Weggabelung** ⑥ halten wir uns rechts und folgen weiter dem Radwanderzeichen in Richtung Knotenpunkt 65.

An diesem angekommen biegen wir auf dem Weg A1 rechts ab, in Richtung Knotenpunkt 62. Nun geht es auf schmaler werdendem Weg steil bergab. Rechts unter uns sehen wir am Talboden die Wurm in der Sonne glitzern. Schließlich erreichen wir das **Bachufer** ⑦, das hier zum Rasten und Spielen einlädt.

An **Knotenpunkt 62** wandern wir geradeaus weiter und nun steil bergauf in Richtung Knotenpunkt 64. In einem munteren Auf und Ab treffen wir immer wieder auf die Wanderzeichen X und A1. Einen nach links abzweigenden Weg ignorieren wir. Kurz darauf passieren wir rechter Hand eine Picknickbank. An **Knotenpunkt 50** biegen wir links ab in Richtung 51. Dort angekommen geht es rechtsherum weiter zum Knotenpunkt 52. Auf der rechten Seite kommen wir erneut an einer Picknickbank vorbei und wandern nun am Waldrand entlang.

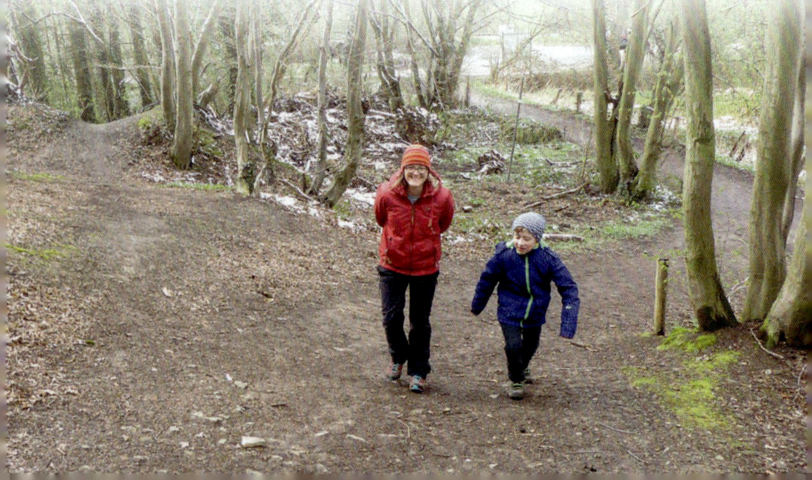

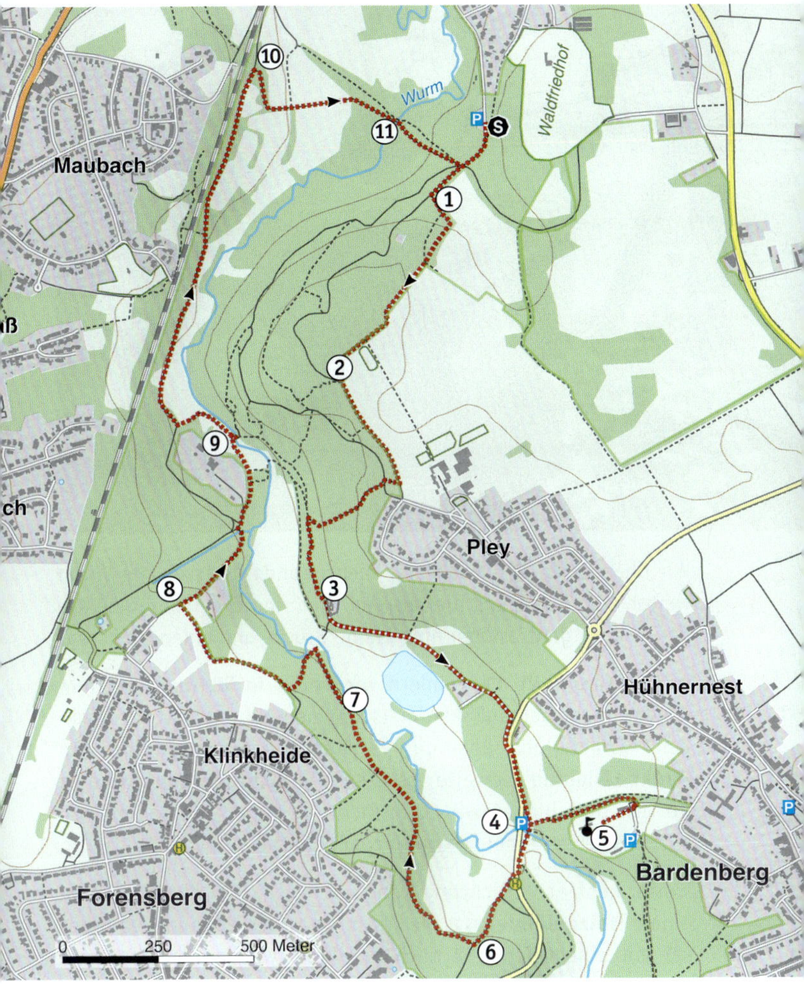

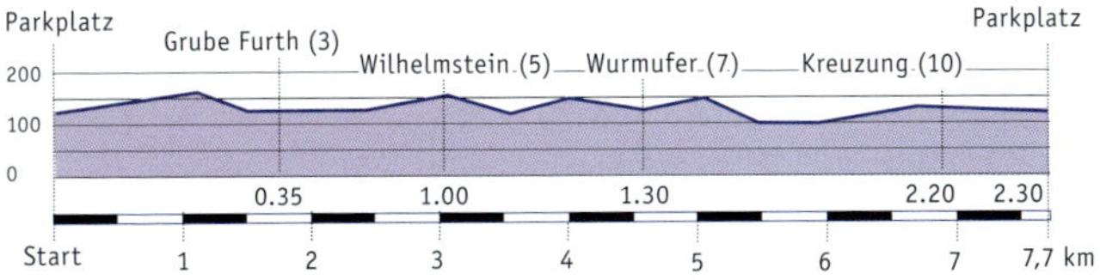

Wenig später steht links von uns ein Wetterpilz mit Picknickbank. An **Knotenpunkt 52 ⑧** biegen wir rechts ab in Richtung 54. Kurz vor diesem wandern wir über eine Holzbrücke, erreichen eine Picknickhütte mit Bank und biegen dann rechts ab in Richtung Herzogenrath und Knotenpunkt 10. Rechts von uns sehen wir Panzerabwehrsteine aus dem Zweiten Weltkrieg. Wenig später betrachten wir vor uns an **Knotenpunkt 10** eine malerische **Holzbrücke ⑨** über der Wurm. Diese Stelle ist im Sommer ein Badeplatz.

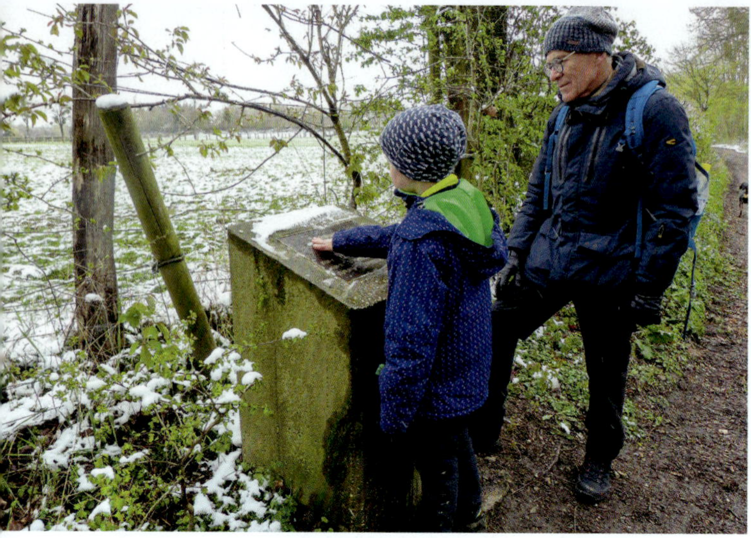

Wir überqueren den Bach hier nicht, sondern lassen die Wurm weiter rechts von uns fließen. Am Ufer sind Biberspuren zu sehen. Weiter geht es über eine kleine Brücke und einen Holzsteg.

An **Knotenpunkt 11** wandern wir weiter in Richtung 12, nun wieder leicht bergauf. Abermals kommen wir an einer Picknickbank vorbei, links über uns verläuft eine Eisenbahnlinie. An **Punkt 12** laufen wir weiter geradeaus in **Richtung Knotenpunkt 16** ⑩. Dort biegen wir ab in Richtung Punkt 15 und kommen kurz danach an einer Infotafel zum Wurmtal vorbei.

Weiter geht es in Richtung Knotenpunkt 30. Wir überqueren an einem **Holzgeländer** ⑪ die Wurm, verabschieden uns von dieser mit einem Schwenk nach links und wandern noch einmal bergauf. Wir durchqueren zwei rot-weiße Gatter und erreichen an **Knotenpunkt 30** unseren Hinweg, dem wir mit einem Schwenk nach links zurück zu unserem Ausgangspunkt folgen.

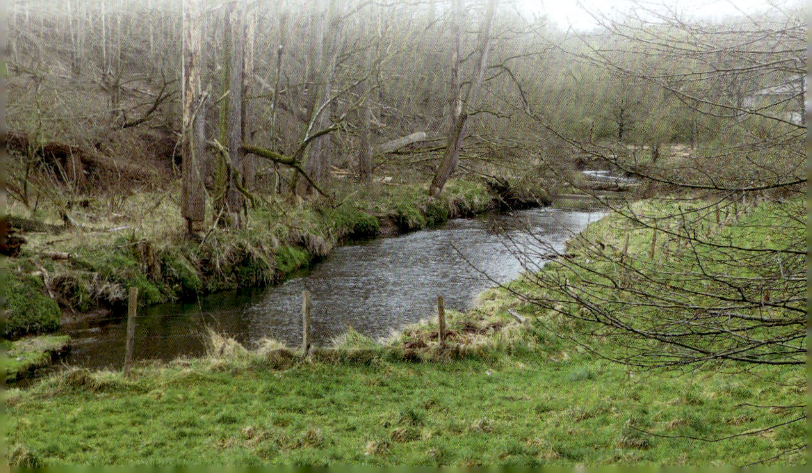

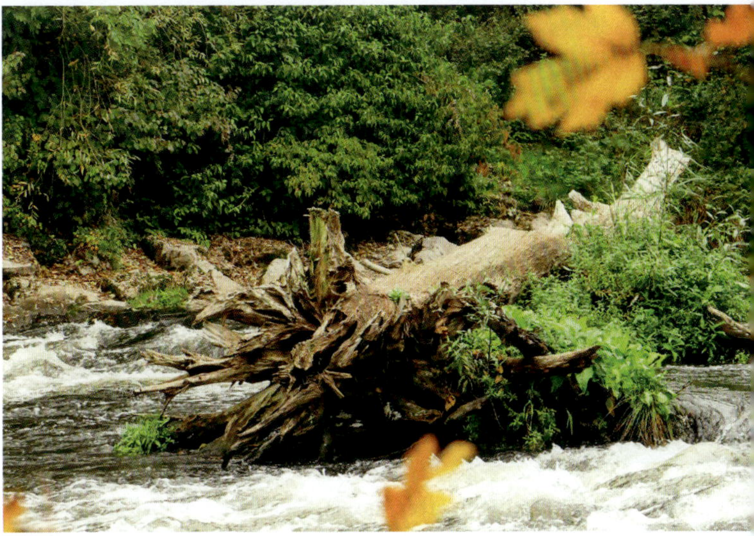

Tour 31: An den Schleifen der Rur

Vom Wildwasser zum Badesee

Wasser ist das bestimmende Element dieser Wanderung. Die Rur zieht sich in Mäandern durch weitgehend unberührte Natur, in der viele Wasservögel zuhause sind. Im Fluss gibt es hier einige Wildwasserstellen, an denen es kräftig sprudelt. Zum krönenden Abschluss der Wanderung erreichen wir den Barmener See, in dem wir im Sommerhalbjahr schwimmen können. Ein Aussichtsturm auf der gegenüberliegenden Seite bietet am Ende der Tour die Gelegenheit, die zurückgelegte Strecke noch einmal von oben zu betrachten und ein letztes Mal zu picknicken.

20 m

STRECKE 7,9 km

2 h 30

ab 6

TOUREN-STECKBRIEF

Anfahrt: A 44, Ausfahrt Jülich Ost. Auf der L 366 in Richtung Linnich fahren. Erst rechts und dann links abbiegen auf die Weinbergstraße. Links abzweigen auf die L253 und dieser folgen bis zum Parkplatz auf der rechten Seite bei **GPS N 50°57'00" E 6°19'37"**.

Anspruch und Charakter: Leichte, aber abwechslungsreiche Wanderung. Nach ergiebigen Regenfällen kann es streckenweise sehr feucht sein. Dann sind wasserdichte, feste Schuhe wichtig. Größtenteils unbefestigte Wege. Im Barmener See kann man im Sommer schwimmen, Badesachen einpacken.

Kinderwagentauglich: Ja. Falls die Wiesenwege vor dem Pickartzhof zu feucht sind, kann auf Asphalt ausgewichen werden. Der Asphaltweg verläuft annähernd parallel zum Wiesenweg.

Markierung: Keine.

Highlights: Picknickplätze an der Rur, Barmener See, Aussichts- und Vogelbeobachtungsturm.

Einkehr: Biergarten an der alten Schule.

In der Nähe: Brückenkopf-Park Jülich, Museum Zitadelle, Tierpark Alsdorf, Erka-Bad.

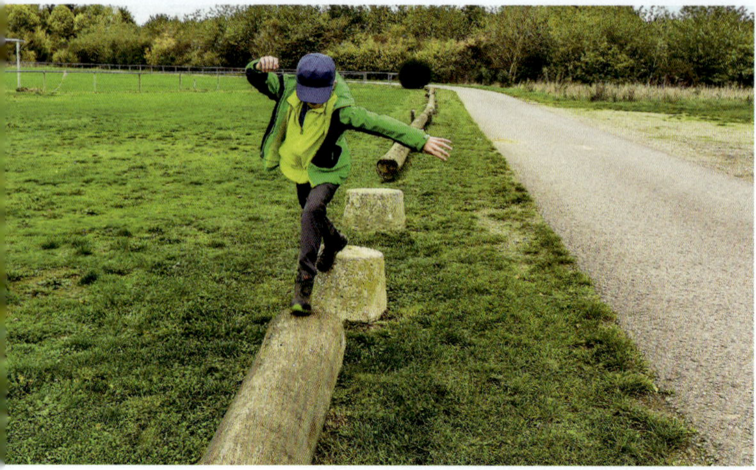

Wanderung: Wir starten unsere Wanderung in Richtung Linnich und Tetz über eine offene Feldlandschaft. An der ersten **Kreuzung** biegen wir links ab und genießen den Blick in die weite Landschaft. Wir folgen unserem Weg durch eine Rechts- und wenig später noch einmal durch eine Linkskurve. Weiter geht es rechtsherum. Wir erreichen eine **Picknickbank** ①, an der unsere Abkürzung links abzweigt. Wer den kompletten Weg wandern will, geht hier geradeaus weiter. Wir biegen zweimal links ab. Dann erreichen wir den **Pickartzhof** ②, auf dessen Weiden viele Pferde stehen.

Unser Weg zweigt hier rechts ab. Am ersten **Naturschutzgebiet-Schild** geht es noch geradeaus, am zweiten biegen wir

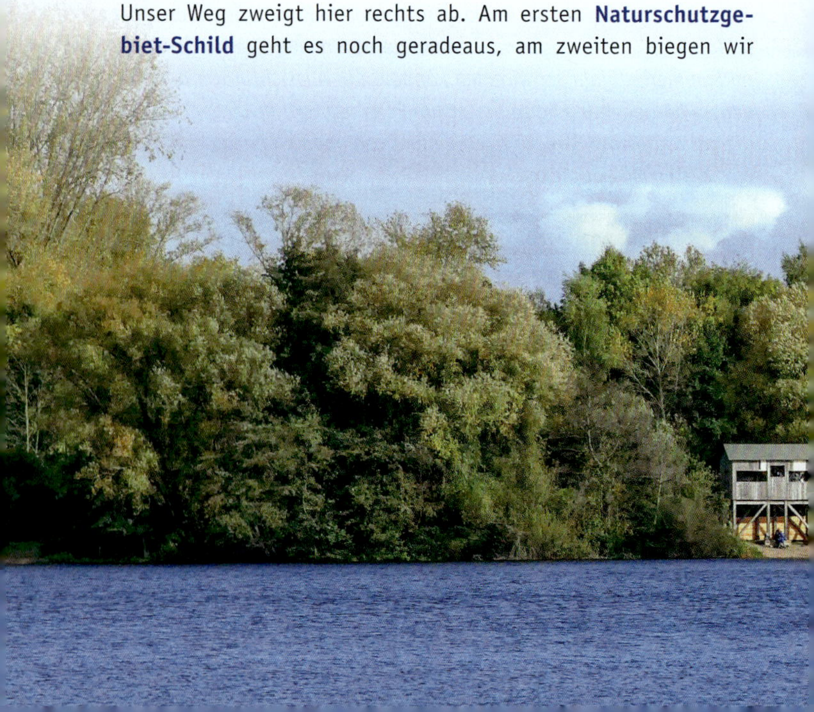

links ab in den Wiesenweg. Diesem folgen wir durch eine Rechtskurve, überqueren einen Graben und biegen dann links ab, um weiter auf dem unbefestigten Weg zu wandern. Schließlich erreichen wir einen **asphaltierten Weg** ③, dem wir nach links folgen. In einer Linkskurve geht es an einem Fußballplatz vorbei. Rechts liegt eine große Picknickhütte, links laden **Picknickbänke am Alten Rurarm** ④ zu einer Pause mit schöner Aussicht auf das Wasser ein.

Kurz darauf überqueren wir die Rur und erreichen den Wald. Noch vor der nächsten Brücke biegen wir links ab und passieren erst eine Bank, dann eine **rot-weiße Schranke**. Kurz darauf gabelt sich der Weg. Wir wählen die linke Route, um nah am Ufer der Rur zu bleiben. Dabei gelangen wir zu einer beeindruckenden **Wildwasserstelle** ⑤ mit vielen Stromschnellen.

Wir biegen hier rechts ab auf den schmalen Pfad, der uns zu einem größeren Weg führt, auf dem wir nach links weiterlaufen. Wir passieren das **Nulandtkreutz** ⑥ aus dem Jahr 1681 und die Infotafel zur »Sage vom versunkenen Ritter« und wandern geradeaus weiter.

Die Sage vom versunkenen Ritter

Auf Schloss Kellenberg lebte einst ein grausamer Ritter, der in den Verließen seines Schlosses Gefangene festhielt. Einer dieser Gefangenen konnte fliehen. Daraufhin nahm der Ritter mit seinem Kutscher die Verfolgung auf. Im Kellenberger Wäldchen, durch das damals die Rur floss, entdeckten sie den Geflohenen, als er an einer seichten Stelle den Fluss durchquerte. Der Ritter befahl seinem Kutscher, ebenfalls durch den Fluss zu fahren. Der Kutscher hatte Angst, weil er wusste, dass es dort gefährlich war. Er rief »In Gottes heiligem Namen denn« und lenkte die Kutsche mutig in den Fluss hinein. Der Ritter ärgerte sich über den Ruf des Kutschers und erwiderte »Nicht in Gottes Namen, nein, in des Teufels Namen fahren wir hindurch!«. Der Kutscher erschrak und zwang die Pferde auf den sumpfigen Boden der Rur. Dort blieben sie stecken. Der Kutscher schwang sich schnell auf ein Pferd und ritt mit ihm davon. Der grausame Ritter jedoch versank im Sumpf.

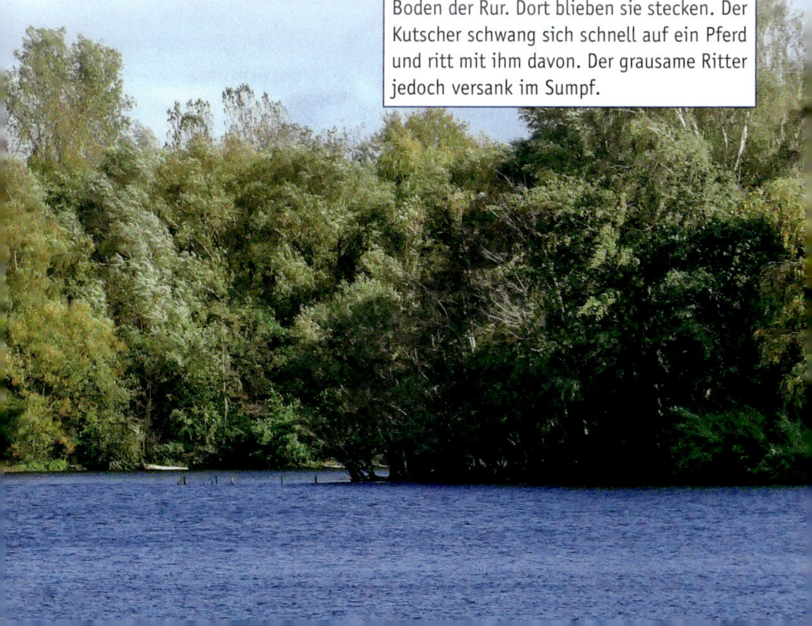

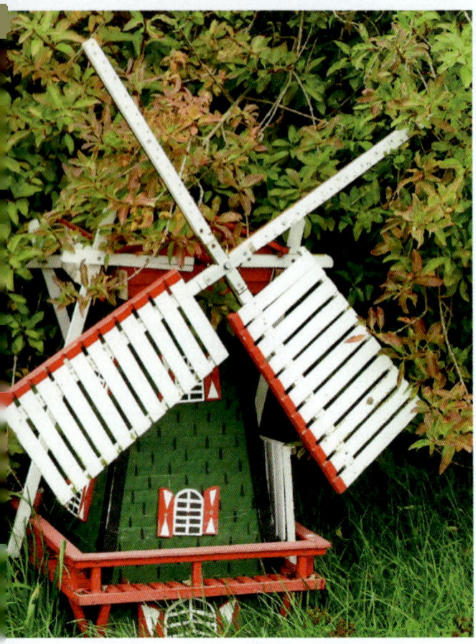

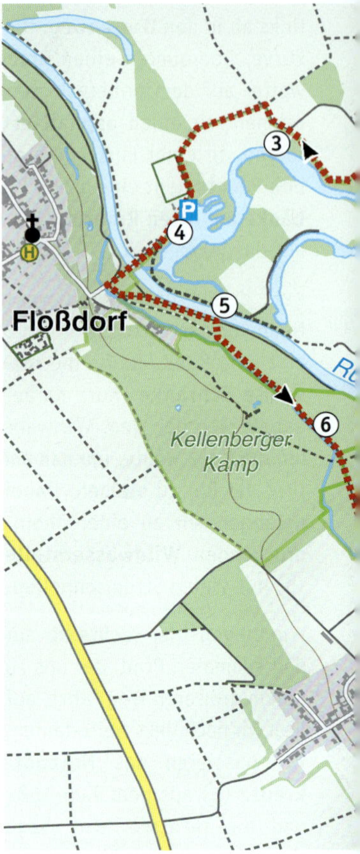

Variante für die Jüngsten

4,8 Kilometer, Gehzeit 1 h 45, ab 4 Jahre

Für die kürzere Variante der Tour biegen wir an Wegpunkt ① links ab. Der Weg führt uns über die Rur und trifft an Wegpunkt ⑧ wieder auf die beschriebene Route. Wir biegen an diesem links ab und wandern dann wieder auf der größeren Variante bis zu unserem Ausgangspunkt.

Rechter Hand bietet sich eine kleine **Brücke** als romantische Picknickmöglichkeit an.

Ein Stück weiter steht rechts eine **Wassermühle**. Kurz darauf kommen wir am **Schloss Kellenberg** ⑦ vorbei. Danach überqueren wir den meist trockengefallenen Mühlenteich über eine Brücke. An der **Lankenstraße** biegen wir links ab und überqueren den Mühlenteich ein weiteres Mal. Kurz darauf geht es leicht nach links und wir wandern an zwei Picknickbänken sowie einem Kreuz vorbei. Unmittelbar danach trifft von links die **Abkürzung** ⑧ auf unseren Weg. Wir wandern hier geradeaus weiter.

Wir passieren einen Fußballplatz und entdecken auf der gegenüberliegenden Seite unsere Einkehrmöglichkeit, den **Biergarten an der alten Schule** ⑨. Danach laufen wir auf der Seestraße linksherum weiter in Richtung Barmener See. Wir wandern an einem Baseballplatz vorbei und sehen wenig später rechts an einer Holzbrücke einen tollen **Picknickplatz** ⑩ direkt am Kesselborngraben.

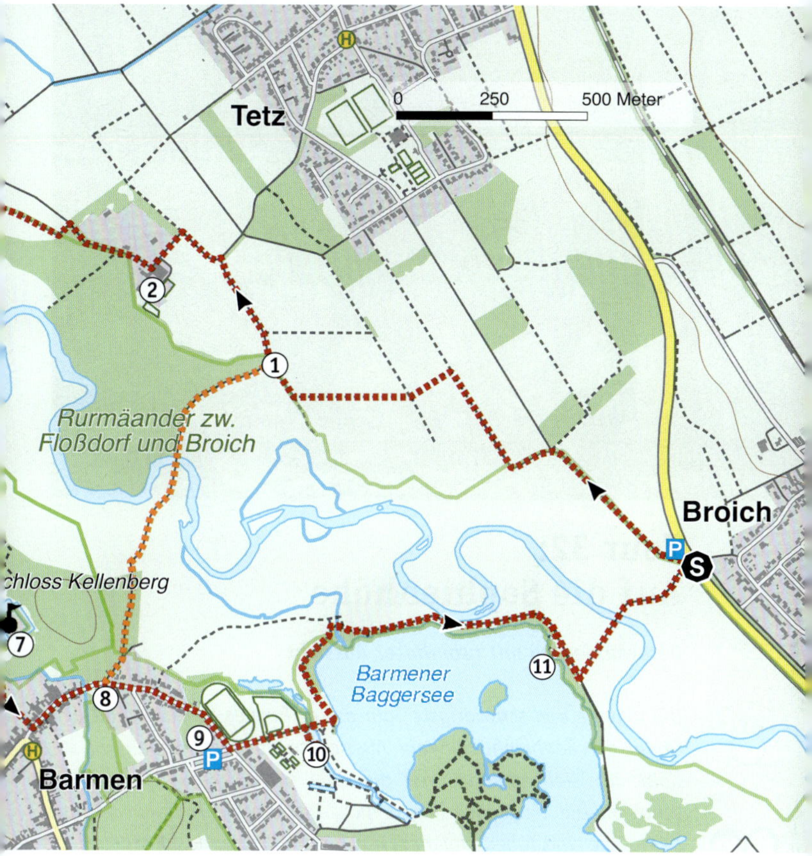

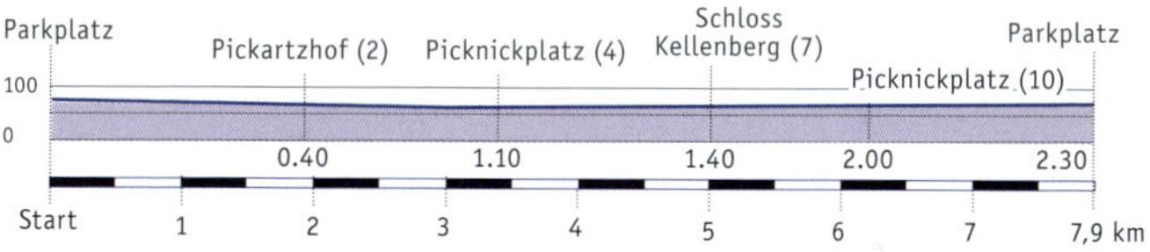

Geradeaus weiter wandernd erreichen wir kurz darauf den **Barmener See** mit seinem Sandstrand. Hier wenden wir uns nach links auf den Pfad, der uns auf den Deich hinaufführt. Wir marschieren über eine Holzbrücke und gehen im Anschluss zwischen Rur und See weiter.

Schließlich lohnt ein Abstecher nach rechts zum **Aussichts- und Vogelbeobachtungsturm ⑪**, den wir über 13 Stufen erklimmen können. Oben gibt es überdachte Bänke und der Blick reicht über den gesamten See.

Am nächsten Abzweig biegen wir links ab und überqueren auf einer großen, schönen Holzbrücke ein letztes Mal die Rur. Nur wenig später erreichen wir wieder unseren Ausgangspunkt.

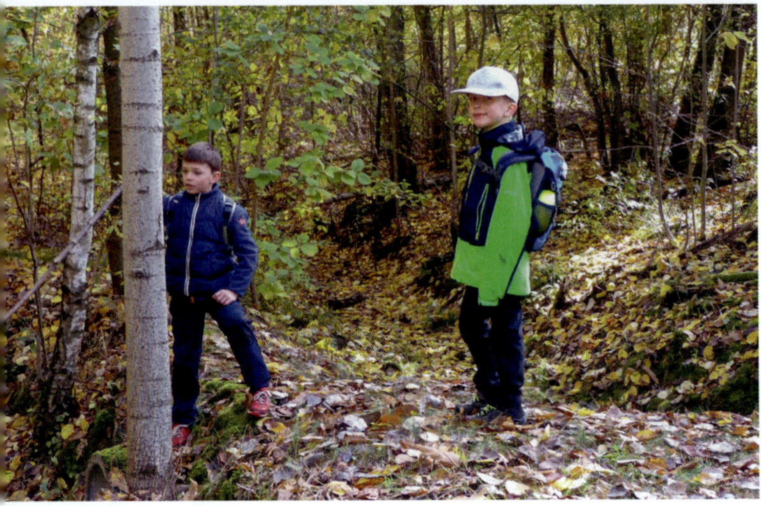

330 m

STRECKE 14 km

5 h

ab 8

Tour 32: Auf die Sophienhöhe

Bergwanderung mit grandioser Aussicht

Die längste und schwierigste Tour dieses Buches führt uns auf den Gipfel der Sophienhöhe. Vom Aussichtsturm dort können wir bis Köln, ins Siebengebirge und die Eifel sowie in die Niederlande schauen. Das ist jedoch längst nicht das einzige Highlight: Sandberge, die zum Toben einladen, ein Tunnelsystem, das durchklettert werden möchte, ein Baumhoroskop und der Naturerlebnispfad mit der süßen Haselmaus – hier ist wirklich für jeden Geschmack etwas dabei.

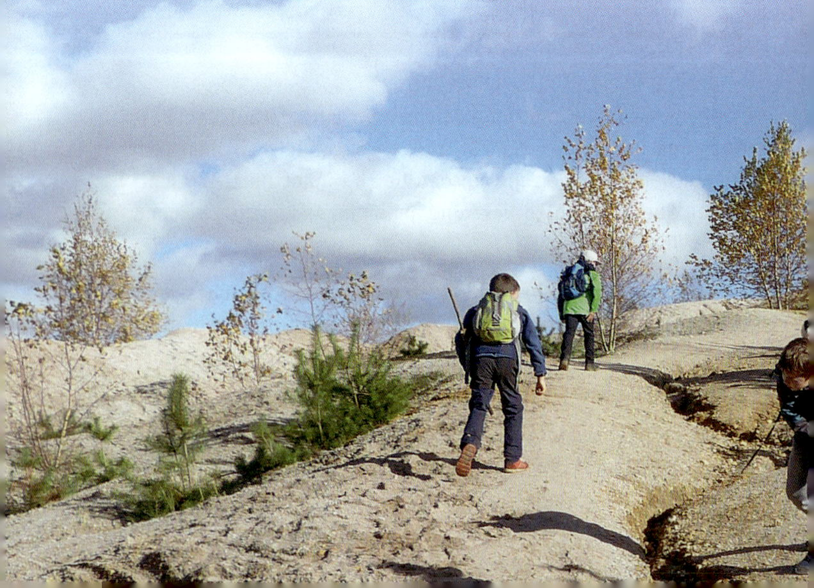

Wanderung: Am Parkplatz beziehungsweise an **Lotsenstelle 43** wählen wir den Weg, der uns nach rechts bergauf führt. An der ersten Gabelung gehen wir geradeaus weiter und ignorieren den scharf nach links abzweigenden Weg. Erst am nächsten Abzweig nach links steigen wir weiter bergan und überqueren dazu den Reitweg. Jetzt geht es durch zwei Serpentinen bergauf: Am **Notfallpunkt** folgen wir unserem Weg in eine Rechtskurve und in die folgende Linkskurve. Dort laden einige **Kuhlen** ① am Wegrand zum Spielen ein.

In der nächsten Kurve verlassen wir den Hauptweg und biegen links ab in den Abenteuerpfad, der steil bergan führt, auch über einige Holzstufen. Nach einer kurzen, aber anstrengenden Klet-

TOUREN-STECKBRIEF

Anfahrt: A44, Ausfahrt Jülich-Ost. Auf die B55 in Richtung Jülich fahren, zweimal links abbiegen auf die L264, den Kreisverkehr an der dritten Ausfahrt verlassen und geradeaus fahren bis zum Parkplatz bei **GPS N 50°55′37.0″, E 6°25′18.0″**.

ÖPNV: Haltestelle Stetternich, Jülich, Stetternich ehem. Amt. Buslinie 238. Vom Welldorfer Weg links abbiegen auf die Kölner Landstraße, immer geradeaus bis zum Startpunkt der Tour laufen. Wegstrecke: 1,3 Kilometer.

Anspruch und Charakter: Die Königsetappe dieses Buches. Lange Wanderung mit (für den Niederrhein) vielen Höhenmetern und grandiosen Aussichten. Nur mit wandererfahrenen und konditionsstarken Kindern zu empfehlen. Aufgrund der vielen Highlights ein Ganztagesausflug. Ausreichend Proviant einpacken. Für eine Wanderung mit kleineren Kindern bietet sich der Naturerlebnispfad an (siehe Infokasten).

Kinderwagentauglich: Nein.

Markierung: Immer wieder Übersichtskarten entlang der Wege, gegen Ende folgen wir ein Stück der Haselmaus. Unterwegs treffen wir auch auf die Wanderzeichen A und 1.

Highlights: Tunnelsystem, Sandberg, Römerturm, Höller Horn, keltisches Baumhoroskop, Naturerlebnispfad.

Einkehr: Keine.

In der Nähe: Brückenkopf-Park Jülich, Museum Zitadelle.

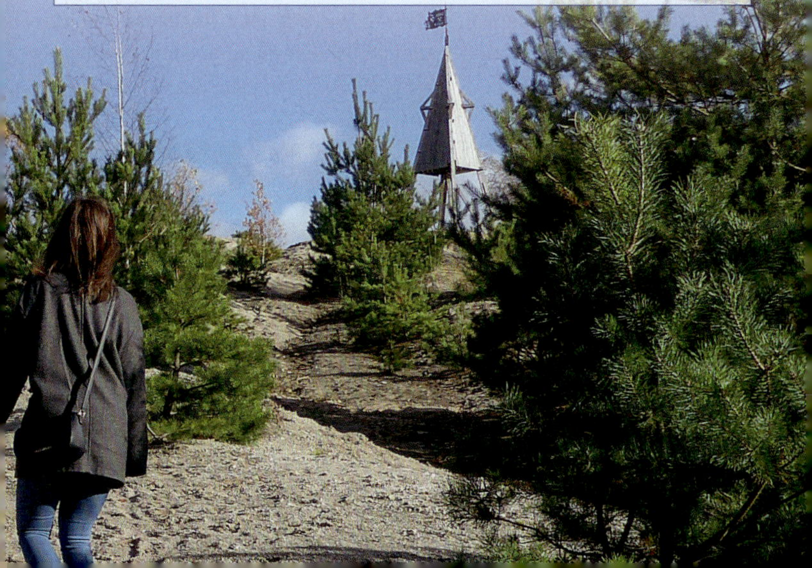

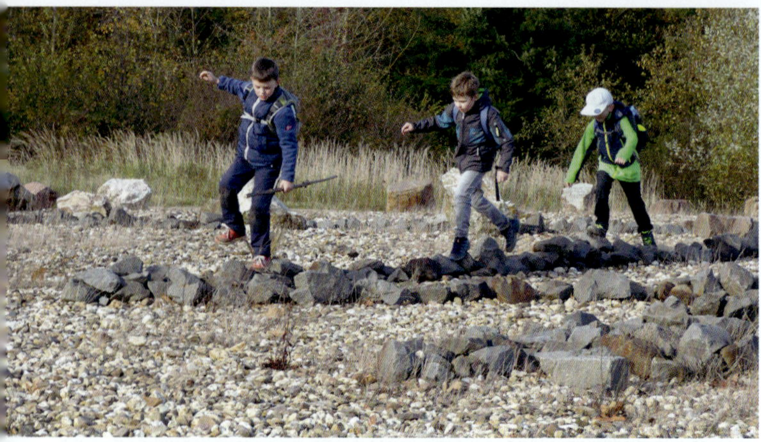

terpartie erreichen wir wieder einen breiteren Weg, auf dem wir uns nach rechts wenden. Beim nächsten Abzweig nach links lohnt ein Abstecher zum **Sandberg** ② mit einem überdachtem und einem offenen Picknickplatz. Hier ist viel Platz zum Toben und Rennen und es gibt auch ein kleines Tunnelsystem zu entdecken.

Zurück auf dem Hauptweg gehen wir in gleiche Richtung weiter wie zuvor. Rechts bietet sich ein weiter Blick über das Braunkohlerevier. Wir biegen nach links ab in den »Krummerweg« und sehen gleich mehrere Ameisenhaufen. Wir ignorieren zwei nach links abzweigende Wege und gehen geradeaus. Am Weg stehen drei Infotafeln über Pilze. Kurz hinter diesen überqueren wir die **Schießhecke** ③ geradeaus. Am **Wegweiser für den Karl-Heinz-Prichal-Weg** biegen wir dann rechts ab in den schmalen Abenteuerpfad.

Kurz darauf erreichen wir wieder einen größeren Weg, dem wir nach rechts folgen. Nun nähern wir uns dem **höchsten Punkt der Sophienhöhe** und wandern dementsprechend noch einmal

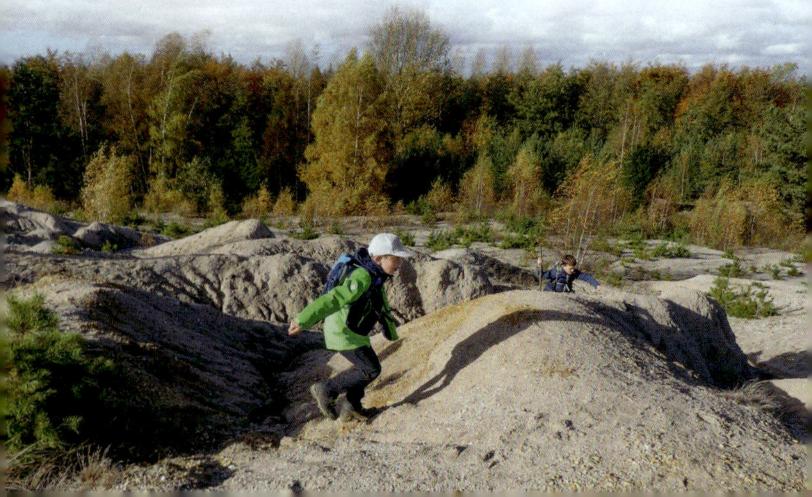

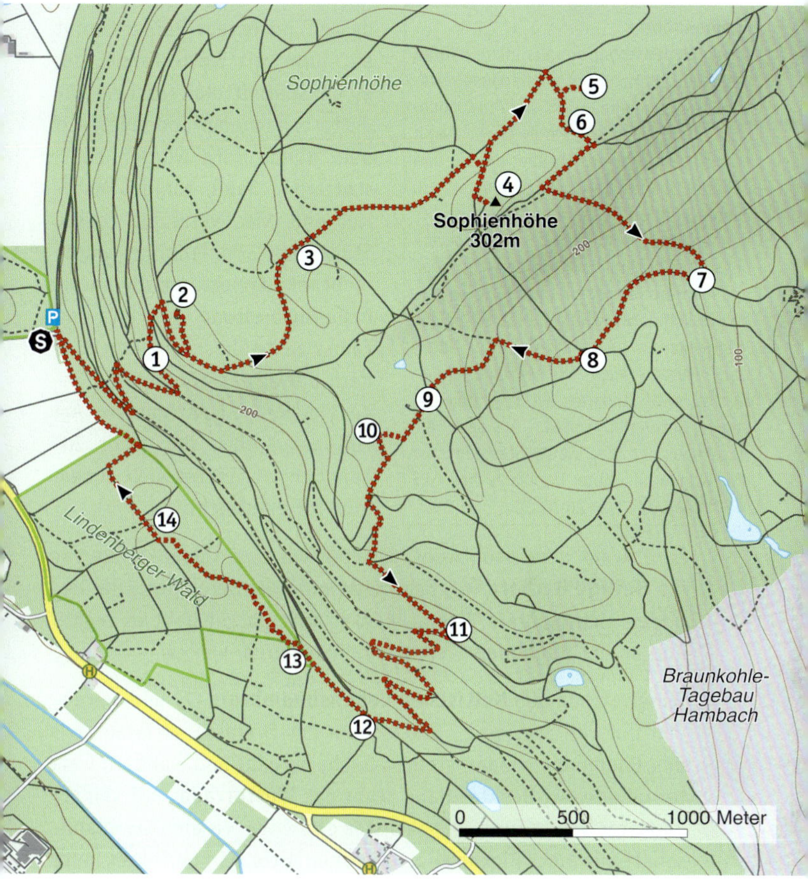

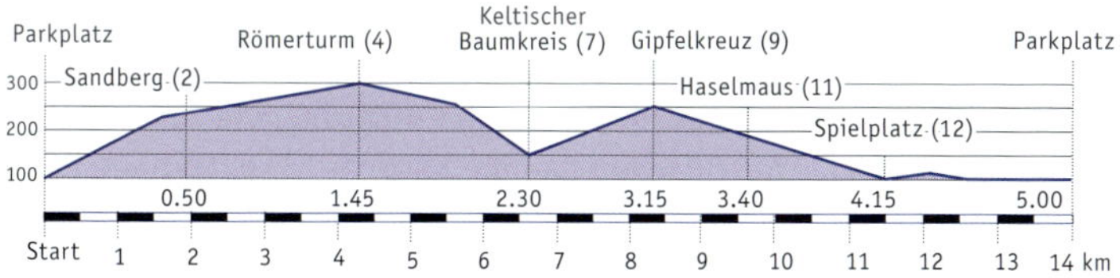

bergauf. Um zum Gipfel und dem sich darauf befindenden **Römerturm** ④ zu gelangen, biegen wir links ab in den schmalen Weg. Direkt vor dem Turm befinden sich mehrere Picknickplätze. Über einige Stufen erklimmen wir den Turm und genießen die Fernsicht in alle Richtungen.

Nach einer ausgiebigen Pause geht es zunächst ein Stück zurück: Dabei gehen wir über den schmalen Pfad, biegen rechts ab auf den größeren Weg und folgen diesem nun aber weiter geradeaus bis zur **T-Kreuzung**. Dort biegen wir rechts ab, ebenso an der folgenden Kreuzung. Kurz darauf wenden wir uns in den links abzweigenden Pfad, um auf das **Höller Horn** ⑤ zu steigen. An

Sophienhöhe
Die durch den Abbau von Braunkohleflözen des Tagebaus Hambach entstandene rekultivierte Abraumhalde ist an ihrer höchsten Stelle über 300 Meter hoch. Damit erhebt sie sich deutlich über die sie umgebende Landschaft. Vor mehr als 30 Jahren wurde mit der Rekultivierung begonnen, heute sind 90 % der Fläche bewaldet, aufgelockert durch kleine Lichtungen und mehrere Teiche. Ein über 70 Kilometer langes Wanderwegenetz bietet zahlreiche Möglichkeiten für viel Zeit in der Natur. Dazu wurden auch Themenwege eingerichtet, unter anderem der 3,5 Kilometer lange Naturerlebnispfad, in dem die Haselmaus den Weg weist. Startpunkt ist der Wanderparkplatz Hambach bei GPS N 50°54'40.0", E 6°26'30.0".

dessen höchstem Punkt thront ein Turm mit Wetterfahne, der einem spätmittelalterlichen Förderturm nachempfunden ist. Auf dem Höller Horn wurden nährstoffarmer Sand, toniges Material und Kies verkippt. Dieses Stück der Sophienhöhe wurde nicht rekultiviert, um die natürliche Ausbreitung von Flora und Fauna zu beobachten. Den Kindern bietet das hügelige Gelände viel Raum zum Spielen. Am Fuß des Turms, der nicht zugänglich ist, bietet sich zudem eine tolle Aussicht.

Zurück auf dem Hauptweg passieren wir eine Gedenkstelle für die **Heilige Barbara** ⑥, Schutzpatronin der Bergleute. Hier befinden sich mehrere Picknickbänke. Kurz darauf geht es rechts und an der folgenden T-Kreuzung links herum weiter.

Wir erreichen den **Keltischen Lebensbaumkreis** ⑦ und umrunden ihn von Station zu Station. An der Zypresse verlassen wir den Baumkreis wieder, steigen leicht bergauf und wandern weiter geradeaus. Rechter Hand steht das **Wetterradar** mit seinem 34 Meter hohen Turm. Als nächstes erreichen wir eine Steinlandschaft mit einer Picknickhütte in ihrer Mitte. Ein perfekter Platz zum Klettern! Dies ist der sogenannte **Steinkompass** ⑧, der aus der Luft gesehen die Buchstaben RWE abbildet.

Weiter geht es in annähernd gleicher Richtung wie zuvor: Dabei lassen wir das Notrufschild und die Karte der Sophienhöhe links von uns liegen. Wir folgen dem Weg durch eine Linkskurve und erreichen einen **Picknickplatz** mit Bänken, Schutzhütte und

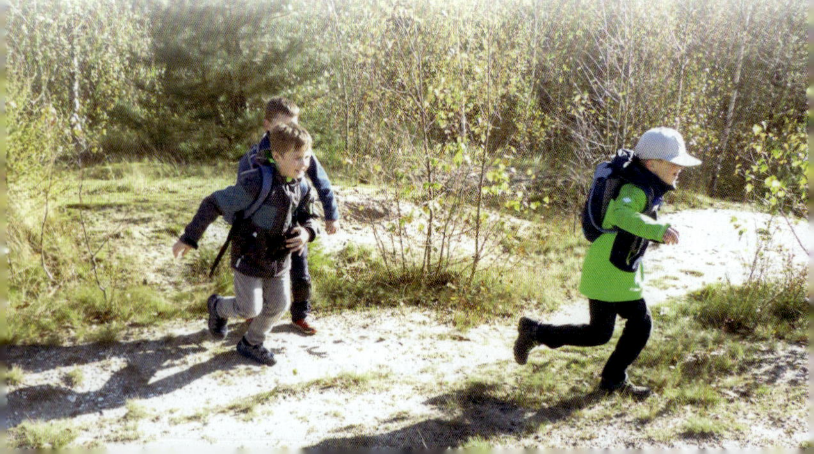

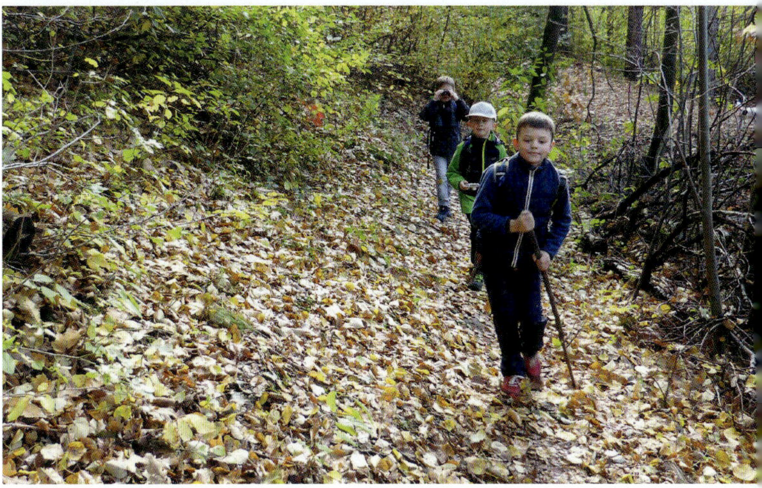

Gipfelkreuz ⑨. Das Kreuz markierte viele Jahre einen Aussichtsplatz der Sophienhöhe, bis 2002 konnte man hier in den Tagebau Hambach blicken.

Wir biegen links ab und ignorieren den ersten nach rechts abzweigenden Weg. Nur wenig später wählen wir den Pfad nach rechts, der uns zum **Mammutwald** ⑩ führt. Nach einem Schlenker durch diesen führt er uns zurück auf den Hauptweg, dem wir nach rechts folgen. 200 Meter weiter biegen wir links ab, der Weg ist mit dem Wanderzeichen »A« markiert. An der nächsten Kreuzung geht es abermals nach links und weiter bergab.

Wir folgen dem Weg in eine Linkskurve. Hinter dem Holzzaun treffen wir auf das erste Schild mit der **Haselmaus** ⑪ und folgen ihr nach rechts auf den Naturerlebnispfad, der uns über mehrere Stationen zurück ins Tal bringt. Dafür folgen wir immer der Haselmaus-Markierung bis zur einem großen **Parkplatz** ⑫ **mit Spielplatz, Picknickbänken** und einem Unterstand.

Um zurück zu unserem Parkplatz zu gelangen, müssen wir zuerst den Fahrradwegweisern in Richtung Elsdorf und Höllen folgen. Wir ignorieren den nach links abzweigenden Weg, biegen aber kurz darauf an der **T-Kreuzung** ⑬ links ab. Nur rund 70 Meter später wenden wir uns nach rechts in den schmalen Abenteuerpfad. Dieser führt uns durch einen lichtdurchfluteten Laubwald.

Schließlich erreichen wir wieder einen **größeren Weg** ⑭, der mit dem Wanderzeichen 1 markiert ist. Wir folgen ihm nach rechts. Die folgende Kreuzung überqueren wir, biegen an der **T-Kreuzung** erst rechts und direkt darauf wieder links ab. Im Anschluss folgen wir unserem Weg nun zurück bis zu unserem Ausgangspunkt.

Wildschwein, Hirsch und Co – Wie leben eigentlich Tiere im Wald?

In unseren Wäldern leben viele Tiere: Von der winzigen Ameise über die Blindschleiche zum stolzen Rothirsch. Wildschweine, Rehe und Hirsche, Füchse, Eichhörnchen, Marder, Dachse und Waschbären sind die größeren Säugetiere. In den Bäumen sind neben Singvögeln auch Raubvögel und Uhus zu Hause. Einige der größeren heimischen Wildtiere stellen wir hier näher vor.

Reh und Rehbock

Das Reh ist nicht die Frau vom Hirsch, sondern die kleinste Art der europäischen Hirsche, zu denen neben Rot- und Damwild auch der Elch und das Rentier gehören. Das Fell von Rehen ist rotbraun mit einem helleren Bereich im Bauch und einem weißen Bereich rund um den After, der als Spiegel bezeichnet wird. Nur Rehkitze tragen die charakteristischen weißen Flecke im Fell, erwachsene Tiere sind einfarbig.

Rehe bevorzugen lichte Waldgebiete mit Feldern, die ihnen ausreichend Nahrung und Schutz bieten. Sie sind reine Pflanzenfresser und ernähren sich hauptsächlich von Blatttrieben, Gräsern, Knospen sowie Wald- und Feldfrüchten. Rehe sind Einzelgänger und leben nur im Winter in Gruppen zusammen. Sie haben einen ausgeprägten Geruchssinn und können Menschen aus einer Entfernung von bis zu 400 Metern riechen. Mit einer durch-

Jedes Jahr im Herbst verliert der Rehbock sein Geweih. Es wächst neu unter einer schützenden Basthaut, die im Frühjahr abstirbt und an Büschen und kleinen Bäumen abgeschabt werden muss. Den Bäumen tut das »Fegen« der Rehe leider nicht besonders gut.

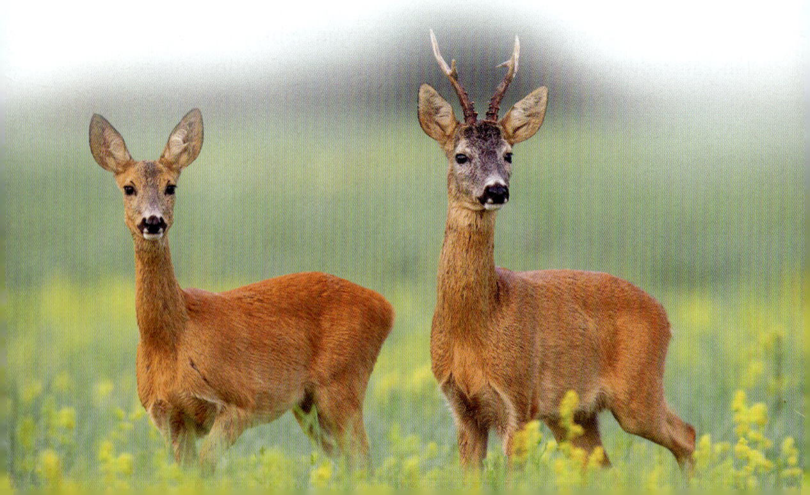

schnittlichen Schulterhöhe von 75 Zentimetern sind sie eher klein. Rehböcke entwickeln auch nur kurze Spieße und kein großes Geweih.

Rot- und Damwild

Zur Familie der Hirsche gehören auch **Rot- und Damwild**. Rothirsche werden bis zu 1,40 Meter hoch, Damwild ist kurzbeiniger und etwas kleiner. Beide Hirscharten leben im Gegensatz zum Reh grundsätzlich in Herden und teilen sich dabei in Familienrudel aus Hirschkühen und Kälbern und reine »Männergruppen« aus erwachsenen Hirschböcken. Nur zur Paarungszeit im Herbst trennen sich die älteren Hirsche von ihrem Rudel und schließen sich den Hirschkühen an. Die Position des Platzhirsches, der Vater der nächsten Generation werden darf, muss sich ein Hirsch dabei gegen Nebenbuhler erkämpfen.

Damwild hat eigentlich rotbraunes Fell mit weißen Tupfen, es kommen aber relativ häufig Farbabweichungen vor. Weiße oder schwarze Damhirsche sind keine Seltenheit. Rotwild ist dagegen immer einfarbig rotbraun. Im Winter wechselt die Fellfarbe auf graubraun. Die männlichen Tiere entwickeln bei beiden Hirscharten ein großes Geweih.

Während der Brunftzeit nehmen Hirsche keine Nahrung auf und schlafen nur wenige Minuten am Tag. Sie paaren sich mehrmals am Tag mit den Hirschkühen. Während der Brunft verlieren Hirsche so bis zu einem Viertel ihres Körpergewichts.

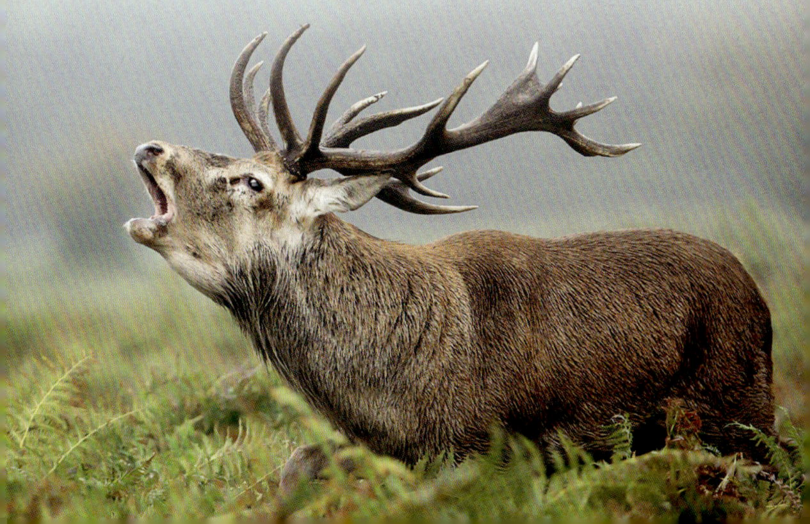

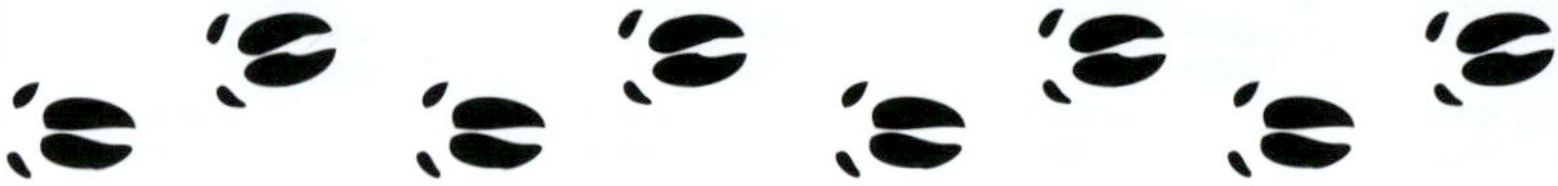

Wildschwein

Wildschweine leben am liebsten in Laub- und Mischwäldern mit feuchten Bereichen und wiesenähnlichen Lichtungen. Sie sind Allesfresser und ernähren sich von Eicheln, Bucheckern, Früchten, Getreide, Mais aber auch von Kleintieren wie Mäusen und Fröschen. Mit ihrem Rüssel können sie den Boden aufbrechen, um an Wurzeln, aber auch an Würmer und Insektenlarven zu kommen. An den Spuren, die sie dabei hinterlassen, erkennt ihr sehr leicht, dass in einem Wald Wildschweine zu Hause sind. Schaut ihr näher hin, sind im aufgewühlten Boden auch oft die borstenartigen Haare der Schweine zu finden.

Obwohl Wildschweine recht behäbig wirken, sind ihre sportlichen Fähigkeiten nicht zu unterschätzen: Sie können im Galopp bis zu 40 Kilometer pro Stunde erreichen, bis zu 1,50 Meter hoch springen und sehr gut schwimmen. Um sich zu putzen, scheuern sie ihre Körper an Bäumen entlang, was oft Spuren an diesen hinterlässt.

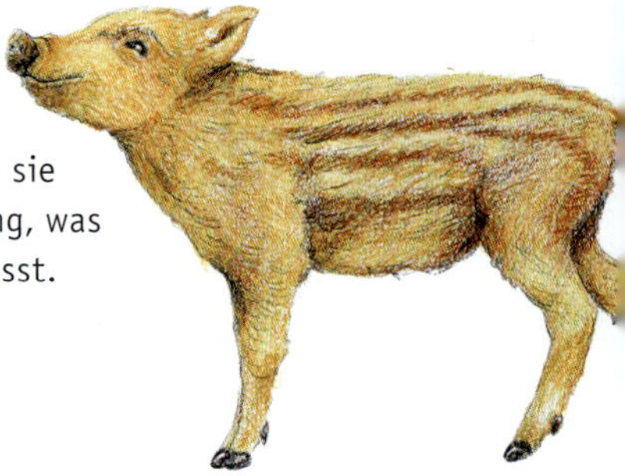

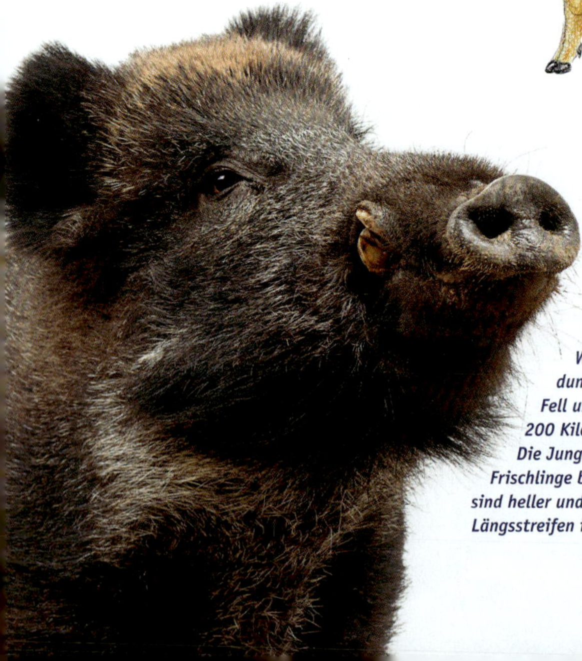

Ausgewachsene Wildschweine haben ein dunkelbraunes, borstiges Fell und können bis zu 200 Kilo schwer werden. Die Jungtiere, die auch als Frischlinge bezeichnet werden, sind heller und haben dunkelbraune Längsstreifen im Fell.

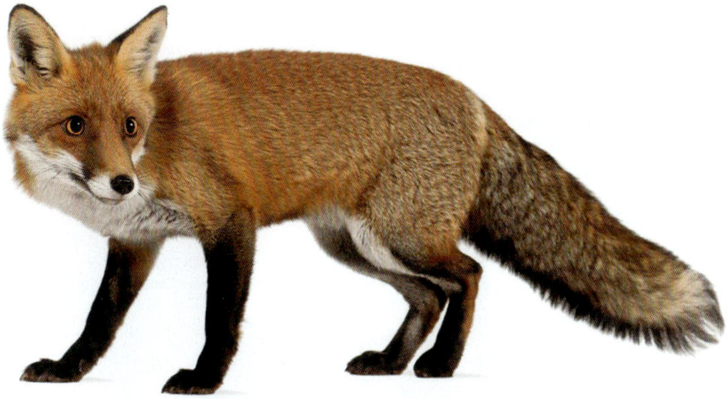

Rotfuchs

Füchse leben in Höhlen unter der Erde, die sie meist selber graben. Gerne übernehmen sie aber auch einen bereits bestehenden Bau anderer Tiere, den sie dann manchmal sogar mit Dachs oder Wildkaninchen teilen. In diesen ungewöhnlichen Wohngemeinschaften gibt es so etwas wie »Burgfrieden« und der Fuchs lässt die Kaninchen in Ruhe. Füchse sind Allesfresser. Sie lieben Beeren und Früchte, jagen aber auch Mäuse, Kaninchen oder sogar mal ein Rehkitz. Selbst Aas verschmähen sie nicht. Daher siedeln sich Füchse besonders leicht im städtischen Raum an. Ihr Versteck finden die Tiere dann in Parks und Gärten. Auch Futter gibt es dort reichlich: Sie fangen Mäuse und Vögel und bedienen sich an Müll- und Komposthaufen.

Die typische Spur eines Fuchses erkennt ihr daran, dass er schnürt: In seiner bevorzugten Gangart, einem leichten Trab, setzt er die Hinterfüße genau in die Spur der Vorderfüße. Die linken und die rechten Pfoten treten dabei in eine Linie. Die Fußspuren liegen also, wie auf einer Schnur aufgefädelt, alle auf einer Spur. Auch Fuchskot ist häufig zu finden: Füchse verwenden ihn, um ihr Revier zu markieren und platzieren ihre Losung gerne gut sichtbar auf Steinen oder Baumstümpfen. Fuchskot ist wurstförmig, sechs bis zehn Zentimeter lang, etwa 1,5 bis 2 Zentimeter dick und riecht scharf nach Raubtier. Oft zerfällt er in mehrere Teile. Und je nachdem was der Fuchs gefressen hat, sind in den Exkrementen Beerenkerne, Knochenstücke, Federn oder Haare zu erkennen. Da Füchse häufig den für Menschen gefährlichen Fuchsbandwurm übertragen, solltet ihr Fuchskot nicht berühren.

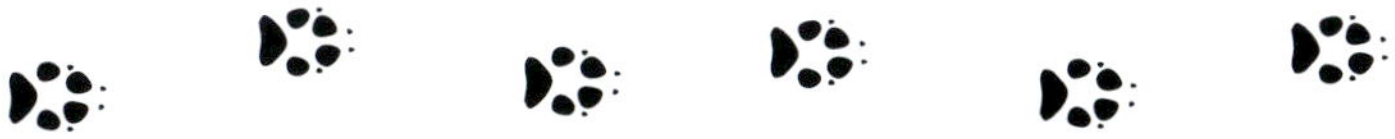

Ihr zwanzig Zentimeter langer Schwanz dient Eichhörnchen als Balance- und Steuerruder. Er spielt aber auch eine wichtige Rolle bei der Kommunikation mit Artgenossen und wird im Nest wie eine wärmende Decke verwendet.

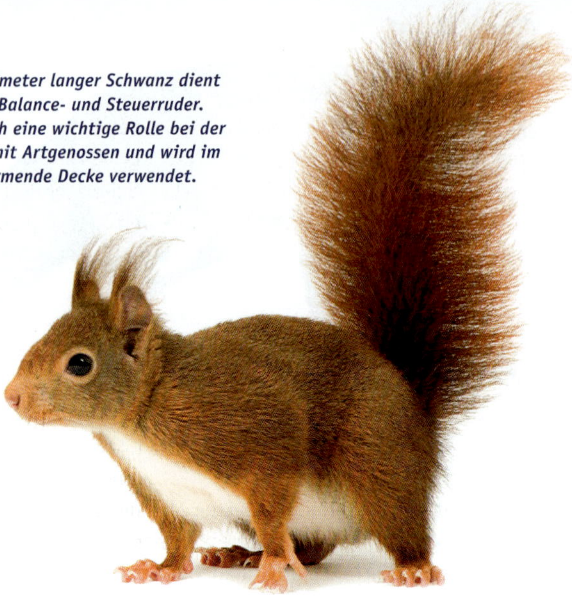

Eichhörnchen

Eichhörnchen sind oft in der Nähe von Menschen in Gärten und Parks zu finden, leben aber auch in Laub- und Mischwäldern. Sie nutzen ihre scharfen Krallen, um sicher an Bäumen zu klettern. Ihre kugelförmigen Kobel, wie Eichhörnchennester genannt werden, bauen sie hoch oben in den Bäumen zwischen Astgabeln oder in Baumhöhlen. Eichhörnchenbabys kommen nach 38 bis 42 Tagen Tragezeit nackt und blind auf die Welt. Nach der Geburt werden die Jungen noch etwa acht Wochen gesäugt, bevor sie das Nest verlassen. Eichhörnchen haben viele Fressfeinde. Vor allem für Marder sind die Jungtiere eine leichte Beute.

Eichhörnchen sind tagaktiv. Sie mögen Knospen, Samen, Früchte und Nüsse, fressen aber durchaus auch Vogeleier, Insekten und Schnecken. Im Sommer sieht man sie meist frühmorgens und nachmittags durch die Bäume springen, dazwischen halten sie Siesta. Im Herbst sammeln Eichhörnchen ihren Wintervorrat, den sie in Verstecken ablegen oder vergraben. In der kalten Jahreszeit begeben sie sich in die Winterruhe und sind je nach Wetter nur wenige Stunden am Tag aktiv.

Eichelhäher

Seid ihr im Wald unterwegs, werdet ihr einen Eichelhäher zuerst hören und dann vielleicht auch sehen. Als Wächter des Waldes melden die Vögel mit ihrem krächzenden Schrei jeden Eindringling und warnen alle Waldbewohner. Eichelhäher versorgen ihre Nestlinge vor allem mit Insekten, fressen aber auch kleine Säugetiere und nehmen Nester aus. Im Winter wechseln sie weitgehend auf vegetarische Nahrung. Neben Eicheln und Bucheckern mag der Vogel auch Beeren, Obst und Nüsse und ist deshalb auch häufig in waldnahen Gärten anzutreffen. Hier könnt ihr ihn besser betrachten als zwischen den Bäumen. Der kurze, dicke Schnabel, das schwarz-weiße Gesicht und die blau leuchtenden Seitenfedern machen Eichelhäher leicht erkennbar. Außerhalb der Brutzeit sind auch oft mehrere Vögel gemeinsam unterwegs. Im Flug wirken sie etwas ungelenk, sodass man sie schon an ihrem Flugbild erkennt.

Eichelhäher sind Standvögel und bleiben auch im Winter bei uns. Um in der kalten Jahreszeit zu überleben, legen die Vögel Vorräte an. Bis zu zehn Eicheln transportiert ein Vogel in seinem Kropf, um sie zu vergraben oder in Baumverstecken unterzubringen. Da der Eichelhäher, genau wie das Eichhörnchen, nicht jedes seiner Verstecke wiederfindet, sorgt er für die gute Ausbreitung von Buchen und Eichen in Mischwäldern.

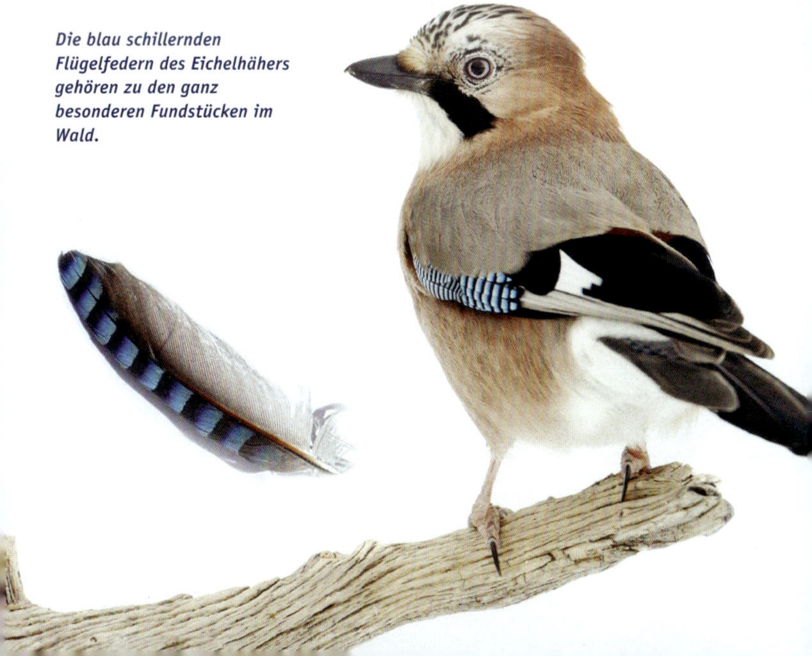

Die blau schillernden Flügelfedern des Eichelhähers gehören zu den ganz besonderen Fundstücken im Wald.

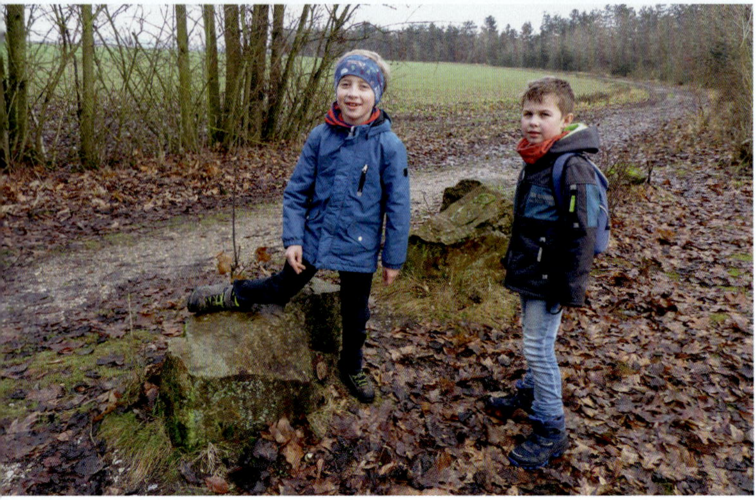

40 m

STRECKE 8,2 km

3 h

ab 6

Tour 33: Auf den Spuren der Werwölfe

Abenteuerliche Steige über dem Kasterer See

Am südlichen Niederrhein streifen wir auf der Spur von Werwölfen durch die Wälder, klettern auf dem Wilder-Kaiser-Stieg und besuchen die sehenswerte Altstadt von Alt Kaster. Dass wir ganz nebenbei auch noch an einem großen Spielplatz vorbeikommen, eine Burgruine bewundern und am Alt Kasterer See rasten können, macht diese Wanderung zum besonderen Highlight für abenteuerlustige Wander-Kids.

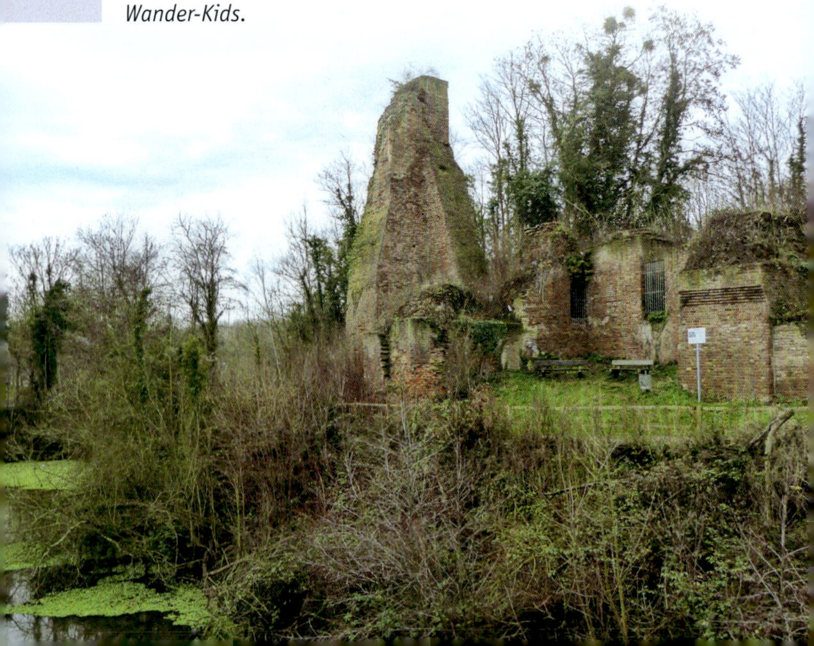

Wanderung: Wir steigen über Stufen hinunter in den Park vor dem Friedhof. Kurz vor dem Eingang zu diesem biegen wir erst rechts und dann links ab und laufen an der alten Stadtmauer entlang bis zum **Spielplatz** ①. Dieser begeistert die Kinder vor allem mit einem Klettergerüst, das einer Ritterburg nachempfunden ist. Rechts durch die Bäume hindurch ist auch das Original zu erkennen: die Burgruine, an der wir zum Ende unserer Tour vorbeikommen werden. Wir sehen hier außerdem die Markierung des Werwolf-Wanderwegs, folgen dieser aber vorerst nicht.

Stattdessen gehen wir an dem Radwanderzeichen am Spielplatz links. Rechts am Weg liegt eine Streuobstwiese. An der **T-Kreuzung** ② an deren Ende biegen wir rechts ab. Sofort danach wenden wir uns nach links in Richtung Erkelenz und Kirchherten. Gleich darauf geht es noch einmal rechts auf den A1-Wanderweg.

Schon an der nächsten **Kreuzung** verlassen wir den nach links abzweigenden Weg A1 wieder und wandern weiter geradeaus. Nach etwa 25 Metern biegen wir links ab. Wir ignorieren die Abzweigung nach links und folgen unserem Weg in eine scharfe Rechtskurve. Der Weg wird zu einem schmalen Abenteuerpfad und macht eine scharfe Linkskurve. Der Pfad endet an einer **T-Kreuzung** ③, hier biegen wir scharf rechts ab.

Danach ignorieren wir den nach links abzweigenden Weg, wandern leicht bergauf und folgen unserem Weg in eine Linkskurve. Wir erreichen eine **Kreuzung** ④ und biegen leicht rechts ab. Nur wenig später geht es erneut nach rechts in den schmalen Pfad, der uns wieder zu einem breiteren Weg bringt, auf dem wir uns noch einmal nach rechts wenden und bergab weiterwandern.

TOUREN-STECKBRIEF

Anfahrt: A46, Ausfahrt Grevenbroich. Auf die L116 in Richtung Grevenbroich fahren. Diese heißt im weiteren Verlauf L213. Rechts abbiegen auf die Albert-Schweitzer-Straße, im Kreisverkehr die zweite Ausfahrt nehmen. In Alt Kaster rechts abbiegen auf die Hauptstraße, direkt danach befindet sich der kleine Parkplatz auf der linken Seite bei **GPS N 51°00'33.0", E 6°33'21.0"**. Ein weiterer, größerer Parkplatz befindet sich etwa 400 Meter vorher auf der rechten Seite an der Albert-Schweitzer-Straße.
ÖPNV: Kaster Rathaus, Buslinien 905 und 975. Links abbiegen auf die St.-Rochus-Straße und halblinks auf die Hauptstraße bis zum Startpunkt der Wanderung auf der linken Seite.

Anspruch und Charakter: Größtenteils leichte Wanderung im Wald, an freier Feldlandschaft und nah am Wasser. Die kurzen, aber knackigen Steige haben es durchaus in sich und schmale Pfade sorgen für reichlich Abwechslung.
Kinderwagentauglich: Nein.
Markierung: Teilweise Wanderzeichen des Werwolf-Wanderwegs und A1.
Highlights: Spielplatz, Burgruine, Wilder-Kaiser-Stieg, Werwolf-Wanderweg, Alt Kasterer See, Altstadt Alt Kaster.
Einkehr: Mehrere Möglichkeiten in der Altstadt von Alt Kaster zum Abschluss der Wanderung.
In der Nähe: Bobbolandia, Wildfreigehege Grevenbroich.

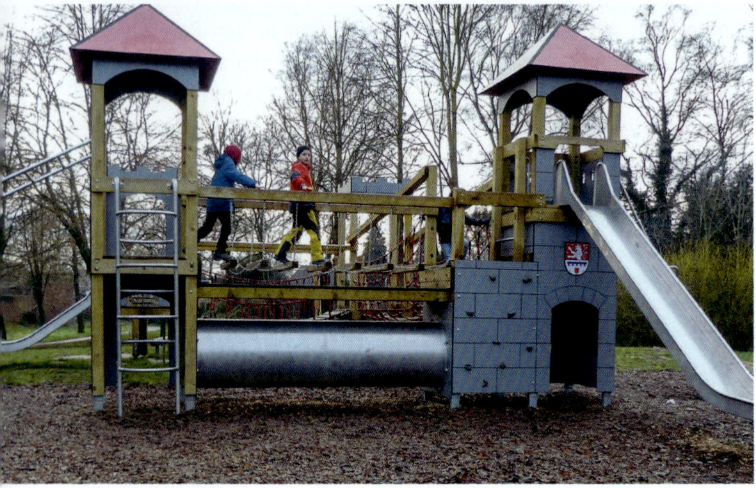

Nun treffen wir auf den **Wilden-Kaiser-Stieg**, der uns mit einem Schwenk nach links zunächst über eine Holzbrücke und dann auf schmalem Pfad spürbar bergauf führt. Oben angekommen biegen wir an der Picknickbank rechts ab und erreichen nur wenig später rechter Hand den **Aussichtspunkt Tiergarten** ⑤ mit Gedenkkreuz, Picknickbänken und Klettersteinen.

Jetzt wandern wir zunächst am Feld entlang, biegen dann aber rechts ab – der Markierung A1 und dem Werwolf-Wanderweg folgend. Es geht auf einem schmalen Pfad steil bergab durch den Wald. Unser Weg endet an einer **Treppe** ⑥, die von links kommt. Wir biegen hier rechts ab und überqueren, der Wegmarkierung folgend, die nächste Kreuzung geradeaus.

Wenig später erreichen wir eine **Infotafel** ⑦, welche die Geschichte des Werwolfs von Epprath erzählt. Ob man die Sage wirklich vorlesen möchte, müssen die Erwachsenen entscheiden. Wir biegen hier scharf links ab und verlassen damit kurzzeitig den Werwolf-Wanderweg.

Werwolf-Wanderweg

Der zehn Kilometer lange Themenrundweg beinhaltet insgesamt sieben Stationen, die das Leben und Sterben des Bauern Peter Stubbe thematisieren. Dieser war im 16. Jahrhundert als so genannter Werwolf von Epprath bekannt und gefürchtet. Mit furchtlosen Kindern kann man alle Stationen abwandern und die Geschichte dabei lesen. Ängstlichen Kindern sollte man die komplette Geschichte eventuell ersparen, aber das müssen alle Eltern selbst entscheiden. Die hier beschriebene Wanderung führt ein Teilstück über den Werwolf-Wanderweg, berührt aber nicht alle Stationen.

Rechts von uns fließt ein Bach. An der nächsten **Brücke** überqueren wir den Bach nicht und wählen kurz darauf an der Weggabelung den unteren Weg nahe am Ufer. Wir wandern nun am Wasser entlang, das rechts von uns liegt, und wählen immer den rechten Weg. Kurz hinter einer Picknickbank auf der linken Seite geht es

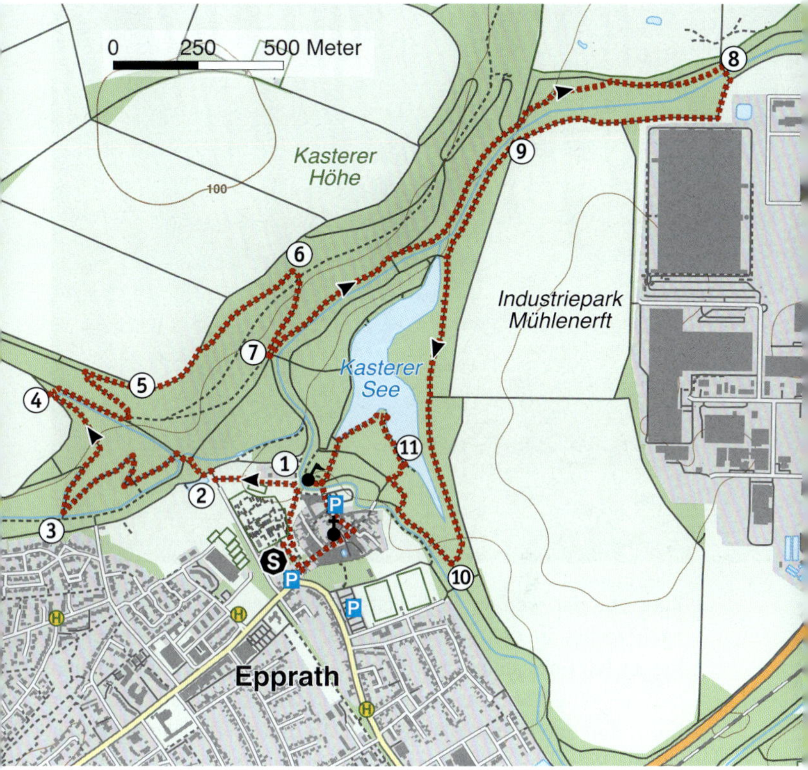

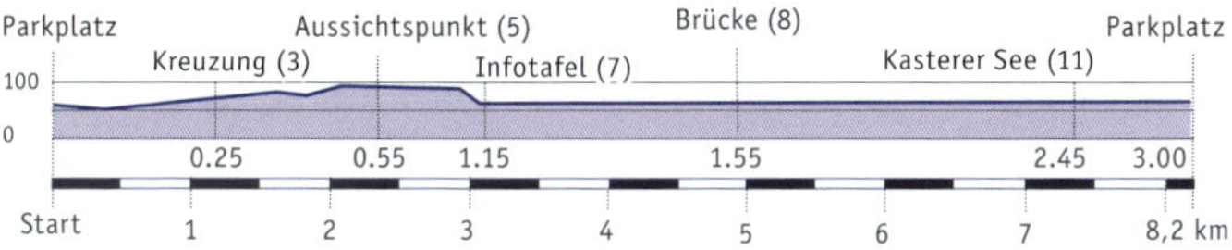

rechts ab in den schmalen **Abenteuerpfad**. An seinem Ende wenden wir uns dem breiteren Weg nach rechts zu. Erneut biegen wir auf einen spannenderen Pfad nach rechts ab. An seinem Ende überqueren wir mit einem Schwenk nach rechts über eine **Brücke** ⑧ die Mühlenerft und biegen direkt danach rechts ab. Der Weg ist mit dem Wanderzeichen X markiert.

An der T-Kreuzung folgen wir dem X und dem Pilgerweg erneut nach rechts. An der Infotafel über den **Werwolf Kessel** ⑨ wählen wir den rechten Weg, der uns nah an die Mühlenerft rechts von uns führt. An einem Gedenkkreuz mit Picknickbank biegen wir links ab. Rechts von uns liegt nun der Kasterer See. An der **T-Kreuzung** mit Picknickbank wandern wir weiter geradeaus. Schließlich biegen wir rechts ab in Richtung Alt Kaster, das hier noch 400 Meter weit entfernt ist. An der nächsten **Kreuzung mit Picknickbank** ⑩ biegen wir erneut rechts ab.

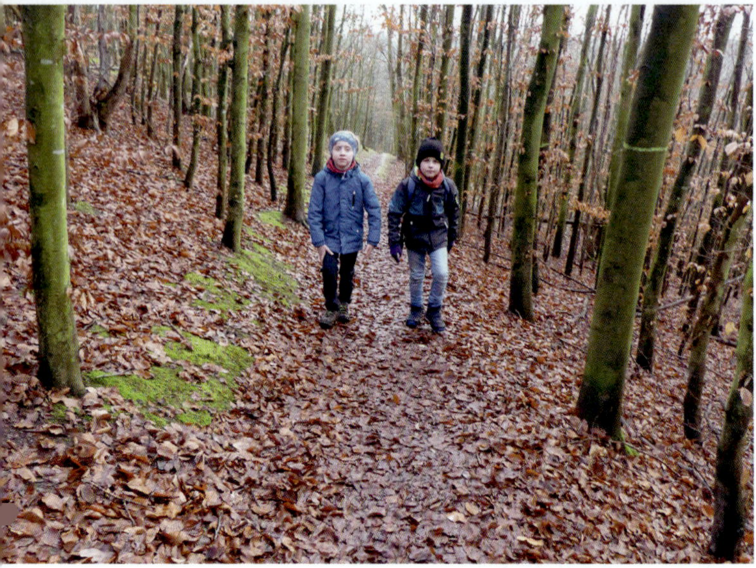

Kurz vor der weißen Gedenkstätte wenden wir uns abermals nach rechts in den schmalen Pfad. Am **See** ⑪ angekommen biegen wir links ab und laufen nun am Ufer entlang. Am Seeende lädt uns eine Waldliege zur Pause ein. Wir wenden uns hier nach links, den See hinter uns lassend. An der Holzbrücke erreichen wir die Ruine der **Burg Kaster** und überqueren die Mühlenerft.

Wir durchqueren geradeaus den **Torbogen** und bummeln zum Abschluss durch die malerische historische Altstadt von Alt Kaster mit vielen denkmalgeschützten Häusern. Wir biegen rechts ab in die Hauptstraße mit einigen Läden. Durch einen weiteren Torbogen verlassen wir den historischen Ortskern und erreichen wieder unseren Ausgangspunkt.

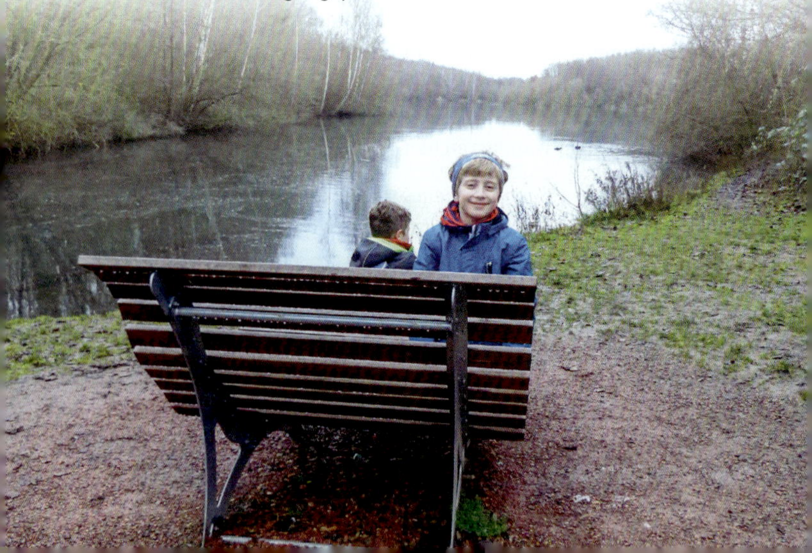

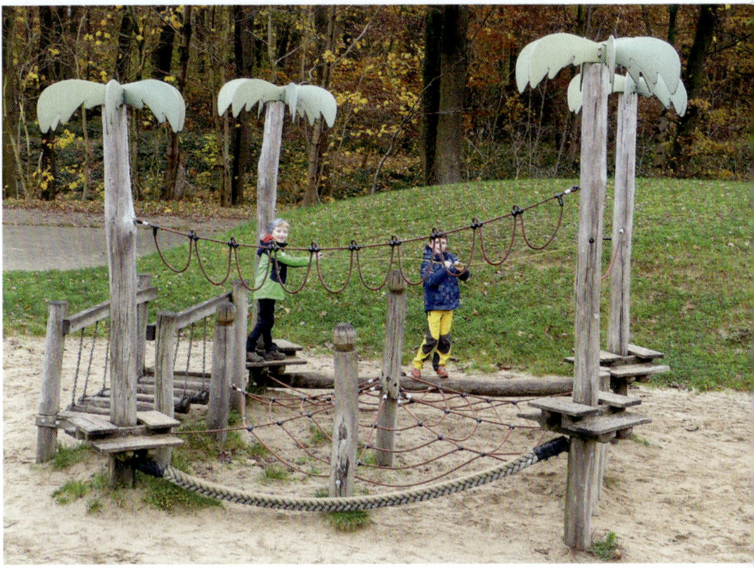

Tour 34: Gipfelerfolg am Monte Clamotte

Auf den höchsten Punkt von Mönchengladbach

30 m

STRECKE 3,2 km

1 h 15

ab 4

Bei dieser Wanderung können selbst die kleinsten Wandersleute über einen Gipfelerfolg jubeln. Der Aufstieg auf den Monte Clamotte ist kurz, aber knackig und trotzdem für alle machbar. Danach locken Wasserspielplatz, Kiddypark und Abenteuerlandschaft. Zum krönenden Abschluss kann man auf der Grillwiese den Ausflug ausklingen lassen – wenn man sich entsprechend vorbereitet und den Kofferraum vollgeladen hat.

TOUREN-STECKBRIEF

Anfahrt: A61, Ausfahrt Mönchengladbach-Rheydt. Links abbiegen auf die Dahlener Straße, bei erster Möglichkeit einen U-Turn machen und bis zum Parkplatz auf der rechten Seite bei **GPS N 51°09'31.0", E 6°24'36.0"** zurückfahren.
ÖPNV: Haltestelle Stadtwald, Buslinien 004 und SB81. Ein kleines Stück die Dahlener Straße entlang gehen, bei erster Möglichkeit links abbiegen in den Stadtwald. Dann beginnt die Wanderung mit dem Aufstieg auf den Monte Clamotte.
Anspruch und Charakter: Kurze Wanderung mit steilem Anstieg über einen mit Stufen gesicherten Pfad auf den Monte Clamotte. Auch der Abstieg ist steil, nach Regenfällen kann es rutschig werden. Feste Schuhe sind daher ein Muss! Die restliche Wanderung ist leicht.
Kinderwagentauglich: Den breiteren Weg auf den den Monte Clamotte wählen oder den Berg umgehen.
Markierung: Keine, aber problemlose Orientierung im Rheydter Stadtwald.
Highlights: Monte Clamotte, Wasserspielplatz, Kiddypark, Abenteuerlandschaft.
Einkehr: Biergarten im Kiddypark.
In der Nähe: Schloss Rheydt, Tiergarten Mönchengladbach, Schrofmühle, Stars of the Galaxy.

Rheydter Höhe
Der im Volksmund Monte Clamotte genannte höchste Punkt von Mönchengladbach ist 133 Meter hoch. Entstanden ist er aus der Aufschüttung von Kriegstrümmern. Heute ist davon jedoch nichts mehr zu sehen: Die Rheydter Höhe bildet zusammen mit dem sich ihr angrenzenden Stadtwald eine grüne Lunge mitten in der Stadt.

Kiddypark
Im Kiddypark locken Minigolfanlage, Trampoline, Hüpfburg, eine GoKart-Bahn und viele weitere Attraktionen. Während sich die Kinder austoben, relaxen die Großen im Biergarten.
Der Kiddypark hat bei trockenem Wetter von Mittwoch bis Sonntag geöffnet, wochentags ab 13 Uhr, am Wochenende bereits ab 12 Uhr. *www.kiddypark.de*

Wanderung: Vom Parkplatz aus gehen wir in Richtung See und wandern diesen rechts von uns liegen lassend auf die Dahlener Straße zu. Wir folgen dem Weg am **Ufer des Sees** rechts herum und beginnen dann am Schild »Der Berg ruft« den Aufstieg auf den Monte Clamotte.

Nach den ersten fünfzig Stufen überqueren wir den breiteren Weg und steigen weiter bergan. Auch 76 Stufen weiter wandern wir weiter geradeaus und immer bergauf in Richtung Gipfel. Jetzt folgen noch einmal 62 Stufen bis zum Gipfel der **Rheydter Höhe** ①. Oben angekommen genießen wir den Ausblick auf die Umgebung und rasten auf den beiden Picknickbänken.

Dann geht es quer über den Gipfel und auf der gegenüberliegenden Seite wieder hinunter. Der Abstieg beginnt neben einer weiteren Picknickbank. 192 Stufen führen uns zurück in den Stadtwald, wo ein **Spielplatz** ② mit Wasserspielbereich und vielen Bänken auf uns wartet.

Nach einer ausgiebigen Spielpause lassen wir den Spielplatz rechts liegen, biegen an der **T-Kreuzung** ③ links auf den Radweg ab und folgen dem Radwanderzeichen weiter geradeaus. Hinter einer Rechtskurve biegen wir rechts ab und kurz darauf

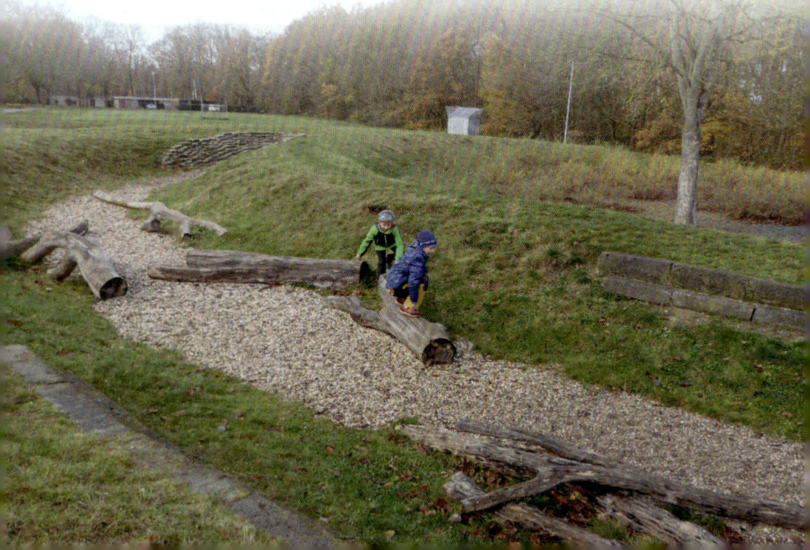

wieder links. Im Anschluss geht es am **zweiten Abzweig** ④ links und kurz darauf wieder rechts auf den mit dem Wanderzeichen X markierten Weg. Diesem folgen wir immer geradeaus, bis rechts von uns der **Kiddypark** ⑤ liegt. Um diesem einen Besuch abzustatten, biegen wir am Ende des Zauns rechts ab.

Mit dem Kinderwagen
Man kann statt über den mit Stufen gesicherten Stieg auch über einen breiteren Weg auf den Gipfel wandern, dann ist die Wanderung kinderwagentauglich.

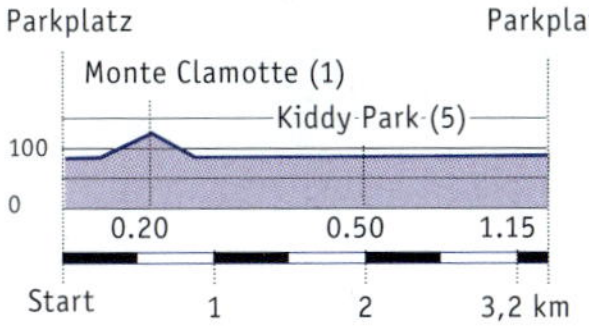

Unsere Wanderung führt uns aber geradeaus weiter: Links von uns liegt ein Parkplatz mit öffentlichem WC. Dabei treffen wir auch die Infotafel zum Kulturlandschaftspfad Mönchengladbach. Dort biegen wir rechts ab und erreichen linker Hand die **Abenteuerlandschaft** ⑥ mit Rasenwelle, Piratenschlucht, Strauchlabyrinth, Forscherpfad, Matschplatz und Indianerwald. Besonders die Kletterelemente sorgen für große Begeisterung bei unseren Wanderkindern.

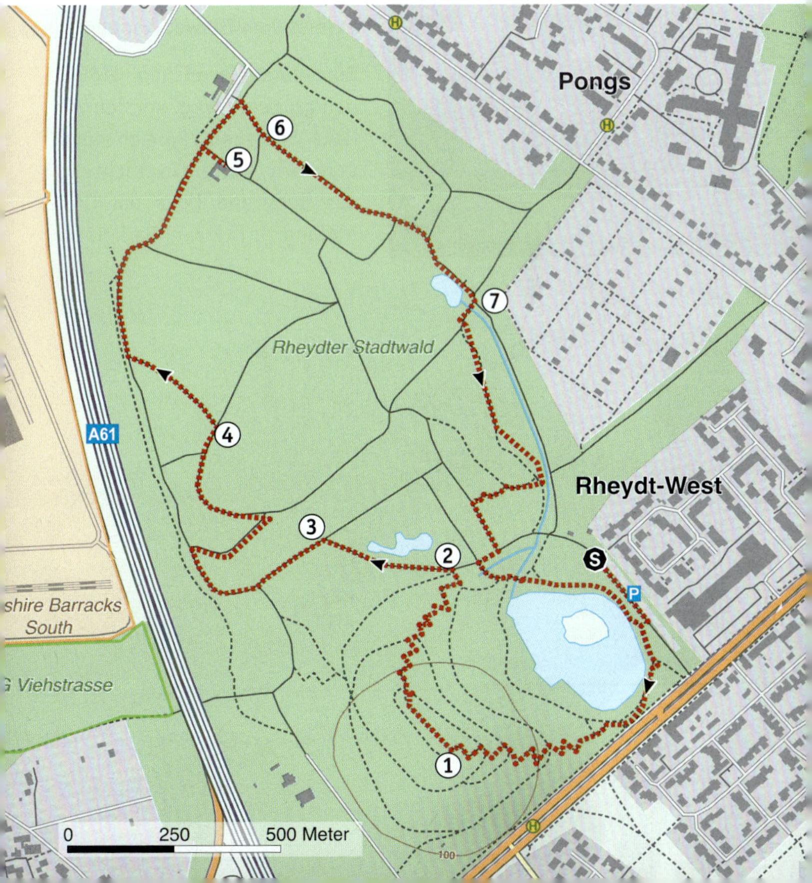

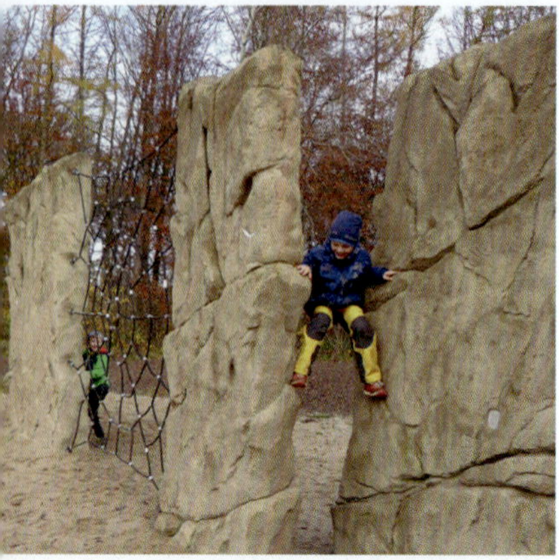

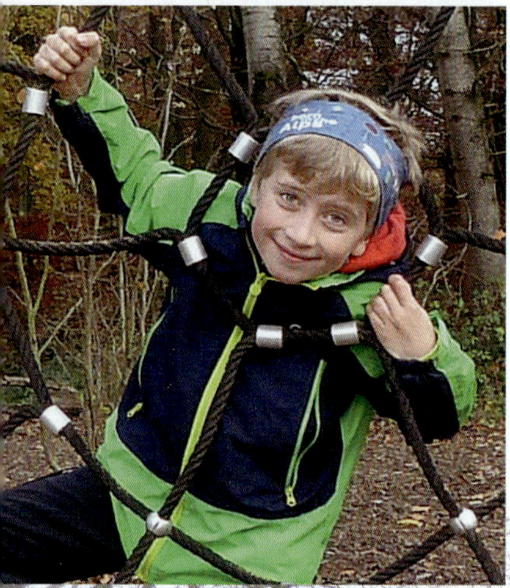

Nach dem Kletterspaß gehen wir in gleicher Richtung weiter wie zuvor: Wir wandern immer geradeaus und erreichen die Hundewiese, die links von uns liegt. Unmittelbar danach gehen wir mit einem Schwenk nach rechts über eine **Holzbrücke** ⑦. An warmen Sommertagen kann man hier am Bach spielen.

Direkt hinter der Brücke biegen wir links ab. Wir folgen unserem Weg in eine Rechtskurve und biegen kurz darauf scharf links ab auf den schmalen Abenteuerpfad, der uns zu den grünen Hügeln und zum **Spielplatz** ② am Fuß des Monte Clamotte führt, den wir bereits vom Hinweg kennen.

Kurz darauf erreichen wir einen größeren Weg, auf den wir links abbiegen. Danach wandern wir weiter in Richtung des Sees und links am Ufer entlang zurück zum Parkplatz.

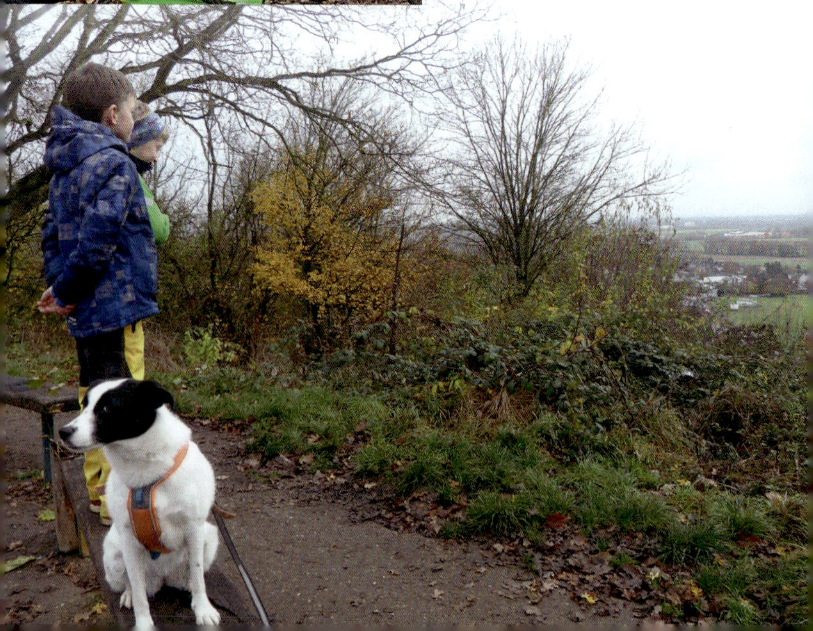

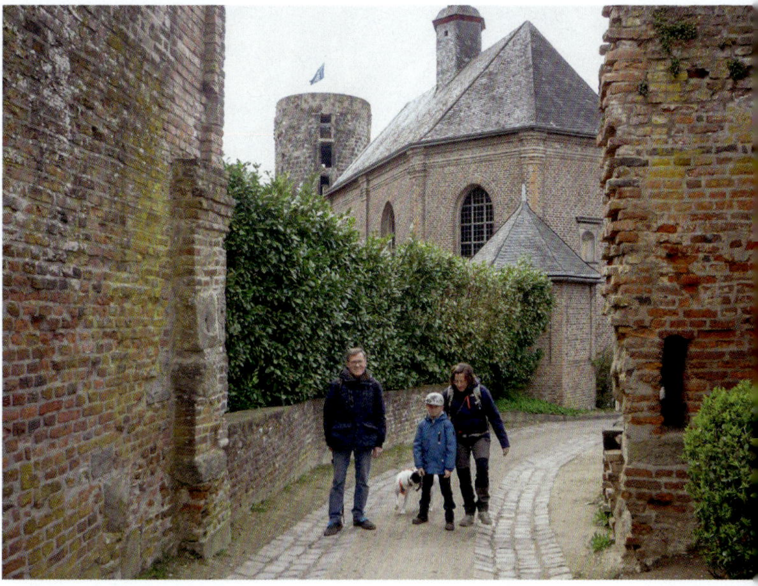

Tour 35: Der Mühlenturm von Liedberg

Weitblick soweit das Auge reicht

20 m

STRECKE 2,4 km

1 h

ab 4

Liedberg ist ein Ortsteil von Korschenbroich. Mit seinem Schloss, den vielen Fachwerkhäusern und dem Mühlenturm ist das Dorf ein wahres Kleinod und verzaubert mit seinem besonderen Charme. Auch landschaftlich hat die an einer Quarzitkuppe gelegene Siedlung viel zu bieten. Daher wandern wir zunächst am Waldrand entlang und nähern uns dem Ort in einem gemütlichen Bogen. Nachdem wir die Aussicht von der Plattform des Turms genossen haben, wandern wir zum krönenden Abschluss durch einen schönen Wald, in dem besonders viele sehr alte Bäume stehen.

TOUREN-STECKBRIEF

Anfahrt: A46, Ausfahrt Neuss-Holzheim, auf die B230 Richtung Glehn. Nach der Ortsdurchfahrt von Liedberg links abbiegen auf die Dycker Straße und sofort wieder links auf die Straße »An der Tränke« und bis zum Parkplatz bei **GPS N 51°09'50.0", E 6°32'17.0"** fahren.

ÖPNV: Haltestelle Schelsener Straße, Buslinie 864. Die B230 ein Stück Richtung Ortskern entlang gehen, dann rechts abbiegen in die Dycker Straße und links in »An der Tränke«.

Anspruch und Charakter: Kurze Wanderung ohne größere Schwierigkeiten, aufgrund der Treppenstufen am Ende und des teils unebenen Weges aber nur bedingt kinderwagentauglich.

Markierung: Zeitweise U und X.

Highlights: Schloss Liedberg, Mühlenturm, Fachwerkhäuser im alten Ortskern.

Einkehr: Verschiedene Gaststätten in Liedberg.

In der Nähe: Schloss Dyck, Schloss Rheydt, Stars of the Galaxy.

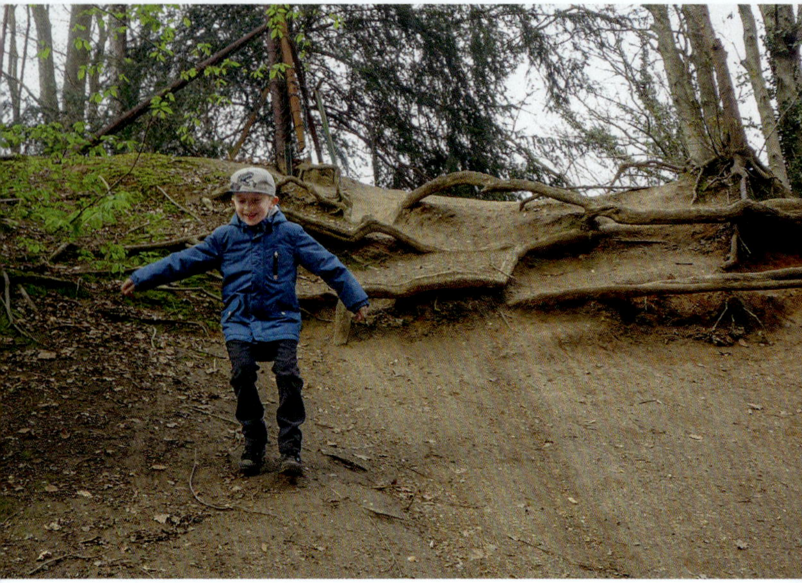

Wanderung: Vom Parkplatz wandern wir leicht bergab an einem weiteren Parkplatz vorbei, der links von uns liegt. Hinter diesem biegen wir links ab. Ein Schild informiert uns über den Werkplatz Liedberg in der Steinzeit. Kurz darauf gehen wir in den ausschließlich für landwirtschaftliche Fahrzeuge freigegebenen Weg. Links von uns sehen wir die Stufen, über die wir am Ende unserer Wanderung wieder hinabkommen werden. Wir laufen am Waldrand entlang und am Ende des rechts von uns liegenden Zauns weiter geradeaus. Wir passieren linker Hand die erste Picknickbank und folgen unserem Weg in eine Linkskurve. Wer entdeckt zuerst die **hölzernen Hasen** ①?

An der T-Kreuzung hinter den Hasen wandern wir weiter geradeaus und erreichen kurz darauf eine weitere Picknickbank. Auch an der dritten Picknickbank gehen wir geradeaus und damit nicht durch die grüne Schranke hindurch. Ein vierter Picknickplatz mit einem Tisch und zwei Bänken liegt noch auf unserem Weg, bevor wir an der nächsten **Kreuzung** ② links abbiegen in den Wald. Nun wandern wir bergauf.

Nach einer **Linkskurve** treffen wir auf einen Weg, auf den wir rechts abbiegen. Links oberhalb können wir bereits das Schloss Liedberg erkennen. Nun wandern wir leicht bergab, bis auf der linken Seite erneut eine Picknickbank auf uns wartet. Rechts des Weges beeindruckt uns die ausladende Wurzel eines schon lange umgefallenen Baumes. Dann treffen wir auf eine **T-Kreuzung** ③ und folgen dem mit den Wanderzeichen U und X markierten Weg nach rechts.

Kurz bevor wir den Wald verlassen, wenden wir uns noch vor der grünen Schranke in den nach links führenden Weg. An der Kreuzung steht erneut ein **toller Picknickplatz mit einem Tisch und zwei Bänken** ④.

Der Weg macht im weiteren Verlauf eine Kurve nach links und führt leicht bergauf. An der nächsten **T-Kreuzung** biegen wir links ab und machen kurz darauf einen kleinen Abstecher nach rechts, um das **Pfadfinder-Grab** ⑤ zu besuchen. Hier wird drei Jugendlichen gedacht, die im Jahr 1930 durch einen Unfall in einem Stollen ums Leben kamen.

Zurück auf unserem Weg steigen wir noch ein kleines Stück bergan und biegen an der **T-Kreuzung** rechts ab. Wir wandern bergauf, durchqueren einen Torbogen und folgen weiter dem Weg. Links von uns liegt nun das **Schloss Liedberg** ⑥, das wir mit einem Blick zurück in seiner ganzen Pracht bewundern können. Gegenüber von uns sehen wir bereits die Schlosskapelle und den Mühlenturm, den wir gleich besteigen wollen.

Dazu folgen wir unserem Weg in Richtung Kapelle und Turm, biegen an der Kreuzung mit den schönen Fachwerkhäusern links ab und erreichen kurz darauf den **Mühlenturm** ⑦. Gegen einen Einwurf von 50 Cent gelangen wir erst durch die Absperrung und

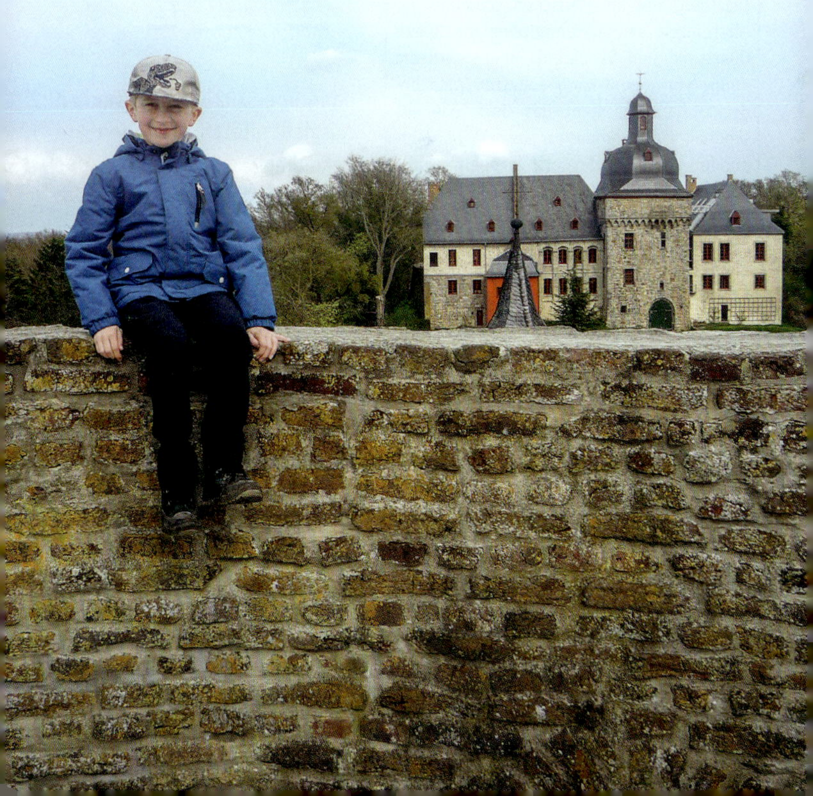

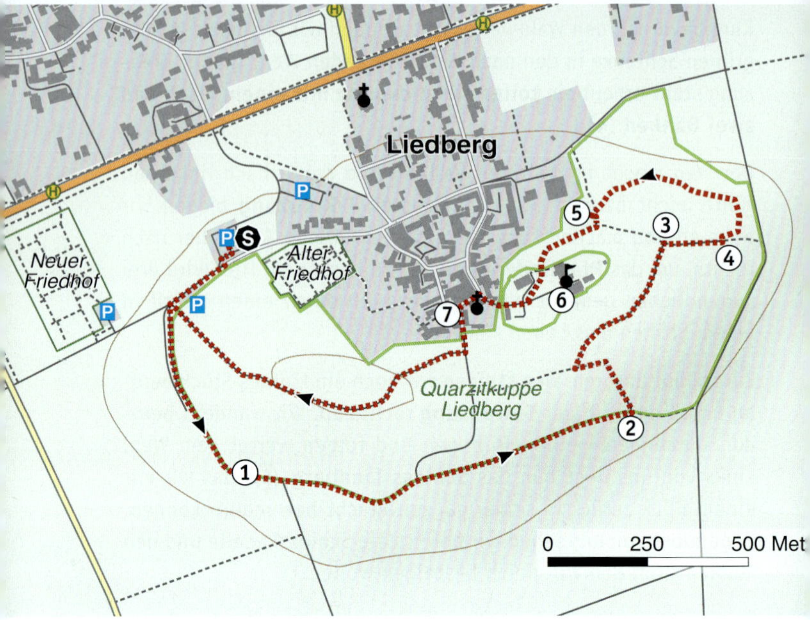

Liedberg

Liedberg liegt auf einer 34 Meter hohen Quarzitkuppe. Dieser Millionen Jahre alte Inselberg zog die Menschen schon in der Altsteinzeit an. Später nutzten die Römer Quarzsand und Sandstein. Heute wird die Kuppe von einem märchenhaften Wald bedeckt. Daneben steht das Dorf, das aus schönen Fachwerkhäusern aus dem 18. Jahrhundert besteht. Schloss Liedberg wurde bereits im 14. Jahrhundert errichtet und im 21. Jahrhundert komplett restauriert. Hoch über Liedberg thront der Mühlenturm, der vermutlich um 900 als Teil einer früheren Burg erbaut wurde. Wir empfehlen zum Abschluss der Wanderung einen Bummel durch den romantischen Ort mit Einkehr in einem der tollen Landgasthäuser.

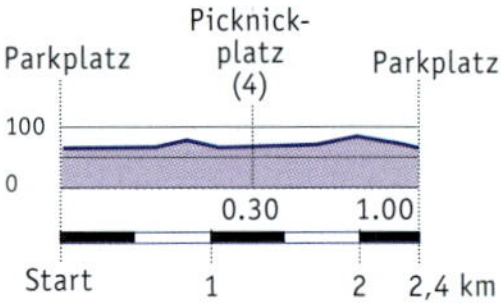

dann über 102 Eisenstufen zur Aussichtsplattform. Oben angekommen genießen wir den Ausblick auf Liedberg, das Schloss, den umliegenden Niederrhein und bis nach Köln.

Zurück am Boden geht es in einer Linkskurve leicht bergauf, an einer Infotafel über einheimische Singvögel vorbei und hinter einer Schranke wieder in den Wald. Auf der rechten Seite informiert eine Tafel über das Naturschutzgebiet Quarzitkuppe Liedberg.

An der Abzweigung kurz dahinter biegen wir rechts ab und folgen immer geradeaus dem Weg, der uns noch einmal durch einen schönen Wald und an einer Picknickbank vorbeiführt. Schließlich bringen uns 34 Stufen wieder hinab zum Parkplatz, den wir bereits vom Hinweg kennen. Von hier aus erreichen wir auch schnell wieder unseren Ausgangspunkt.

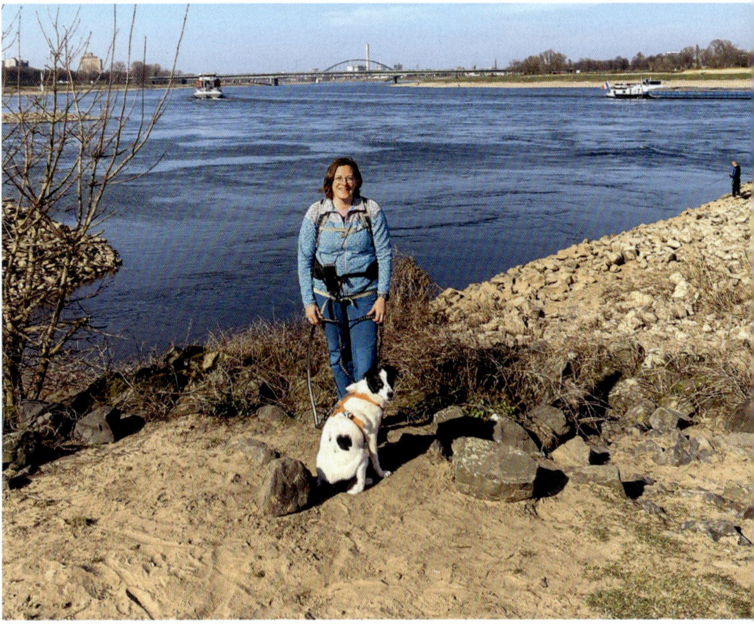

Tour 36:
Die grüne Lunge von Neuss

40 m

STRECKE 10,1 km

3 h 30

ab 8

Zu Besuch auf dem Kindernbauernhof und an der Erft

Bei der Wanderung durch die grünen Lungen des Neusser Südens jagt ein Highlight das nächste: Beginnend am Sporthafen führt uns der Weg in das Gelände der »Rheinpark Euroga 2002 plus«, bevor wir vorbei an einem großen Spielplatz in Richtung Reuschenberger Busch wandern. Dort angekommen begeistert die Teufelsschlucht besonders die kleinen Wandernden, die hier herrlich toben, rennen und klettern können. Im Anschluss bringt uns die Obererft zum Kinderbauernhof, kurz danach können wir die Wildgehege im Selikumer Park besuchen. Auf dem Rückweg begleiten wir die Erft bis zu ihrer Mündung in den Rhein und entdecken dabei noch die Kanustrecke an der Gnadentaler Mühle sowie den Barfußpfad.

Wanderung: Vom Parkplatz wandern wir am Sporthafen vorbei, der rechts von uns liegt. Wir folgen unserem Weg durch eine Rechtskurve und kommen an Picknickbänken vorbei. An **Fahrrad-Knotenpunkt 30** gehen wir geradeaus in Richtung Rheinwiesen und biegen kurz darauf links ab in den schmalen Pfad, der uns quer über die Wiese führt. Nach einiger Zeit kommen wir an zwei kleinen Teichen vorbei. Kurz darauf geht es ein kurzes Stück bergauf bis zu einer **Kreuzung** ①, an der wir uns nach links wenden.

200 Meter weiter treffen wir auf einen Radweg, dem wir nach rechts folgen. Auf diesem unterqueren wir auch die Autobahn und biegen direkt danach links ab. Auf der rechten Seite liegt jetzt ein **großer Spielplatz** ② mit langer Rutsche, Schaukeln, Bänken, Tischtennisplatten und einem Fußballfeld.

Wir überqueren die folgenden beiden Straßen und folgen damit dem Wanderweg A6. Auch an der nächsten Weggabelung ändern wir die Richtung nicht. Damit verlassen wir den hier rechts abzweigenden, mit A6 gekennzeichneten Weg. Unser Pfad endet in einem **Wiesenweg** ③, auf dem wir geradeaus weitergehen. Kurz danach teilt sich der Weg, wir halten uns hier rechts.

Unser Weg führt in ein kleines Wäldchen. Ungefähr 90 Meter weiter biegen wir ab in den Pfad nach rechts, der uns zwischen Bäumen hindurchführt. Dann erreichen wir einen größeren Weg, dem wir geradeaus folgen. Neben uns verlaufen nun Bahnschienen, die wir kurz darauf an einer **Brücke** ④ überqueren.

Damit erreichen wir den Reuschenberger Busch, durch den mehrere markierte Wanderwege verlaufen. Wir wandern geradeaus weiter auf schmalem Pfad. Links von uns erkennen wir bereits die **Teufelsschlucht** ⑤. Viele umgefallene Baumstämme laden hier zum Klettern und zu einer Rast ein.

Am Ende der Schlucht bleiben wir auf unserem Weg, gehen nicht über die Steinbrücke und treffen schließlich auf die Wege A7 und A8, später auch noch auf A6 und A9. Wir wandern an mehreren Picknickplätzen vorbei, rechts von uns fließt inzwischen die Obererft. Durch eine Unterführung queren wir die **Autobahn**.

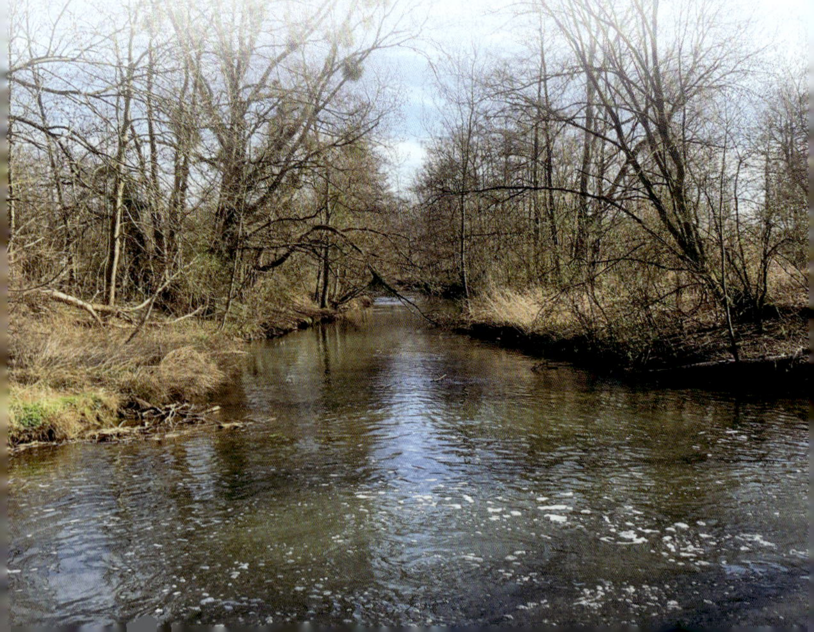

TOUREN-STECKBRIEF

Anfahrt: A 57, Ausfahrt Neuss-Norf. Links abbiegen auf die Norfer Straße und noch einmal links auf die Bonner Straße. Diese heißt im weiteren Verlauf Kölner Straße. Rechts abbiegen auf die Grimlinghauserbrücke und dieser in ihre Linkskurve folgen bis zum Parkplatz bei **GPS N 51°11′02.0″, E 6°43′44.0″**.

ÖPNV: Neuss Humboldtstraße, Buslinien 851, 852 und 875. Von der Kölner Straße links in die Konstantinstraße abbiegen. Diese führt direkt zum Sporthafen und Start der Wanderung.

Anspruch und Charakter: Wanderung ohne größere Schwierigkeiten, die auch mit einem sportlichen Buggy bzw. Kinderwagen machbar ist. Die Route führt abwechslungsreich durch die grünen Lungen des Neusser Südens, im Sommerhalbjahr stehen hier oft mobile Eiswagen. Aufgrund der recht langen Wegstrecke trotz der Einkehrmöglichkeiten genügend Proviant einpacken.

Kinderwagentauglich: Ja.

Markierung: Wechselnde A-Wanderwege, siehe Wegbeschreibung.

Highlights: Sporthafen Neuss, Teufelsschlucht im Reuschenberger Busch, Kinderbauernhof, mehrere Spielplätze, Barfußpfad, Kanustrecke, Erftmündung.

Einkehr: Hofcafé beim Kinderbauernhof, Plokami unmittelbar hinter diesem, Restaurant am Rhein neben der Erftmündung.

In der Nähe: Wildfreigehege Grevenbroich, Skihalle Neuss, Südbad Neuss.

Wir wandern weiter entlang des Baches, bis wir den Nixhütter Weg erreichen. Wir überqueren diesen und biegen danach links ab, um zum **Kinderbauernhof** ⑥ zu gelangen. Hier befindet sich auch das Hofcafé und direkt dahinter das **Café-Restaurant Plokami**, das ebenfalls zu einer Einkehr einlädt. Wir besuchen den Kinderbauernhof und seine Bewohner und statten dabei auch **Bauerngarten und Bienenhaus** einen Besuch ab.

Danach wandern wir am **Reuschenberger Flutgraben** entlang, der links von uns fließt. Auf der rechten Seite befinden sich noch weitere Gehege des Kinderbauernhofs. An seinem Zusammenfluss mit der Obererft überqueren wir den Graben über eine **Steinbrücke**, laufen zuerst geradeaus weiter und folgen dann dem mit A6, A7 und A10 beschilderten Weg durch eine Linkskurve. Nach rechts lockt jetzt ein Abstecher über die Obererft in den **Selikumer Park** mit seinen **Wildgehegen** ⑦. Auch einen Landschaftswildpfad gibt es hier.

Im Anschluss gehen wir zurück über die Obererft und erreichen in der **Erftschleife**, in der Obererft und Erft zusammenfließen, einen kleinen, rauschenden Wasserfall. Wir folgen weiter dem Weg links der Erft – erst geradeaus, dann durch einen scharfen Knick nach links. Damit kehren wir der Erft den Rücken zu und wandern über eine Wiese. Kurz bevor wir die kleine Straße erreichen, führt links ein Pfad zu einem weiteren Tiergehege und einem kleinen **Spielplatz** ⑧.

Wenige Schritte weiter biegen wir an der Gerhard-Höhme-Allee rechts ab, überqueren die Erft und laufen direkt danach links weiter. Nun geht es immer am Ufer der Erft entlang bis zu ihrer

Mündung in den Rhein. Dabei kommen wir an vielen Picknickbänken vorbei. Nach einiger Zeit unterqueren wir eine **Eisenbahnbrücke**. Vielleicht kommt ja genau in dem Moment ein Zug vorbei und wir können seinem donnernden Geräusch lauschen. Nur wenig später erreichen wir an der Gnadentaler Mühle die **Kanustrecke ⑨**. Mit etwas Glück können wir hier Kanuten beim Training beobachten.

Dann geht es noch einmal unter der Autobahn hindurch. Unmittelbar danach verlassen wir kurz den befestigten Weg, der hier rechts abzweigt, und wandern auf schmalem Pfad unmittelbar am Ufer der Erft weiter. Nur wenig später treffen die beiden Wege wieder zusammen. Es geht an einem kleinen Wasserfall vorbei und über eine Holzbrücke. Direkt danach können wir rechts abbiegen, um zum **Barfußpfad ⑩** zu gelangen. Hier kann man auf den unterschiedlichsten Untergründen laufen. Wer traut sich, die Schuhe auszuziehen und es einmal mit nackten Füßen zu versuchen? Auch hier stehen Picknickbänke.

Danach überqueren wir am Parkplatz die Straße mit Hilfe der Verkehrsinsel und wandern auf dem mit den Wanderzeichen A7, A8 und A11 markierten Weg weiter am Ufer der Erft entlang. Links führt ein Trampelpfad über die Wiese. Gerne nutzen wir diesen, bis die beiden Wege wieder zusammentreffen. Auf einer **Holzbrücke ⑪** überqueren wir den Norfbach und wandern am **Fahrrad-Knotenpunkt 73** weiter geradeaus. Ein wenig später sehen wir rechts von uns einen Sport-

Kinderbauernhof Neuss

Der Kinderbauernhof Neuss beheimatet Hühner, Hähne, Kaninchen, Ziegen, Schafe, Esel, Pferde und Schweine. Neben den großzügig angelegten Tiergehegen gehören Obstwiesen, ein Bauerngarten mit Bienenhaus und Spielplätze zu dem Gelände. Im Hofcafé gibt es Getränke und Kuchen. Der Kinderbauernhof ist täglich von 10 bis 17 Uhr geöffnet.

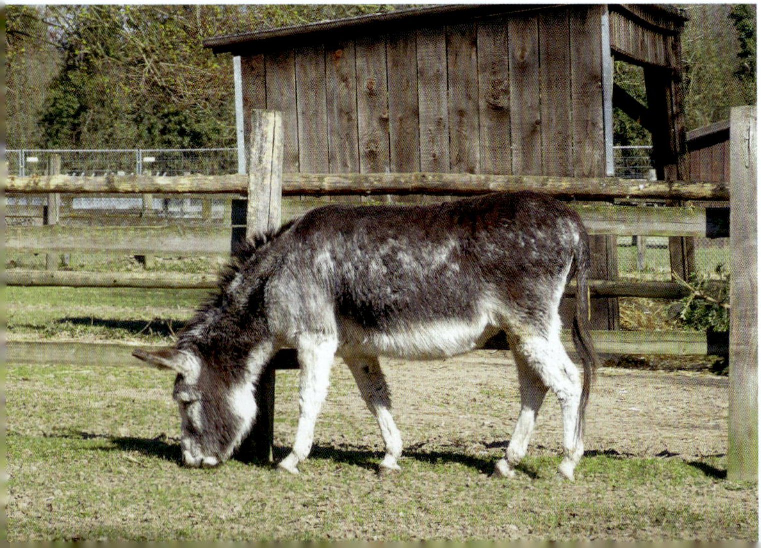

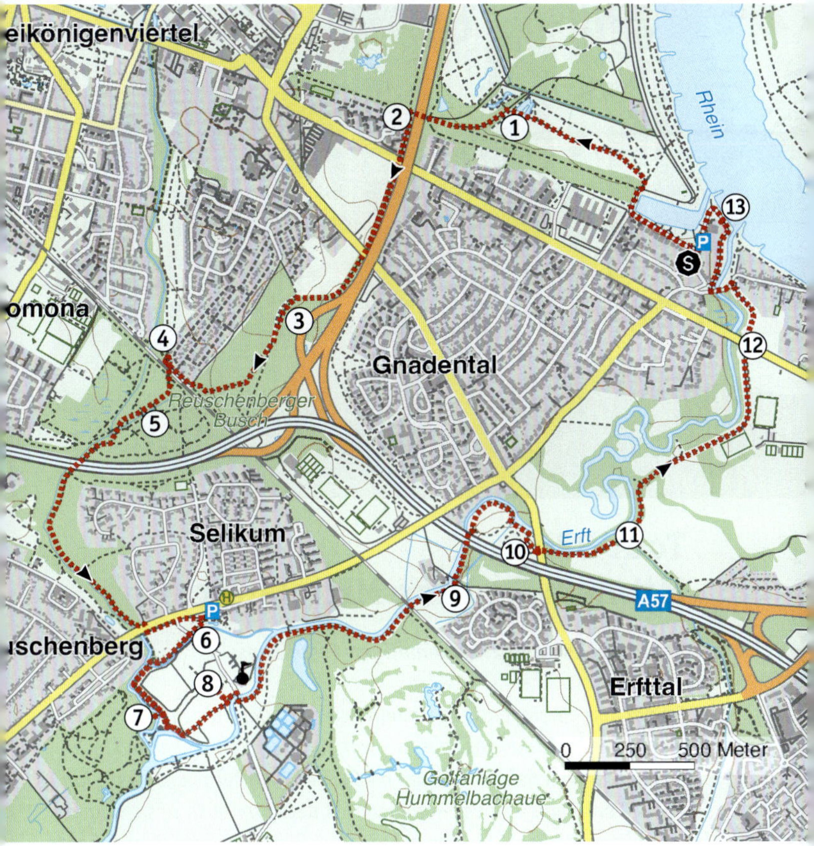

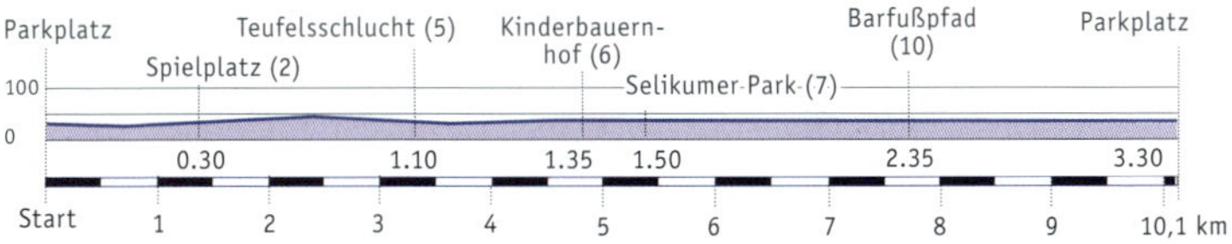

platz liegen. Die Erft plätschert hier durch eine Linkskurve. Wir überqueren die **Kölner Straße** ⑫ und folgen der Erft weiter in Richtung ihrer Mündung, die hier noch 200 Meter entfernt ist.

An **Fahrrad-Knotenpunkt 1** biegen wir links ab und überqueren die Erft. Wer mag, kann auch zuerst noch rechts des Flusses bleiben und auf dem Wiesenpfad bis zur Mündung gehen. Auch auf der anderen Seite erreichen wir mit einem Abzweig nach rechts die Mündung. Hier stehen viele Picknickbänke und Tische und das **Restaurant am Rhein** ⑬ lädt mit seinem Panoramablick zu einer Einkehr ein. Von dort führt uns der Weg in einer Kurve zurück zum Sporthafen und zum Ausgangspunkt unserer Wanderung.

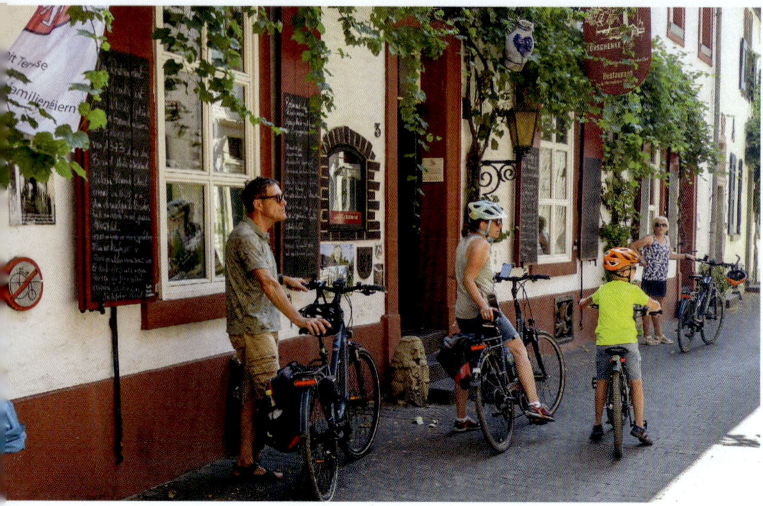

60 m

STRECKE
20,8 km

3 h

ab 6

Tour 37: Mit dem Rad ins Mittelalter

Am Rhein entlang zur ehemaligen Feste Zons

Immer am Rhein entlang radeln wir von Delrath zum hübschen Städtchen Zons, das aussieht, als wäre dort die Zeit stehengeblieben. Besonders sehenswert ist der mächtige Rheinturm aus dem Jahr 1388. Vom Rheinuferweg kommend ist der Turm auch unser Zugang ins mittelalterliche Stadtzentrum. Der Rückweg nach Nievenheim führt dann abwechslungsreich teils durch eine weite Feldlandschaft, teils durch lichte Wälder. Der große Waldspielplatz ist hier noch einmal ein Highlight für die Kinder, bevor der Ententeich kurz vor Ende der Tour zu einer letzten Rast einlädt.

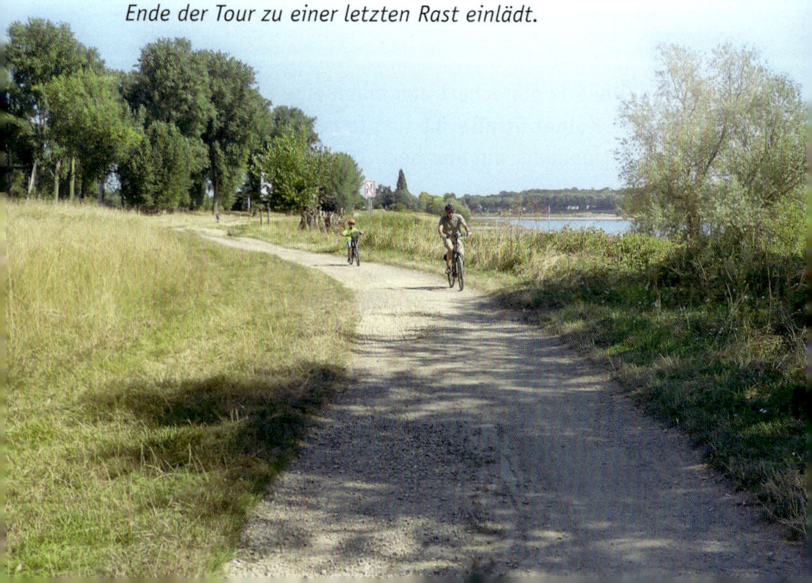

Radtour: Wir starten unsere Radtour auf der **Wilhelm-Zaun-Straße** und biegen an der Bushaltestelle an der Johannesstraße links ab. Von dieser geht es rechts in die **Sonnenstraße**. Diese führt uns zum Rand eines Feldes, an dem wir nach links radeln. Wir passieren eine Picknickbank, überqueren die folgende Straße und biegen an dieser rechts ab, um auf dem **Fahrradweg die A57** ① zu queren. Danach geht es leicht bergab, und wir können die Räder einfach rollen lassen.

Unten angekommen biegen wir links ab in die **Edisonstraße**. Wir erreichen eine **T-Kreuzung**, an der wir uns rechts halten. An **Knotenpunkt 83** ② fahren wir weiter geradeaus. Nun nähern wir uns allmählich dem Ufer des Rheins und fahren an den großen Kränen vorbei, die Container auf Schiffe laden oder von diesen herunterheben.

Am **Kreisverkehr** ③ machen wir eine Dreiviertel-Drehung und bleiben auf dem Fahrradweg rechts der Straße. Kurz vor Erreichen eines kleinen Wäldchens müssen wir diese jedoch überqueren, um auf den unbefestigten Weg nach links abzubiegen. Dieser führt uns zwischen Viehweiden hindurch wieder zu einer asphaltierten Straße, der wir geradeaus folgen. Damit erreichen wir einen **Rast- und Aussichtspunkt** ④ an der Hochwasserschutzanlage am Rhein.

Weiter geht es mit einem scharfen Knick nach rechts, sodass wir dem Rhein den Rücken zudrehen. Am **Kreisverkehr** machen wir erneut eine Dreiviertel-Drehung und erreichen einen zweiten **Rast- und Aussichtspunkt** ⑤ an der Hochwasserschutzanlage, an dem eine große Pferdestatue steht.

Wir radeln zunächst rechts der Mauer weiter und biegen bei nächster Möglichkeit links ab in Richtung Rheinwiesen. An der

TOUREN-STECKBRIEF

Anfahrt: A46, Ausfahrt Neuss-Uedesheim. Links abbiegen auf die B9 bzw. Bonner Straße. Diese heißt im weiteren Verlauf Koblenzer Straße. Rechts abbiegen auf den Zinkhüttenweg, erneut rechts auf die Johannesstraße und noch einmal rechts abbiegen auf die Wilhelm-Zaun-Straße. Danach links auf den Latoursweg fahren bis zum Parkplatz bei **GPS N 51°07'26.0", E 6°46'57.0"**.
ÖPNV: S-Bahnhof Dormagen-Nievenheim.
Anspruch und Charakter: Wir fahren sowohl über asphaltierte als auch über unbefestigte Wald-, Schotter- und Feldwege. Spürbare Steigungen gibt es keine.
Markierung: Teilweise das allgemeine Radwanderzeichen und die entsprechenden Wegweiser mit ihren Knotenpunkten.
Highlights: Viele Picknickmöglichkeiten am Rhein, mittelalterliche Altstadt in Zons, großer Waldspielplatz, Ententeich.
Einkehr: Diverse Möglichkeiten in Zons, außerdem im Fährhaus Pitt Jupp im Zonser Grind sowie an Start und Ziel im Alten Bahnhof.
In der Nähe: Wildpark Tannenbusch, Wildfreigehege Grevenbroich, Skihalle Neuss, Südbad Neuss, Wakebeach 257.

Feste Zons

Zons ist über die Grenzen des Niederrheins hinaus bekannt. So gilt die ehemalige kurkölnische Zollfeste als einzigartiges Beispiel einer mittelalterlichen Stadt im Rheinland. Archäologen gehen davon aus, dass Zons bereits im 7. Jahrhundert existiert hat. Die Hochzeit erlebte Zons jedoch im Mittelalter. Bis heute sind große Teile der Stadtmauer, mehrere Befestigungstürme und eine alte Windmühle erhalten.

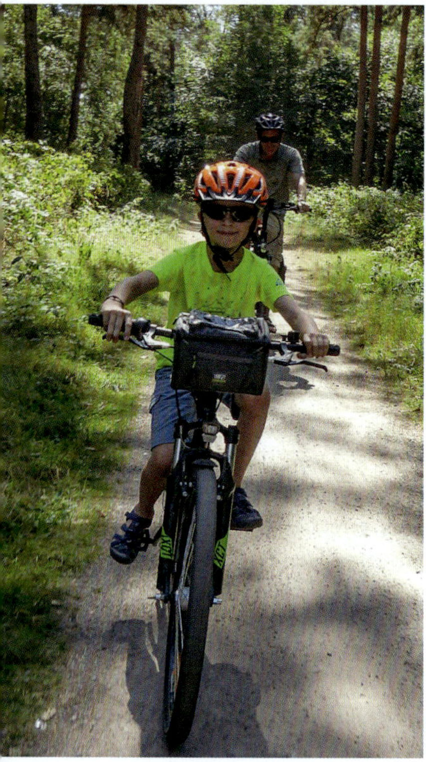

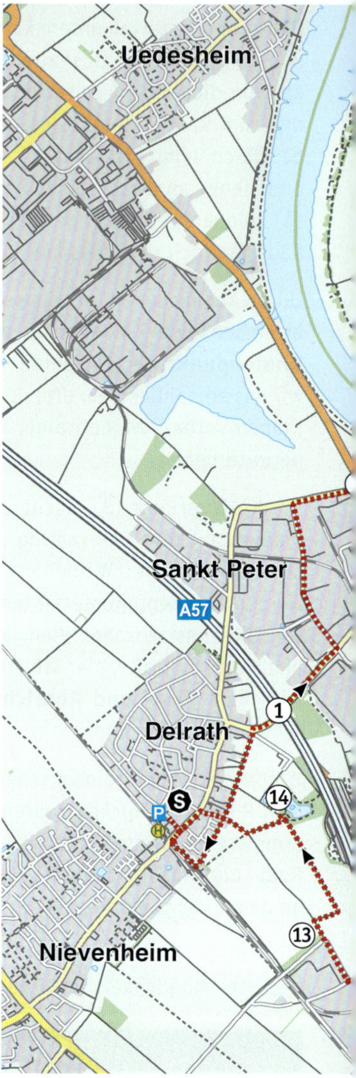

folgenden **Kreuzung** geht es rechtsherum weiter in Richtung der Gaststätte am Fährhaus. Wir folgen dem Radweg um eine Linkskurve. Gute zwei Kilometer weiter erreichen wir das **Fährhaus Pitt Jupp** ⑥, das mit seiner aussichtsreichen Lage und dem Biergarten mit angrenzendem Spielplatz ein toller Platz für eine Einkehr ist.

Am Ende des Spielplatzes folgen wir danach dem markierten Radweg nach rechts und wenig später geradeaus in eine Sackgasse hinein. So gelangen wir wieder nahe ans Rheinufer, an dem wir nun einige Kilometer entlangfahren. Dabei kommen wir an mehreren Picknickbänken vorbei. Wir erreichen rechter Hand

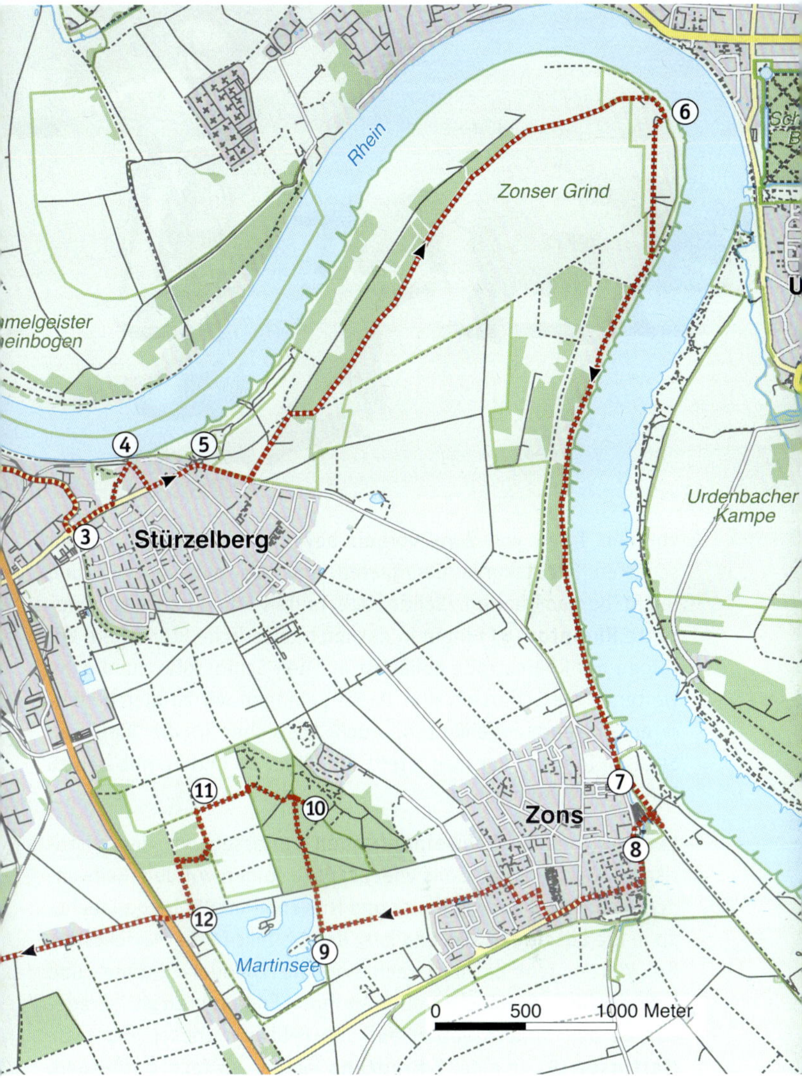

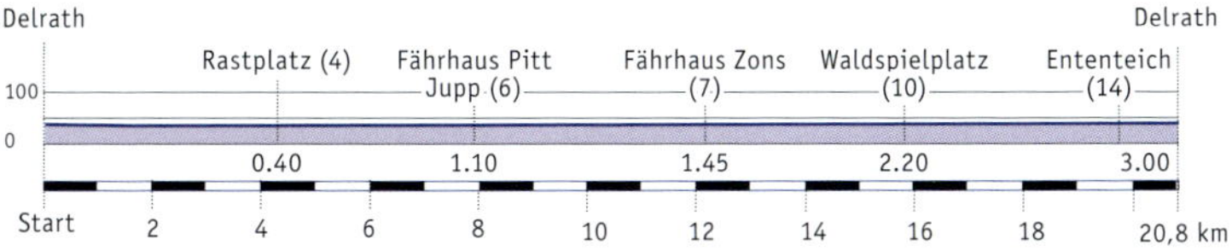

das **Fährhaus Zons** ⑦. Auch dieses lockt zu einer Einkehr im Biergarten. Auf der linken Seite setzt die Fähre hinüber nach Urdenbach, das schon zu Düsseldorf gehört.

Wir radeln jedoch weiter geradeaus. An **Knotenpunkt 34** biegen wir links ab in Richtung Köln-Worringen, halten uns oben auf dem Deich und fahren zunächst oberhalb des großen Parkplatzes

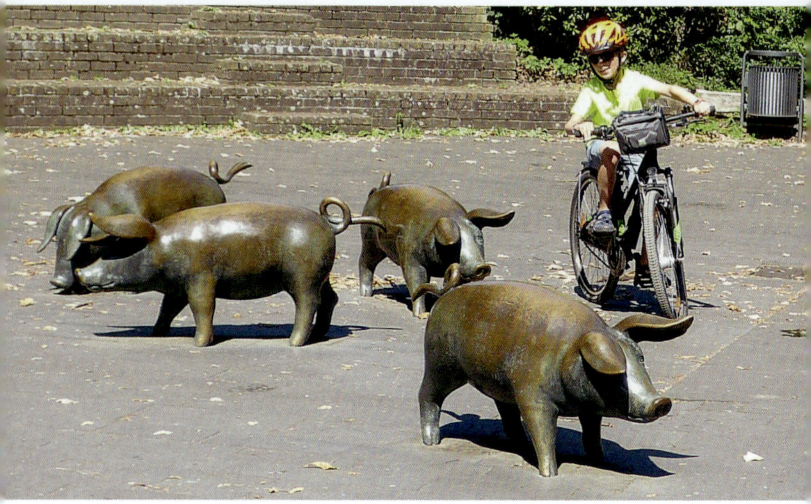

vor den Toren von Zons vorbei, bevor wir diesen nach einer scharfen Rechtskurve überqueren und uns danach links und leicht bergauf halten. Schließlich fahren wir durch das imposante **Rheintor** ⑧ hinein in das mittelalterliche Städtchen. Wir folgen der Rheinstraße zunächst auf den Schlossplatz und dann weiter in die Schlossstraße. Dabei gelangen wir zu gleich mehreren Einkehrmöglichkeiten. Auch Abstecher in die kleineren Straßen lohnen. Wer mag, stellt die Räder ab und begibt sich zu Fuß auf Erkundungstour.

Kurz hinter dem **Schweinebrunnen** verlassen wir den historischen Ortskern von Zons wieder. Dazu folgen wir dem Radwanderzeichen in Richtung Neuss und Nievenheim. Wir biegen rechts ab in die **Lessingstraße** und kurz darauf links in die Mörickestraße. Weiter geht es nach rechts in die Theodor-Fontane- und links in die Eichendorffstraße. An ihrem Ende fahren wir geradeaus an den Pollern vorbei auf den Feldweg. Dieser endet am **Martinsee** ⑨ an einer **T-Kreuzung**, an der wir rechts abbiegen.

An der rot-weißen Schranke fahren wir geradeaus vorbei, hinein in das kleine Wäldchen. Die folgende **Kreuzung** überqueren wir und passieren kurz darauf linker Hand eine Picknickbank. Nun geht es leicht bergab und wir können die Räder rollen lassen. An der nächsten Kreuzung lohnt ein kurzer Abstecher nach rechts zum **Waldspielplatz** ⑩ mit zahlreichen, teils überdachten, Picknickmöglichkeiten.

Zurück an der **Kreuzung** fahren wir nun geradeaus (aus ursprünglicher Richtung also nach links abbiegend) weiter. Die folgende **Kreuzung** überqueren wir und fahren zunächst geradeaus, nach einem leichten Schwenk nach rechts parallel zu einem Zaun weiter.

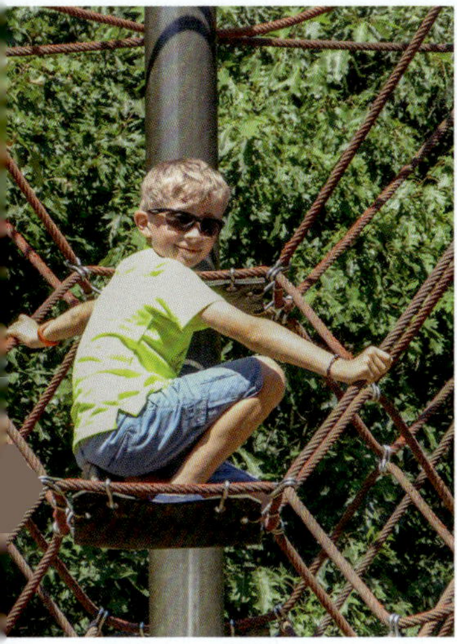

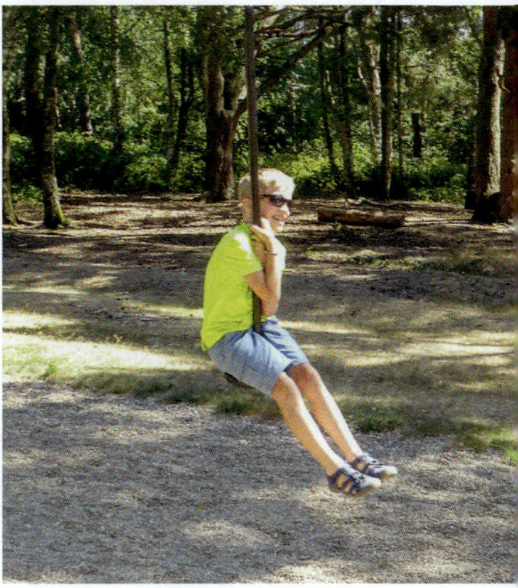

Unser Weg endet an einer **T-Kreuzung**, an der wir erst links, dann aber sofort wieder rechts abbiegen. Nun rollen wir auf freiem Feld leicht bergab. An der nächsten **Kreuzung** ⑪ biegen wir am Naturschutzgebiet-Schild links ab.

Wir erreichen ein Wäldchen, in das wir nach rechts abbiegen auf einen schmalen Weg. Dieser endet vor einem **Zaun**. Hier biegen wir links ab, an der nächsten Kreuzung geht es vor einem **Reitstall** ⑫ und dem Martinsee rechtsherum weiter. Damit fahren wir wieder auf einem asphaltierten Weg.

Die **Düsseldorfer Straße** überqueren wir und radeln in Richtung Nievenheim. Wir unterqueren die A57 und folgen kurz darauf dem Radwanderzeichen nach rechts auf den Radweg, der parallel zur Straße verläuft. In der **Linkskurve** ⑬ verlassen wir den Radweg jedoch wieder, überqueren die Straße und fahren geradeaus weiter aufs freie Feld.

An den großen Strommasten biegen wir rechts ab. Der Feldweg führt uns zum **Ententeich** ⑭, der zu einer letzten Rast im Grünen einlädt. Hier finden wir Picknickbänke, eine Infotafel und einen Weg, der einmal komplett um das Gewässer herumführt.

Unsere Radtour geht dann an der Kreuzung vor dem Ententeich links herum weiter: Wir erreichen einen asphaltierten Weg, auf den wir rechts abbiegen. Bei nächster Möglichkeit geht es nach links. So gelangen wir an die Bahnschienen, vor denen wir uns nach rechts wenden. Kurz vor dem Alten Bahnhof radeln wir nach rechts, erreichen die Johannesstraße und biegen an der Kreuzung, die wir bereits vom Beginn unserer Tour kennen, links ab auf die Wilhelm-Zaun-Straße.

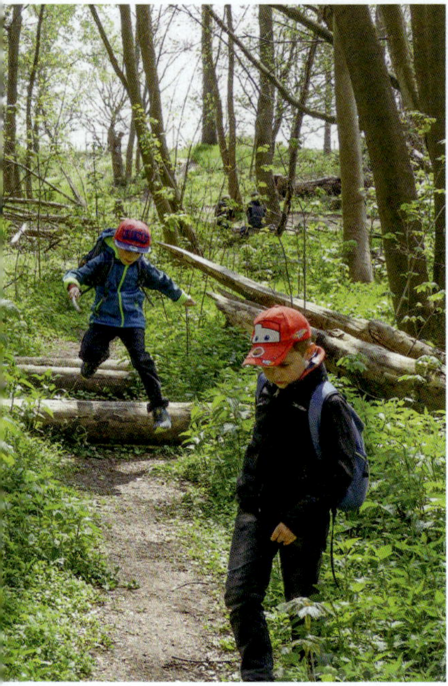

Tour 38: Kloster Knechtsteden

Auf den Spuren der Vergangenheit

Auf dieser Wanderung nähern wir uns dem Kloster Knechtsteden in einem großen Bogen durch den Wald. Dabei können wir unserer Fantasie freien Lauf lassen und uns vorstellen, wie die Mönche hier vor fast 1.000 Jahren gelebt haben. Besonders der Abenteuerpfad, der an einer Wasserstelle mit dem Relikt eines Springbrunnens startet, beflügelt unsere Vorstellungskraft.

Schließlich stehen wir vor dem Kloster und können uns Zeit sowohl für die Besichtigung der imposanten Anlage als auch für den Besuch des angrenzenden Spielplatzes lassen.

eben

STRECKE 4,6 km

1 h 30

ab 4

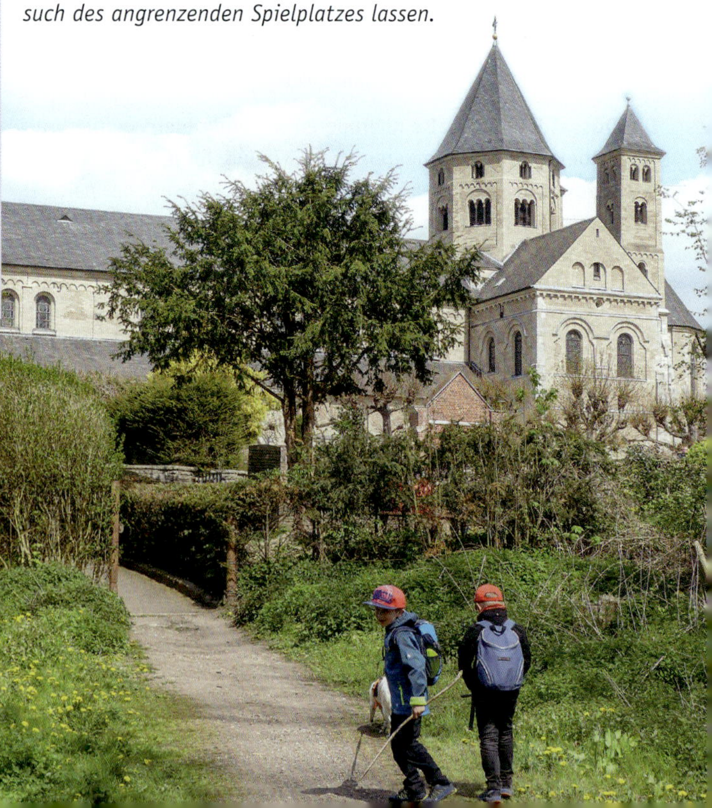

Wanderung: Am Beginn des Parkplatzes biegen wir rechts ab und wandern an der rot-weißen Schranke vorbei. Der Weg ist mit dem Wanderzeichen A6 markiert. Wir passieren eine Infotafel des Forstamtes zum Wald in Nordrhein-Westfalen. Dann erreichen wir eine Kreuzung von vier Wegen, an der links eine ältere Picknickbank steht, und biegen hier rechts ab. Wir ignorieren die nach rechts abzweigenden Pfade. An der nächsten **Kreuzung mit vier Wegen** ① wenden wir uns nach links.

Eine Kreuzung weiter, hier steht wieder eine ältere Bank, geht es nach rechts und wir treffen damit erneut auf den Weg A6. Am nächsten **Abzweig** ② folgen wir dem Radwanderzeichen nach links. Noch vor Erreichen des Feldes biegen wir rechts ab und bleiben im Wald. Auch an der nächsten **Kreuzung** gehen wir nach rechts bis zu einem kleinen Teich mit **Springbrunnen** ③.

Wir lassen die Wasserstelle rechts von uns liegen und wandern leicht rechts in den schmalen Abenteuerpfad. Dieser führt an einem zeitweise trockengefallenen Bach entlang und windet sich über umgefallene Baumstämme durch den Wald. Linker Hand liegt ein weiterer kleinen **Teich** ④. Hier müssen wir wagemutig über einen schmalen Bachlauf springen. Unser Abenteuerpfad endet an einer **Kreuzung**, an der wir nach rechts weitergehen. Damit überqueren wir den kleinen Bach, der vorher immer rechts von uns floss.

Nur wenig später biegen wir links ab, an der Kreuzung treffen wir erneut auf den Weg A6. Wir erreichen die **Landstraße** ⑤, überqueren diese und laufen geradeaus weiter. Damit betreten wir das Naturschutzgebiet **Knechtstedener Wald** und folgen weiter dem A6. Den kurz darauf nach rechts abzweigenden Weg ignorieren wir. Unser Weg schlängelt sich in einer Rechtskurve

TOUREN-STECKBRIEF

Anfahrt: A57, Ausfahrt Neuss-Reuschenberg, rechts abbiegen auf die Bergheimer Straße (B477), in Anstel links abbiegen auf die Knechtstedener Straße, dieser folgen bis zum Parkplatz auf der rechten Seite bei **GPS N 51°04'27.0", E 6°45'32.0"**.

ÖPNV: Knechtsteden, Buslinien 885 und 883. Geradeaus bis zur Klosterstraße gehen, diese überqueren und in den Wald hinein bis zum Parkplatz und Startpunkt der Wanderung laufen.

Anspruch und Charakter: Abwechslungsreiche Wanderung, die zunächst durch den Wald führt, teilweise über Abenteuerpfade. Gutes Schuhwerk ist hier von Vorteil, besonders nach Regenfällen. Rund um das Kloster Knechtsteden breitere Wege.

Kinderwagentauglich: Ja, wenn man zwischen Wegpunkt 2 und 5 auf dem befestigten Weg bleibt.

Markierung: Teilweise A6.

Highlights: Teich mit Springbrunnen mitten im Wald, Abenteuerpfad, Kloster Knechtsteden mit Spielplatz und Einkehrmöglichkeit.

Einkehr: Klosterladen Knechtsteden, Klosterhof Knechtsteden.

In der Nähe: Feste Zons, Wildpark Tannenbusch, Wildfreigehege Grevenbroich.

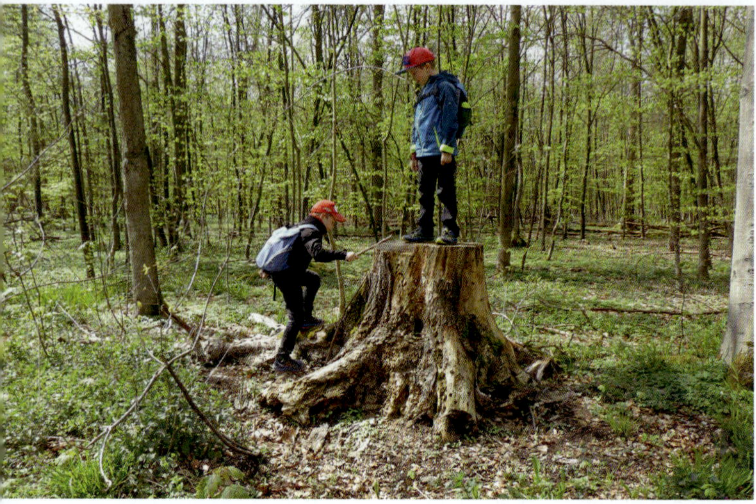

Kloster Knechtsteden
Die ehemalige Prämonstratenserabtei wurde im 12. Jahrhundert erbaut. Seit 1896 befindet sie sich im Besitz des Spiritanerordens. Heute leben etwa 20 Spiritaner im Hauptgebäude, die in erster Linie seelsorgerische Aufgaben wahrnehmen. Auch ein Gymnasium und eine Gaststätte befinden sich heute auf dem Gelände, das mitten im Naturschutzgebiet liegt.

leicht auf und ab. Die Markierung A6 führt uns schließlich auch zum **Kloster Knechtsteden**, das direkt vor uns liegt.

Zunächst passieren wir den rechts von uns liegenden Friedhof, wandern leicht bergauf und biegen noch vor dem Kloster links ab, um den **Spielplatz** ⑥ mit vielen Holzspielgeräten zu erreichen. Linker Hand liegt ein kleiner Tümpel.

Nachdem die Kinder ausgiebig gespielt haben, lassen wir den Spielplatz links liegen. Wir wenden uns an der folgenden Kreuzung leicht nach links und erreichen kurz darauf den sehenswerten **Kräutergarten** ⑦ mit Infotafeln über Flora und Fauna.

Danach gehen wir zurück zur letzten **Kreuzung** und biegen nun links ab. Danach wählen wir den zweiten Abzweig nach rechts und halten uns an der folgenden **T-Kreuzung** erneut rechts. Rechter Hand sehen wir nun den Klosterladen, in dem wir Souvenirs und Snacks sowie Eis und Getränke kaufen können.

Wir folgen dem Weg in eine Linkskurve und biegen unmittelbar vor dem **Norbertpark** ⑧ links ab, wählen den zweiten Abzweig nach rechts und erreichen den **Sportplatz**, vor dem wir erneut rechts abbiegen. Wer hat Lust auf einen kleinen Sprint?

Am Ende des Sportplatzes wenden wir uns nach links. Nun wandern wir an einer **Streuobstwiese** vorbei, auf der von Zeit zu Zeit Schafe grasen. Wir folgen unserem Weg in eine Rechtskurve

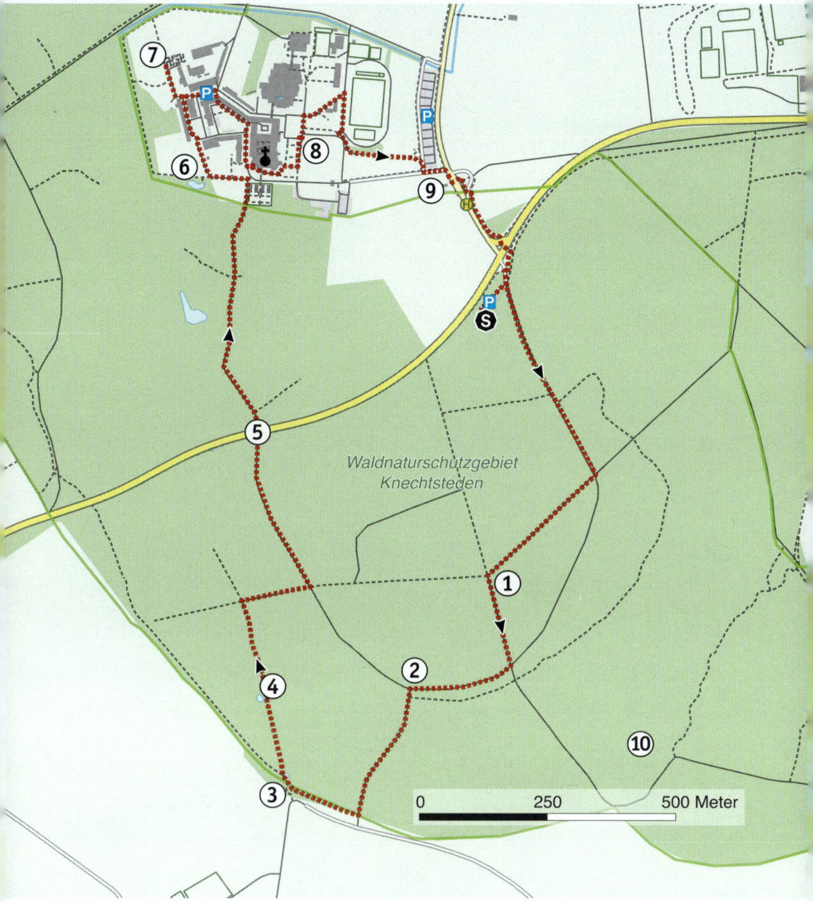

und erreichen den **Klosterhof** ⑨ mit Biergarten, der uns zu einer Einkehr einlädt.

Direkt danach kommen wir an eine Straße, an der wir zunächst rechts abbiegen und die wir dann überqueren. Dann wenden wir uns nach rechts und folgen den Wanderzeichen X und A6.

Am **Fahrrad-Knotenpunkt 54** überqueren wir die Straße, biegen direkt danach auf den markierten Weg rechts ab und erreichen kurz darauf unseren Ausgangspunkt.

Den Weg verlängern:
Wer noch ein wenig mehr wandern möchte, kann einen der drei Obst-Wanderwege hinten dranhängen. Infoflyer zu den Wegen gibt es kostenfrei im Klosterladen. Drei Varianten stehen zur Auswahl: Die grün markierte Klosterrunde ist 1,6 Kilometer lang, die kleine Waldrunde (orange) verläuft über 4,7 Kilometer und die große Waldrunde (blau) über 6,5 Kilometer. Alle Routen führen nördlich des Klosters durch den Knechtstedener Busch.

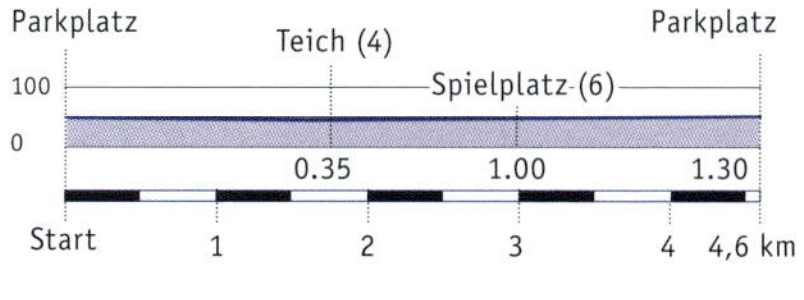

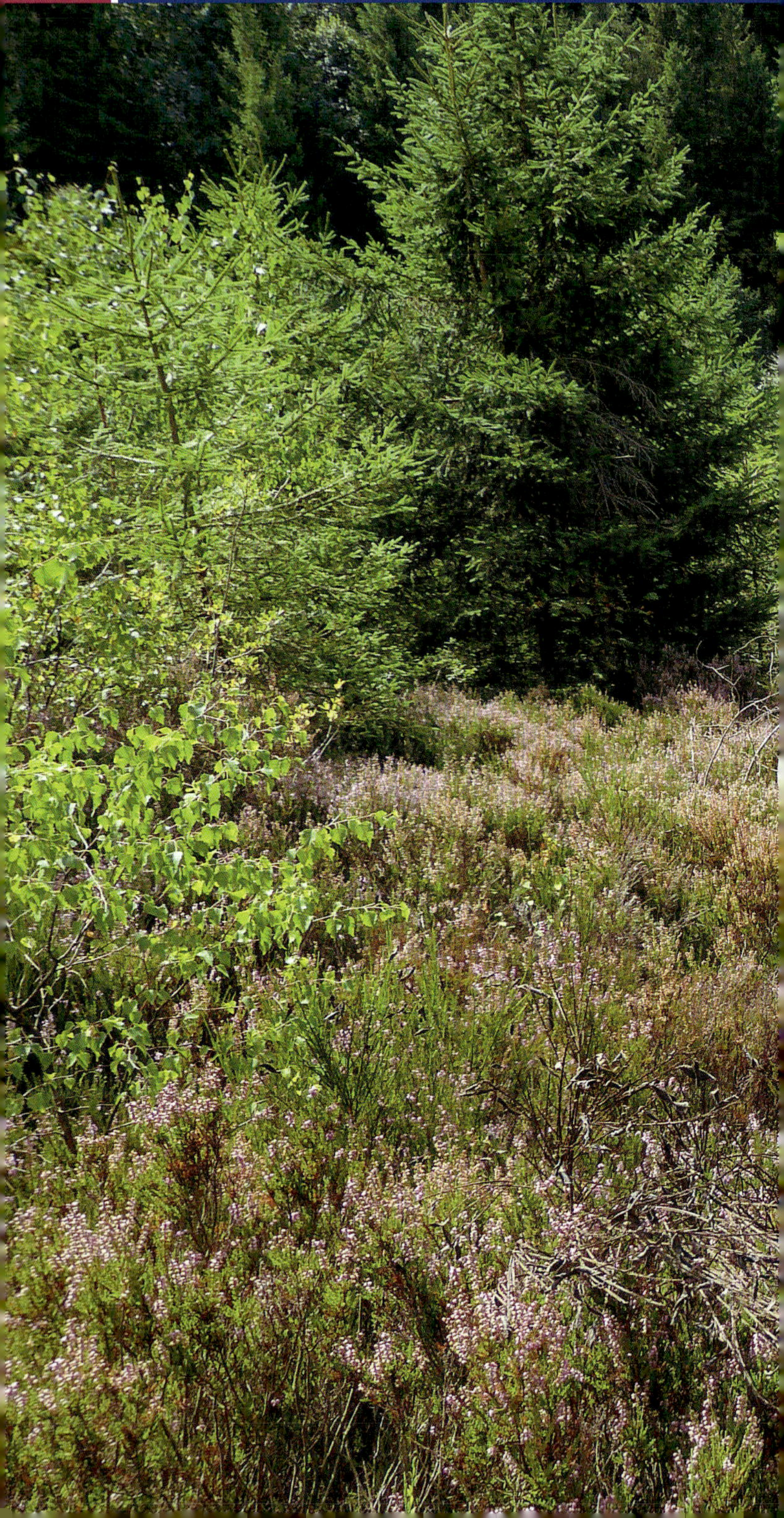

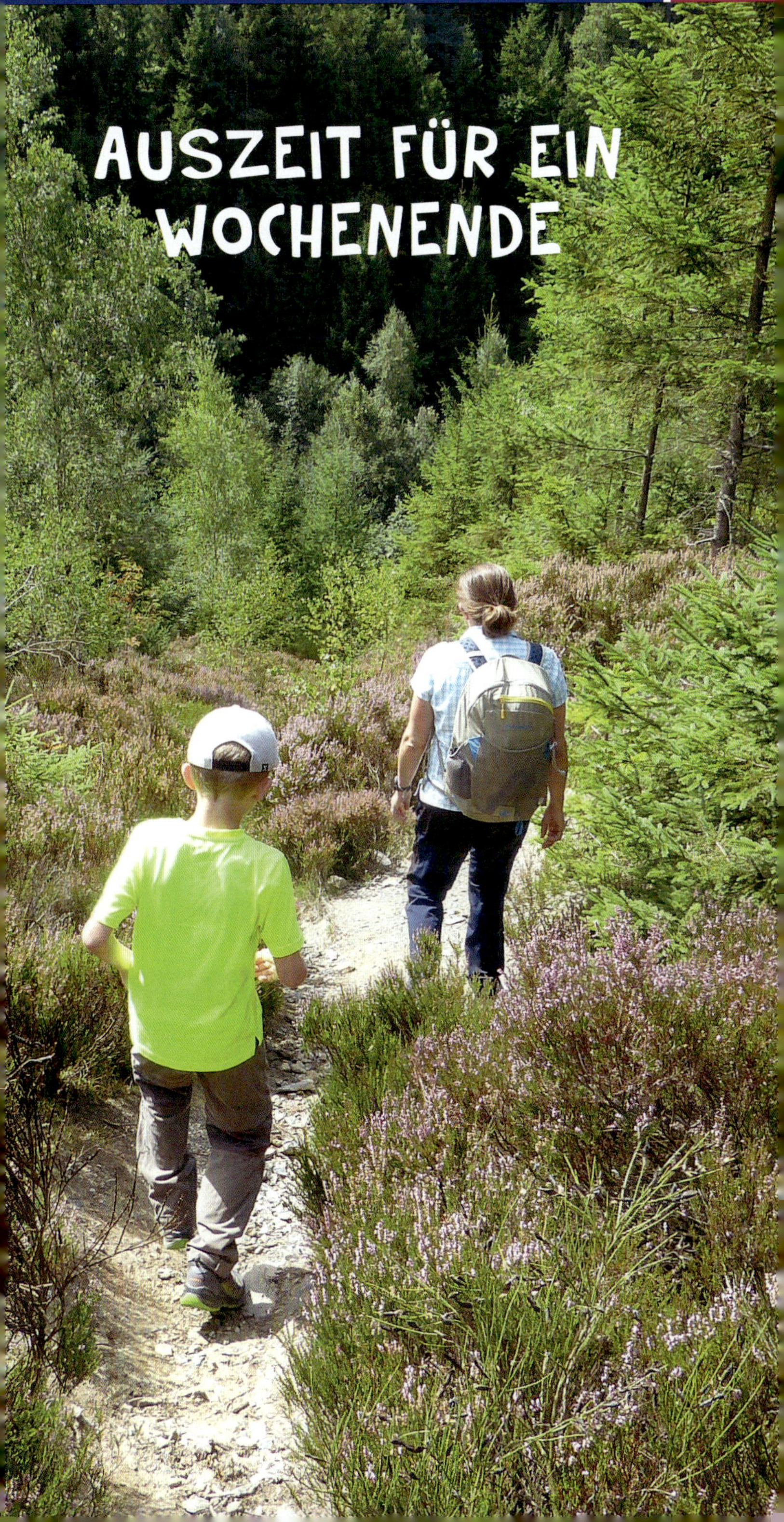
AUSZEIT FÜR EIN WOCHENENDE

Die Dolomiten der Vulkaneifel

Die Gerolsteiner Dolomiten-Acht führt uns mit zwei Tagestouren zu sämtlichen Highlights rund um Gerolstein. Im Herzen der Vulkaneifel treffen wir dabei auf beinah alpine Auf- und Abstiege, grandiose Aussichtspunkte, beeindruckende Felsen und mehrere Burgen. Einem perfekten Wander-Wochenende steht also nichts im Wege.

Die Dolomiten-Acht besteht aus den beiden Premiumwanderwegen des Eifelsteigs: »Keltenpfad« und »Felsenpfad« in Form einer stilisierten, unendlichen Acht. Beide Routen ergeben eine Gesamtstrecke von etwa 16 Kilometern, sind also mit wandererfahrenen, konditionsstarken Kindern auch zusammen machbar. Die Summe der beiden hier vorgestellten Wanderungen ist etwas länger, da wir für Start und Ziel jeweils den großen Parkplatz am Bahnhof gewählt haben und auf dem Felsenpfad eine zusätzliche Schleife am Gerolsteiner Maar und der Kasselburg vorbeiführen. Auch den Besuch der Löwenburg am Ende des Keltenpfades haben wir zusätzlich eingebaut.

Ausrüstung

Beide Touren führen uns auf schmalen Steigen, auf denen immer wieder Wurzeln und Steine überstiegen werden müssen, durchs Mittelgebirge. Gut eingelaufene, feste Schuhe mit rutschfesten Sohlen sind hier Pflicht, ebenso ausreichend Verpflegung sowie an heißen Sommertagen genug Trinkwasser. Bei unsicherem Wetter die Regenausrüstung nicht vergessen! Für die grandiosen Aussichtspunkte lohnt auch die Mitnahme eines Fernglases.

Reise-Infos für die Vulkaneifel

Anfahrt: A1, Ausfahrt Blankenheim. Auf die L115 in südliche Richtung fahren, ab der Grenze nach Rheinland-Pfalz heißt diese L26, kurz vor Hillesheim Kölner Straße. Links abbiegen auf die B421, diese nach rechts verlassen auf die Trierer Straße. Sie wird zur L29, der wir in eine Linkskurve folgen. In Gerolstein den ersten Kreisverkehr an der zweiten Ausfahrt verlassen, den zweiten Kreisverkehr an der dritten Ausfahrt. Auf der Lindenstraße am Kreisverkehr die zweite Ausfahrt wählen, erst die Bahnschienen und dann die Kyll überqueren und direkt danach links abbiegen zum Parkplatz bei **GPS N 50°13‘23.0“, E 6°39‘35.0“**.

ÖPNV: Zugverbindung nach Gerolstein.

Übernachtung:
Waldferienpark Gerolstein: Etwas außerhalb gelegener, familienfreundlicher Campingplatz mit Holzchalets und Bungalows zur Miete. Minigolf, Billard, Kicker, kleines Hallenbad, großer Spielplatz mit Trampolin, Streichelzoo. Brötchen-Service, WLAN. Gutbürgerliches Restaurant mit deutsch-niederländischer Küche, in der der Chef persönlich kocht. Hunde erlaubt.
Platz für 2 Pers. € 13,50, Kinder bis 11 Jahre € 3. www.parkgerolstein.de
Außerdem gibt es eine Jugendherberge sowie verschiedene Hotels und Ferienwohnungen in Gerolstein.

Ausflugsziele

Wasserfall Dreimühlen

Am Wasserfall Dreimühlen, benannt nach der benachbarten Ruine, sprudelt das Wasser der Quellzuflüsse des im Tal fließenden Ahbachs über eine Geländekante. Im Jahr 1912 wurde hier eine Eisenbahnlinie gebaut, für die man die drei stark kalkhaltigen Quellzuflüsse umgeleitet und zum Mühlenbach zusammengelegt hat. Seitdem fließt viel Wasser über die Felsen und an der Kante sammeln sich Kalkablagerungen, die dort das Moos überkrusten. Im Laufe der gut 100 Jahre sind diese Sinterbildungen immer weiter gewachsen. Etwa zehn Zentimeter mehr sind es pro Jahr.

Momentan fällt das Wasser auf einer Breite von etwa zwölf Metern vier bis sechs Meter hinab zum Ahbach. Das Besondere am Wasserfall Dreimühlen ist jedoch nicht seine Höhe, sondern die ungewöhnliche Optik. Das Wasser rieselt sanft über die grün bewachsene Sinterkuppe der Geländekante. Der Wasserfall wirkt fast wie ein flüssiger Vorhang vor den unterschiedlichen Grüntönen des Mooses, das hier am Felsen wächst. Toll ist auch ein Besuch im Winter, wenn sich das Wasser in Eiszapfen verwandelt. Der nächstgelegene Parkplatz befindet sich an der Nohner Mühle, an der man auch einkehren kann. Von hier sind es etwa 1,5 Kilometer bis zum Wasserfall.

Kasselburg

Die Burg, heute eine gut erhaltene Ruine, stammt aus dem 12. Jahrhundert. Sie ist Teil des ungewöhnlichen Adler- und Wolfspark Kasselburg. Die Käfige der Greifvögel wurden hier in die Mauerreste der Burg eingepasst. Der Besuch im Park lohnt besonders zur täglich stattfindende Wolfs-Fütterung und zur Greifvogel-Flugschau. Übrigens: Auch hier kann man übernachten, in so genannten Schäferkarren. Außerdem gibt es ein Restaurant-Café mit Biergarten und Abenteuer-Spielplatz.

Am Wasserfall Dreimühlen.

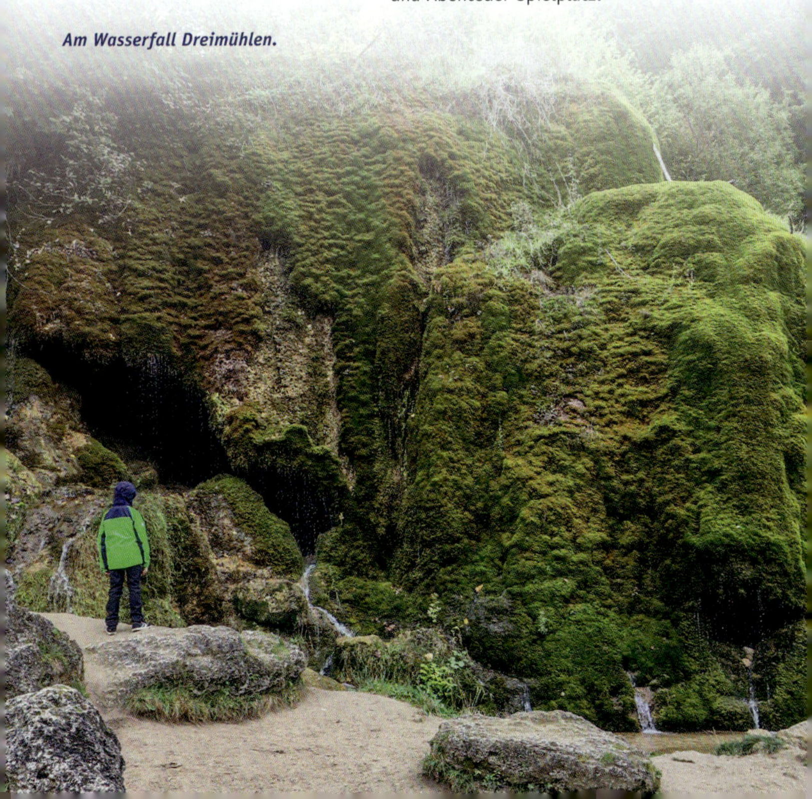

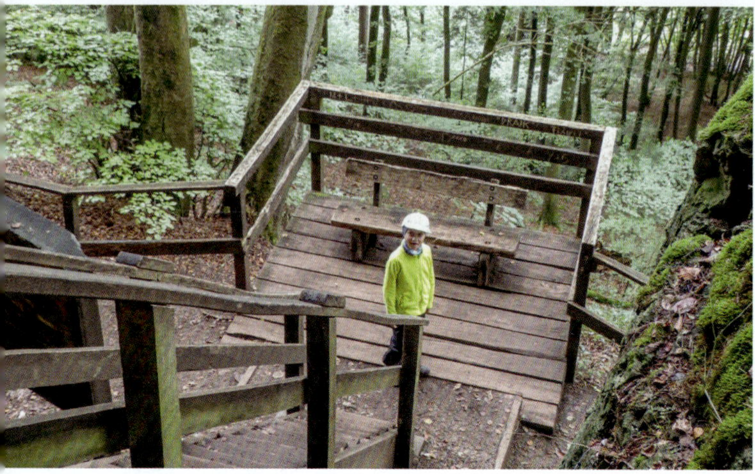

270 m

STRECKE 9,7 km

4 h

ab 8

Tour 39: Gerolsteiner Felsenpfad

Kletterpartie in der Eifel

Ein steiler Anstieg führt uns gleich zu Beginn zu einem tollen Aussichtspunkt. Danach haben wir bereits einen Großteil der Höhenmeter bergauf geschafft und können nun genussvoll die anderen Highlights erwandern. Zuerst erreichen wir die Buchenlochhöhle, die wir mit Taschenlampe auf eigene Faust erkunden können. Dann lohnt es sich, leise unterwegs zu sein: In der trockengefallenen Papenkaule sind immer wieder Rehe zu sehen. Wer dort kein Glück hat, freut sich auf die Kasselburg. Im kleinen Wildpark an der Burg kann man auf jeden Fall Tiere beobachten.

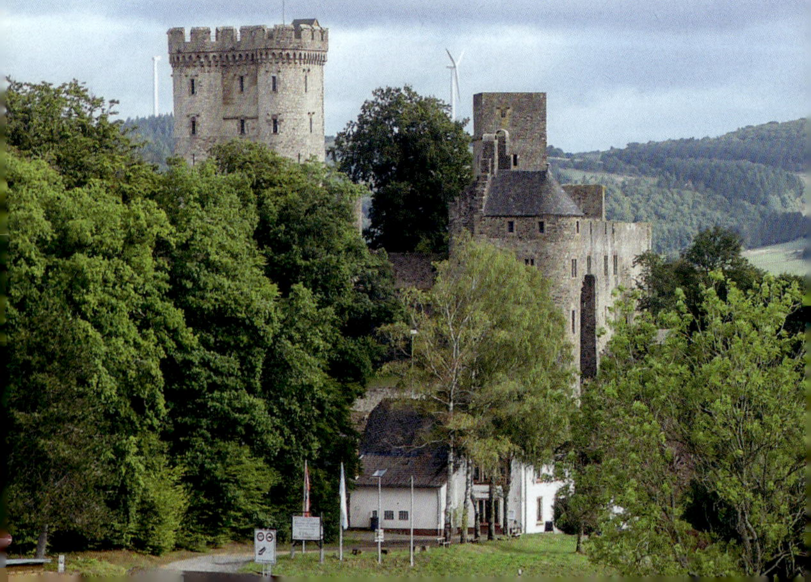

Wanderung: Vom Parkplatz hinter dem Bahnhof gehen wir in Richtung Kurpark, laufen unter der Brücke hindurch, biegen rechts ab und überqueren die **Kyll**. Erneut geht es rechtsherum weiter und über 40 Eisenstufen die Brücke hinauf, um die Zugschienen zu überqueren. Danach biegen wir rechts ab und nutzen den Zebrastreifen über den **Kasselburger Weg** ①.

Wir folgen den Wegweisern in Richtung Buchenloch, Munterley und Kasselburg sowie unserem Wanderzeichen, dem Gerolsteiner Felsenpfad, geradeaus und leicht bergauf. Die nächste Straße überqueren wir und laufen geradeaus weiter, bis uns der Wegweiser rechtsherum schickt. Es geht weiter bergauf. Die nächste Straße überqueren wir und folgen den Wegweisern in einen **Waldpfad** ② hinein. Nun geht es steiler bergauf.

Nach kurzem, aber steilem Anstieg endet unser Weg an einer **T-Kreuzung**. Wir biegen hier links ab und wandern nun kurz bergab. An einer Wegkreuzung, die wir überqueren, treffen wir den Eifelsteig. Im weiteren Anstieg kommen wir an beeindruckenden Felsformationen vorbei.

Weiter geht es steil bergauf. Wir passieren eine Infotafel über den Geopark Gerolsteiner Land und kommen an einem Wolfsschutzzaun vorbei, der die dahinter lebenden Ziegen schützt. Dann erreichen wir den vorerst höchsten Punkt am **Aussichtspunkt Munterley** ③. Hier treffen wir auf mehrere Bänke, eine Picknickhütte und eine Infotafel der Gerolsteiner Dolomiten-Acht.

Nachdem wir die Aussicht genossen und ein wenig verschnauft haben, folgen wir unserem Wanderzeichen nach links. Der Weg führt uns aus dem Wald hinaus auf eine Wiese, die wir geradeaus überqueren. Danach betreten wir wieder den Wald. Dort treffen wir an hohen Felsen auf ein **großes Kreuz**. Der Wanderweg führt uns unmittelbar vor den Felsen in Serpentinen steil bergauf. Wir folgen dem Wanderzeichen im Wald weiter bergauf und erreichen einen weiteren schönen **Aussichtspunkt** ④.

TOUREN-STECKBRIEF

Anfahrt: Beide Wanderungen starten am Parkplatz am Gerolsteiner Bahnhof bei **GPS N 50°13‘23.0“, E 6°39‘35.0“**.
Anspruch und Charakter: Wanderung auf Steigen, die oftmals über Wurzeln und große Steine führt. Langer Anstieg zu Beginn, steiler Abstieg nach Gerolstein. Festes Schuhwerk und ein wenig Trittsicherheit sind hier wichtig.
Kinderwagentauglich: Nein.

Markierung: Gerolsteiner Felsenpfad, Eifelsteig.
Highlights: Gerolsteiner Dolomiten, Buchenlochhöhle, tolle Aussichtspunkte, Kasselburg, Kurpark mit Wasser- und Abenteuerspielplatz sowie der Helenenquelle.
Einkehr: Kasselburg, diverse Einkehrmöglichkeiten in Gerolstein zu Beginn und gegen Ende der Wanderung.

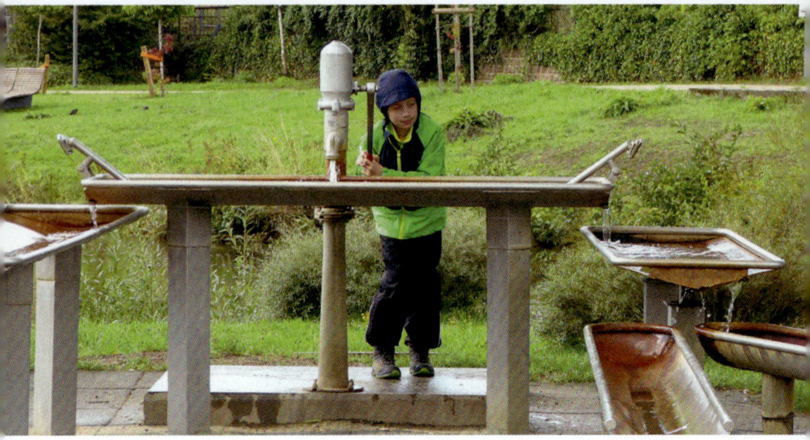

Weiter geht es durch den Wald erst leicht bergab, dann steiler über 23 Holzstufen. Rechts von uns liegen erneut beeindruckende Felsformationen. Kurz darauf erreichen wir die **Buchenlochhöhle** ⑤, der wir einen Besuch abstatten können.

Das Wanderzeichen führt uns weiter durch den Wald, in dem wir nach einem kurzen Anstieg eine Infotafel über die Bodenbildung in der Hagelskaule erreichen. Am nächsten **Abzweig** ⑥ verlassen wir kurzzeitig den Gerolsteiner Felsenpfad, der links abzweigt. Wir gehen hier rechts, um die trockengefallenene **Papenkaule** zu umrunden. Hier steht eine einladende Holzliege.

An der Infotafel über »Magma auf Abwegen« treffen wir auf einen **asphaltierten Weg**, dem wir nach links folgen. Linker Hand steht wenig später eine große **Picknickhütte mit Feuerstelle** ⑦. Unmittelbar danach biegen wir links ab, in Richtung Hillesheim, Munterley und Papenkaule. Der Weg führt uns durch ein Birkenwäldchen leicht bergab. Dahinter können wir noch einmal einen Blick auf das Maar werfen.

Am nächsten Abzweig treffen wir wieder auf den Gerolsteiner Felsenpfad, dem wir nach rechts folgen. Nun wandern wir beschwingt auf leicht abfallendem Weg über eine Wiese, anschließend durch einen Wald hindurch. Am **Ende des Waldes** ⑧ biegen wir scharf rechts ab in Richtung Kasselburg und Geoacker.

An der nächsten Weggabelung geht es linksherum weiter. Wir überqueren wir die Landstraße, biegen an einem **Krater** rechts

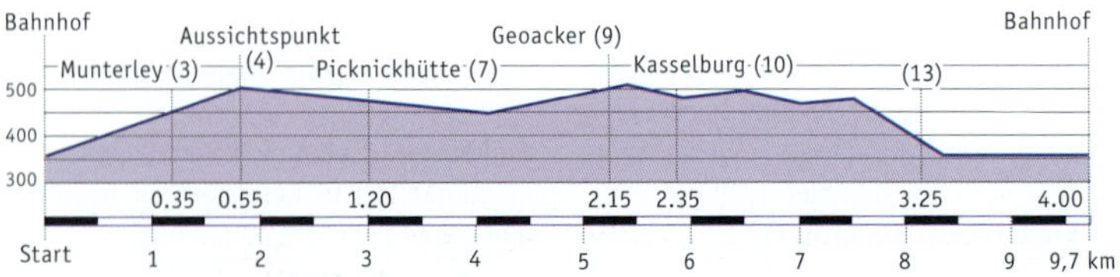

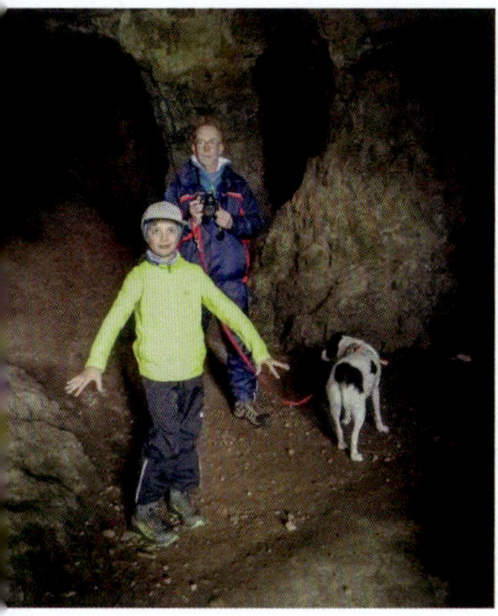

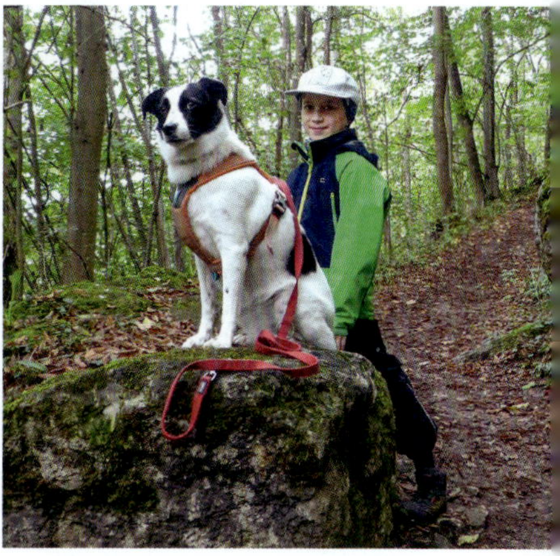

auf den markierten Weg ab und wandern leicht aufwärts. Ein kleines Stück weiter können wir an einer Picknickbank über ein paar Holzstufen zum Rand des Kraters und einer Infotafel über das Gerolsteiner Maar gehen. Danach führt uns unser Wanderweg in einer Linkskurve bergauf zum **Geoacker** ⑨ mit schöner Aussicht. Hier können die Kinder nach Fossilien suchen und Infotafeln vermitteln Wissenwertes über Kalk, Dolomit und Buntsandstein. Es gibt dort auch mehrere Picknicktische.

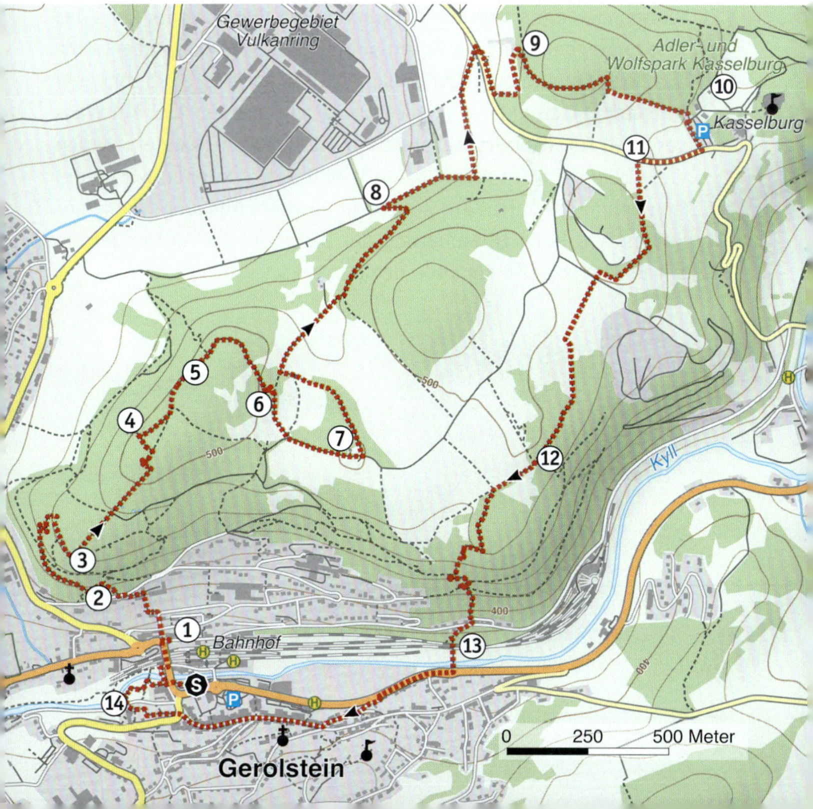

Im Anschluss an die Pause am Geoacker steigen wir über 35 Holzstufen bergauf zu einer Infotafel über den Gerolsteiner Brunnen. Es folgen weitere 19 Stufen, durch die wir weiter an Höhe gewinnen. Danach geht es mit unserem Wanderzeichen rechtsherum weiter. Im Wald macht unser Weg eine scharfe Rechtskurve, kurz danach biegen wir bei Erreichen des Waldrands links ab, um der **Kasselburg** ⑩ einen Besuch abzustatten.

Am Eingang zur Kasselburg biegen wir rechts ab, wandern ein Stück die Straße entlang und wählen den ersten **Abzweig** ⑪ nach links. Wir folgen unserem Wanderzeichen wenig später an einem Zaun entlang und genießen die Aussicht auf die Landschaft. Dabei passieren wir mehrere Picknickmöglichkeiten. Am Zaun geht es nach einer Linkskurve erst bergab, dann wieder steil bergauf. Wir erreichen eine Infotafel über Pelmer Dolomit.

Am **Gedenkstein** ⑫ für den Piloten David W. Johnston gehen wir in Richtung Gerolstein, ebenso an den folgenden Wegweisern. Damit befinden wir uns auch wieder auf dem Eifelsteig. Im Wald wandern wir über Serpentinen steil bergab. Das Keltenweg-Wanderzeichen führt uns schließlich wieder zum **Kasselburger Weg** ⑬, den wir überqueren.

Unser Wanderweg bringt uns zur Felsbrücke, auf der wir die Eisenbahnschienen und die Kyll überqueren. Danach führt uns das Wanderzeichen über die Brunnen-, Mühlen- und Hauptstraße bis zum Brunnenplatz. Hinter diesem biegen wir rechts ab, um zum **Kurpark** ⑭ zu gelangen. Hier wartet am Ufer der Kyll ein **Wasser- und Abenteuerspielplatz** auf die fleißigen Wanderer. Auch viele Bänke gibt es hier. Unsere Trinkflaschen können wir an der Helenenquelle auffüllen. Zurück zu unserem Ausgangspunkt gelangen wir durch Überquerung der Bahnhof- und Unterquerung der Brunnenstraße am Ende des Kurparks.

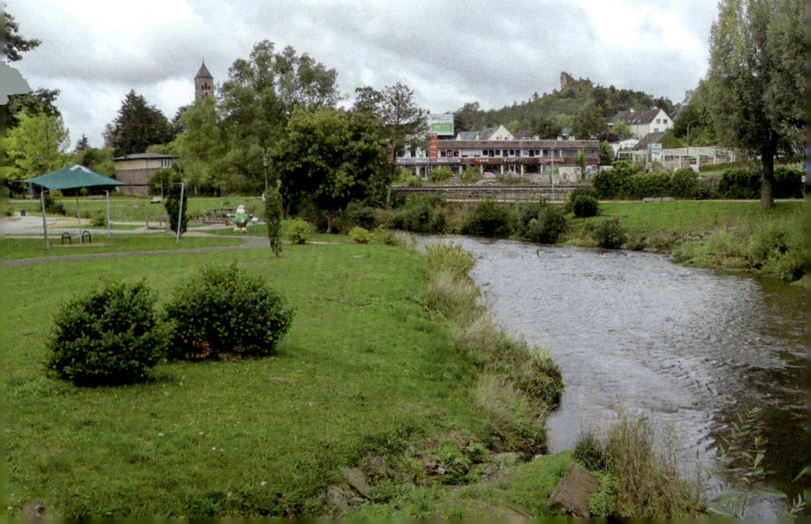

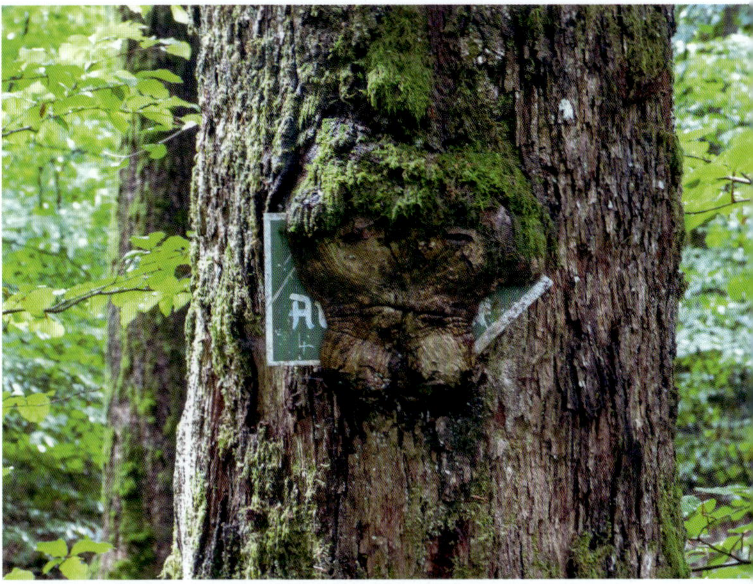

Tour 40: Gerolsteiner Keltenpfad

270 m

STRECKE 9,5 km

4 h

ab 8

Aussichtsreich zur Löwenburg

Auch auf dem Keltenpfad geht es am Anfang steil bergan. Dabei kommen wir immer wieder an tollen Aussichtspunkten vorbei, von denen aus wir auch die Highlights des Felsenpfads erspähen können. Mit dem Erreichen der Dietzenlay haben wir es dann geschafft und können ausgiebig picknicken, bevor es meist gemächlich bergab zurück nach Gerolstein geht.

Wanderung: Wir gehen in Richtung der Brücke, die zum Bahnhof führt, und überqueren die Brunnenstraße mit Hilfe der Verkehrsinsel. Wir folgen dem Wegweiser in Richtung Zentrum und halten uns links, um durch die **Unterführung** leicht bergauf zu wandern. Danach biegen wir links ab auf die **Hauptstraße** ①.

TOUREN-STECKBRIEF

Anfahrt: Beide Wanderungen starten vom Parkplatz am Gerolsteiner Bahnhof bei **GPS N 50°13'23.0", E 6°39'35.0"**.
Anspruch und Charakter: Mittelgebirgswanderung mit zum Teil steilen Auf- und Abstiegen. Auch hier sind feste Schuhe sowie ausreichend Proviant ein Muss. Mit einem Fernglas kann man die Burgen von den Aussichtspunkten besser sehen.

Kinderwagentauglich: Nein.
Markierung: Gerolsteiner Keltenpfad, Eifelsteig.
Highlights: Viele eindrucksvolle Felsen, Schutzhütte Burgblick, Aussichtsturm Dietzenley, Waldlehrpfad, Löwenburg.
Einkehr: Diverse Einkehrmöglichkeiten in Gerolstein zu Beginn und gegen Ende der Wanderung.

Variante für kurze Beine:
Vor der Löwenburg ⑪ befindet sich ein kleiner Wanderparkplatz. Startet und beendet man die Wanderung hier an Wegpunkt ②, verkürzt sie sich auf 7,3 Kilometer und 200 Höhenmeter. Dann ist sie auch für Kinder ab 6 Jahren geeignet.

An einer Kreuzung treffen wir auf die Wegweiser des Eifelsteigs und die Markierung des Gerolsteiner Keltenpfads, der wir geradeaus folgen. Nur wenig später wenden wir uns nach rechts, um die Treppe in Richtung Löwenburg und Büschkapelle emporzusteigen. Mehr als 90 Stufen sind es, sodass wohl oben erst einmal ein Stop zum Durchatmen angesagt ist. Dann folgen wir dem Keltenpfad-Wanderzeichen nach links. An den nächsten **Wegweisern** ② biegen wir links ab in Richtung Daun und Neroth.

Die Gerolstraße und danach der Hubert-Rahm-Weg führen uns bergab. In einer Linkskurve verlassen wir die Straße und folgen dem Wanderweg weiter geradeaus den Berg hinauf. An der folgenden **Weggabelung** ③ geht es linksherum weiter. Wir wandern stetig bergauf und rechts an einem großen Felsen vorbei. Nur wenig später erreichen wir weitere Felsen und eine Infotafel über die Karstlandschaft und Wasserversorgung im Gerolsteiner Land. Hier führt der markierte Wanderweg rechts und in mehreren Serpentinen steil bergauf. Oben angekommen biegen wir an den **Wegweisern des Eifelsteigs** rechts ab, um zur **Schutzhütte Burgblick** ④ mit ihrer beeindruckenden Aussicht zu gelangen.

Zurück zu den Wegweisern geht es auf gleichem Weg. An diesen angekommen wandern wir nun weiter geradeaus und steil bergab bis zu einer **Wiese**. Hier biegen wir links ab und wandern am

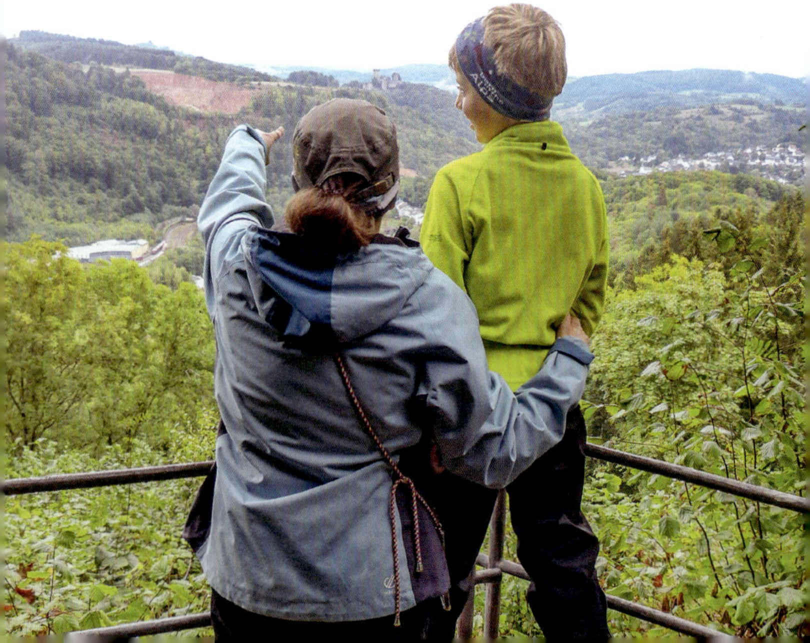

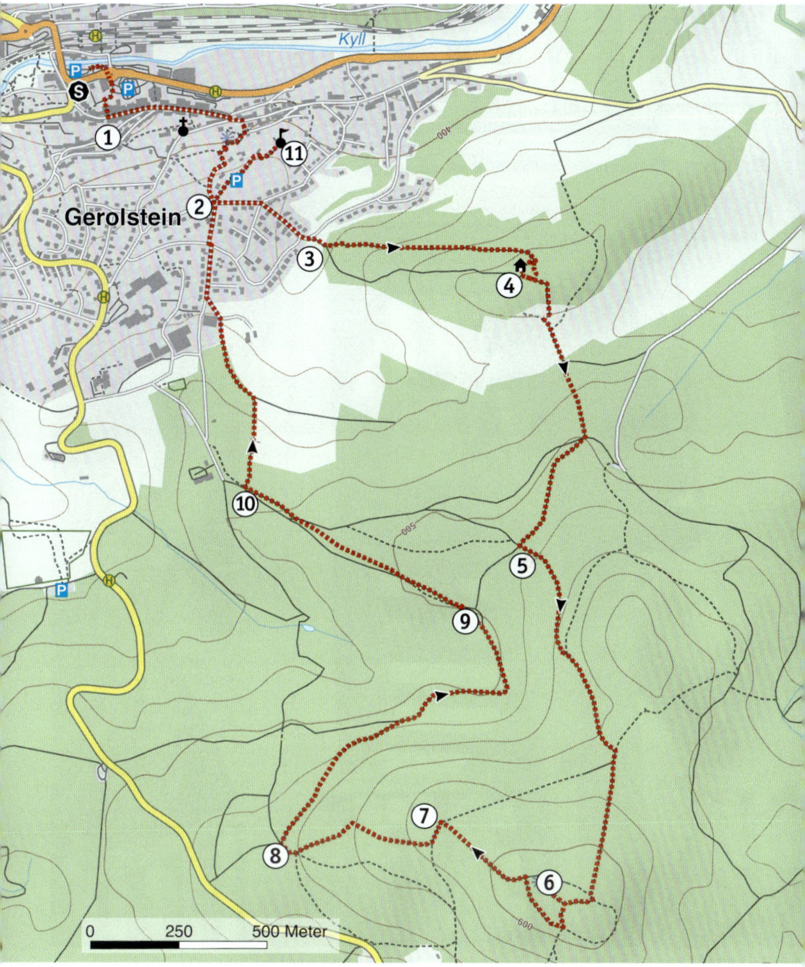

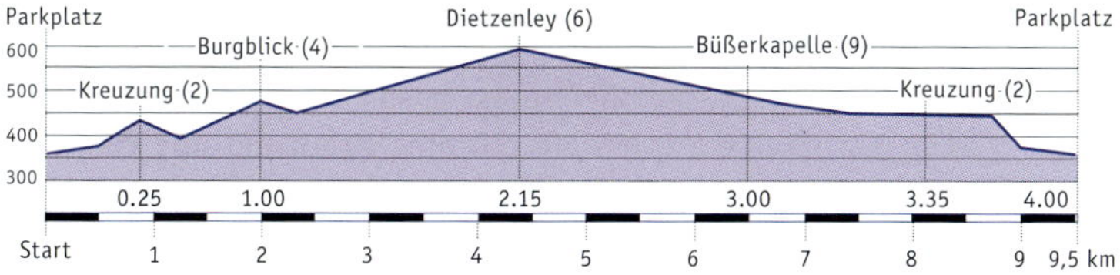

großen Strommast vorbei. Danach erreichen wir wieder den Waldrand und es geht wieder bergauf. Die nächste **Kreuzung** überqueren wir geradeaus in Richtung Büschkapelle. Dann stehen wir an einer großen **Wegkreuzung** ⑤ mit mehreren Wegweisern und einer schönen Picknickmöglichkeit. Eine Tafel informiert über das heimische Schwarzwild.

Wir biegen hier links ab in Richtung Dietzenley und folgen immer den Wegweisern des Eifelsteigs. Zuerst geht es rechts in

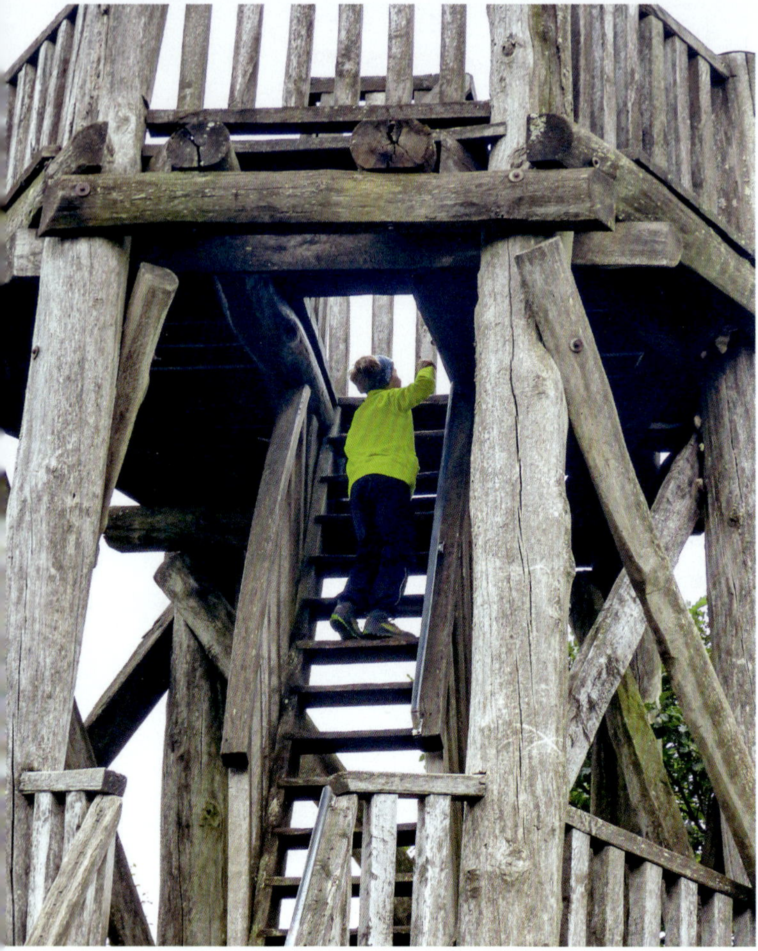

Richtung Gerolstein. Kurz darauf folgen wir unserem Weg und der schwarzen Nordic-Walking-Route in eine Linkskurve. Zunächst geht es gemächlich, dann immer steiler bergauf. Hinter einer Rechtkurve treffen wir auf eine **Kreuzung mit Wegweisern.** An dieser halten wir uns leicht rechts, um zum **Aussichtspunkt Dietzenley** ⑥ mit Aussichtsturm und Picknickplatz zu gelangen. Der Aufstieg über die steile Treppe auf den Turm belohnt uns mit einer 360-Grad-Rundumsicht. Tafeln erklären uns, was wir sehen.

Zurück an den Wegweisern biegen wir nun rechts ab, passieren eine Infotafel zum Basaltplateau Dietzenlay und steigen dann über **Holzstufen** steil bergab. Am Ende der Treppe geht es rechts und wenig später links auf den **Waldlehrpfad**, der mit einem putzigen Eichhörnchen markiert ist. Das Eichhörnchen führt uns gleich an mehreren Infotafeln vorbei. So lernen wir zum Beispiel etwas über die Aufgaben der Jagd oder Ziele der Forstwirtschaft. Dazwischen biegen wir an einer **T-Kreuzung** ⑦ erst links und direkt danach rechts ab.

Nach einer Rechtskurve passieren wir rechter Hand das **Davitskreuz** ⑧ aus dem 18. Jahrhundert. Kurz darauf biegen wir mit den Markierungen erneut rechts ab und passieren im weiteren Verlauf einige Bäume des Jahres. Wir folgen den Wegweisern in Richtung Gerolstein und gelangen nur wenig später zum **Grafenkreuz.** Nach der Infotafel zum Kreislauf des Wassers biegen wir links ab in den schmalen Pfad. Dieser führt uns zur **Büschkapelle** ⑨ aus dem 17. Jahrhundert.

Wir folgen den Wanderzeichen, überqueren die asphaltierte Straße und biegen an einer Picknickbank rechts ab. Jetzt sind es noch 1,5 Kilometer bis Gerolstein. An einer **T-Kreuzung** ⑩ mit schöner Aussicht auf die Gerolsteiner Dolomiten und zwei Burgen biegen wir links ab. Wir erreichen den Reitsportverein Gerolstein und wandern nun auf asphaltiertem Weg weiter, ohne die Richtung zu ändern.

An der nächsten **Kreuzung** ② treffen wir wieder auf unseren Hinweg, dem wir nun durch den Ort zurück zu unserem Ausgangspunkt folgen. Zuvor lohnt aber noch ein **Abstecher nach rechts zur Löwenburg** ⑪. Die Burgruine kann erkundet werden, außerdem laden mehrere Picknickbänke zu einer abschließenden Rast mit schönem Ausblick auf Gerolstein und die umliegende Landschaft mit ihren beeindruckenden Felsformationen ein.

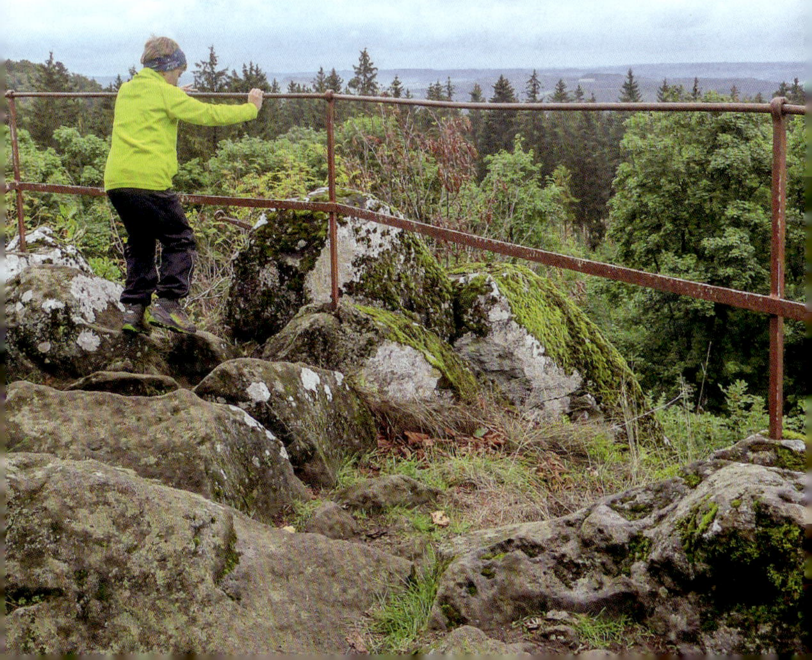

Entdeckungsreisen in Ostbelgien

Der 120 Hektar große Bütgenbacher See, am Fuße des Plateaus des Hohen Venn gelegen, ist Ausgangspunkt für unser Wochenende in Ostbelgien. Direkt am Ufer befinden sich zwei Restaurants, ein Campingplatz sowie Ferienwohnungen und -häuser. Wasserratten können hier nicht nur schwimmen, sondern auch Boot oder SUP fahren sowie segeln oder surfen. Im Strandbad »VENNtastic-Beach« gibt es einen Sandstrand, ein großes Trampolin, einen künstlichen Eisberg sowie Plätze für Beach-Volleyball, Soccer und Handball. Kurzum, der Bütgenbacher See ist die perfekte Umgebung für ein erholsames Wochenende mit der Familie.

Ausrüstung

Im Hohen Venn ist es hügeliger als am Niederrhein, und so finden wir hier zum Teil auch steilere Auf- und Abstiege. Feste Schuhe mit rutschfesten Sohlen sind daher ein Muss. Beide Wanderungen führen immer wieder am Wasser entlang. Wechselklamotten sind für Kinder daher sicher nicht verkehrt.

Reise-Infos für Ostbelgien

Anreise zum Bütgenbacher See
Grenzüberfahrt nach Belgien auf der A44. Ab hier heißt sie A3, an der Ausfahrt Eupen abfahren. Der N67 bis Eupen folgen, dort der N68 folgen. Am Mont Rigi leicht links abbiegen auf die N676 und auf dieser über den Signal de Botrange fahren. In Sourbrodt links abbiegen auf die N647 und dieser bis Bütgenbach folgen. Von hier aus über die Seestraße an den See fahren.

Übernachtung am Bütgenbacher See: Beverly Weekend, Ferienwohnungen mit vielen Attraktionen für Kinder: Pool, Tischtennis, Indoor-Spielplatz, Airhockey. Bröchten- und Frühstücksservice, direkter Zugang zum See, WLAN.
www.beverlyweekend.com
Weitere Unterkünfte: Hotel du Lac, Sport- und Ferienpark Worriken, Gästehaus Seeblick.

Blick auf den Büttgenbacher See.

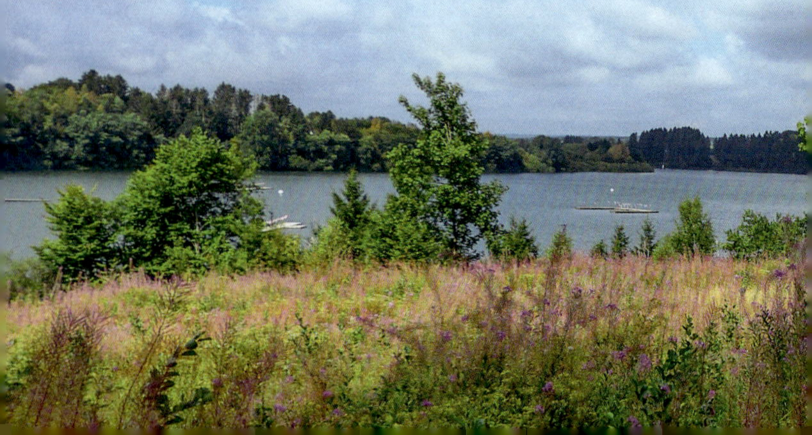

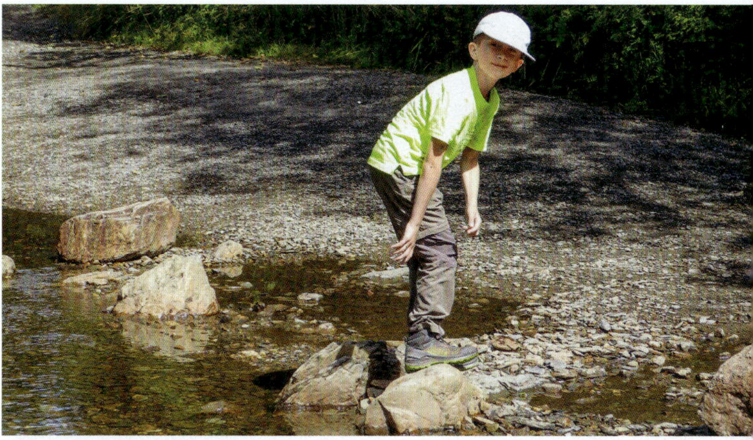

Ausflugsziele

Signal de Botrange

Am höchsten Punkt Belgiens (694 m) und im Herzen des Naturparks Hohes Venn steht seit 1934 ein 24 Meter hoher Turm, der bestiegen werden kann. Eine noch bessere Aussicht über die wunderschöne Landschaft des Hohen Venn hat man allerdings vom Podest (mit Infotafeln) auf der gegenüberliegenden Straßenseite. Bis nach Deutschland kann man hier schauen. Auf dem Hochplateau befinden sich außerdem eine Tourist-Information, ein Restaurant sowie ein künstlich aufgeschütteter Hügel, um die exakte Höhe von 700 Metern zu erreichen. Auch die Rur entspringt hier. Zahlreiche Wanderungen haben auf dem Signal de Botrange ihren Ausgangspunkt. Ganz in der Nähe befindet sich auch die Wanderung »Auf Stegen durch die Moorlandschaft« aus der Reihe »Kids on tour« (siehe Kasten rechts).

Kids on tour

Unter der Überschrift »Kids on tour« hat die Tourismusagentur Ostbelgien ein Heftchen mit zehn Wanderungen veröffentlicht, das Familien mit Spiel und Wissen auf Entdeckungsreisen in die Natur schickt. Darin sind die Touren unter Angabe der Länge und Höhenmeter, GPS-Daten und Kinderwagentauglichkeit beschrieben. Besonderer Pluspunkt: Die dazugehörigen Karten sind so aufgebaut, dass der Weg kinderleicht und auch bereits für Kinderaugen zu finden ist. Fotos mit Richtungspfeilen helfen an den einzelnen Abzweigen, sodass man die Kinder problemlos als Wanderführer voran schicken kann. Ein PDF des Heftchens sowie weitere Informationen findet man auf www.ostbelgien.eu/de/wandern/wandern-mit-kindern.

Die beiden hier beschriebenen Wanderungen orientieren sich größtenteils an zwei Touren von »Kids on tour«, entsprechen ihnen aber nicht komplett. Trotzdem lohnt es sich, das Heftchen mitzunehmen und vielleicht einige darin beschriebene Wegpunkte wiederzufinden.

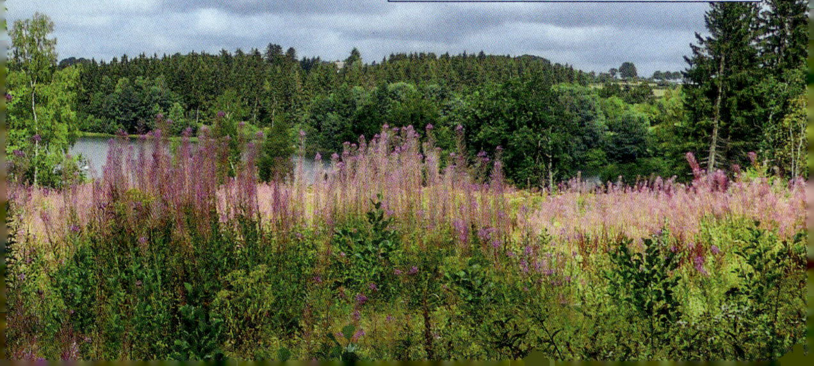

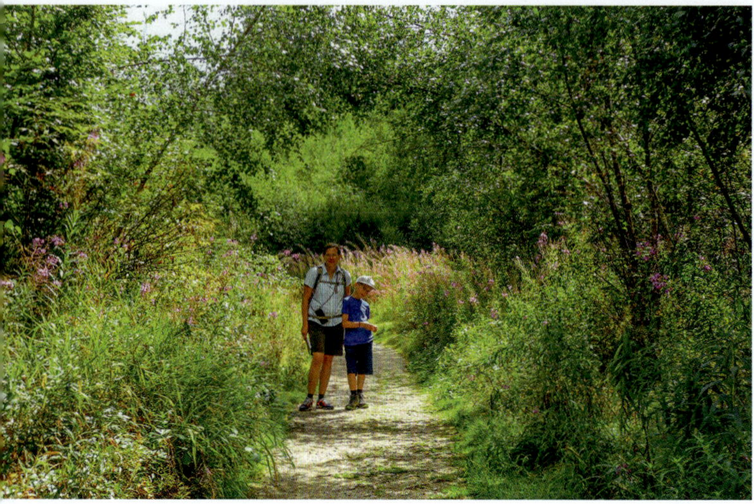

90 m

STRECKE 6,9 km

2 h 30

ab 6

Tour 41: Am Bütgenbacher See

Auf den Höhenzügen und am Wasser entlang

Über einen schmalen Abenteuerpfad wandern wir vom Bütgenbacher See, an dem im Hochsommer meist ganz schön viel los ist, hinauf in den Wald und erleben die Stille um uns herum. Am Wegrand stehen Reckstangen zum Turnen und Schaukeln. Danach genießen wir beim Wandern durch die offene Landschaft die Aussicht ins Hohe Venn, bevor es wieder runter geht. Der Rückweg führt am Ostufer des Sees entlang und dabei auch immer wieder direkt ans Wasser.

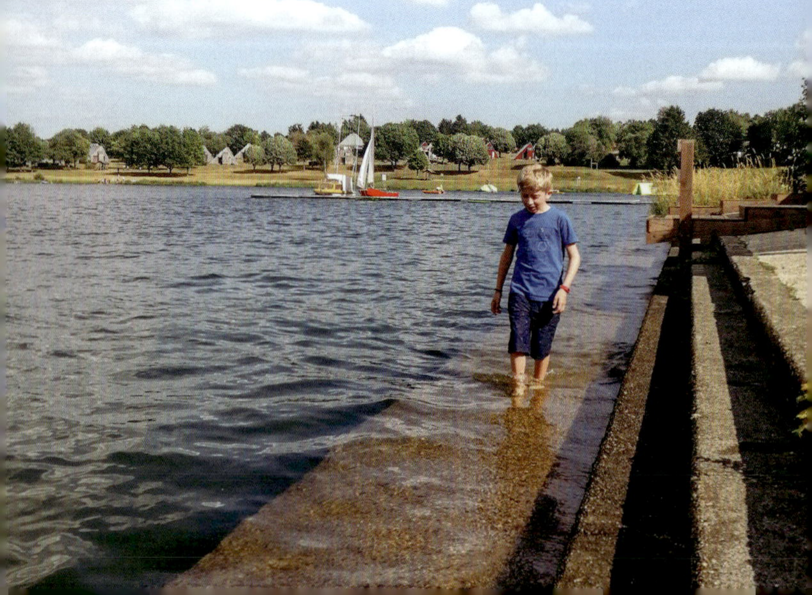

Wanderung: Vom Parkplatz folgen wir der Straße zunächst ein Stück in Richtung Osten, wählen am **Kreisverkehr** die erste Straße und überqueren damit den Radweg »Vennbahn-Trasse«. Direkt dahinter biegen wir links ab in den schmaler werdenden **Abenteuerpfad**, der uns den Berg hinunter zu einem kleinen **See** ① führt. Am Seeufer angekommen folgen wir unserem Pfad in eine Rechtskurve.

Schließlich bringt er uns zu einer **Holzbrücke** ②, auf der wir einen kleinen Bach überqueren. Danach geht es kurz bergauf, bis wir eine Straße erreichen, an der wir uns nach rechts wenden. Nur wenig später überqueren wir diese, um bei erster Möglichkeit links in den Forstweg abzubiegen.

Nun steht uns der längste Aufstieg der Wanderung bevor: Im Wald wandern wir bergan, haben es aber bald geschafft. An **Knotenpunkt 48** biegen wir rechts ab auf den weichen Waldweg und folgen ihm durch eine Linkskurve. Am nächsten Abzweig geht es links leicht bergauf und gleich darauf wieder rechts auf einen **Schotterweg** ③. Wo dieser eine Rechtskurve macht, wandern wir weiter geradeaus, an der rot-weißen Schranke vorbei.

Die nächste Kreuzung überqueren wir und gehen weiter geradeaus. Kurz darauf sehen wir links **Reckstangen** ④, eine Station des Trimm-Dich-Pfads. Natürlich probieren wir diese aus und schauen, wer am längsten hängen kann oder die meisten Klimmzüge schafft.

Danach gehen wir in annähernd derselben Richtung weiter, biegen im Grunde nur ganz leicht links ab. An der nächsten Kreuzung sehen wir ein paar Pfeile auf rotem, grünem und blauem Hintergrund. Sie gehören zur **Mountainbike-Strecke** ⑤, der wir jetzt zuerst geradeaus und dann nach rechts folgen.

Die nächste **Kreuzung** überqueren wir wieder geradeaus, linker Hand öffnet sich nun die Landschaft und wir laufen am Waldrand

TOUREN-STECKBRIEF

Anfahrt: Die Wanderung startet direkt am Parkplatz des Bütgenbacher Sees, ein Stück hinter dem Abzweig zum »VENNtastic Beach« bei **N 50° 25'30.0", E 6° 13'05.0"**. Von den auf [› Seite 262] genannten Unterkünften kann man zu Fuß bis zum Startpunkt laufen.

Anspruch und Charakter: Zwischen Abenteuerpfaden, Weit- und Seeblicken geht es abwechslungsreich, aber meist gemächlich daher. Die Auf- und Abstiege sind unproblematisch. Genug Zeit für Spiel und Rast am See einplanen!

Kinderwagentauglich: Nein.

Markierung: Siehe Wegbeschreibung. Teilweise über den Trimm-Dich-Pfad, später am See entlang.

Highlights: Abenteuerpfade am kleinen See zu Beginn und später im Wald, Stationen des Trimm-Dich-Pfads, Bütgenbacher See.

Einkehr: Rund um den Bütgenbacher See gibt es mehrere Einkehrmöglichkeiten, direkt auf der Wanderung jedoch keine. Essen und Trinken für ein Picknick einpacken!

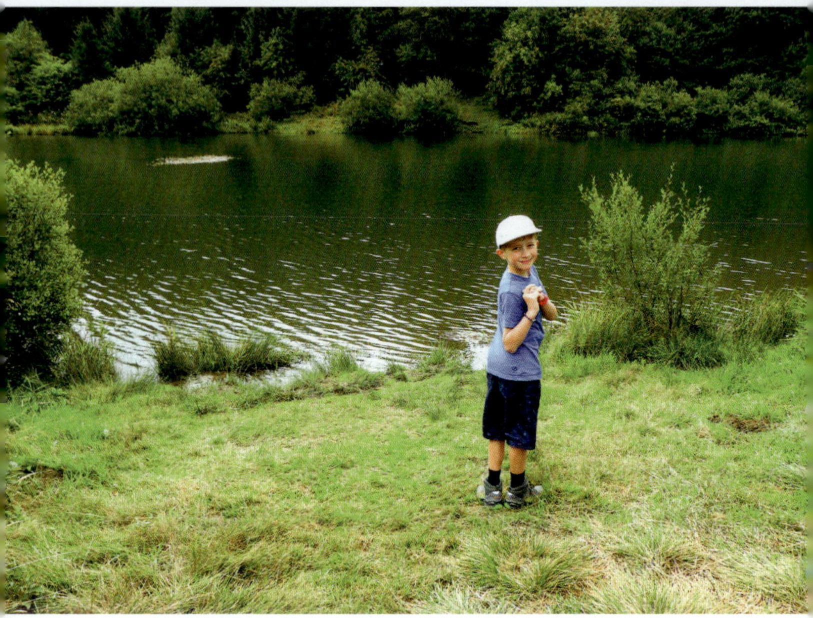

entlang. Wir erreichen eine **rot-weiße Schranke** ⑥ und biegen hier links ab. Damit wandern wir bergab.

Bei nächster Möglichkeit geht es rechtsherum weiter, einen kleinen Anstieg hinauf und zum höchsten Punkt des Weges. Hier bietet sich ein schöner Ausblick über die umliegenden Wiesen, Felder und Wälder. Nun wandern wir wieder bergab. Am Ende unseres Abstiegs biegen wir links ab. An **Knotenpunkt 12** ⑦ erreichen wir eine Straße, auch hier wenden wir uns nach links. Nach einem kurzen Anstieg überqueren wir die Vennbahn-Trasse, gehen geradeaus und folgen der Straße bergab in eine Linkskurve.

Unten angekommen biegen wir leicht links ab in den Waldweg und folgen damit dem Holz-Wegweiser »Rund um den See«. Zuvor lohnt ein Abstecher nach rechts zu einer **Brücke** ⑧, an der wir über den See auf der einen und die Moorlandschaft auf der anderen Seite blicken können.

Zurück auf unserer Wanderung und an der Schranke vorbei nähern wir uns dem Ufer des **Bütgenbacher Sees**. Immer wieder führen Abstecher ans Wasser, an dem wir spielen, die Füße abkühlen oder einfach rasten können. Nun wandern wir für längere Zeit am See entlang. Dabei kommen wir nach einiger Zeit zuerst an einer **Picknickhütte** und dann an **Knotenpunkt 55** vorbei. Auch hier laufen wir geradeaus weiter.

Dann sehen wir rechts neben unserem Weg einen Abenteuerpfad, dem wir gerne folgen. Schließlich bringt er uns zurück auf den

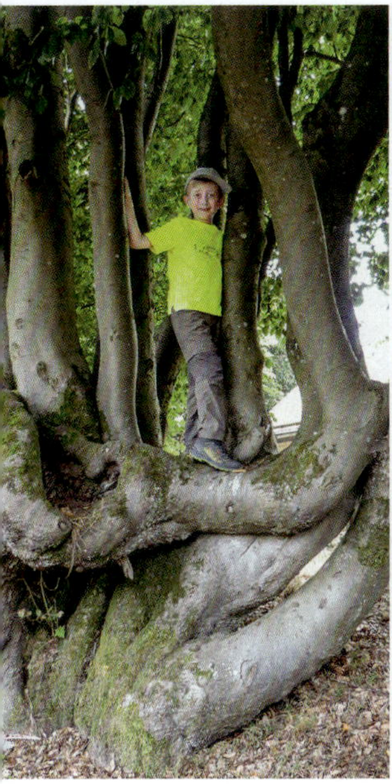

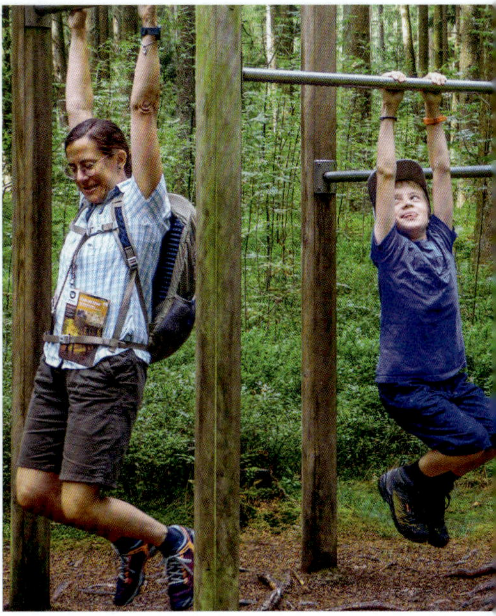

Hauptweg, der uns in einer Linkskurve leicht bergauf führt. An **Knotenpunkt 50** wandern wir weiter geradeaus. Danach führen uns 18 Stufen hinauf auf die **Vennbahn-Trasse**. Wir bleiben auf dem Wanderweg, der rechts des Radwegs verläuft, und erreichen eine schöne **Picknickstelle** ⑨ mit Bänken, Tischen und einer Infotafel über den Trimm-Dich-Pfad. Wir folgen nun der Vennbahn-Trasse in Richtung Knotenpunkt 49, bis wir unseren Ausgangspunkt rechts von uns erreichen.

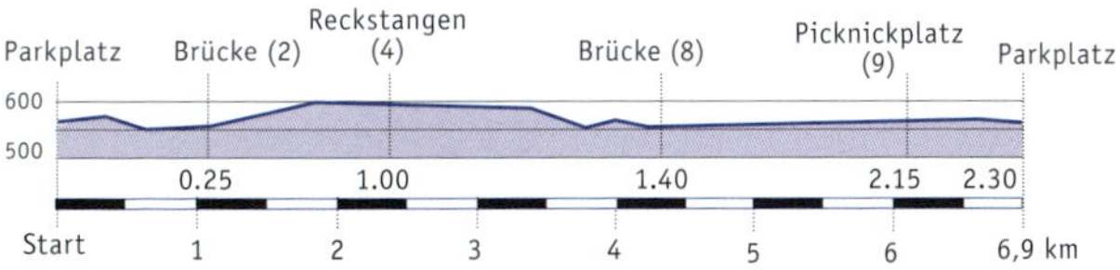

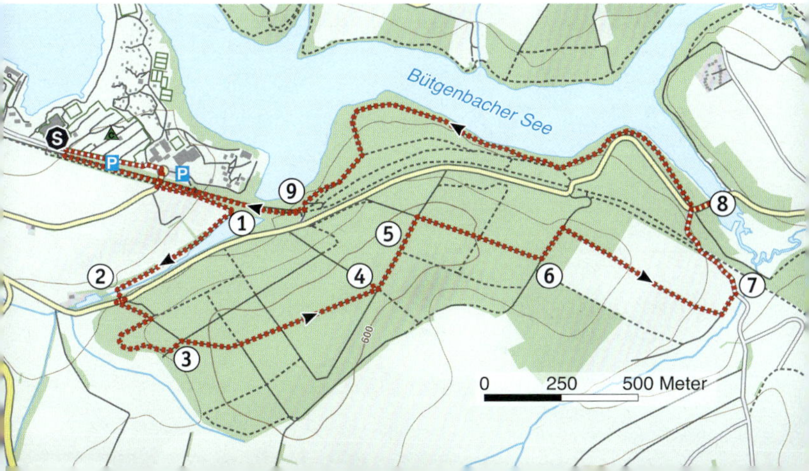

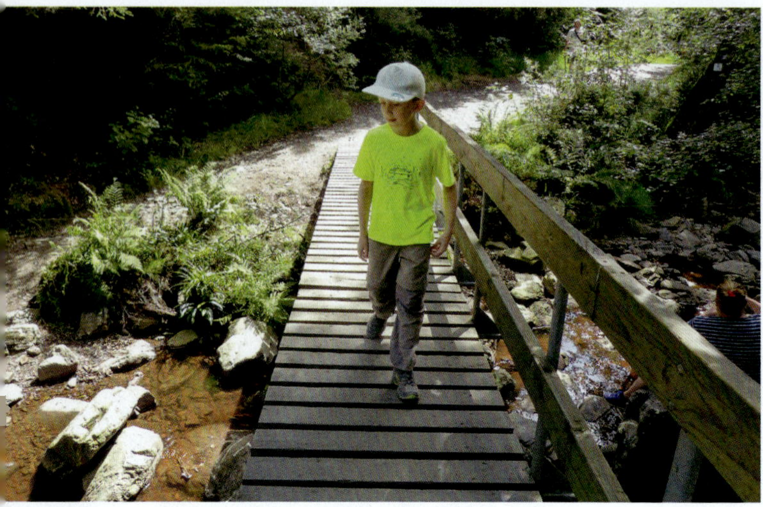

70 m

STRECKE 4,4 km

1 h 45

ab 4

Tour 42: Cascade du Bayehon

Am höchsten natürlichen Wasserfall Belgiens

Der höchste natürliche Wasserfall Belgiens begeistert seine Besucher rund ums Jahr. Im Hochsommer freuen wir uns hier über die Kühle des Waldes und des Wassers. In den anderen Jahreszeiten ist die Kaskade besonders beeindruckend, da der Bach dann mehr Wasser führt. Viele Spielmöglichkeiten am Bachufer und spannende Abstiege mit Kraxeleinlagen sorgen für den richtigen Abenteuerfaktor bei dieser Tour und machen Kindern besonders viel Spaß.

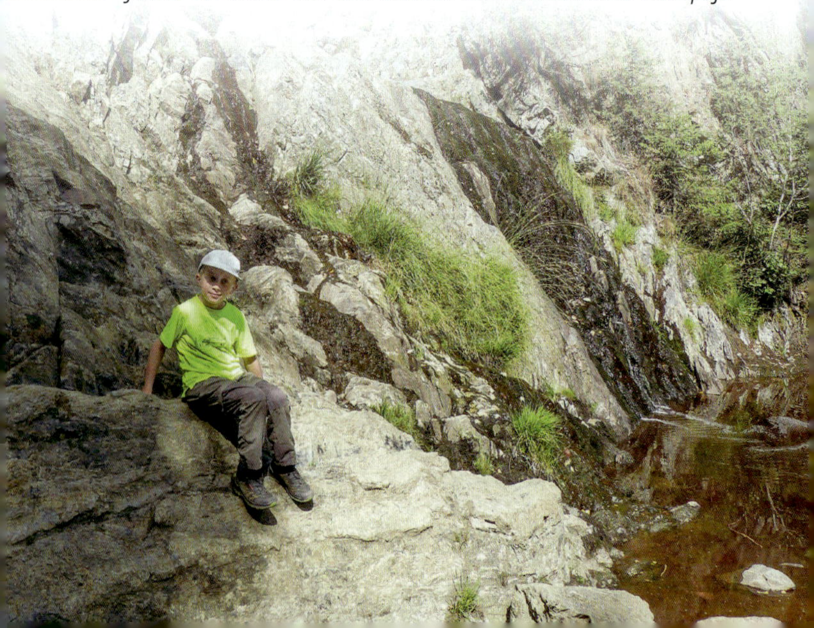

Wanderung: Wir starten unsere Wanderung an der Kreuzung Route de Bayehon/Chemin de la Cascade und biegen auf zuletzt genannter rechts ab in den malerischen, von Bäumen gesäumten Hohlweg, der uns leicht bergab führt. Dabei folgen wir der Markierung »blauer Balken«.

Die nächste **Kreuzung** überqueren wir und können erste Ausblicke in die umliegende Landschaft genießen. Wir erreichen einige **Häuser** ① und biegen bei nächster Möglichkeit links ab. Damit wandern wir leicht bergauf, der Weg ist jetzt rot und blau markiert. Wir kommen an einer Picknickbank vorbei und unser Weg macht eine **Linkskurve** ②, in der wir rechts in einen schmalen Abenteuerpfad abbiegen, der uns steil bergab führt.

Im Tal angekommen endet unser Pfad an einer **T-Kreuzung**. Wir wenden uns nach links und wandern leicht bergauf. Dabei hören wir bereits das Wasser des Bachs rauschen. Nur wenig später erreichen wir diesen und können ihn über eine **Holzbrücke** ③ überqueren. Hier bieten sich tolle Möglichkeiten zum Spielen am Bach, zum Erfrischen und Rasten. Etwas weiter steht auch eine Picknickbank.

Hinter der Holzbrücke wenden wir uns nach links und wandern nun immer rechts des Baches entlang und bergauf. Die nach rechts abzweigenden Wege ignorieren wir. Eine **niedrige Felswand** ④ lädt die Kinder zum Klettern ein. An der nächsten **Wegkreuzung** halten wir uns dann geradeaus in Richtung Wasserfall und überqueren auf einer schmalen **Holzbrücke** ⑤ erneut den Bachlauf.

TOUREN-STECKBRIEF

Anfahrt: Vom Bütgenbacher See aus zunächst auf der Seestraße in Richtung Ortskern fahren und den ersten Kreisverkehr an der zweiten Möglichkeit verlassen, ebenso am zweiten Kreisverkehr. Der N632 bis zum Kreisverkehr am Friedhof von Waimes folgen, diesen an der ersten Ausfahrt verlassen. Auf der N676 den malerisch gelegenen Lac de Robertville überqueren. Etwas später links abbiegen auf die N681. Diese mit einem Abzweig nach rechts auf die Rue de l'Abbé Toussaint verlassen. Weiter geht es nach links auf die Rue du Bayehon, die wenig später zur Route du Bayehon wird. Von dieser biegt die Chemin de la Cascade nach rechts ab. Hier befinden sich ausreichend Parkmöglichkeiten am Straßenrand bei **GPS N 50°28'26.0", E 6°04'53.0"**.

Anspruch und Charakter: Steile Abstiege an den Bach und den Wasserfall. Festes Schuhwerk ist wichtig. Nach Regenfällen kann es rutschig sein. Die Wanderung verläuft überwiegend im Wald und beitet daher an heißen Sommertagen kühlende Momente. Dann ist der Wasserfall allerdings nicht so beeindruckend wie zu den anderen Jahreszeiten, da der Bach dann weniger Wasser führt.

Kinderwagentauglich: Nein.

Markierung: Wechselnd.

Highlights: Spiel- und Rastplätze am Bach, Wasserfall.

Einkehr: Keine.

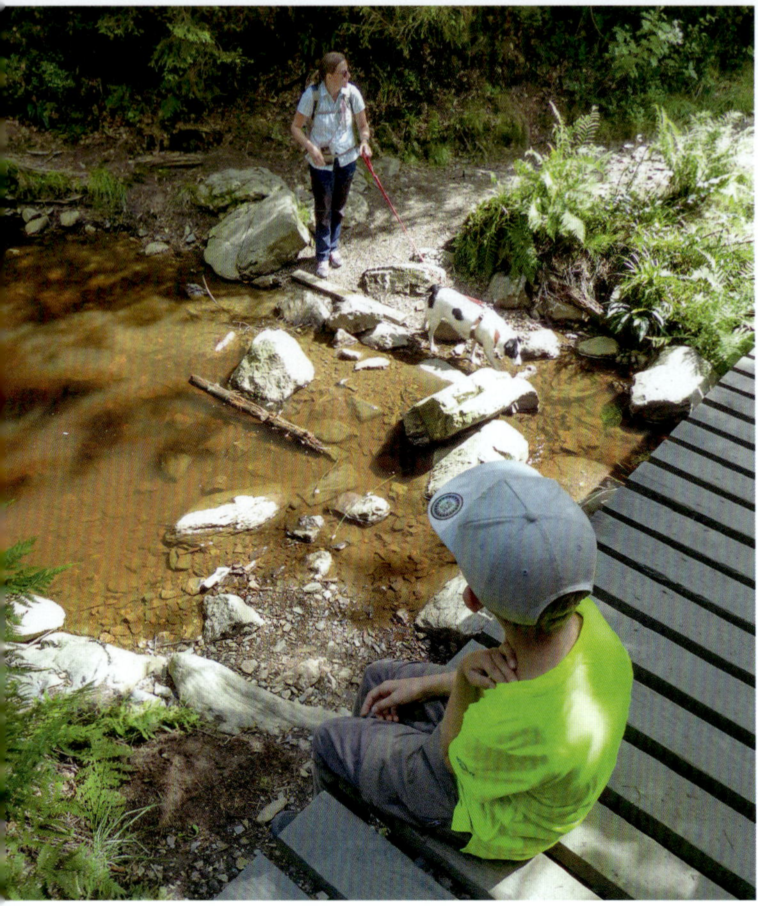

Wenig später gabelt sich unser Weg, wir wählen hier den rechten und gehen nun steiler bergauf, auch über einen Bach und einige Felsen. Schließlich erreichen wir eine Picknickbank und eine Infotafel am **Wasserfall** ⑥. Über einen steilen Abstieg kommen wir ganz nahe an diesen heran und können je nach Wasserstand an seinem Fuß ein Picknick machen.

Zurück an der Infotafel mit Picknickbank wandern wir weiter links des Baches entlang. An der folgenden **Kreuzung** ⑦ müssten wir eigentlich links abbiegen. Wir empfehlen aber noch einen Abstecher nach rechts: Ein schöner Abenteuerpfad führt uns über Steine und Wurzeln zunächst zu einer **Picknickhütte**, später zu mehreren **Rast- und Spielmöglichkeiten** ⑧ direkt am Wasser. Zurück zur Kreuzung geht es dann auf gleichem Weg.

Nun wandern wir hier geradeaus weiter. Der Weg führt uns zunächst zu einer **Schranke** ⑨ und danach gemütlich zurück zu unserem Ausgangspunkt.

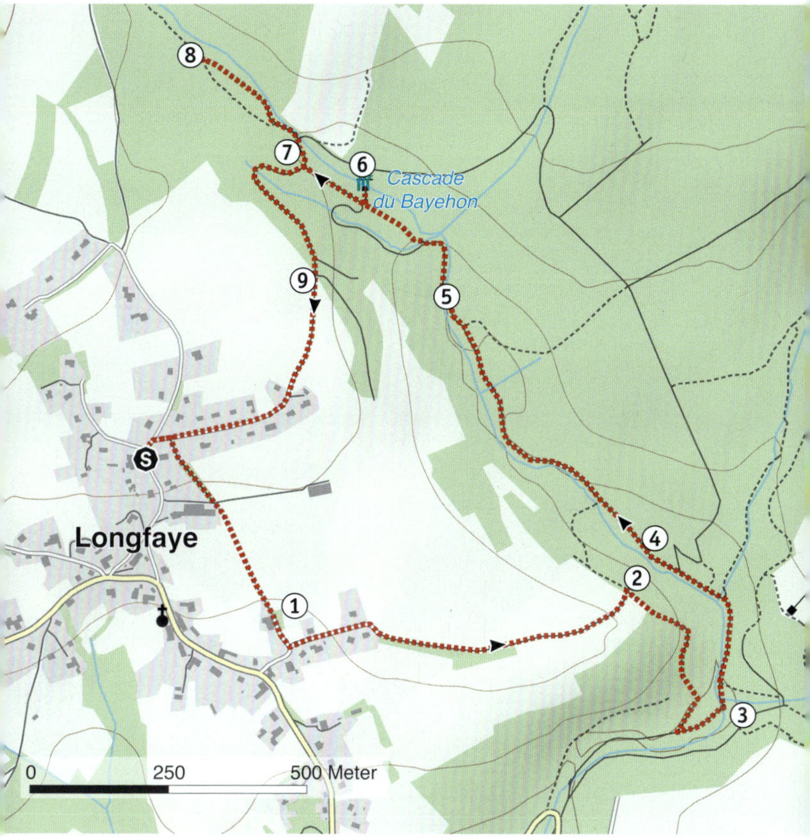

8
7
6
Cascade du Bayehon
9
5
S
4
Longfaye
2
1
3
0
250
500 Meter

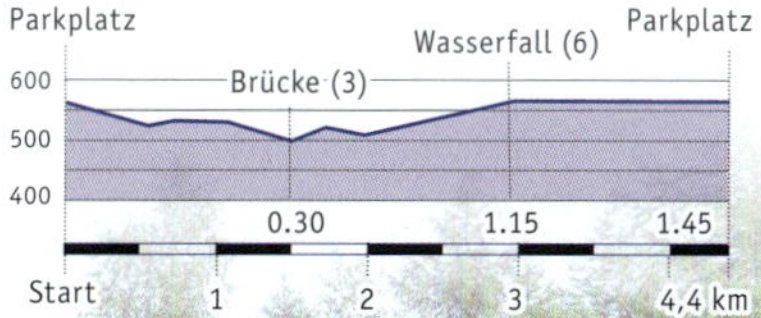

Parkplatz
Wasserfall (6)
Parkplatz
Brücke (3)
600
500
400
0.30
1.15
1.45
Start
1
2
3
4,4 km

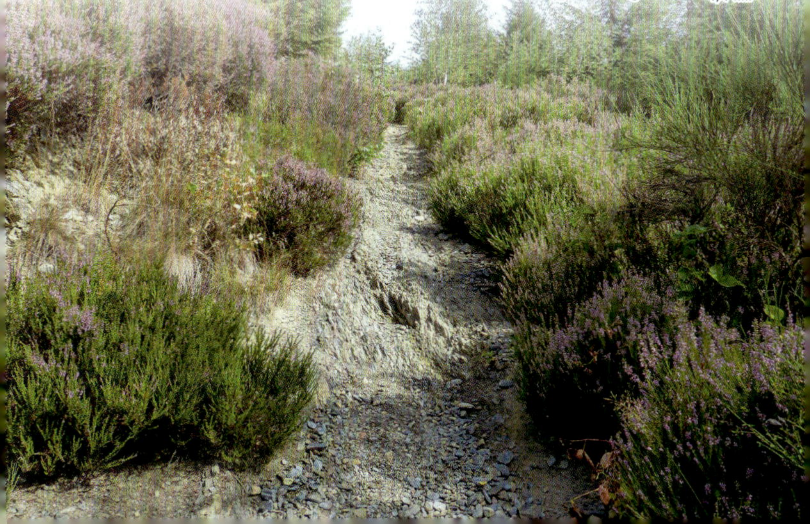

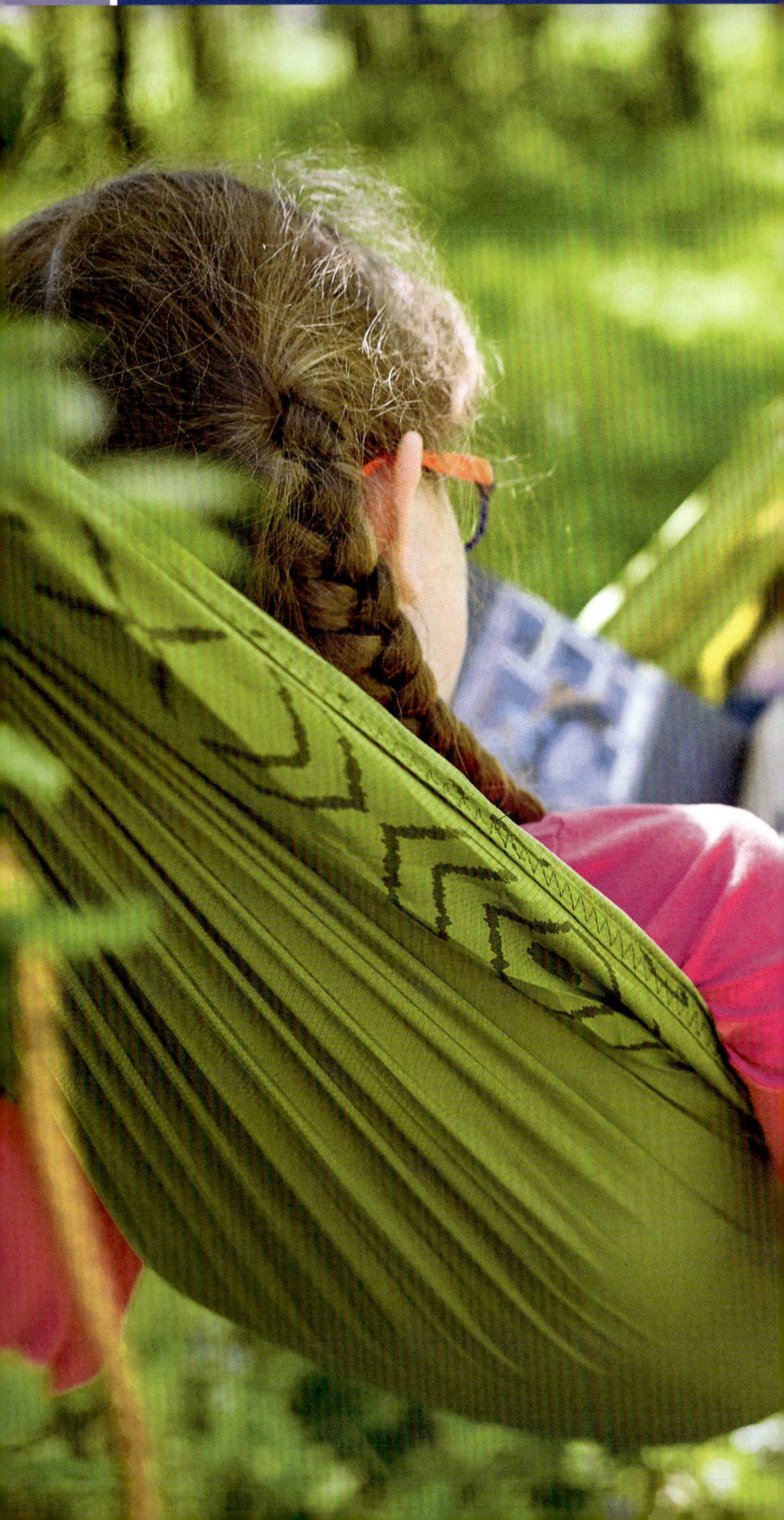

UNTERKUNFT UND ÜBERNACHTUNG

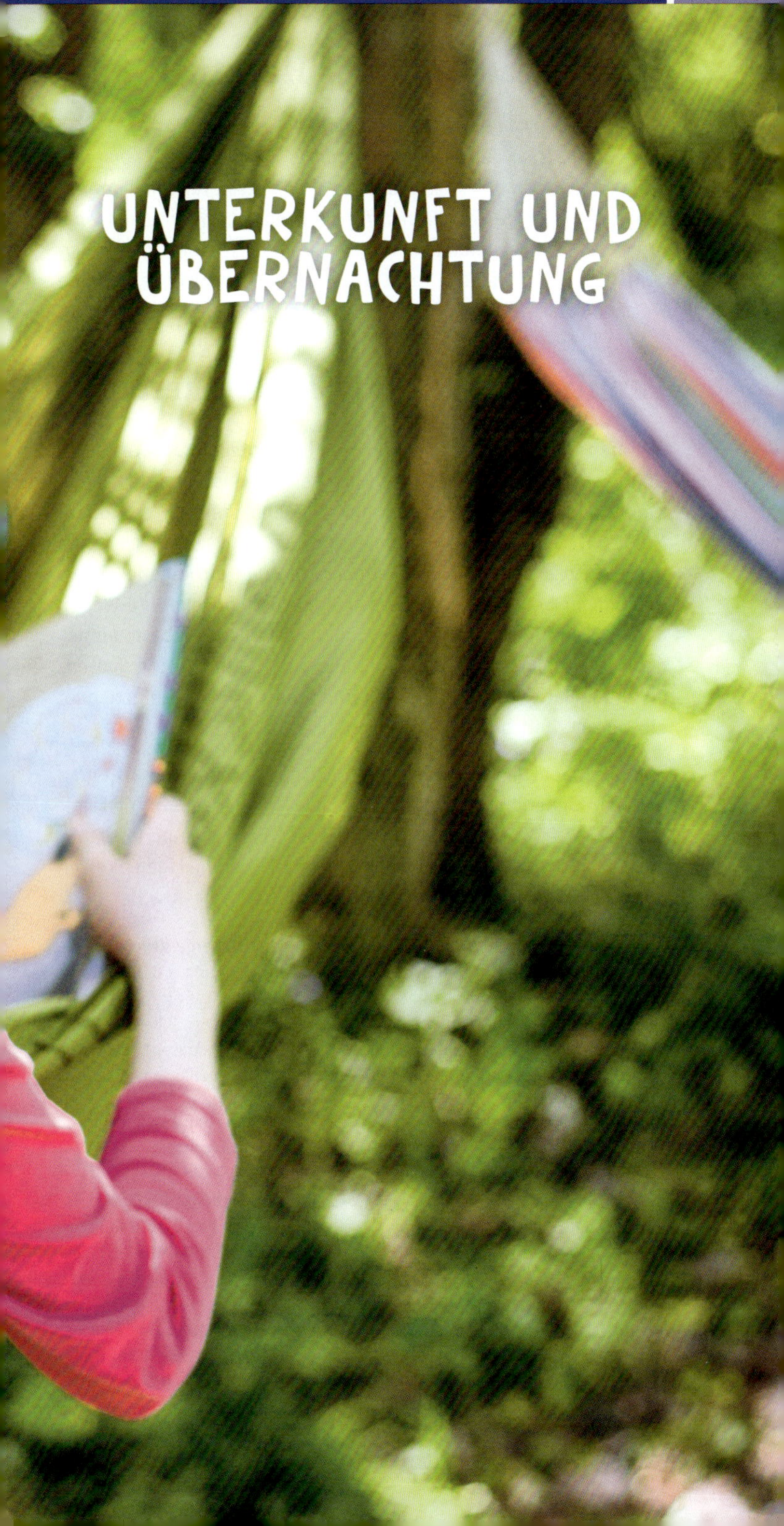

Eine Auszeit vor der Haustür

Ein Kurzurlaub oder eine Auszeit am Wochenende? Das geht auch ohne weite Reise. Am Niederrhein gibt es etliche schöne Campingplätze, die neben einer Zeltwiese und Stellplätzen für Campingfahrzeuge oft auch feste Unterkünfte wie Hütten, Wohnwagen oder urige Schlaffässer anbieten. Alternativ gibt es einige Jugendherbergen und verschiedene recht ausgefallene Unterkünfte, die den Wochenendausflug zu einem ganz besonderen Erlebnis machen.

Familienunterkunft Jugendherberge

Familien finden hier eher einfache, aber trotzdem ansprechende Übernachtungsmöglichkeiten. In einer Jugendherberge haben Kinder viel Platz und keiner murrt, wenn sie sich austoben. Meist trifft man auch auf andere Familien, und meldet man sich rechtzeitig an, kann man in allen Herbergen ein eigenes Familienzimmer bekommen – teilweise sogar mit Dusche und WC. In den als Familienherbergen zertifizierten Häusern gibt es außerdem Spielzimmer und Spielbereiche für Kinder in den Außenanlagen. Man kann Spiele leihen und eine Tischtennisplatte oder ein Kicker zählt beinahe zur Grundausstattung.

Zur Übernachtung in einer Jugendherberge braucht man einen gültigen Jugendherbergsausweis. Eine Mitgliedschaft für Familien kostet € 22,50 im Jahr. Die Basis ist Übernachtung mit Frühstück – man kann aber auch Vollpension zu günstigen Preisen buchen. Weitere Infos unter www.jugendherberge-nrw.de.

J1 Jugendherberge Kleve
Alle Zimmer (mit 2 bis 6 Betten) mit eigenem Bad, umfangreiche Kinderausstattung, Lage am Rand des Naturschutzgebietes Reichswald, hauseigener Abenteuerparcours, Discoraum, Kleinspielfeld mit Kunstrasen, »Bett & Bike Service«, WLAN.
St. Annaberg 2, Kleve, Tel. 02821 891450.

J2 Jugendherberge Xanten
Komfortable Zimmer (viele davon mit Seeblick) mit 2 bis 8 Betten, traumhafte Lage an der Xantener Südsee mit maritimer Atmosphäre und zahlreichen Wassersport-Angeboten, Bistro, Discoraum, Waschcenter, »Bett & Bike Service«, WLAN.
Bankscher Weg 4, Xanten, Tel. 02801 98500.

J3 Jugendherberge Kevelaer
Zimmer mit 2, 6 und 8 Betten, Lager am Waldrand mit Grill- und Lagerfeuerplatz, Volley-, Basket- und Fußballplatz (Kunstrasen), Kanutrekking-Zeltplatz am Haus, »Bett & Bike Service«, WLAN.
Am Michelsweg 11, Kevelaer, Tel. 02832 973950.

J4 Jugendherberge Brüggen
Zimmer mit 2, 6 und 8 Betten, naturnahe Lage im Naturpark Maas-Schwalm-Nette, Grill- und Lagerfeuerplatz, Tischtennisplatten, Kletterwand, Bolzplatz, Musikinstrumente zur freien Verfügung, »Bett & Bike Service«, WLAN.
Auf dem Eggenberg 1, Brüggen, Tel. 02163 888240.

J5 Jugendherberge Nettetal-Hinsbeck
Zimmer (mit 2 bis 8 Betten) mit gehobener Ausstattung und alle mit eigenem Bad (3 davon barrierefrei), im Naturpark Maas-Schwalm-Nette gelegen, Original-Zirkuszelt, Discoraum verschiedene Sportfelder, Spielplatz, »Bett & Bike Service«, WLAN.
Heide 1, Nettetal-Hinsbeck, Tel. 02153 951720.

J6 Neuss-Uedesheim
Gemütliche Familienzimmer mit eigenem Bad, umfangreiche Kinderausstattung, Spielzimmer, Kaffeebar, Kaminzimmer, große Sonnenterrasse, in den Neusser Rheinauen gelegen, Discoraum, Kletterwand und -station, Basketball, Tischtennis, Spiel- und Multifunktionsplatz, Grill, »Bett & Bike Service«, WLAN.
Macherscheider Str. 109, Neuss, Tel. 02131 718750.

Ausgefallene Übernachtungsplätze

Welches Kind träumt nicht davon, mal in einem Baumhaus zu übernachten? Oder auf einem Hausboot? Diese und ein paar andere ausgefallene Möglichkeiten, die den Wochenendtrip zu einem einmaligen Erlebnis machen, nennen wir hier.

1 Burg Boetzelaer
Einmal Burgherr*in sein und in einem knapp 800 Jahre alten Gemäuer schlafen! Zehn verschiedene Zimmer und Suiten in einer der ältesten und bedeutendsten Wasserburgen der Region. Frühstück im Rittergewölbe mit knisterndem Kamin.
Reeser Straße 247, Kalkar-Appeldorn, www.burgboetzelaer.de

2 Hausboote am Diersfordter Waldsee
Biberburg und Eisvogel heißen die auf dem Diersfordter Waldsee liegenden Familienboote: 50 qm groß, voll ausgestattet, zwei Schlafzimmer und mit Terrasse direkt auf dem See.
Schüttwich 19, Wesel, Tel. 02859 170211. www.hausboot-niederrhein.de

3 Hausboote Xantener Nordsee
Urlaub auf dem Wasser mit freiem Panorama-Seeblick, bis zu 4 Personen pro feststehendem Hausboot, inkl. (Dach-)Terrasse, eigenem Badezimmer und Küchenzeile.
Alt-Vynscher-Weg, Xanten. www.rueckenwind-ferien.de

4 Erlebnisbauernhof Rouenhof
500 Jahre alter Bioland-Bauernhof mit vier Ferienwohnungen und Gästezimmern in der Sonsbecker Schweiz. Hier leben Kühe, Ziegen, Hühner, Esel, Schweine und Honigbienen. Hofeigene Käserei und Metzgerei.
Sonsbecker Str. 40, Kevelaer-Kervendonk. www.rouenhof.jimdo.com

5 Tierparkhotel Hertefeld
Im ehemaligen Kartoffelhof im Tierpark Weeze. Unterschiedliche Themenzimmer, zum Beispiel Fuchs, Hase oder Schaf. Garten mit Sonnenliegen und Buddelplatz. Überdachter Platz mit Tisch und Sofas, Feuerstelle.
Hertefeld, Weeze, Tel. 02837 2035. www.hertefeld.de

6 Campland Arcen
Übernachtung in so genannten Podhouses mitten in der Natur und an einer ehemaligen, inzwischen mit Wasser gefüllten, Kiesgrube gelegen. Familypods für 4 Personen mit Kühlschrank, Heizung und Toilette. Gemeinsames Sanitär- und Kochgebäude mit Außenbereich. Kaffee- und

Getränkeautomat. Spielplatz und Spielmöglichkeiten am Wasser.
Dorperheideweg 45, NL-Arcen, Tel. 0031 683 710779. www.campland.nl

7 Wald-Lodges im Waldfreibad Walbeck

Im Waldfreibad Walbeck stehen vier Wohn-Lodges für bis zu 40 Personen, alle ausgestattet mit einem Wald-Panoramafenster. Gemeinschaftliche Küchen- und Sanitär-Lodge, Außenpavillon. Direkter Zugang zum Freibad, Fußballgolf, Bogenschießen, Beach-Volleyball.
Am Freibad 24, Geldern-Walbeck. www.waldfreibad-walbeck.de

8 Box Homes und Lodges an der Blauen Lagune

Logieren am Wasser, in Box Homes, Ferienhäusern und Lodges. 2 bis 6 Personen finden in den Container-Häusern (Box Homes) mit komplett ausgestatteten Küchen und Badezimmern Platz. Durch ihre Container-Recycling-Bauweise stehen sie für Nachhaltigkeit. Die Lodges sind bunte Häuser (wahlweise mit oder ohne Küche) mit überdachter Terrasse für bis zu 5 Personen. Bei allen Unterkünften ist der Eintritt in die Freizeitanlage und das Strandbad im Preis inklusive.
Jülicher Str. 1–2, Wachtendonk, Tel. 02839 277. www.blauelagune.de

9 AlpacaView-Lodge

In einem typischen niederrheinischen Vierkanthof laden Bauernhaus, Torhaus und Knechtkammer zum Übernachten ein. Neben Alpacas leben auf dem Tierschutzhof auch Lamas, Pferde, Esel, Schafe, Ziegen, Enten, Gänse, Hühner, Hunde und Katzen.
Borner Str. 24, Niederkrüchten, Tel. 02163 9899434. www.alpacaview-lodge.com

10 Baumchalets im Alpenpark Neuss

22 Baumchalets in bis zu fünf Metern Höhe, Familienchalets mit großer Waldrutsche und Terrasse, eigenem Badezimmer sowie Hochbett für die Kinder. Frühstück oder Halbpension kann im benachbarten Hotel dazu gebucht werden.
An der Skihalle 1, Neuss, Tel. 02131 12440. www.alpenpark-neuss.de

11 Amici Lodges

In unmittelbarer Nähe zum Effelder Waldsee kann man mit dem eigenen Wohnwagen oder Reisemobil anreisen oder zwischen einer Holz- bzw. Dünenlodge (für bis zu 5 Personen) oder einem luxuriösen Chalet mit Seeblick wählen. Privatstrand, Hunde erlaubt, WLAN.
Waldseestraße 7, Wassenberg-Effeld, Tel. 02432 8969281. www.amicilodges.com

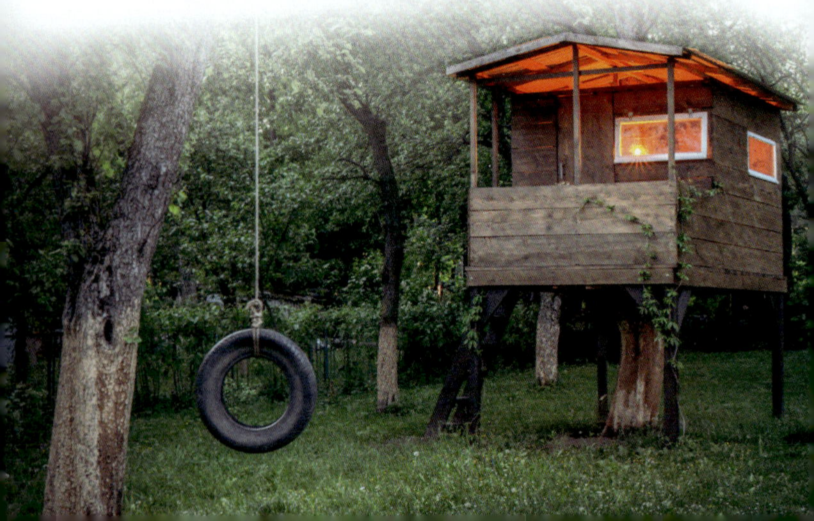

Campingplätze

Besonders an Seen, Bächen oder in Waldgebieten gibt es schöne Campingplätze, die zu einem Wochenend-Trip einladen. Das ist auch am Niederrhein so. Kinder lieben die Atmosphäre auf einem Campingplatz: Es gibt viel Platz zum Spielen, man trifft meist auf andere Kinder und die Übernachtung auf dem Campingplatz ist aufregend, nicht nur im einfachen Zelt. Mehr Komfort bieten feststehende Wohnwagen, Bungalows oder andere Unterkunftsarten, wie wir sie inzwischen auf vielen Plätzen finden.

Nord

1 Ferien- und Campingpark Wisseler See

GPS N 51°45'39.6", E 6°17'06.3"
Verschiedene Campmöglichkeiten rund um den See. Burgencamp mit Spielplatz und Zeltwiese für Familien. Preise inkl. Nutzung des Naturfreibades sowie der Sport- und Freizeiteinrichtungen. Chalets, Holzhütten und Wikingerfässer als Mietunterkünfte. WLAN kostenpflichtig. Hunde teilweise erlaubt.

Ganzjährig geöffnet.
Platz inkl. 2 Pers. ab €31,
Kinder 4 bis 15 Jahre €4,50.
Zum Wisseler See 15, Kalkar,
Tel. 02824 9631-0.
www.wisseler-see.de

2 Ferien- und Erholungsgebiet Dingdener Heide

GPS N 51°46'59.2", E 6°38'02.8"
Naturnaher Campingplatz im Naturschutzgebiet. Urlaubshöhlen und -nester, See- und Strandhäuser sowie Schwebezelte zur Vermietung. Außerdem gibt es zahlreiche Zelt- und Stellplätze. Spielplätze am See, Tischtennis, Volleyball, Fitnessgeräte. Vermietung von Fahrrädern, Gokarts und Kanus. Imbiss, Biergarten. Großes Sanitärgebäude, WLAN. Hunde erlaubt.

Ganzjährig geöffnet.
Platz inkl. 2 Pers. ab €16,90.
Bußter Weg 100, Hamminkeln,
Tel. 02852 2405.
www.dingdener-heide.de

3 Campingplatz Alte Nordbrocker Mühle

GPS N 51°45'48.2", E 6°43'15.9"
Familiärer Platz im Naturpark Hohe Mark. Überdachter Pavillon, Picknickbänke und Tische. Streichelwiese mit Ziegen, Spielplatz mit Sandkasten, 20 Meter lange Seilbahn, Volleyball, Indoor-Spielraum, Bolzplatz, Pool. Brötchenservice, WLAN. Uriges Schlaffass für bis zu 2 Personen. Hunde auf dem Platz erlaubt (nicht im Schlaffass).

Ganzjährig geöffnet.
Preis inkl. 2 Pers. €18,
Kinder bis 13 Jahre €5.
Melkweg 5, Hamminkeln-Nordbrock,
Tel. 02856 980896.
www.campingplatznordbrock.de

4 Campingplatz Wachtenbrink

GPS N 51°41'03.2", E 6°46'06.3"
Sehr ruhige Lage im Naturpark Hohe Mark. Nur wenige Touristenplätze. Uriges Holz-Duschhaus, Wasch-Automaten.

Ganzjährig geöffnet.
Platz inkl. 2 Pers. ab €10.
Klein-Welse-Weg 7, Schermbeck,
Tel. 02858 6053.
www.campingplatz-wachtenbrink.de

5 Campingpark Kerstgenshof

GPS N 51°39'35.8", E 6°22'21.8"
5-Sterne-Campingpark mitten in der Natur. Familien-Komfortplätze mit eigenen Tisch-Bank-Garnituren in der Nähe von Bolz- und Spielplatz. Zur Miete stehen Chalets, Pods, Lodges und urige Trolls bereit. Bistro mit Biergarten, Kiosk. Mietbäder für Fa-

milien, Kinder- und Babybäder. Küche mit Kochplatten und Mikrowelle. Beach-Volleyball, Tischtennis, Kicker, Boule. Verleih von Fahrrädern, E-Bikes und E-Schoppern. Hunde erlaubt.
Ganzjährig geöffnet.
Platz inkl. 2 Pers. ab €24,10,
Kinder 3 bis 14 Jahre ab €4,40.
Marienbaumer Str. 158, Sonsbeck-Labbeck, Tel. 02801 430.
www.kerstgenshof.de

6 Zeltplatz Anna Fleuth

GPS N 51°35'26.1", E 6°17'07.4"
Autofreie Zeltwiesen. Familien-Zelte zur Miete. Lagerfeuer, Pizza backen, Grillstellen, Stockbrot. Ponys, Spielwiese, Bauwagen, Sandkasten, kleiner See. Frühstücks-Service, Kiosk. Waschmaschinen und Trockner.
Geöffnet Mai bis September.
Platz inkl. 2 Pers. € 20,
Kinder 3 bis 11 Jahre €6.
Niersstraße 39, Kevelaer,
Tel. 02832 899980.
www.anna-fleuth.de

Mitte

7 Campingpark Eldorado

GPS N 51°31'24.8", E 6°30'30.1"
Ruhiger Platz im Grünen. Freibad, Restaurant mit Biergarten, Sanitärgebäude mit Waschmaschine und Trockner. Hunde erlaubt.
Für Touristen geöffnet von April bis Oktober. Platz inkl. 2 Pers. €18,
Kinder 2 bis 15 Jahre €4.
Altfelder Straße 319, Kamp-Lintfort,
Tel. 02842 4533.
www.camping-eldorado.de

8 Camping & Ferienpark Waldfrieden

GPS N 51°21'55.5", E 6°19'23.2"
Im Naturpark Maas-Schwalm-Nette und nahe der Hinsbecker Schweiz. Spielplatz, Kettcars, Angeln am See, Snackautomat, Brötchen-Service, Waldschänke. Waschmaschine und Trockner, WLAN. Hunde erlaubt.
Ganzjährig geöffnet.
Platz inkl. 2 Pers. €17,50,
Kinder 6 bis 13 Jahre €4,50.
An der Paas 13, Grefrath,
Tel. 02158 3755.
www.ferienpark-waldfrieden.de

9 Campingplatz Dilborner Mühle

GPS N 51°14'04.5", E 6°09'53.7"
Im Naturpark Maas-Schwalm-Nette, umgeben von gleich mehreren Naturschutzgebieten und der größten Wacholderheide am Niederrhein. Die Schwalm fließt mitten durch das Gelände, Angeln und Kanufahren direkt vor Ort möglich. Acht parzellierte Touristenstellplätze, große Urlaubswiese für Wohnwagen, Wohnmobile und Zelte. Sanitärhaus mit Babywickeltisch, Waschmaschinen und Trockner. Spielplatz, Jugendraum, Tischtennis, Billard, Bolzplatz. Kiosk, Gaststätte mit Getränkeverkauf. WLAN. Hunde erlaubt.
Ganzjährig geöffnet.
Platz inkl. 2 Pers. ab €17,
Kinder 5 bis 10 Jahre €4.
Dilborner Str. 133, Tel. 02163 82763.
www.dilbornermuehle.de

10 Campingforst am Laarer See

GPS N 51°14'05.1", E 6°11'48.9"
Direkt am See im Naturpark Schwalm-Nette vor den Toren von Brüggen. Abenteuerspielplatz, Boule, Grill-Bistro. Angeln möglich. Lodge-Zelte, Mietchalets, Mobilheime. Hunde erlaubt.
Ganzjährig geöffnet.
Platz inkl. 2 Pers. ab €13,
Kinder 4 bis 14 Jahre €2,50.
Brüggener Str. 27, Niederkrüchten,
Tel. 02163 8461.
www.campingforst-laarersee.com

11 Campingplatz Brempt

GPS N 51°12'51.5", E 6°13'35.7"
Liegt im Naturpark Maas-Schwalm-Nette. Spielplatz, Tischtennis, Boule, Restaurant, Waschmaschinen und Trockner, WLAN. Hunde erlaubt.
Ganzjährig geöffnet.
Platz inkl. 2 Pers. ab €10,50,
Kinder unter 14 Jahren €2,50.
Kahrstr. 115, Niederkrüchten,
Tel. 02163 80996.
www.campingplatz-brempt.de

Süd

12 Campingplatz Strand-Terrasse

GPS N 51°08'38.2", E 6°49'16.6"
Direkt am Rheinufer mit Sandstrand gelegen, freilaufende Hühner, Gehege mit Meerschweinchen und Hasen. Kiosk mit Eis, Süßwaren und Getränken, Brötchenservice am Wochenende. Hunde erlaubt.
Geöffnet April bis Oktober.
Platz inkl. 2 Pers. ab €23,
Kinder 3 bis 14 Jahre €4,50.
Grind 1, Dormagen-Stürzelberg,
Tel. 02133 71717.
www.strand-terrasse.de

13 Pepinushof

GPS N 51°05'32.9", E 5°55'34.7"
Camping auf dem Bauernhof. Grill- und Spielplatz. Hunde erlaubt. Block- und Wanderhütten zur Miete, ebenso Ferienhäuser.
Geöffnet April bis Ende September.
Platz inkl. 2 Pers. ab € 16,
Kinder bis 11 Jahre €2,50.
Domenicusweg 3, NL-Maria-Hoop,
Tel. 0031 0475 481355.
www.pepinushof.nl

14 Camping Bohmerwald

GPS N 51°03'43.5", E 5°56'24.0"
Kleiner ruhiger Wiesenplatz, etwas aus der Zeit gefallen. Sanitäranlagen älter, aber sauber. Spielwiese, Spielplatz, Sport- und Tierwiese, Wanderhütten. Café, Aktivitätsraum, Waschsalon. Hunde erlaubt.
Geöffnet April bis Oktober.
Platz inkl. 2 Pers. ab €11,75,
Kinder bis 15 Jahre €2,50.
Krimweg 1, NL-Koningsbosch,
Tel. 0031 640 608058.
www.bohmerwald.nl

15 Camping de Watertoren

GPS N 50°54'39.1", E 6°04'24.6"
In ruhiger, waldreicher Lage direkt an der Grenze. Chalets, Mobilheime und Safari-Zelte zur Miete. Pool, Spiel-, Bolz- und Bouleplatz, Cross-Country-Stecke, Animation, Restaurant, Waschsalon, Picknickbänke zum Mieten, Bibliothek, Fahrrad- und Gokart-Verleih, Brötchen- und Einkaufsservice, Snacks, WLAN. Hunde erlaubt.
Geöffnet April bis Oktober.
Platz inkl. 2 Pers. ab €35,90,
Kinder €6.
Kerkveldweg 1, NL-Landgraaf,
Tel. 0031 45 5321747.
www.campingdewatertoren.nl

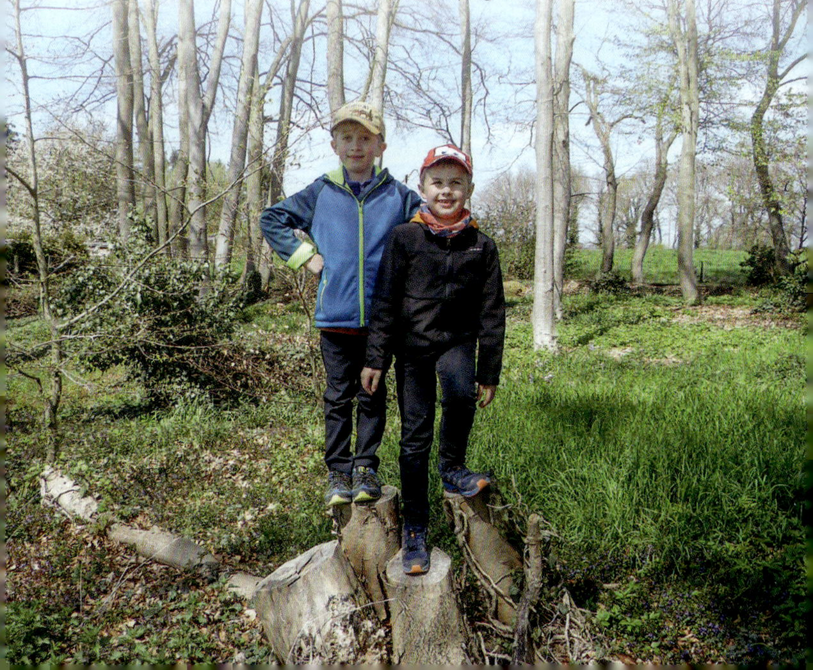

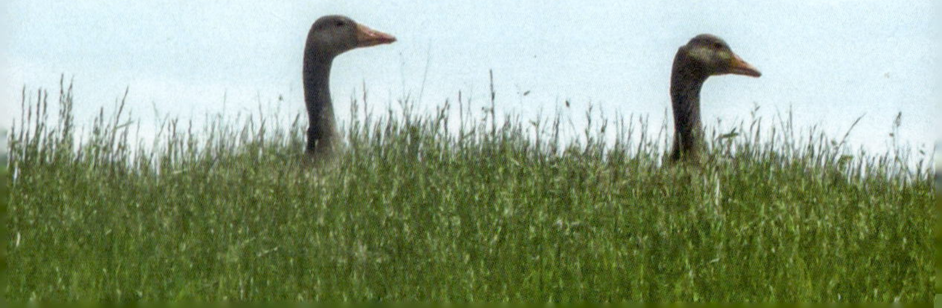

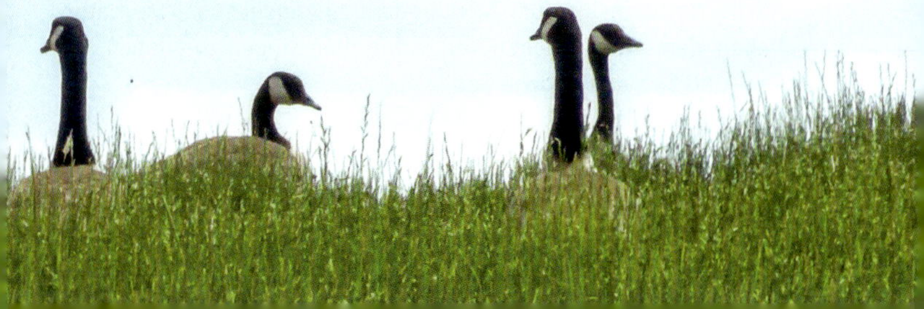

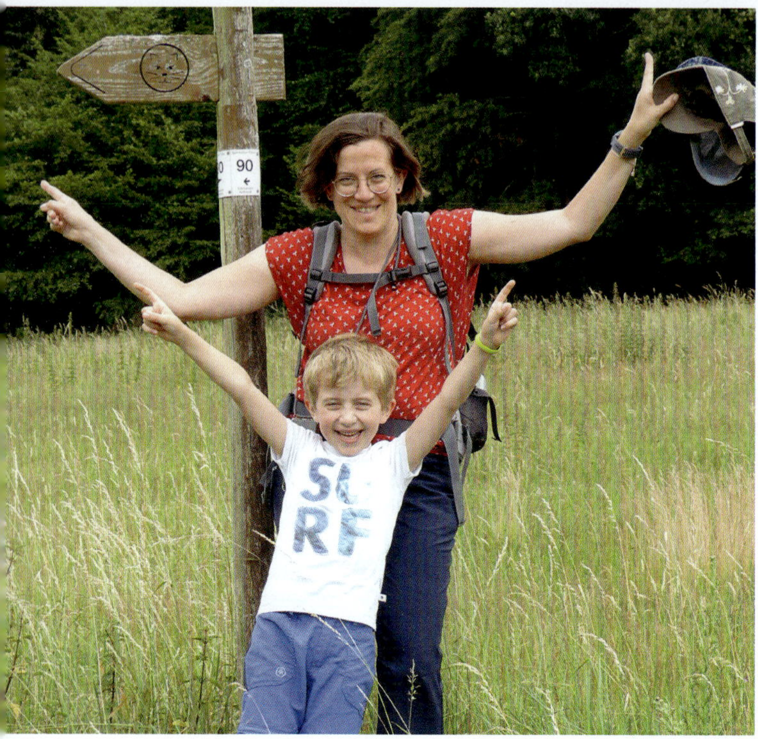

Natalie Dickmann

Die gelernte Medienkauffrau, Jahrgang 1982, ist von Kindesbeinen an mit dem Wandervirus infiziert. Ihr Sohn Levin und ihr Mann Andreas, der für dieses Buch auch einen Großteil der Fotos gemacht hat, wandern meistens mit.

In Nordrhein-Westfalen beheimatet, zieht es die Familie immer wieder in die Alpen, aber auch in die deutschen Mittelgebirge und die abwechslungsreiche Natur in und um NRW. Neben dem Wandern gehören Rad- und Skifahren sowie Geocaching und Hüttentouren zu ihren liebsten Outdoor-Aktivitäten.

Natalie bloggt auf **outdoor-familienglueck.com** über Natur- und Outdoor-Erlebnisse sowie aktive Reisen für die ganze Familie. Dabei liegt der Schwerpunkt auf dem Wandern und Reisen mit Kindern, aber auch auf Outdoor-Aktivitäten mit Freunden und ihrem Mann.

Es ist ihr eine Herzensangelegenheit, Familien dazu zu motivieren, freie Zeit an der frischen Luft zu verbringen und es Kindern zu ermöglichen, die Natur mit allen Sinnen zu erleben.

FSC www.fsc.org MIX Papier aus verantwortungsvollen Quellen FSC® C089473

1. Auflage, Mai 2023
Naturzeit Reiseverlag e.K.
82288 Kottgeisering
www.naturzeit-verlag.de
info@naturzeit-verlag.de

Vertrieb: Geo Center, 70794 Filderstadt

Satz und Gestaltung: Stefanie Holtkamp, Naturzeit Reiseverlag

Lektorat: Stefanie Holtkamp, Lena Marie Hahn

Druck: Beltz Grafische Betriebe, 99947 Bad Langensalza

Kartographie: Jonathan Holtkamp

Kartenbasis: Geoinformationen © OpenStreetMap (ODbL) - Mitwirkende (www.openstreetmap.org/copyright)

GPS-Daten: GPX523NR411

Bildnachweis:

Bildagentur iStock: Seite 11 ©Tgordievskaya, Seite 13 ©nata_zhekova, Seite 15 ©FamVeld, Seite 29 ©Richard Semik, Seite 30 ©Joop S, Seite 32 ©flySnow, Seite 61 ©Solovyova, Seite 90 (Ente) ©Judy Rothchild, Seite 91 (Blesshuhn) ©JMrocek, Seite 91 (Haubentaucher) ©Liz Leyden, Seite 92 (Eisvogel) vcherry-beans, Seite 93 (Reiher) ©Roger Whiteway, Seite 103 ©Jule Berlin, Seite 121 oben ©Andy Gehrig, Seite 156 ©Anna39, Seite 164 ©Joan Dana, Seite 165 vbeardean, Seite Seite 214 ©JMrocek, Seite 215 ©dgwildlife, Seite 216 bis 218 ©Global P, Seite 272 ©Bondariev, Seite 276 ©Smitt

Adobe Stock: Seite 59 oben ©Cornelia Kalkhoff, Seite 92 (Kormoran) ©Eric Isselée, Seite 219 ©giedriius.

Stefanie Holtkamp: Seite 58 und 59 unten, 60 (oben), 90 unten, 163, 192 (oben).

Alle weiteren Fotos: Andreas und Natalie Dickmann

Illustrationen: Stefanie Holtkamp

ISBN 978-3-944378-41-1

Mehr Natur, mehr Abenteuer, mehr Erholung …

Abenteuer und Erholung für Familien

Ziele für erlebnisreiche Familienzeit
zwischen Wasser, Wald, Bergen und Meer gibt es in diesen Bänden der Buchreihe *Naturzeit mit Kindern*.

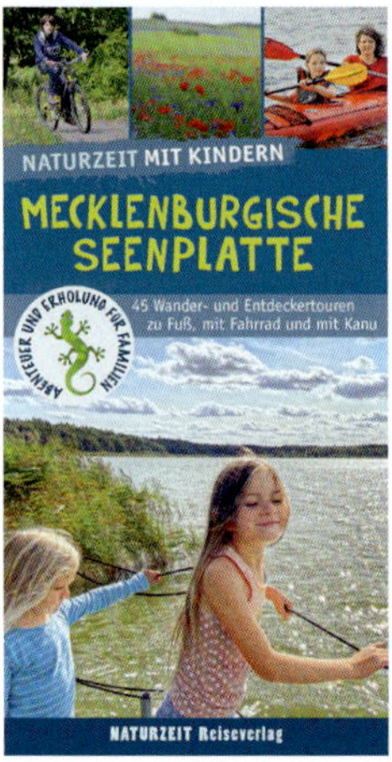

Stefanie Holtkamp

Naturzeit mit Kindern: Mecklenburgische Seenplatte

Im »Land der tausend Seen« sind Biber und Fischotter zu Hause, Seeadler ziehen am Himmel ihre Kreise und im Herbst und Frühjahr ist der Kranich ein gern gesehener Gast. Eine spannende Exkursion mit dem Kanu, eine Fahrradtour ins Reich der Fischadler oder der perfekte Zeltplatz direkt an einem der gut versteckten Seen – in Mecklenburg finden Familien einen Hauch Wildnis und viel Raum für kleine und große Abenteuer in der Natur.

3. Auflage 2021, 264 Seiten, **€ 18,00**
ISBN 978-3944378-31-2

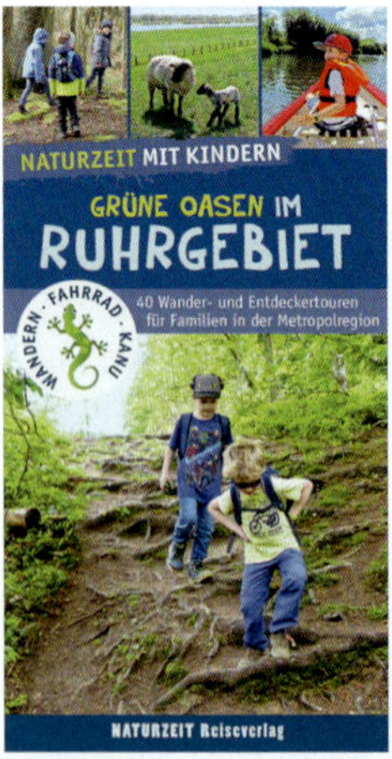

Natalie Dickmann

Naturzeit mit Kindern: Grüne Oasen im Ruhrgebiet

Das Ruhrgebiet ist ein dicht besiedelter Ballungsraum und doch versteckt sich inmitten der städtischen Infrastruktur auch ganz viel Natur. Grüne Oasen in denen Familien unbeschwerte Zeit und kleine Abenteuer in der Natur erleben können, ohne dafür weit zu reisen. Wir wandern durch ausgedehnte Wälder, genießen die Aussicht von einer Halde, durchstreifen ein renaturiertes Industriegelände und spazieren an Kanälen und Flüssen entlang. Die Stauseen der Ruhr ermöglichen sogar Wassersport und auf Ruhr und Lippe kann man gut paddeln.

1. Auflage 2021, 264 Seiten, **€ 18,00**
ISBN 978-3-944378-28-2

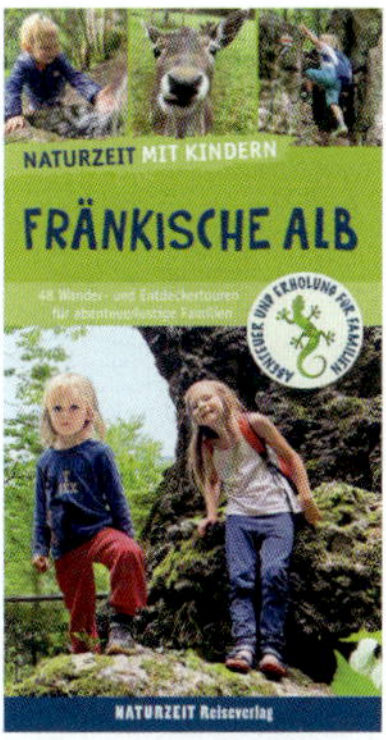

ISBN 978-3-944378-35-0
1. Auflage 2022, **€ 18,00**

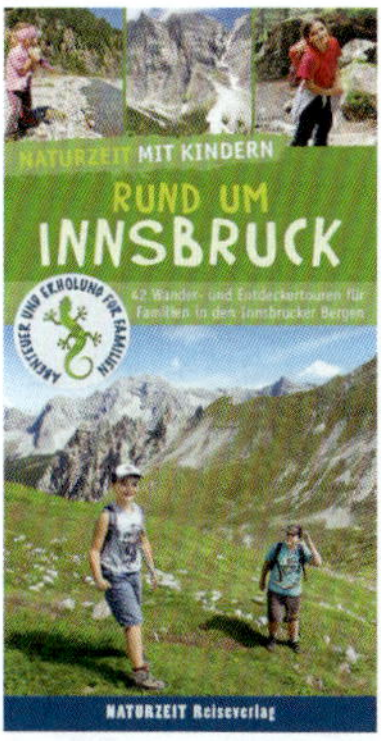

ISBN 978-3-944378-29-9
1. Auflage 2022, **€ 18,00**

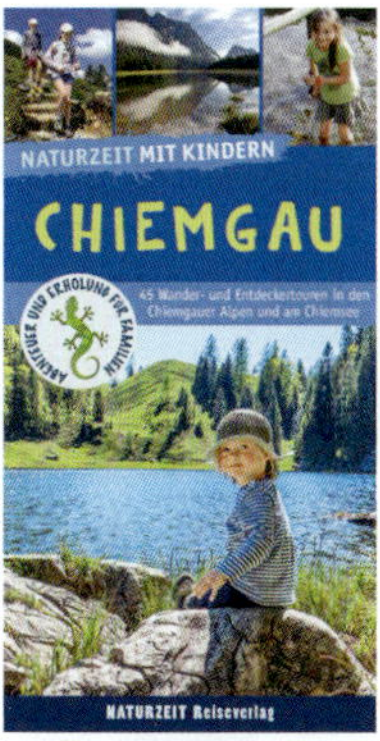

ISBN 978-3-944378-37-4
3. Auflage 2022, **€ 17,00**

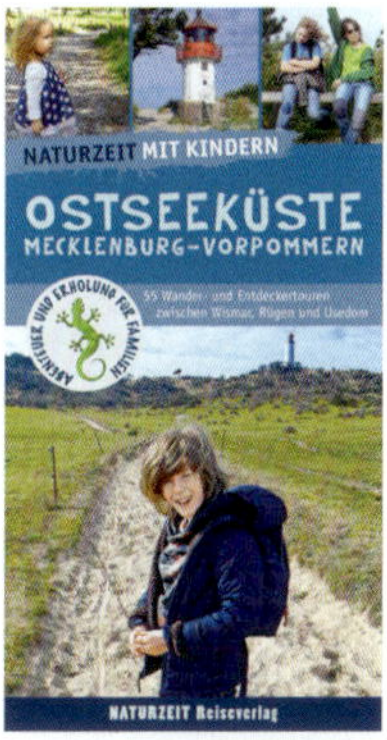

ISBN 978-3-944378-36-7
2. Auflage 2022, **€ 19,00**

- abenteuertaugliche Routen durch die Natur für Familien mit Kindern – zu Fuß oder auch mal mit dem Fahrrad oder dem Kanu
- die schönsten Badeplätze
- interessante Ausflugsziele in der Nähe der Wanderrouten
- Kinderinfos zu Natur und Geschichte
- Campingführer und Übernachtungstipps

Hochwertig produziert:

- jede Tour mit topographischer Karte, übersichtlichem Tourensteckbrief, GPS-Tracks zum Download und stimmungsvollen Fotos
- große Übersichtskarte in der hinteren Umschlagklappe

Regina Stockmann, Stefanie Holtkamp, Johanna Kraus

Trekkingträume für Familien

Vom Mikroabenteuer zur Trekkingtour

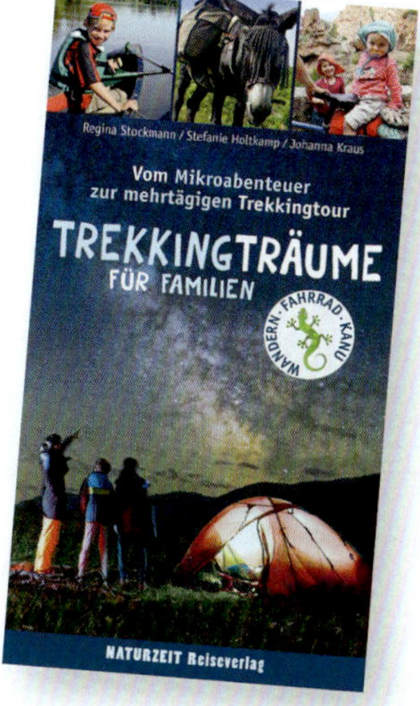

Gemeinsam raus in die Natur. Weit weg vom Lärm der Zivilisation, der Alltagshektik und vom Überfluss. Sich nur noch um elementare Dinge kümmern und ein bisschen langsamer leben. Draußen sein, kleine Abenteuer erleben, Neues entdecken, in die Sterne gucken, näher zusammenrücken und als Familie ganz viel Zeit miteinander verbringen.

Für Outdoor-Anfänger und erfahrene Outdoor-Fans, die vor der Herausforderung stehen, ihr liebstes Hobby mit ihren Kindern zu teilen.

1. Auflage 2020, 384 Seiten, **€ 19,90**
ISBN 978-3944378-25-1

Naturzeit mit Kindern

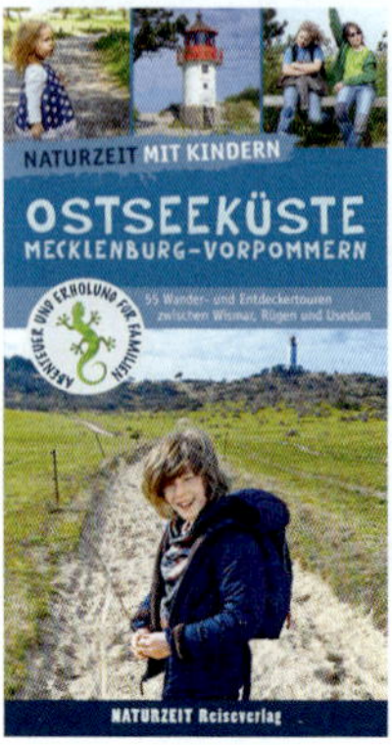

ISBN 978-3-944378-36-7
2. Auflage 2022, **€ 19,00**

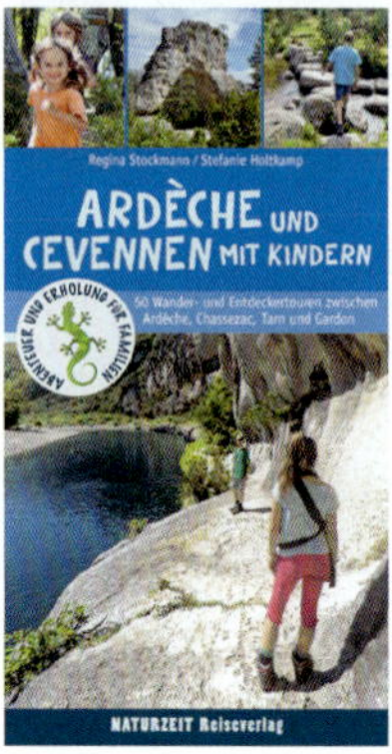

ISBN 978-3-944378-19-0
1. Auflage 2019, **€ 17,90**

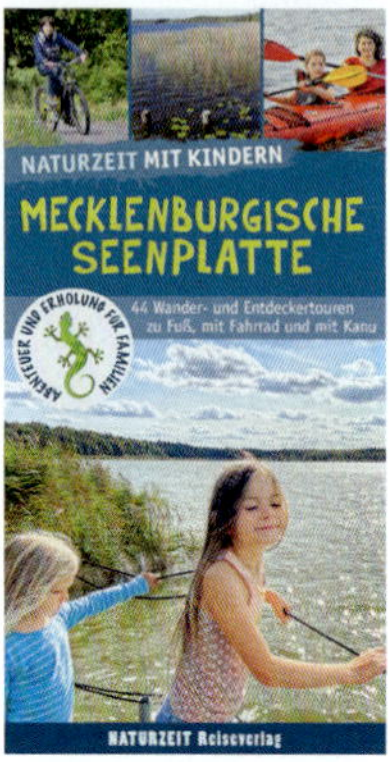

ISBN 978-3-944378-31-2
3. Auflage 2021, **€ 18,00**

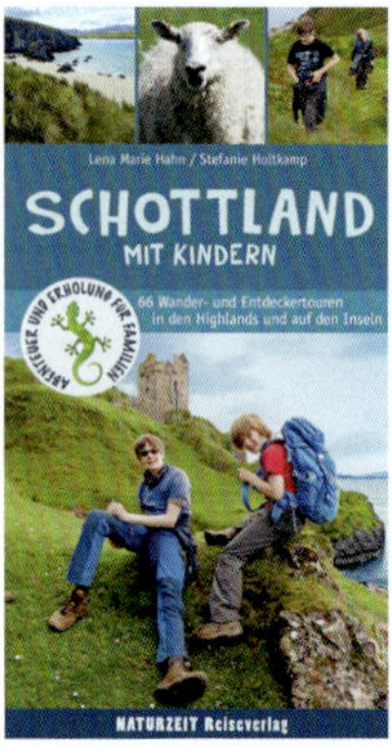

ISBN 978-3-944378-20-6
1. Auflage 2019, **€ 19,90**

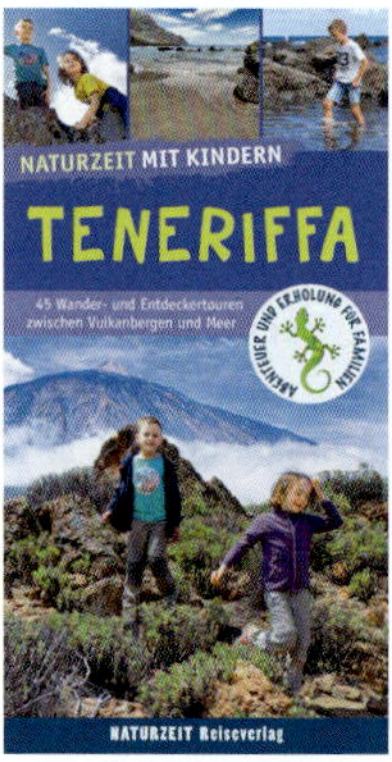

ISBN 978-3-944378-32-9
1. Auflage 2022, **€ 20,00**

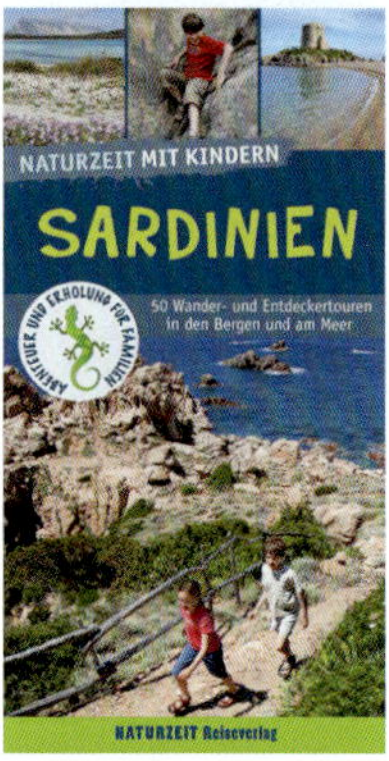

ISBN 978-3-944378-40-4
5. Auflage 2022, **€ 22,00**

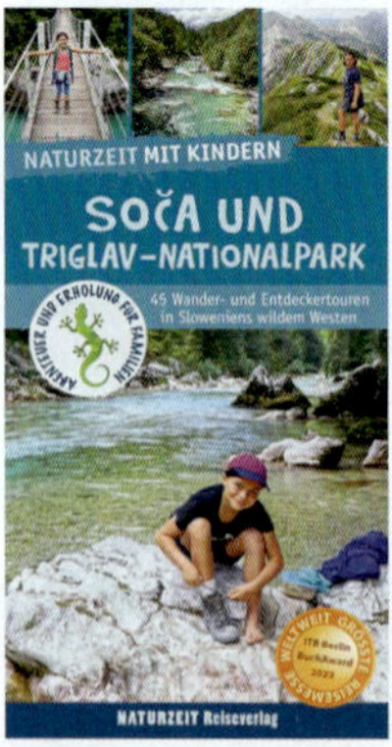

ISBN 978-3-944378-34-3
1. Auflage 2022, **€ 20,00**

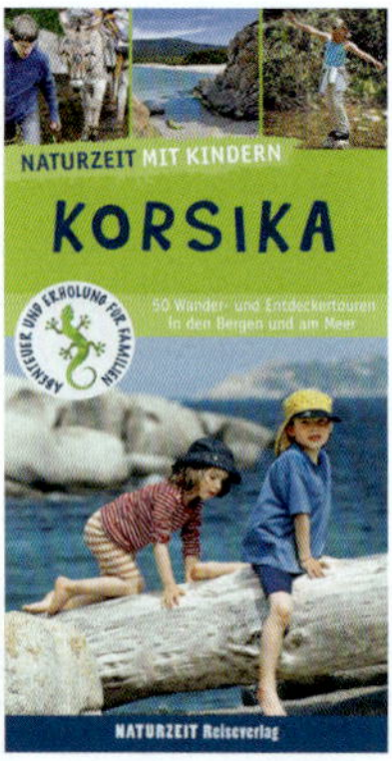

ISBN 978-3-944378-39-8
7. Auflage 2022, **€ 20,00**

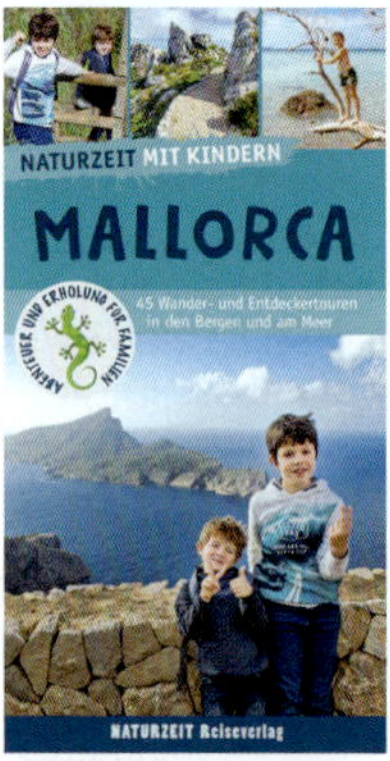

ISBN 978-3-944378-30-5
1. Auflage 2021, **€ 18,00**

Reise-Abenteuer-Geschichten aus dem Naturzeit Verlag

Regina Stockmann

Alles bleibt anders

Mit Kindern auf Abenteuer-Reisen

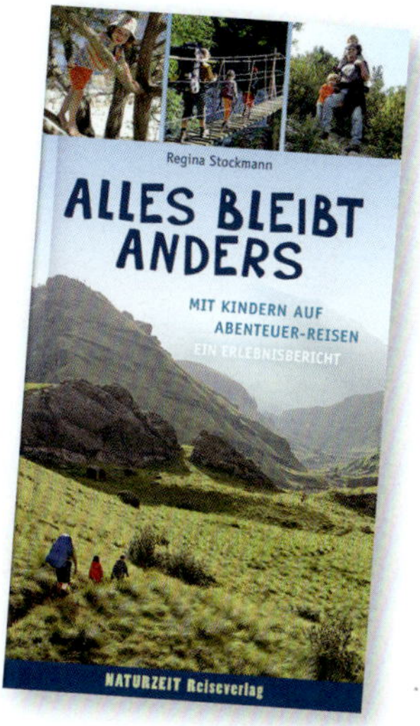

»Alles bleibt anders« erzählt von Familienreisen im Campingbus, mehrtägigen Trekkingtouren in Norwegen und im Val Grande, einer Kanufahrt auf der Loire und ersten Fernreisen nach Marokko und Südafrika. Ein Buch, das outdoorbegeisterten Eltern Spaß und Mut macht, Ideen liefert, Erfahrungen teilt und zum Reise-Träumen und Reise-Planen anregt.

ISBN 978-3-944378-12-1, **€ 15,90**

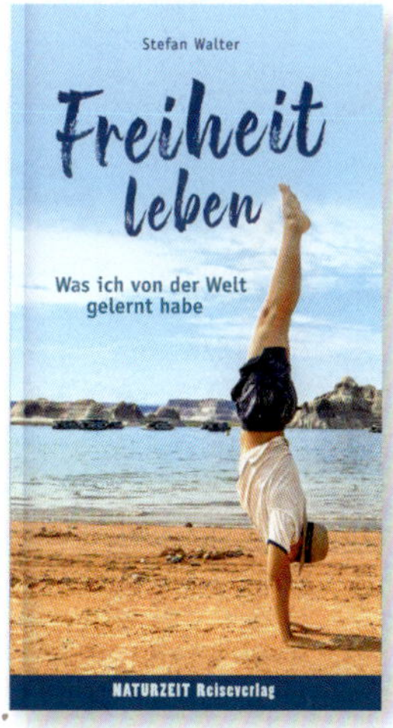

Stefan Walter

Freiheit leben

Was ich von der Welt gelernt habe

Was macht uns glücklich?
Wie sieht ein erfülltes Leben aus?
Wie finde ich meinen Weg dorthin?

Auf der Suche nach Abenteuer und Herausforderung lässt Stefan das sichere Vorstadtleben hinter sich, um bei einem Jahr Work&Travel mehr von der Welt zu sehen. In Australien wird ein uralter Kombi das Basisquartier für die große Freiheit: Sterne zählen an einsamen Stränden, am Lagerfeuer sitzen und am Meer einschlafen. Er treibt Kühe durchs Outback, erntet Avocados, verzweifelt beim Schafe scheren und lebt einen ganz neuen Alltag. Diese erste große Reise verändert Stefans Leben und von nun an reist er, um herauszufinden, auf was es im Leben wirklich ankommt.

ISBN 978-3-944378-33-6, **€ 16,00**

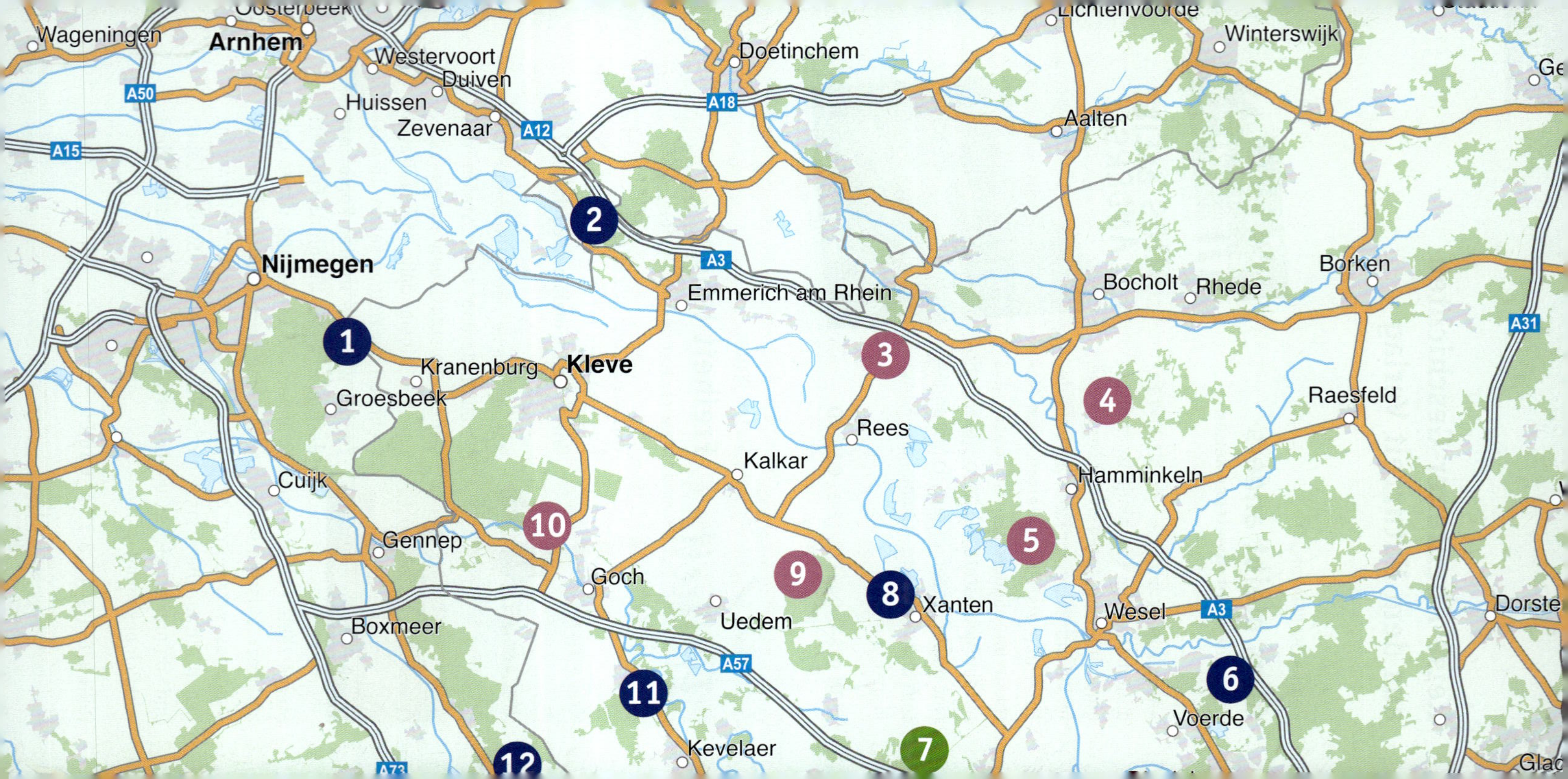
Wageningen
Arnhem
Westervoort
Duiven
Huissen
Zevenaar
Doetinchem
Lichtenvoorde
Winterswijk
Aalten
A50
A15
A12
A18
A3
A31
A57
A73
Nijmegen
Emmerich am Rhein
Bocholt
Rhede
Borken
Raesfeld
Kranenburg
Kleve
Groesbeek
Rees
Kalkar
Hamminkeln
Cuijk
Gennep
Goch
Uedem
Xanten
Wesel
Dorste
Boxmeer
Voerde
Kevelaer
1
2
3
4
5
6
7
8
9
10
11
12